湖南师范大学道德文化研究中心、中国特色社会主义道德文化
省部共建协同创新中心、哲学系学科经费资助研究成果

国家社科基金重大项目“中国‘四书’学史”（13&ZD060）
阶段性成果

朱人求 主编

朱熹“克己复礼为仁”诠释研究

以理学体系建构为视角

郭园兰 著

创于1897 商務印書館 The Commercial Press

图书在版编目（CIP）数据

朱熹"克己复礼为仁"诠释研究：以理学体系建构为视角 / 郭园兰著 . —北京：商务印书馆，2021
ISBN 978 - 7 - 100 - 20552 - 8

Ⅰ. ①朱…　Ⅱ. ①郭…　Ⅲ. ①朱熹（1130—1200）—克己复礼—哲学思想—研究　Ⅳ. ① B244.75

中国版本图书馆 CIP 数据核字（2021）第 260828 号

朱熹"克己复礼为仁"诠释研究
以理学体系建构为视角
郭园兰 著

商 务 印 书 馆 出 版
（北京王府井大街 36 号　邮政编码 100710）
商 务 印 书 馆 发 行
北京顶佳世纪印刷有限公司印刷
ISBN 978 - 7 - 100 - 20552 - 8

2021 年 12 月第 1 版　　　　开本 710×1000　1/16
2021 年 12 月北京第 1 次印刷　　印张 22⅛
定价：108.00 元

《朱子学文库》编委会

目 录

朱子学的精神与未来

——《朱子学文库》序

陈　来

在儒家思想文化史上，有两个集大成的人物。如果说孔子是上古文化集大成的代表，那么，宋代的朱子就可以说是近古文化集大成的代表。朱子是南宋著名的思想家、哲学家、教育家和大学者，后人称其学术为"致广大，尽精微，综罗百代"，在南宋以后，朱子和他的思想对中国乃至东亚的社会文化影响甚大。朱子学是行动的哲学、实践的哲学。朱子思想不仅统治了南宋以后元明清七百多年的中国，而且影响到整个东亚世界，并演化为东亚世界的统治哲学。不仅如此，《朱子小学》《增损吕氏乡约》《朱子家礼》所倡导的日常生活礼仪也日益成为东亚民众普遍遵循的生活方式，朱子学因之成为近世东亚文化的共同信仰。

"问渠那得清如许，为有源头活水来。"在全球化的背景下，朱子学仍然焕发着生机和活力，《朱子家礼》在韩国、中国仍然发挥着它的部分功能，韩国和中国每年都会举行朱子祭礼来缅怀朱子的丰功伟绩，朱子学仍然存活在我们身边，仍然是我们重建精神世界的活水源头。在全球化的背景下，现代人从朱子的思想中可以学到什么东西？朱子学对现代社会和现代生活有什么意义？换言之，全球化需要什么样的朱子学？朱子学的精神怎样参与人类未来精神世界的建构？我想至少可以从以下几个方面来初步了解朱子学在全球化时代的现代意义。

1. 文化传承

朱子的文化实践可归结为一句话，就是文化传承与创新。朱子对古代文化做了全面的整理，对四书的集辑与诠释尤花费了毕生精力，是文化继往开来、传承创新的典范。朱子在孔子以后的文化传承方面做出的贡献，是近一千年来无人可以与之相比的。今天的中华民族是由历史上的中华民族发展而来的，中华民族今天的成就是以发展了几千年的中国文化为基础的，而文化传承最核心的是价值观。以中华文化价值体系为核心的文化传承，不仅具有延续民族文化的意义，更具有满足当今重建社会价值的意义。应当学习朱子在文化传承方面的抱负和努力。

2. 主敬伦理

朱子学的学问宗旨，常常被概括为“主敬穷理”，所谓“主敬以立其本，穷理以进其知”。“主敬”是一种内心的状态，也是一种行为的状态，是“教人随事专一谨畏，不放逸耳”。从广义的内心生活态度来讲，敬畏感是一种带有超越性的内心态度和感受，其根本必归结到康德所说的对头上的星空和心中的道德律令的敬畏。头上的星空代表宇宙法则，宇宙法则加上心中的道德，这就是朱子讲的天理。“主敬”包含的敬畏感，是一种值得肯定的心灵境界和道德境界。从做事的角度来说，朱子学的现代意义之一，是可以为东亚社会提供一种“工作伦理”，朱子学的“主敬”精神为传统到现代的工作伦理提供了一种现成的资源、现成的伦理概念。

3. 学习精神

朱子学最为强调的是格物穷理，大学的“格物”朱子解释为即物穷理，格物穷理之方法是多种的，朱子特别强调的是读书讲学，其中特别突出学习的精神。就哲学的精神来看，朱子学可以说是孔子学习思想最大的继承、发展、推动者。朱子学的格物论可以说是对儒家自古以来的“学习”思想的一种哲学的论证和展开。今天的现代社会在教育程度上已与古代不同，以古代朱子学的标准来看，现代人的受教育程度都属于“大学”，所以朱子学几乎适用于今天现代社会的所有人。现代社会越来越是一个“学习型社会”，朱子学的“学习精神”应当说给我们提供了最好的指导。

4. 教育理念

除了学习精神，朱子学的教育理念也有其现代意义。从当代大学通识教育的角度来看朱子的格致论，朱子所强调的格物和问学，很大程度上都是为了肯定经典讲论在儒学中的正当地位。朱子对经典的学习非常重视，朱子所推动的读书主要也是读圣贤之书，读经典之书。朱子学的格物致知思想更近于受到大家重视的大学“通识教育”理念。因为朱子的格物说的确不是朝向某些专业的科学研究，而是重在培养学习者的综合素质，培养学习者的人文精神、道德理解、多元眼界和宽阔胸怀。这些思想都是与当代大学通识教育相通的文化资源。

5. 实践哲学

朱子不仅强调知识的学习，而且更为强调实践，这种对实践的强调，特别体现在朱子一贯提倡的“知行相须”“力行为重”上。照朱子的讲法，致知与力行之间相互联系，密不可分，二者如车之两轮、鸟之双翼，不可偏废。但论先后，知在先，行在后。论轻重，力行为重。知而不行，就不是真知，真知一定能付诸实践、表现于实践。这种精神合乎 19 世纪以来实践哲学的发展，当代哲学对社会实践的重视和关怀已经成为一种趋势。在这个意义上，朱子学的精神和近代哲学是相通的。

6. 化民成俗

朱子的儒学思想固然着眼于成年读书人的修身，但也关注社会风俗的改善。他强调大学之教不仅与“学者修己治人”有关，也与“国家化民成俗”有关。所以，其论教育的结果，“其学焉者，无不有以知其性分之所固有，职分之所当为，而各俛焉以尽其力”。学习者经过学习，不会脱离人伦日用，而能够更加理解自己的天性和职分，在其本职位置上尽伦尽职、尽力尽心。每个人都在其社会职位上尽其力，国家自然就可得化民成俗之效。朱子是对传统蒙学教育贡献最大的人，他的著作如《蒙童须知》《小学》《增损吕氏乡约》以及《家礼》等，在社会上流行甚广，对儒学价值的大众化、通俗化，对培养少年儿童养成德行，对形成文明的社会礼俗，都起了积极的作用。今天应当重视朱子这方面的贡献，使朱子的这些著作与目前流行的《弟子规》一起，古为今用，在道德教育中起到应有的作用。

近百年来，我国朱子学研究在现代社会的转型中起落消长，虽然有过种种曲折，但总体上处于蓬勃向上的发展态势；尤其21世纪以来，朱子学研究开拓的范围已相当广泛，如对朱子的易学、朱子的“四书”学、朱子的工夫论、朱子的经学、朱子的经典诠释、朱子的文学、朱子的自然学，以及朱子后学的研究、东亚朱子学的研究、朱子礼学的当代社会实践研究等，都出现了不少专著和论文，取得了很好的成果。这种研究的多元化和广泛性在宋明理学其他大思想家的研究中（如陆象山、王阳明）是很少见的。

在肯定成绩的同时，我们也要看到，宋、元、明、清四个朝代对朱子学的研究构成了现如今我们所研究的朱子学的整体，我们今天仅仅是对于朱熹本人的研究，也不能说是很充分的。如何发展朱子哲学研究的理论思维，提高理论的把握和处理朱子学材料的水平，关注较大范围的哲学思考，仍是朱子学研究应当持守的层面。在朱子后学的研究方面，近年来也有一些发展，只是总体上比起阳明后学的研究来还很不够。就此而言，我们要对各个朝代（宋、元、明、清）的朱子后学的重要见解进行分析，把他们流传下来的书籍、文献进行整理、研究。如果完成这些工作的话，对于学科的发展会有很大的建树。我们应当在不长的时间内使朱子后学的研究有一个较大的改观。进一步说，朱子后学，若只限于一传二传乃至三传的意义上，还不能穷尽“朱子学”的范围；从更广的朱子学的角度看，元明清的朱子学家思想群体都应有规划地一步步地开展其研究，成为体系，使“朱子学”理论深化和发展的历史得以呈现，使“朱子学”的研究更加丰满。

美国文化人类学家克利福德·吉尔兹（C. Geertz）曾经呼吁，我们要研究那种具有全球意义的“地方性知识”，而朱子学正是这种具有全球意义的“地方性知识”。我们认为，朱子学有三个层次，犹如一个同心圆展开的过程。第一个层次，中国文化圈中的朱子学；第二个层次，东亚文明圈中的朱子学；第三个层次，全球朱子学。中国朱子学研究多停留在第一层次，今后我们要大力提倡和发展第二、第三层次的朱子学研究。

以朱子学和阳明学为核心的“新儒学是东亚文明的共同体现”。不全面了解朱子学的各个方面，就无法了解东亚朱子学者对朱子学的承传与创新。只有全面了解中国宋元明清儒学内部对朱子哲学的各种批评，才能真正了解德川时代儒学对朱子的批评中，哪些是与中国宋明儒学的批评相同的，哪些是与宋明儒学的批评不同而反映了日本思想的特色。反过来，只研究朱子的思想，而不研究李退溪、李栗谷、伊藤仁斋的思想，就不能了解朱子哲学体系所包含的全部逻辑发展的可能性，不能了解朱子思想体系被挑战的所有可能性，以及朱子学多元发展的可能性。这样的朱子哲学的研究是不完整的。换言之，中、日、韩朱子学的相互交涉、相互促进，构成了东亚朱子学承传与创新的独特风景。未来的东亚朱子学研究应填补真空，走向综合，从整体上揭示和阐释东亚朱子学的话语体系，揭示出其内在的问题意识、思想脉络和朱子学的相互交涉，并给予其思想以正确的理论定位。

反观近世东亚的朱子学（主要是韩国和日本的朱子学），20 世纪 80 年代以来全国各地也有不少研究，后来因学科目录中原有的“东方哲学”不再存在，使得相关研究的发展受到一些影响，现在应继续努力加强其研究。近十年来中国台湾学者尤其是新儒家学者对韩国朱子学加强了研究，取得了明显的成绩，给这一领域增添了新的动力和活力。另一方面值得注意的是，中国台湾朱子学界近年普遍出现了对牟宗三先生朱子研究范式的一些反省和讨论，也促进了朱子哲学研究在我国台湾地区的新的开展，并将推动整个朱子哲学研究的深化。

最近，厦门大学国学研究院、朱子学会积极吸纳全球朱子学专家和学者的最新成果，拟用 5 年时间出版 30 册左右的大型《朱子学文库》。这是继 20 世纪日本发行《朱子学大系》以来最为重要的一次朱子学著作的大集辑，文库的作者群来自全球各地，主要以中青年学者为主，内容也以东亚朱子学研究和全球百年朱子学研究为主，我认为，这将是 21 世纪朱子学研究中的一件大事。

厦门大学朱子学研究有着悠久的历史传承。老一辈的邹永贤教授、高令印教授、何乃川教授在朱子学研究领域筚路蓝缕，开拓创新，为厦门大学朱子学研究奠定了很好的基础。邹永贤教授主编的《朱子学研究》《朱子学论丛》，在学术界影响颇佳。高令印教授从20世纪80年代开始从事朱子学研究，其著作《福建朱子学》《朱子学通论》等在朱子学界有一定的影响，其作品《退溪学与东方文化》《朱熹事迹考》被翻译成韩文，为韩国朱子学研究者所重视。2006年，厦门大学国学院复办，复办后的国学研究院，在国学研究方面取得了引人注目的成就。厦门大学国学院研究组织校内外相关科研队伍，在开展以朱子学为核心的、以中国传统文化为主要领域的科学研究方面，取得了引人注目的成绩，特别是在推动朱子学、海峡两岸国学研究与互动交流方面，成绩突出。近五年来，先后举办（包括联合举办）规模较大的国际和海峡两岸朱子学研讨会六次，出版朱子学研究专著、译著十余部。2011年9月，朱子学会在厦门大学成立，创办《朱子学年鉴》，组织举办多次大型国际朱子学会议，团结了一大批海内外朱子学研究专家，引领朱子学研究走向国际化，厦门大学朱子学研究步入了一个全新阶段。2012年和2013年，厦门大学分别获得“百年朱子学研究精华集成”“东亚朱子学的承传与创新研究”两项国家重大招标项目，并以此为基础编辑出版《朱子学文库》，它也标志着厦门大学已经成为我国东南沿海朱子学研究的中心。

“旧学商量加邃密，新知培养转深沉。”未来的路很长很长，我们坚信，发展朱子学研究是大有可为的，我们要加强规划，抓紧开展，促进国际交流，利用目前重视文化发展的大好时机，使朱子学的研究开创出一个新的局面。

是为序。

序

肖永明

“克己复礼为仁”是儒学的重要命题。朱熹对这一命题多有措意，进行了创造性诠释，“克己复礼为仁”诠释在朱熹学术中居于重要地位。到清代，朱熹的“克己复礼为仁”诠释成为汉宋之争的争点，彰显了儒学的分化和发展。在当代儒学发展过程中，朱熹的“克己复礼为仁”诠释也备受关注。由于朱熹“克己复礼为仁”诠释中的“仁”“礼”“克己”牵涉面广，对此加以研究，能窥一斑而知全豹，实现小切口大关怀，呈现朱熹学术体系的整体面貌，彰显朱熹学术的特征及其在儒学发展史上的地位、影响与鲜活的生命力。这项工作，非常必要，具有重要的学术价值。

目前学界相关的研究成果多聚焦于孔子“克己复礼为仁”思想研究，尤其是 20 世纪 90 年代初发生于海外及中国港台地区的激烈争论，更是将对这方面的研究推向了高潮。相比之下，对宋、元、明、清儒者“克己复礼为仁”诠释研究的文献较少。对朱熹“克己复礼为仁”诠释的研究，更是缺乏系统、全面、深入的成果，为进一步的研究留下了较大的空间。有鉴于此，郭园兰围绕这一问题撰写了她的博士学位论文，本书就是在其博士论文基础上修改而成的。我认为，本书有几个方面非常值得关注。

首先，本书对朱熹“克己复礼为仁”诠释进行了系统而全面的研究。

一方面，本书结合朱熹本人诠释和清代学者对此进行质疑、回应的实际情况，采取分、合结合的形式全面开展研究。先从分的角度，深入挖掘了朱熹“克己”“复礼”“为仁”的深刻意涵，在此基础上，从合的角度，全面探究朱熹对“克己”“复礼”“为仁”三者关系的诠释，对克己与复礼、复礼与为仁、克己复礼与为仁，以及仁与爱、仁与理、仁与德、仁与本心、礼与理等关系的诠释进行了条分缕析的考察。如，本书对朱熹“克己”诠释进行了系统性的研究，既突出了朱熹在“克己”诠释上的立场与取舍、“克己”诠释的思想内涵、践履与影响，又从“克己”诠释看朱熹学术内倾特征、从“克己”诠释之汉宋分野看朱熹学术的影响，是对朱熹“克己”诠释较为系统而全面的研究，体现了对已有成果的超越。

另一方面，本书研究不仅关涉学术、内圣，而且关涉政治、外王。如，不仅在学术上探讨朱熹“克己”诠释思想的气禀之私、人我之私、耳目口鼻之欲等内涵，而且研究朱熹如何在现实生活中身体力行，劝导学者以此治心修身，进谏君王以此正心窒欲，还以道学之争为例，深入分析了朱熹“克己”诠释思想重大而深远的影响。再如，本书以“克己”为中心，从时代激发、佛道挑战、心性之学发展、学术风尚转移、个人际遇等既关涉学术又关涉政治的角度，对朱熹学术内倾特征的形成进行了全面而深入的研究，既揭示了经典诠释与理学体系建构双向互动在其内倾学术特征形成中的重要作用，又凸显了朱熹学术内倾与其政治活动息息相关。这种对朱熹“克己复礼为仁”诠释的系统性、全面性研究也充分体现了朱熹学术本身“致广大、尽精微”的原貌，具有创新性。

其次，本书有着独到而切合实际的研究视角。

本书以理学体系建构为视角对朱熹“克己复礼为仁”诠释进行研究，切合儒学发展的实际情况，有着强烈的问题意识。仁礼关系是儒学的核心问题，是儒学发展和分化的晴雨表，是长期以来聚讼不已的焦点话题。朱熹对“克己复礼为仁”这一最能反映儒学仁礼关系的命题多有措意，进行了创造性诠释，建构理学，振兴儒学，这是他应对佛道挑战、回应社会“人心陷溺”的现实选择；而到清代，朱熹理学遭到排斥和漠视，朱熹“克己复礼为仁”诠释甚至因此而成为汉宋之争的争点之一。从这两个方面不难看出，朱熹“克己复礼为仁”诠释不仅涉及儒学与外部的抗争（儒学与佛道之辩），还涉及儒学内部本身的争议（清代汉宋之争）。因而，本书的研究视角具有很强的针对性，抓住了问题的根本。

更难能可贵的是，本书对朱熹“克己复礼为仁”诠释的研究很好地贯彻了理学体系建构这一视角。朱熹对“克己复礼为仁”命题中的三个核心概念“克己”“复礼”“为仁”及其三者之间的关系皆进行了理学化的诠释，朱熹以其理学体系统领“克己复礼为仁”诠释，在诠释“克己复礼为仁”过程中建构和完善理学体系，本书对此进行了深刻揭示。如，本书对朱熹“克己”诠释的研究始终注重阐释朱熹为何以“身之私欲”而不以“身”训“己”、以“胜”而不以“治”训“克”，给“克己”诠释严严实实地披上理学化的外衣，并揭示了朱熹“克己”诠释如何贯彻其理气观、理欲观等。又如，本书对“为仁”诠释研究指出，朱熹释“为仁”为“谓之仁”“是仁”，是强调“克己复礼”是“为仁之工夫”；释“为仁”为“见仁”，是强调“克己复礼”工夫指示的方向和目标系“仁”的本体、全体；而释“为仁”为“到仁”“至仁”，则不仅强调“克己复礼”这一工夫，亦强调这一工夫指示的方向和目标乃“仁”之境界和地位。这些诠释均不是定义“仁”，而是借“克己复礼”工夫指示“仁”等，透过朱熹“为仁”诠释研究，突出了朱熹学术的工夫论倾向。

此外，本书对历时性考察的重视值得称道。朱熹“克己复礼为仁”诠释具有动态性、阶段性特征。本书各章节皆注重全面梳理朱熹批判吸纳前人诠释思想、与儒学内部其他学派学者论辩往来、不断学习和思考的发展历程，注重突出朱熹经典诠释的动态发展与阶段性特征及其潜在的问题意识，并深刻揭示了朱熹“克己复礼为仁”诠释中的矛盾性及其成因。如，朱熹将“（复）礼”分别诠释为天理、节文、天理之节文等内容，如果放在同一个时间段来看，这些诠释肯定是自相矛盾的，但就朱熹各个时段面临的问题来看，又显得合情合理，朱熹早年重在建构理学，中晚年注重现实践履，晚年兼顾理学建构与现实践履，本书对此进行了深入探究，并精到地归纳出体、用、兼体用和正、反、合的分析和叙述结构特征。这些都颇具学术价值。

郭园兰本科学习的是汉语言文学，研究生阶段从事经学与文学的研究，研究清代经史学家钱大昕的文学思想，博士阶段跟随我学习中国古代思想史。博士毕业后，又到清华大学国学院访问学习一年，并从高校“双肩挑”岗位转到哲学系担任专职教师，致力于中国哲学、宋明理学等方面的研究和教学工作。如此一路走来，就兼有了文、史、哲三个方面的学习和研究背景，奠定了比较扎实的学术基础，具有了开阔的学术视野。自读博近十年来，她一直坚持参加我组织的读书会，也乐于参加各种学术报告会，积极参加各类学术研讨会，为学勤勉，好学深思；她从博士论文中析出不少单篇论文进行反复修改，一方面利用这些小论文积极参加各级各类学术活动，如 2019 年参加“浙学论坛 2019：浙学新视野暨‘东南三贤’国际学术研讨会”，荣获首届“浙学论坛青年学者浙学研究优秀论文奖”，另一方面又将这些小论文投递到相关刊物上，前前后后发表了十余篇论文，得到了相关刊物和盲审专家的肯定；今年，她在前期充分积累的基础上又成功申报国家社科基金项目，准备对仁礼关系问题开展更加深入的研究。一分耕耘一分收获，郭园兰博士通过自己长期的刻苦努力，逐渐茁壮成长起来，学术研究已初具规模，未来可期。在此，我衷心希望她再接再厉，潜心问学，深入开拓，不断为学术界奉献更新更好的研究成果。

2021 年 11 月于岳麓书院

第一章　研究概述

第一节　背景与意义

一、"克己复礼为仁"是儒学的重要命题

"克己复礼为仁"始出《论语·颜渊》：

> 颜渊问仁。子曰："克己复礼为仁。一日克己复礼，天下归仁焉。为仁由己，而由人乎哉？"颜渊曰："请问其目。"曰："非礼勿视，非礼勿听，非礼勿言，非礼勿动。"颜渊曰："回虽不敏，请事斯语矣。"

理解"克己复礼为仁"是掌握孔子思想的关键。孔门之教，要旨在"克己复礼"，[①]"克己复礼为仁，是孔子仁礼学说的核心"[②]。"克己复礼为仁"之重要体现为这一命题中包含了两个关键词"仁"和"礼"。此章节被认为是最能反映"仁"这个概念特征的。[③]

从现象来看，"仁"和"礼"在《论语》中出现频率高，被讨论次数多。《论语》中"仁"出现了109次（其中作为孔子的道德标准105次，仁人3次，同"人"1次；其中他人讲仁25次，孔子自己讲仁84次；孔子的弟子及他人问仁的现象特别多，问仁包括问仁人、仁行等总计达20次）[④]，"礼"出现了74次（包括指礼意、礼仪、礼制、礼法等；《论语》

---

① 张寿安：《以礼代理——凌廷堪与清中叶儒学思想之转变》，河北教育出版社，2001年，第157页。

② 刘家和：《先秦儒家仁礼学说新探》，《孔子研究》1990年第1期。

③ 杜维明：《"仁"与"礼"之间的创造性张力》，《杜维明文集》第四卷，武汉出版社，2002年，第15页。

④ 杨伯峻：《论语译注》，中华书局，1980年，第11页。

中无孔子弟子问礼之记载，只有《八佾》"林放问礼之本"一事）[①]。先秦其他典籍中"仁""礼"出现的频率也很高。在《左传》中，"仁"出现39次，"礼"为517次。在《国语》中，仁62次，礼121次。[②]

从思想本质来看，"仁"和"礼"在孔子学说中地位重要，是孔子理论的主脉，是儒家思想系统中的两个基本范畴。劳思光指出，"孔子之学，由'礼'观念开始，进至'仁''义'诸观念。故就其基本理论言之，'仁、义、礼'三观念，为孔子理论之主脉，至于其他理论，则皆可视为此一基本理论之引申发挥"；"'礼'观念是孔子学说之始点"，"'仁'观念是孔子学说之中心"。[③]赵光贤认为，"'仁'与'礼'两个概念在孔子学说中都占着非常重要的地位"[④]。杨国荣指出，"孔子在对'仁'做创造性阐发的同时，也将'礼'提到突出地位，从而，其学说也表现为'仁'和'礼'两者的统一"，"儒学以'仁'和'礼'的统一为其核心"。[⑤]颜炳罡强调，"仁与礼是儒家思想系统中两个基本范畴"，"'克己复礼为仁'体现着主观与客观、常道与变道、绝对与相对的合一，即仁与礼的合一"。[⑥]梁涛亦认为，"从孔子开始，儒家之道的主要内容有二，一是仁，一是礼"，"仁是孔子开创之新统……礼是孔子承继之旧统"。[⑦]

研究朱熹"克己复礼为仁"诠释，有助于更好地理解儒家的"仁"和"礼"思想，了解儒家学术的传承、创新与经典诠释之间的关系，以及儒家经典诠释的特征、儒家思想与时俱进的品格。

---

① 杨伯峻：《论语译注》，中华书局，1980年，第127页。

② 孙景坛：《仁是孔子思想核心新证》，《南京社会科学》1991年第5期。

③ 劳思光：《新编中国哲学史（一）》，生活·读书·新知三联书店，2015年，第84、89页。

④ 赵光贤：《论孔子学说中"仁"与"礼"的关系》，《北京师范大学学报》1985年第1期。

⑤ 杨国荣：《儒学：本然形态、历史分化与未来走向——以"仁"与"礼"为视域》，《华东师范大学学报（哲学社会科学版）》2015年第5期。

⑥ 颜炳罡：《依仁以成礼，还是设礼以显仁——从儒家的仁礼观看儒学发展的两种方式》，《文史哲》2002年第3期。

⑦ 梁涛：《儒家道统说新探》，华东师范大学出版社，2013年，第25页。

二、“克己复礼为仁”诠释在朱熹学术中居于重要地位

朱熹重视“克己复礼”，早在43岁撰写《克斋记》时强调：“所以求仁者盖亦多术，而一言足以举其要，曰‘克己复礼’而已。”[①]朱熹特别指出求仁之术很多，而“克己复礼”足以概括其要领。朱熹欣赏颜子，朱熹“心中所想像之颜子，乃与东汉以下迄于北宋理学诸儒所想像者有绝大之不同。朱子想像中之颜子，乃是刚健果决，具有一种极强之内力，能勇猛精进，如天旋地转，雷动风行做将去。如将百万兵，操纵在我，拱揖指挥如意”[②]。朱熹将颜子魅力归于“克己复礼”，“颜子生平，只是受用‘克己复礼’四个字”[③]。颜子“克己复礼”工夫直做了上一截，仲弓“主敬”只做得下一截。与当时理学家看重仲弓不同，朱熹更进一层，透到人心内在力量，从“克己”角度欣赏颜子：“夫子告颜渊之言，非大段刚明者，不足以当之”；“孔子答颜子处，是就心上说工夫，较深密为难”；“颜子克己，如红炉上一点雪”；“克己复礼，若火烈烈，则莫我敢遏”。[④]

朱熹对“克己复礼为仁”这一命题多有措意，具体体现为他对这一命题中“克己”“礼”“仁”三个关键术语的重视。朱熹重视“克己”，到晚年甚至专崇“克己”，置“克己”于“主敬”工夫之上。对此，钱穆曾指出，朱子“克己”思想乃两宋理学思想中甚值注意研讨之问题，并扼腕叹息言程朱之学者不曾触及朱子“克己”之研究。[⑤]朱熹对“礼”颇为关注，撰写《家礼》《仪礼经传通解》等，释“礼”为“天理之节文”，既重视“礼”之形而上的理学理论建构[⑥]，又重视礼之形而下的践履。朱

① 朱熹：《克斋记》，《晦庵先生朱文公文集》卷七七，《朱子全书》第24册，上海古籍出版社、安徽教育出版社，2010年，第3709页。

② 钱穆：《朱子学提纲》，《朱子新学案》第1册，九州出版社，2011年，第128页。

③ 黎靖德编，王星贤点校：《朱子语类》卷四一，中华书局，1986年，第1042页。

④ 同上注，第1064、1074、1042、1042页。

⑤ 钱穆：《朱子论克己》，《朱子新学案》第2册，九州出版社，2011年，第441页。

⑥ 王启发：《朱子礼学思想的理论框架及其展开》，陈支平、刘泽亮主编：《展望未来的朱子学研究：朱子学会成立大会暨朱子学与现代跨文化意义国际学术研讨会论文集》，厦门大学出版社，2012年，第53—92页。

熹重视“仁”，早年即与其师李侗讨论“仁”字之说[①]，中年又与张栻等湖湘学者进行仁说之辩，并撰写《仁说》[②]，晚年一如既往地关注仁之论题[③]。朱熹重视“仁”，尤为重视“克己复礼为仁”之“仁”：“《论语》只说仁”；“《论语》切要处在言仁。言仁处多，某未识门路。日用至亲切处，觉在告颜子一章”。[④]钱穆指出，朱熹“以仁字释理气，乃见其亲切人生，而天人两界之诚为一体，盖至是而义据通深，可以无憾”[⑤]。陈来强调，朱子的哲学思想体系可以从理学、仁学两个基本方面来呈现，甚至从凸显朱熹儒学体系的整体面貌的角度，把朱熹仁学摆在高于理学的位置。[⑥]

可见，研究朱熹“克己复礼为仁”诠释，可以窥一斑而知全豹，有助于深入理解朱熹学术。

三、“克己复礼为仁”诠释内含朱熹应对佛道挑战、复兴儒学之使命

仁礼关系是儒学的核心问题，孔子对仁礼关系的论述主要集中在两处：“人而不仁，如礼何？人而不仁，如乐何”（《论语·八佾》）；“克己复礼为仁”（《论语·颜渊》）。对于前者，朱熹的诠释较为简略，而对于后者，朱熹予以详细诠释，并将其纳入理学体系中进行了深度诠释。佛道挑战、儒学式微、人心陷溺、价值颠覆等问题迫切需要朱熹彰显仁与礼的价值，“克己复礼为仁”诠释中承载着朱熹应对佛道挑战、复兴儒学、建构理学的学术使命。

唐宋以来，佛道日炽。佛道特别是佛教，注重心性建构，拥有完整的形而上学本体论，对儒学构成极大挑战，早在中唐韩愈、李翱就对佛教的盛行颇为忧虑，其中韩愈主张“人其人，火其书，庐其居”[⑦]，坚定

---

① 朱熹：《延平答问》，《朱子全书》第13册，第331—332页。
② 陈来：《朱子哲学研究》，华东师范大学出版社，2000年，第189—193页。
③ 1194、1195年，朱熹65、66岁，先后作《玉山讲义》《答陈器之问〈玉山讲义〉》等言仁。
④ 黎靖德编，王星贤点校：《朱子语类》卷一九、四二，第428、1073页。
⑤ 钱穆：《朱子论仁上》，《朱子新学案》第1册，九州出版社，2011年，第377页。
⑥ 陈来：《朱子思想中的四德论》，《哲学研究》2011年第1期。
⑦ 韩愈：《原道》，《韩昌黎全集》卷十一，中国书店，1991年。

而激烈地反佛拒佛。到了宋代，被全祖望称为开宋代学术之先河的孙复更是大声疾呼，视佛老之徒横行中国为儒者耻辱。宋代儒者纷纷叹息佛门昌盛，忧虑道学失传，意识到佛教患达千年的主要原因在于儒学不振，进而以复兴儒学为自身使命。

与前人不同的是，朱熹集两宋学术之大成，又曾出入佛老，其应对佛老挑战，一方面学习佛老之长，弥补儒学之短。能“入室操戈”，吸收和“整合”佛道思想①，汲取佛家精致的本体思想和思辨的心性理论，主动加强本体形上世界、心性论和工夫论建构，加强儒学统摄人心的作用，生发仁体观念，建立自己的心性哲学，守护儒家的价值。朱熹诠释“克己复礼为仁”，以“天理”释礼，沟通礼、理，凸显仁体，强调“若更要真识得仁之体，只看夫子所谓‘克己复礼’；克去己私，如何便唤得做仁”②，“克去己私”的结果就是呈现“仁之体”。正因如此，陈来先生强调，“是佛道二氏使得儒家的仁体论被逼显出来”③。

另一方面，驳斥佛老之短，彰显儒学之长。一是与佛老开展“虚实之辨”，凸显儒学与佛老之学的根本区别所在，强调儒家以“仁义礼智”为性，突出儒家所言之“理”为“实理”，批评佛家“作用释性”，批驳佛老“溺于空虚”。朱熹以“理”释“克己复礼为仁”之“仁”“礼”，反复强调的即是儒家这一实理不同于佛老的空虚。二是光大儒家礼义，以礼义这一儒家之本作为战胜佛教的法宝。欧阳修指出，“礼义者，胜佛之本也”④；孙复亦认为，“夫仁义礼乐，治世之本也”⑤，兴王道、正人伦都离不开这一根本。朱熹在诠释克己、复礼二者关系时，特别突出儒家“复礼”不可或缺的重要性，力避佛老之空寂，在为弟子廖子晦作的《韶州州学濂溪先生祠记》一文中，更是严厉批评佛老“不务下学而溺于空

① 徐洪兴:《思想的转型——理学发生过程研究》，上海人民出版社，1996 年，第 61 页。
② 黎靖德编，王星贤点校:《朱子语类》卷九五，第 2418—2419 页。
③ 陈来:《仁学本体论》，生活・读书・新知三联书店，2014 年，第 169 页。
④ 欧阳修:《本论上》,《居士集》卷一七,《欧阳文忠公集》,《四部丛刊》初编集部。
⑤ 孙复:《儒辱》,《孙明复小集》卷三,《景印文渊阁四库全书》第 1090 册，台湾商务印书馆，1986 年，第 176 页。

虚”，虚空无实。[①]

朱熹以“胜身之私欲”释“克己”，一方面，以理学体系特有的概念，在理学体系大框架下进行诠释，使诠释理学化，以贯彻其天理人欲观，体现其理学本体论思想；另一方面，“己”“礼”相对，以“天理”对治“人欲”，以此解决朱熹所处南宋时期亟需解决的人心陷溺、价值沦丧的现实危机。正因如此，朱熹“克己”诠释有了颠覆性的转变，在朱熹等新儒家学者的头脑中，最重要的就是修身和内心的思想，他们强调内省的训练，强调深植于个体人心当中的内在化的道德观念，倾向于转向内在。[②]

四、朱熹“克己复礼为仁”诠释在清代汉宋之争中成为争点

汉学、宋学在“克己”“复礼”“为仁”诠释上存在分野，清代汉学家以后来者居上的姿态对朱熹等宋学家的“克己复礼为仁”诠释进行了全面批驳，对此，清代学者方东树撰写《汉学商兑》，站在朱熹等宋代理学家的立场进行了针锋相对的回驳。[③]

清代汉学家以“修身”训“克己”，反驳朱熹等宋学家训“克己”为“胜身之私欲”。毛奇龄、惠士奇等从训诂上批评朱熹释“己”为“己私”是添字解经，阮元、陈澧、戴东原等又指出，以“己私”释“己”，与“为仁由己”之“己”的释义不同，导致同一文本上下文文义不一致。毛奇龄、焦循、陈澧还从源头入手，溯源纠谬，稽查宋儒“克己”解谬误之出处与流变。[④]方东树反驳，称汉学家著书，睥睨程朱，一派妄说，粗谬已极。

清代汉学家以“礼”代“理”，反驳宋儒以“理”释“礼”。戴震、焦循禁言理，认为宋儒言性言理，“以理为学”，“探之茫茫，索之冥冥”，

---

① 朱熹：《韶州州学濂溪先生祠记》，《晦庵先生朱文公文集》卷七九，《朱子全书》第24册，第3768页。

② [美]刘子健著，赵冬梅译：《中国转向内在：两宋之际的文化转向》，江苏人民出版社，2012年，第150—151页。

③ 江藩、方东树著，徐洪兴编校：《汉学商兑》，《汉学师承记：外二种》，中西书局，2012年，第219—282页。

④ 郭园兰：《〈论语〉“克己”诠释之汉宋分野：从多维视域考察》，《求索》2017年第11期。

"如风如影"；方东树认为宋儒所谓理，是仁、义、礼、智、信五者"所存所发自然之条理"，是实理、实德，不曾茫茫冥冥，"实事求是，莫如程朱"。江藩认为濂洛关闽之学，"不究礼乐之源，独标性命之旨"；对此，方东树则认为，宋儒性命之旨就是礼乐之源，自汉晋以来，唯独宋儒周程诸子，能知其本源合一处。

清代汉学家以"相人偶"释"仁"①，咎责朱熹以"心德"释"仁"为谬误。阮元在其《揅经室集》之《论语论仁论》中发挥郑玄"相人偶"注解，并结合曾子"人相与"和孟子"仁者人也"等释义，认为一个人独居闭户，谈不到仁，仁是人与人之间的相互关系，认定仁字是指两人相人偶的关系。②方东树反驳认为，以"人偶"论"仁"之用则可，以之论"仁"之体，则不可，程子以"爱非仁""仁性爱情"言仁之体，朱子"仁者，心之德，爱之理"发明程子意最详尽。

关于汉宋之别，阮元和刘师培从源头上加以区分。阮元说："汉唐注疏之学，乃荀子之流衍，宋明心性之学，乃孟子之流衍，汉宋之别，亦犹荀孟之别也。"③阮视汉唐注疏之学与宋明心性之学为荀、孟的流布，把汉宋之别区分为荀、孟之分。后来，刘师培进一步强调："曾子、子思、孟子皆成一家者也，是为宋学之祖；子夏、荀子皆传六艺者也，是为汉学之祖。"④刘以曾子、子思、孟子自成一家之言，为宋学之祖，以子夏、荀子为传六艺之学者，为汉学之祖。不过，就发端而言，孔子均具师儒之长，汉学、宋学都渊源于孔子，都是得孔学之一端发展而成，都是孔学道统的继承人。梁涛认为，"孔子思想中的不同倾向，在孟子、荀子那里得到进一步分化，不仅表现为仁学与礼学的对立，还衍化为汉学与宋

① 阮元撰，邓经元点校：《揅经室一集》卷八，《揅经室集》，中华书局，1993 年，第 176—179 页。
② 陈来认为阮元未曾明确说清"相人偶即相互亲敬"义，阮的结论与"仁"字的使用历史不合，完全忽略了自西周以来至汉代"仁"字的语用历史，就字论字，在方法上其实是站不住的。参看陈来：《仁学本体论》，生活·读书·新知三联书店，2014 年，第 162—167 页。
③ 徐平章：《荀子与两汉儒学》，文津出版社，1988 年，第 113 页。
④ 刘师培：《国学发微》，《刘申叔遗书》，江苏古籍出版社，1997 年，第 478 页。

学的分歧”[①]。与阮、刘不同的是，梁指出汉宋之分是孟、荀分化的衍化，仁礼对立是孟、荀分化的表现。

在阮、刘、梁等人看来，汉学家主宗荀子，宋学家主宗孟子，孟荀有别，仁礼相对，汉宋论争。不过，汉学家宋学家固然有宗孟宗荀、偏仁偏礼之区别，但对于“克己复礼为仁”中的同一仁、礼以及克己，汉宋学者的诠释亦迥然不同，可见，汉宋学者诠释不同，与宗孟宗荀、偏仁偏礼并无必然联系，朱熹在理学建构视角下，结合天理人欲、专言偏言、理一分殊、体用等理学专门术语对“克己复礼为仁”进行了理学化的诠释，而清代汉学家对此进行了针锋相对的驳斥。其实，清代汉学家与朱熹等宋学家的最大隔阂并不在于宗孟还是宗荀、崇仁还是尚礼，而在于他们学术产生的背景和面临的社会问题不同，不同的问题意识致使他们之间缺乏真正的理解与共情，尤其是清代汉学家对朱熹理学体系建构采取的是漠然和抵斥的态度，他们驳斥朱熹“克己复礼为仁”诠释自然有失公允。由此可见，以理学体系建构为视角研究朱熹“克己复礼为仁”诠释非常重要，对此开展深入研究，对于平议汉宋之争不无裨益。

五、朱熹“克己复礼为仁”诠释彰显了儒学的分化和发展

南宋之前比较完整的《论语》注本主要有三国魏何晏《论语集解》、南朝梁皇侃《论语集解义疏》、宋初邢昺《论语注疏》等三者。皇侃《论语集解义疏》以何晏《论语集解》为底本，而邢昺《论语注疏》则敷衍皇侃《论语集解义疏》而成。这三本注解《论语》之作，对“克己复礼”章均有一定程度的关注。其诠释主要说明外在客观的礼仪制度对个体的约束和形塑，并未太在意内在道德修养对个体的影响。朱熹《论语集注》刊出后，邢昺《论语注疏》式微[②]，《论语集注》成为注解《论语》的新

---

① 梁涛：《儒家道统说新探》，华东师范大学出版社，2013 年，第 80 页。

②《四库全书总目》云：“昺《疏》《宋志》作十卷，今本二十卷，盖后人依《论语》篇第析之。晁公武《读书志》称其亦因皇侃所采诸儒之说刊定而成。今观其书，大抵翦皇氏之枝蔓，而稍傅以义理，汉学、宋学兹其转关。是《疏》出而皇《疏》微，迨伊洛之说出而是《疏》又微。”（参见《四库全书总目》卷三五经部三十五四书类《论语正义》提要。）

权威。《论语》为语录体著作，注者多为随文疏解，阐释文本时很难做到完整和系统。朱子将原本独立的《论语》与《大学》《孟子》《中庸》结合，使《论语》从《五经》系统转而归属《四书》系统，并用集结《四书》的义理脉络诠释《论语》。朱熹“克己复礼为仁”诠释是一个转捩点，与之前的诠释存在重大差异，体现出宋代思想家对儒学价值核心的不同见解。

朱子不仅在《论语集注》“颜渊”篇诠释“克己复礼为仁”，而且在《论语集注》的其他篇章中，在《论语精义》《论语或问》《朱子语类》[①]“颜渊”篇及其他篇章中不断深化对“克己复礼”的诠释。朱子“克己复礼为仁”诠释为其理学思想体系建构服务，富于创造性，主动承担起社会道德调节使命，引导道德由外在的制约规范转变为个体的内在要求。跟原初儒学“仁”“礼”并重不同的是，朱熹视“仁”“礼”相通并重的同时，又有将“仁”学引向心性之学，抬高“仁”，推动“仁”“礼”分离的趋向。[②]如果说原初儒学为“周孔之道”，那么整体来看，宋代儒学崇“孔孟之道”。考察和研究朱熹“克己复礼为仁”诠释，不难发现，儒学在宋代有了分化和发展。

趋向分化的宋代儒学在明代又进一步分化和发展，这由王阳明“克己复礼为仁”诠释可见一斑。时异代易，面临新的社会情境，阳明与朱子学术思想体系亦有歧异。王阳明释“己”为“私欲”、“理”为天理，其“克己复礼为仁”诠释与朱子大略相同，但他批评朱子“克己复礼”之“效验”说就“用”不就“体”，主张克己复礼与立志、意诚相结合，就“体”而言，“克己复礼”是复吾心一体之仁。王阳明“克己复礼”诠释以良知之学为主，以德性为本，以良知代替“仁”，“仁”的地位更进

---

① 《朱子语类》有关“克己复礼”的篇幅很长，对于了解朱子思想颇为重要。钱穆指出，“后人仅读《论语》朱《注》，以为循朱《注》即可明得《论语》本旨，若不检寻《语类》，又焉知此中有如许曲折，如许苦心乎？”（钱穆：《从朱子论语注论程朱孔孟思想歧点》，《钱宾四先生全集》第4册，联经出版事业公司，1998年，第309页。）

② 杨国荣：《儒学：本然形态、历史分化与未来走向——以“仁”与“礼”为视域》，《华东师范大学学报（哲学社会科学版）》2015年第5期。

一步提高，“礼”的诠释更趋于内在化、本体化，心即礼，从而以礼为心性，以仁消融礼，更进一步促进了儒学的分化。

直至明末，“由于儒者痛感水间林下空谈心性之无补于世道，才觉悟到儒学之体绝不限于‘良知之独体’，而必须回向经典、重求内向外王之整体”[①]，阳明后学如罗汝芳逐渐偏离了王阳明的良知良能之教，其“克己复礼为仁”诠释特别强调“礼”的意义，逐步走向考察礼文、遵守礼法之路，“礼”的地位逐渐抬升，儒学分化有回缩之势。其诠释方法一反阳明之纯义理，表现为义理、训诂兼用，意识到以道问学成就尊德性，博文约礼。钱穆提出“每转益进说”[②]，余英时提出“内在理路说”[③]，二者都是针对清代考据学的兴起而提出的，也可用于“克己复礼为仁”诠释，我们可通过内在理路的视角来阐释学术发展脉络。据此，明代思想家“克己复礼”诠释究竟系“宋明思想脉络”，承前接宋代，更多表现出与朱子诠释的一致性呢，还是系“明清思想脉络”，启后续清代，更多表现出与朱子诠释的相异性，从而使清代思想成为明代思想之继起性展开呢？中国台湾学者林月惠从哲学的角度研究“克己复礼”，支持前说[④]，日本学者沟口雄三着眼于社会背景来研究“克己复礼”，证实后者[⑤]。

时至清代，清初学者王夫之亲历明朝灭亡之哀，痛感社会伦理秩序

---

① 余英时：《清代学术思想史重要观念通释》，《中国思想传统的现代诠释》，联经出版事业公司，1987年，第405—486页。

② 钱穆曰：“治近代学术者当何自始？曰：必始于宋。何以当始于宋？曰：近世揭橥汉学之名以与宋学敌，不知宋学，则无以平汉宋之是非。且言汉学渊源者，必溯诸晚明诸遗老。然其时如夏峰、梨洲、二曲、船山、桴亭、亭林、蒿菴、习斋，一世魁儒耆硕，靡不寖馈于宋学。继此而降，如恕谷、望溪、穆堂、谢山乃至慎修诸人，皆于宋学有甚深契诣。”（钱穆：《两宋学术》，《中国近三百年学术史》上，商务印书馆，1997年，第1页。）

③ 余英时：《论戴震与章学诚：清代中期学术思想史研究》（增订本），生活·读书·新知三联书店，2012年，第151页。

④ 林月惠：《阳明后学的“克己复礼”解及其工夫论之意涵》，《诠释与工夫——宋明理学的超越蕲向与内在辩证》，“中央研究院”中国文哲研究所，2008年，第217—275页。

⑤ ［日］沟口雄三著，龚颖译：《明清思想的继起性展开的一个纵断面——明代后期的克己解》，《中国前近代思想的屈折与展开》，生活·读书·新知三联书店，2011年，第366—418页。

的重要性。其“克己复礼为仁”诠释着重批判了儒者只重视“克己”而轻视“复礼”的倾向，主张“复礼”努力的必要性。[①]清代中期学者与之不同，多将目光投向朱子，对朱子“克己复礼为仁”之诠释进行了针锋相对的批评。他们较少直接、正面地进行义理诠释，而以训诂考据的方法解经，通过批判朱子等诠释来表现其“克己复礼为仁”思想。凌廷堪《复礼上》，以“礼”为首出，主张以“礼”摄“仁”、融“仁”于“礼”，认为“仁”抽象而无形，“礼”则具体而有形，“仁”必依于“礼”而后可见。凌廷堪持“礼”本论、“礼”先于“仁”之说。杨国荣指出，“从实质的层面看，儒学的分化主要表现为‘仁’和‘礼’的分离以及两者的单向展开。在先秦时期，孟子和荀子对儒学的各自阐发，便已展现以上分化。孟子侧重‘仁’；荀子更注重‘礼’，肯定‘学至乎礼而止矣。’孟荀分别从不同方面展开了原初儒学所包含的‘仁’和‘礼’”[②]。如果说宋代儒学有单向抬高“仁”的趋向，明代儒学进一步分化发展到“仁”消融礼，那么阳明后学、晚明罗汝芳则有重视礼的趋向，明清之际王夫之更是主张“复礼”，而到了清代中期，凌廷堪等视礼为首出，走向重礼、“以礼代理”甚至“礼消融仁”之路了。

可见，研究朱熹“克己复礼为仁”诠释，有助于了解儒学在宋代的分化和发展，亦可以此类推，把握明、清儒学的进一步分化和发展。

六、朱熹“克己复礼为仁”诠释能为当代儒学发展提供借鉴和思考

李泽厚“说巫史传统”[③]分周公、孔子两大步，第一步是“由巫到

① ［日］佐藤錬太郎著，杨菁译：《王夫之〈读四书大全说〉——〈集注〉支持和〈集注大全〉批判》，［日］松川健二编，林庆彰等合译：《论语思想史》，万卷楼，2006年，第444—448页。

② 杨国荣：《儒学：本然形态、历史分化与未来走向——以“仁”与“礼”为视域》，《华东师范大学学报（哲学社会科学版）》2015年第5期。

③ 1980年，李泽厚《孔子再评价》提出“巫术礼仪”，1999年其《说巫史传统》有所申说，2005年，李泽厚意犹未尽，著《“说巫史传统”补》，在论说中国文化—哲学特征来自原始巫术活动的理性化这一说法的基础上，提出这理性化的核心乃是由“巫”到“礼”。

礼"，第二步是"释礼归仁"，[①] 提倡"儒学四期说"[②]，以周（由巫到礼，政治脱魅）、孔（建构情理，释礼归仁）替代"儒学三期说"（牟宗三）的孔、孟，认为道德形上学挽救不了也复兴不了中国，一个民族良好道德的形成，首先要期待于"礼"的完善，即良好的国家体制。颜炳罡提出"依仁以成礼"和"设礼以显仁"两种儒学发展方式。[③] 杨国荣力图在更高历史层面回到"仁"和"礼"统一的原初儒学。[④] 梁涛则提出发展仁学、改造礼学、统合孟荀、构建儒家新道统的期盼。[⑤] 当代学人从"仁""礼"视域，关怀着儒学发展，为儒学的未来把脉。从理学体系建构的独特视角深入研究朱熹"克己复礼为仁"诠释的形成、内涵和发展变化，我们可以清楚地看到，儒家面临外来佛教、本土道教冲击时是如何积极应对的，儒学面临不同社会政治问题时是如何创造性地进行理论建设的，这恰恰能够为我们认识儒学、发展儒学提供借鉴和思考，能引导我们与时俱进，直面当今社会问题，全面促进儒学的繁荣和发展。

综上所述，"克己复礼为仁"是儒学的重要命题，"克己复礼为仁"诠释在朱熹学术中居于重要地位。为了应对佛道挑战、复兴儒学，朱熹建构理学，对"克己复礼为仁"进行了理学化的诠释，朱熹的经典诠释与理学建构相互作用。而朱熹建构理学，对"克己复礼为仁"进行理学化的诠释又遭到了清代汉学家的漠视与针锋相对的驳斥，朱熹"克己复礼为仁"诠释在清代汉宋之争中成为争点。可见，不论是朱熹应对佛老挑战、复兴儒学，还是清代汉学家对朱熹的漠视和驳斥，都聚焦于朱熹的"克己复礼为仁"诠释与理学建构，这意味以理学体系建构为视角，

---

① 李泽厚：《由巫到礼　释礼归仁》，生活·读书·新知三联书店，2015年，第117—143页。

② 李泽厚：《说儒学四期》，译文出版社，2012年，第5—37页。

③ 颜炳罡：《依仁以成礼，还是设礼以显仁——从儒家的仁礼观看儒学发展的两种方式》，《文史哲》2002年第3期。

④ 杨国荣：《儒学：本然形态、历史分化与未来走向——以"仁"与"礼"为视域》，《华东师范大学学报（哲学社会科学版）》2015年第5期。

⑤ 梁涛：《儒家道统说新探》，华东师范大学出版社，2013年，第80页。

对朱熹“克己复礼为仁”诠释进行研究，非常必要和重要。

以理学体系建构这一视角研究朱熹“克己复礼为仁”诠释，不仅可以透过朱熹经典诠释和理学建构的互动，深入理解朱熹“克己复礼为仁”诠释的内涵和朱熹的学术特征，还有助于了解宋代乃至明代、清代儒学的分化和发展，对于平议汉宋之争不无裨益，亦可为当代儒学的发展提供借鉴和思考，从而彰显出朱熹的经典诠释在儒学发展史上深远的影响和鲜活的生命力。

第二节 回顾与前瞻

一、对孔子“克己复礼为仁”思想的研究

对“克己复礼为仁”的理解，是掌握孔子思想的关键。正因如此，后世尤其是现当代对这一命题的研究从未停止，而且争论不断。1979 年郑昌淦发表《“克己复礼”辨》，之后学术界开始了对“批林批孔”时期“克己复礼为仁”问题的系统反思。20 世纪 90 年代初发生于海外及中国港台地区的争论尤为激烈，问题尤为集中。2009 年向世陵发表《“克己复礼为仁”——持续的争议与历史的教益》，对“文革”后三十年“克己复礼为仁”问题的研究从六个方面做了概括：1.“克欲（约己）”与“己（身）能”之辨；2.“返回”“符合”礼与“践礼”之辨；3.“周礼”与“常礼”之辨；4.“大（周）礼”与“小礼”之辨；5. 仁礼关系之辨；6. 20 世纪 90 年代初发生于海外及中国港台的争论。论文涉及经典注解、文字释义和思想发掘等多层面、多角度，为我们了解和研究孔子的“克己复礼为仁”思想提供了极大的便利。但有些与本研究密切相关的问题如“20 世纪 90 年代初发生于海外及中国港台的争论”“仁礼关系之辨”等综述欠全面，有些研究文献还有所遗漏。近年来，新的研究文献和成果层出不穷，下文立足当代，从概念、关系和研究路径等方面，对孔子“克己复礼为仁”思想研究文献进行综合梳理、辨析，以期对理解孔子思想乃至

儒家学说提供帮助。①

下面从三个方面来回顾对孔子“克己复礼为仁”思想的研究成果。

（一）“克己”“礼”“仁”诸概念之内涵分野。

“克己”：从修身、“约己”到兼而有之。

“克己”与“复礼”“为仁”相连，不同的“克己”解自然会生发出不同的“礼”“仁”内涵，因此，对“克己”的理解更具基础性意义。1991 年 12 月，历史学者何炳棣首先质疑新儒家学者杜维明，双方以香港《二十一世纪》双月刊为阵地，就“克己复礼”中“克己”一词做何种解释发起了一场关于儒家经典诠释的争论。这场论争接续汉学、宋学之争，历时两年，在中国港台地区有很大的影响。据郑永健《“克己复礼”的争论》一文统计，有 9 篇文章参与了这场论战②，其实加上论争前后的文章③，涉及此次论争的论文有 10 余篇。除何炳棣和杜维明外，劳榦、刘述先、孙国栋等人都涉及了这场论争，其中劳榦撰文 2 篇、何炳棣撰文 4 篇、杜维明撰文 3 篇（包含论争结束后撰写的 1 篇论文和 1 本著作）、刘述先撰文 2 篇、孙国栋撰文 2 篇。

由何炳棣开启的这场论争立足于探究孔子思想，始于“克己”解的分歧。杜维明释“克己”为“修身”，认为“‘克己’这个概念与修身的

---

① 郭园兰：《“克己复礼为仁”思想研究：概念、关系及路径选择》，《湖南大学学报（社会科学版）》2017 年第 4 期；向世陵主编：《“克己复礼为仁”研究与争鸣》，新星出版社，2018 年。

② 载于香港人文哲学会网站。可参看吴震：《罗近溪的经典诠释及其思想史意义——就“克己复礼”的诠释而谈》，《复旦学报（社会科学版）》2006 年第 5 期，第 72—79 页。这 9 篇文章分别是：何炳棣《“克己复礼”真诠——当代新儒家杜维明治学方法的初步检讨》《答刘述先教授——再论“克己复礼”的诠释》《原礼》《答孙国栋教授〈“克己复礼为仁”争论平议〉》；杜维明《从既惊讶又荣幸到迷惑而费解——写在敬答何炳棣教授之前》；刘述先《从方法论的角度论何炳棣教授对“克己复礼”的解释》《再谈“克己复礼真诠”——答何炳棣教授》；孙国栋《“克己复礼为仁”争论平议》《敬答何炳棣教授》。

③ 论争前，劳榦院士于 1991 年 7 月 31 日致函“中央研究院”文哲研究所（《劳榦院士来函》），于 1991 年 9 月还发表论文（《与何炳棣院士论“仁”书》）；论争结束 20 余年后，杜维明撰写论文《建构精神性人文主义——从克己复礼为仁的现代解读出发》和著作《诠释〈论语〉“克己复礼为仁”章方法的反思》回应。

概念密切相接，它们在实践上是等同的”,[1] 孔子的克己复礼是讲个人的道德修养工夫，强调其积极意义。[2] 这一诠释得到了刘述先的支持：“《论语》中的‘克己复礼’明显是讲个人的道德修养工夫，别无异解。”[3] 何炳棣就此质疑，反对将“克己复礼”化约为道德修养工夫，认为“孔子对‘克己’的看法只可能是字面的、常识的‘克制自己’的种种僭越无礼的欲望言行，决无解为‘修身’及其延伸之理”，坚持“克己”应释为“‘克制自己’的欲望”。[4] 何炳棣的诠释于论争前即得到劳榦认可。劳榦释“克己”为“约束自己”，认为“克己”具有“约制”“禁止”等命意。[5] 孙国栋则综合上述诠释，认为“克己”兼有修身和“约己”两意，“孔子之精神必兼顾内与外、里与表、质与文。不可能只重外表的克制而忽视内面的培养”[6]。

“礼”：从周礼、节文到人性修养。

对于“礼”的内涵，当代学者有三种诠释。一是周礼说。李泽厚认为孔子所要复的礼为周礼，强调“无论哪派研究者恐怕很难否认孔子竭力维护、保护‘周礼’这一事实”[7]。何炳棣也认为孔子所要复的礼为西周礼制，[8] 其《原礼》不仅论述了礼的起源，还扼要论述了孔子以前夏、商、周之礼的制度演变。[9] 二是节文说。杜维明认为，“礼”除了指具体的历史现象“周礼”之外，主要有两种解释，一种是广义的文物制度，一种

---

① 杜维明：《“仁”与“礼”之间的创造性张力》，《杜维明文集》第四卷，武汉出版社，2002 年，第 15 页。

② 杜维明：《从既惊讶又荣幸到迷惑而费解——写在敬答何炳棣教授之前》，《二十一世纪》1991 年第 8 期。

③ 刘述先：《从方法论的角度论何炳棣教授对“克己复礼”的解释》，《二十一世纪》1992 年第 9 期。

④ 何炳棣：《“克己复礼”真诠——当代新儒家杜维明治学方法的初步检讨》，《二十一世纪》1991 年第 8 期。

⑤ 劳榦：《与何炳棣院士论“仁”书》，《中国文哲研究通讯》1991 年第 3 期。

⑥ 孙国栋：《“克己复礼为仁”争论平议》，《二十一世纪》1992 年第 12 期。

⑦ 李泽厚：《中国古代思想史论》，生活·读书·新知三联书店，2008 年，第 1—2 页。

⑧ 何炳棣：《答刘述先教授——再论“克己复礼”的诠释》，《二十一世纪》1992 年第 10 期。

⑨ 何炳棣：《原礼》，《二十一世纪》1992 年第 11 期。

是日常生活中正确行为的规范与准则。相应的对于“复”的解释，也有两种，一种是恢复周礼这种文物制度，一种是让自己的行为做到与“礼”符合。“克己复礼为仁”所指的就是一般意义上的礼，而不是特指的周礼。孔子对周礼持与时损益的态度，所以《礼记》中强调“礼，时为大”。把“礼”限制在周礼，可能不符合孔子的原意。礼一般来说，是外在的节文。[①]三是人性修养说。劳思光指出，狭义之“礼”，指仪文而言，广义之“礼”，指节度秩序，礼取“秩序义”者，主要是指制度而言，已与仪文有本末之分，孔子摄“礼”归“义”，进而摄“礼”归“仁”，不唯“礼”本身不同于仪文，而且其基础亦不在于“天”，而在于人之自觉心或价值意识。[②]孙国栋进一步提出，“礼除了约制僭越无礼的欲望言行之外，似乎更有调节一切行为使其适中、不过不失的意义”[③]；“礼的内涵，到了春秋时已由外面行为的约束，进而深入到内心感情的陶冶和人性的修养”[④]。

“礼”的内涵还涉及它的运用对象、范围，对此，主要有三类观点。一种认为，“礼”只是贵族的专利。何炳棣引用匡亚明《孔子评传》指出：“克己复礼主要是对统治阶级说的。”[⑤]劳榦亦强调礼的贵族性，“《礼记·大学》的修齐治平，是以当时的政治背景，希望训练出统驭人物，不属于一般性公民的训练标准。如其以一般公民为标准，就应当做别的安排或加以修正”[⑥]。第二种观点主张，在历史发展过程中，“礼”兼具贵族性和人民性。李泽厚是其代表，他认为，周礼的一个基本特征，是原始巫术礼仪基础上的晚期氏族统治体系的规范化和系统化。一方面，它

---

① 杜维明：《诠释〈论语〉“克己复礼为仁”章方法的反思》，“中央研究院”中国文哲研究所，2015年，第33页。

② 劳思光：《新编中国哲学史（一）》，生活·读书·新知三联书店，2015年，第84—85页。

③ 孙国栋：《“克己复礼为仁”争论平议》，《二十一世纪》1992年第12期。

④ 孙国栋：《敬答何炳棣教授》，《二十一世纪》1993年第17期。

⑤ 何炳棣：《“克己复礼”真诠——当代新儒家杜维明治学方法的初步检讨》，《二十一世纪》1991年第8期。

⑥ 劳榦：《劳榦院士来函》，《中国文哲研究通讯》1991年第1卷第3期。

有上下等级、尊卑长幼等明确而严格的秩序规定，原始氏族的全民性礼仪已变而为少数贵族所垄断；另方面，由于经济基础延续着氏族共同体的基本社会结构，这套“礼仪”一定程度上仍然保留了原始的民主性和人民性。[①]第三种观点更强调“礼”的平民性。孙国栋认为，孔子时代“礼”的涵盖逐渐广大了，西周时代“刑不上大夫、礼不下庶人”，礼只是贵族阶级的行为规范，“在孔子观念中，礼是人人行为的重要规范之一，决不为贵族阶级、统治阶级所专利”[②]，“礼不仅是贵族的，同时是平民的，不仅是平民的，更应是全人类的”[③]。

“仁”：从人际关系到内在德性、实践理性。

关于“仁”的内涵，劳榦指出，“孔子所指的仁，只是仁的原始意义，是指人与人的关系”[④]。劳榦的解释同于《说文解字》、郑玄、段玉裁、曹元弼等的解释，即以“从人二”“相人偶”来释仁，表现的是人际关系。杜维明把“仁”看作儒学价值体系中层次最高、范围最低的价值。“仁”为所有其他的伦理规范提供了“终极的理由”；仁代表的是人的内在德性，仁是一个内在价值，我们要从内部去了解它，需要肯定内在的主体性。[⑤]杜维明重视仁的内在性特征，认为孔子所讲的克己复礼为仁，是一种精神性人文主义。而何炳棣的“克己复礼”解较少考虑人的内在主体性，较少考虑仁的精神性，杜维明称之为凡俗的人文主义。[⑥]李泽厚认为，孔子的仁学思想是由相互依存、渗透或制约的血缘基础、心理原则、人道主义、个体人格等四个方面或因素组成的一种整体模式，其整体特征则是实践理性。[⑦]

① 李泽厚:《中国古代思想史论》，生活·读书·新知三联书店，2008年，第1—2页。
② 孙国栋:《“克己复礼为仁”争论平议》，《二十一世纪》1992年第12期。
③ 孙国栋:《敬答何炳棣教授》，《二十一世纪》1993年第17期。
④ 劳榦:《劳榦院士来函》，《中国文哲研究通讯》1991年第1卷第3期。
⑤ 杜维明:《诠释〈论语〉“克己复礼为仁”章方法的反思》，“中央研究院”中国文哲研究所，2015年，第35、17页。
⑥ 杜维明:《建构精神性人文主义——从克己复礼为仁的现代解读出发》，《探索与争鸣》2014年第2期。
⑦ 李泽厚:《中国古代思想史论》，生活·读书·新知三联书店，2008年，第10—11页。

（二）“仁”“礼”关系之辨。

20世纪90年代初发生于海外及中国港台地区的争论较多涉及“仁”“礼”关系问题，研究孔子“克己复礼为仁”思想的其他论者亦多围绕“仁”与“礼”的关系来讨论[①]，“仁”“礼”关系问题的重要性由此可见一斑。梳理现有研究文献，我们可以将“仁”“礼”关系概括为如下四种。

一是仁先礼后说。在处理孔子“仁”“礼”关系时，此说认为孔子视“仁”重于“礼”。持此观念的学者，有的说“仁先礼后”“仁重于礼”，有的说“仁是礼的理据、根本”“仁为礼之本”，有的“释礼归仁”“摄礼归仁”，认为“礼从属于仁”“仁是礼的原则”，等等。在他们看来，仁才是孔子思想的主要范畴。冯友兰指出，“为仁是复礼的补充，也可以说是给周礼加了一些理论的根据”；“孔丘虽然把仁和礼并称，但是就一个完全的人格说，‘仁’还是比较根本的”；“人必须有真性情，真情实感才可以行‘礼’。仁先礼后”。[②]李泽厚强调，“也几乎为大多数孔子研究者所承认，孔子思想的主要范畴是‘仁’而非‘礼’”；“‘仁’不仅仅得到了比‘礼’远为优越的地位，而且也使‘礼’实际从属于‘仁’。孔子用‘仁’解‘礼’，本来是为了‘复礼’，然而其结果却使手段高于目的……（仁）反而成了更本质的东西”。[③]劳思光认为，“‘仁’为‘礼’之基础”，“孔子学说中不仅‘摄礼归义’，而且‘摄礼归仁’”。[④]牟宗三说：“仁是礼乐的原则。”[⑤]韦政通指出，“孔子以‘绚’喻仁之质，以‘素’喻礼之文，子夏竟然能由这个比喻中领悟‘礼后’的道理。礼后者，质先礼后，因仁为礼之本，而礼使仁表现为行为”[⑥]。杜维明认为，“‘仁’作为一种内在的道德并不是由于‘礼’的机制从外面造就成的，而是一个更高层次的

---

① 梁家荣：《仁礼之辨——孔子之道的再释与重估》，北京大学出版社，2010年，第28—46页。

② 冯友兰：《中国哲学史新编》上，人民出版社，2001年，第157、165—166、166页。

③ 李泽厚：《中国古代思想史论》，生活·读书·新知三联书店，2008年，第10、17页。

④ 劳思光：《新编中国哲学史（一）》，生活·读书·新知三联书店，2015年，第92页。

⑤ 牟宗三：《中国哲学十九讲》，台湾学生书局，1983年，第54页。

⑥ 韦政通：《孔子传》，东大图书公司，1996年，第167页。

概念，它赋予‘礼’以意义”[①]，“‘仁’所代表的主体性赋予‘礼’以内在价值。因此无仁之‘礼’，一定变质为形式主义”，“‘仁’是内在主体，‘礼’是外在表现”。[②]孙国栋指出：“孔子认为人先有忠信之质，然后再用礼以文之”，“礼是外表的文，忠信（或仁）是内里的质。‘仁’与‘礼’，一为内质，一为表文。修身必须表里合一，不能只顾表面的礼节而缺乏内在的仁心，亦不应只有内在的仁心而不顾外面的礼节”，[③]“它（礼）不纯是外在的规范，而是根源于内在的仁心”[④]。赵光贤指出，“在孔子思想的天平上，‘仁’重于‘礼’”[⑤]。颜炳罡认为，“在孔子看来，仁比礼更具有优先性或优越性，仁先礼后，仁质礼文是孔子思想的重要内容”[⑥]，“仁在孔学中是比礼更本质、更为核心的范畴”[⑦]。总体来看，持这种观点的学者还有很多，诸如徐复观、林毓生等。信广来将这种仁先礼后的看法，称为“工具式的解释”[⑧]，意指礼是仁之工具。

二是礼先仁后说。此说认为，孔子之道的中心是礼，仁是礼的附庸。蔡尚思认为：“第一，当孔子把礼仁合一而论时，实质上是以礼为仁，纳仁入礼，礼为目的，仁为手段”；“第二，当孔子把礼和仁分开加以比较时，也认为礼比仁的要求更高，礼比仁的范围更广”。[⑨]在《孔子一生都尚礼》一文中，蔡尚思更是列举“礼比仁广”“礼比仁高”“仁以礼为主要内容”等关于孔子“礼”的十大优越于“仁”之处，强调“孔子的中心

---

① 杜维明：《“仁”与“礼”之间的创造性张力》，《杜维明文集》第四卷，武汉出版社，2002年，第19页。

② 杜维明：《诠释〈论语〉“克己复礼为仁”章方法的反思》，“中央研究院”中国文哲研究所，2015年，第26、35页。

③ 孙国栋：《“克己复礼为仁”争论平议》，《二十一世纪》1992年第12期。

④ 孙国栋：《敬答何炳棣教授》，《二十一世纪》1993年第17期。

⑤ 赵光贤：《论孔子学说中“仁”与“礼”的关系》，《北京师范大学学报》1985年第1期。

⑥ 颜炳罡：《论孔子的仁礼合一说》，《山东大学学报（哲学社会科学版）》2001年第2期。

⑦ 颜炳罡：《依仁以成礼，还是设礼以显仁——从儒家的仁礼观看儒学发展的两种方式》，《文史哲》2002年第3期。

⑧ Shun Kwong-loi, “Ren and Li in the Analects”, *Confucius and the Analects: New Essays*, ed.BryanW.Van Norden, Oxford: Oxford University,2002,pp.56—57.

⑨ 蔡尚思：《孔子思想体系》，上海人民出版社，1982年，第240—241页。

思想是礼”。[①]赵纪彬强调：“以‘礼’为区分‘仁’与‘不仁’的标准，以‘复礼’为‘为仁’的内容或方向，是‘礼’为第一位而‘仁’为第二位，亦即不是用‘仁’来改造礼，而是用‘礼’来限定‘仁’。”[②]何炳棣认为“礼”高于“仁”，“表面上，‘仁’作为一个整体，是至高至大；‘礼’仅仅是‘仁’的一个部分。但最堪注意的是就二者的关系而论，部分的重要性决不亚于整体，有时还高于整体……礼，作为仁的一个部分，竟能控制、界定仁这个整体实践的范围。礼不但是一切学习的基本，也是仁的社会、政治实践的基本”[③]。西方学界的孔子研究者芬格莱特也认为“礼”才是孔子之道的主要范畴。芬格莱特强调，“孔子思想中的中心主题也不是个体的‘充分发展’，而是人性在人类礼仪行为中的充分展开”；“《论语》的文本，无论在文字上还是精神上，都支持和丰富了我们西方最近出现的对于人类的看法，也就是说，人是一个礼仪性的存在”；“孔子教导说，对于人类完善，尤其是属于人所特有的美德或力量而言，依‘礼’而行的能力和克己复礼的意志乃是最基本的”。[④]芬格莱特时时都在强调“礼”的重要性，这与他浓厚的社群观念有关。

三是仁礼统一说。即认为仁与礼二者之间更多地呈现相关性和互渗性，不分你我。钱穆强调，“内心之情感，外部之礼文，在孔子实认其为一事，而无所轩轾。故孔子之言礼，犹其言仁也”[⑤]。任继愈认为，视听言动都合于礼，也就体现了仁，可见仁和礼融为一体。仁和礼互为因果，仁着重于“克己复礼”，凡是符合礼的行为都是仁的体现，人的行为是否符合仁，要看他对礼的态度。仁是复礼的重要途径和手段。[⑥]杨国荣认为，“‘仁’和‘礼’的交融不仅体现于作为整体的儒学，而且也渗入于作为

---

① 蔡尚思：《孔子一生都尚礼》，《哲学研究》1986 年第 6 期。

② 赵纪彬：《论语新探》，人民出版社，1976 年，第 290 页。

③ 何炳棣：《答孙国栋教授〈“克己复礼为仁”争论平议〉》，《二十一世纪》1992 年第 13 期。

④ [美] 赫伯特·芬格莱特著，彭国翔、张华译：《孔子：即凡而圣》，江苏人民出版社，2010 年，第 67、12、5 页。

⑤ 钱穆：《四书释义》，台湾学生书局，1990 年，第 102 页。

⑥ 任继愈：《中国哲学发展史（先秦）》，人民出版社，1983 年，第 182—187 页。

儒学奠基者的孔子之思想……其（孔子）学说也表现为‘仁’和‘礼’两者的统一”；“孔子以‘爱人’解释‘仁’……孔子又肯定‘克己复礼为仁’，亦即以合乎‘礼’界说‘仁’”；“‘仁’和‘礼’的相互关联同时构成了儒学本然的形态”。[①] 张德胜认为，“仁与礼彼此界定，互相渗透，本无轩轻之分，只是层次不同而已”[②]。白奚从“援仁入礼”和“仁礼互动”两方面考察“克己复礼为仁”：“仁”为“礼”的内在依据，“礼”为“仁”的外在表现，内在的“仁”与外在的“礼”相统一，这是孔子“克己复礼为仁”的精义所在，也是孔子论“仁”“礼”关系的关键所在。[③] 钱逊指出，“颜渊问仁”章是孔子关于仁礼关系的具体说明，“克己复礼为仁”是以礼说仁，仁与不仁，要看视听言动是否符合礼的要求，仁与礼是统一的，实在是很难说仁与礼何者是核心。[④]

令人玩味的是，有的学者一方面倡导“仁先礼后说”，一方面又坚持“仁礼统一说”。如冯友兰一方面强调仁比较根本，一方面又说：“孔丘有的时候用‘仁’规定‘礼’，有的时候用‘礼’规定‘仁’。这是因为在他的思想中，一个完全的道德质量，是‘仁’和‘礼’的统一。……没有礼的节制的真情感，严格地说，也不成其为‘仁’。所以真正的礼，必包含有‘仁’；完全的‘仁’也必包含有‘礼’。这就是两个对立面的互相渗透。所以一个完全的道德质量，就是‘礼’与‘仁’的统一。一个完全的人格，就是这个统一的体现。”[⑤] 冯友兰貌似矛盾的两种主张，亦有妥帖之处，笔者以为，冯友兰认可“仁礼统一说”，在此基础上，再主张“仁先礼后”说，其“仁礼统一说”是“仁先礼后说”的基础。

四是仁礼分疏说。李泽厚是这一观点的代表人物。他在主张仁先礼后的基础上，同时就现实运用而言强调，在孔子时代，“仁”“礼”相连

---

① 杨国荣：《儒学：本然形态、历史分化与未来走向——以“仁”与“礼”为视域》，《华东师范大学学报（哲学社会科学版）》2015 年第 5 期。

② 张德胜：《儒家伦理与秩序情结》，巨流图书公司，1989 年，第 87 页。

③ 白奚：《援仁入礼　仁礼互动——对“克己复礼为仁”的再考察》，《中国哲学史》2008 年第 1 期。

④ 钱逊：《孔子仁礼关系新释》，《孔子研究》1990 年第 4 期。

⑤ 冯友兰：《中国哲学史新编》（上卷），人民出版社，2001 年，第 164—165 页。

接而混同，今天应予以分疏、解构。"礼"是社会政治体制，作为一种公共奉行的社会性道德，只能规范、管辖人们的行为，具有强制的力量；"仁"是个体内在心性修养和人性境界，作为个体追求的宗教性道德，涉及的是人性情感的培育塑造，纯系个体自愿的选择。将两者分疏区别开来，才能真正除去政教合一、法律与伦理的观念混同。"仁""礼"分疏，区别于"仁""礼"合一或"仁""礼"对抗，旨在各得其所，以重教育而光大"仁"，以明法律而规范"礼"，由此使内在人性的陶冶塑造（仁）与外在行为的规范秩序（礼）在一定的自我约束（克己）下各得发展，这才可能是出路。[①]

（三）研究路径选择：范畴归属、治学方法与内证文本。

关于研究范畴归属问题。2005年至2007年，因"克己复礼"究属政治学、社会学还是伦理学范畴诸问题，引发了一场"百年误读"与"千年争论"的学术论争。赵书妍、李振宏认为，近代以来，特别是新中国思想界，把孔子的"克己复礼"理解为恢复周礼，认为孔子是妄图复辟奴隶制度的思想家，这是"百年误读"，而"思想真谛"则是，孔子对于周礼是彻底反对的，"克己复礼"是纯粹的"修身之学"，是道德践履问题，是伦理学范畴的一个命题。[②] 而萧作永则认为，在"克己复礼为仁"这个命题中，"仁""礼"是关键词，"仁"是孔子思想的核心，是最高的道德范畴，"礼"是"仁"的外在规范，两者都包含着重要的政治内容，是孔子表述其政治态度与社会理想不可或缺的概念，"克己复礼"是一个明显具有政治内涵的命题，把"克己复礼"完全限定在修身之学的范围内，不符合孔子和儒家伦理思想的基本特点。[③] 熊燕军在回顾"克己复礼"释义的学术史基础上，综合上述观点指出，自汉代到近现代，关于"克己复礼"的释义一直存在激烈争论，恰当地讲，这是一个千年争论，而

---

① 李泽厚:《论语今读》，生活·读书·新知三联书店，2008年，第341—346页。

② 赵书妍、李振宏:《"克己复礼"的百年误读与思想真谛》,《河北学刊》2005年第2期。

③ 萧作永:《不能以误读纠正"百年误读"——与〈"克己复礼"的百年误读与思想真谛〉的作者商榷》,《云南师范大学学报》2006年第1期。

非百年误读，“克己复礼”不是一个单纯的政治学概念，而是一个既包含伦理学又包含政治学的概念，“仁”与“礼”的关系不是简单的仁高于礼的关系，不论是仁还是礼，它们的基础都是宗法制，孔子超越了周礼而没有背叛周礼。[①]

关于历史学家与哲学家治学方法之分别。从宏观来看，何炳棣为历史学家，杜维明为哲学家，何、杜之间的论争，体现出历史学家和哲学家治学方法的不同。劳榦指出，“做哲学工作的人们，心中早就具有‘我的看法’在内。即使一个受过科学训练的人，仍然不知不觉间，有‘六经皆我注脚’的观察点。做历史工作的，其中多数，并不觉得他自己是‘哲学家’。如其分析结果，产生了他本人很不愿出现的结论，也得承认”[②]。由何炳棣首发的“克己复礼为仁”论争结束后，傅伟勋、李显裕、杨志刚等学者就争论双方的治学方法进行了检讨。傅伟勋站在杜维明、刘述先、孙国栋的立场上，据“创造的诠释学”加以商榷，指出何炳棣之失：“从创造的诠释学观点予以评衡，则可以说，何氏只单纯地固守‘意谓’一层，就很容易扮演诠释学上帝的角色。……不但‘意谓’到‘蕴谓’有其诠释学的联贯性，‘意谓’⇆‘当谓’⇆‘创谓’也是辩证地联贯不断，构成创造的诠释学必需进路。”[③]李显裕则认为，史学与哲学处理问题的着重点不同，史学家向来必须先处理大量繁复的史料问题，何炳棣扣住史料，在历史脉络中，谨守解释的分际，对“克己复礼为仁”的诠释去古未远，具有客观的学术意义；而新儒家虽具有“宗教”抱负的道德承担，但其客观学术意义值得怀疑，他们提出的诸如“开出说”“良知自我坎陷说”等中国文化改造和转化的思想设计方案，还可能致使中国文化在创造转化过程中产生更大的混乱。[④]杨志刚持中间立场，认为“何、杜、刘之间的论战，多少反映出历史学家与哲学家在治学方

① 熊燕军：《百年误读还是千年争论——也谈“克己复礼”的释义及其它》，《孔子研究》2007年第4期。

② 劳榦：《与何炳棣院士论“仁”书》，《中国文哲研究通讯》1991年第1卷第3期。

③ 傅伟勋：《学问的生命与生命的学问》，正中书局，1994年，第248—252页。

④ 李显裕：《“克己复礼为仁”学术论争在研究方法上的意义》，《通识教育教学及研究方法研讨会论文集》，“中央”警察大学通识教育中心，2004年，第233—247页。

法、旨趣上的差异。但是，在这两者之间其实并无根本上的抵触。在有关实现传统的现代转化的学术工作中，历史学与哲学需要携起手来，而且也是可以携起手来的”[①]。

关于内证文本之优劣。20世纪90年代初发生于海外及中国港台地区的争论对孔子“克己复礼为仁”思想研究的内证文本问题做了较为充分的讨论。论争牵涉到《左传》与《论语》作为内证文本的优劣问题。何炳棣从《左传》文本中寻找有关“克己”解的内证，认为就诠释“克己复礼”而言，《左传》文本较《论语》文本优越，[②]《左传》有关楚灵王的纪事纪言都十分精彩，是加强了解、核证《论语》中孔子言论的绝佳资料。[③]刘述先历举《论语》文本中的材料，由《论语》文本来内证，主张《论语》文本比《左传》优越。[④]孙国栋也持这一论点，他甚至指出，“本文探讨孔子‘礼’的观念，全以《论语》中孔子之言为根据，不旁及其他文献。因为其他文献常会增减孔子的原意”[⑤]。

二、对朱熹及其他宋儒“克己复礼为仁”诠释的研究

（一）对朱熹“克己复礼为仁”诠释的思想内涵研究。

一是关注朱子“克己复礼”诠释之下学上达。牟坚立足于朱子对“以理易礼”说的批评，就朱子对“克己复礼”的诠释与辨析进行了分析，认为朱子与宋明理学的精义在于对礼的重视，希图改变现今只注重心性论的宋明理学研究，她强调，朱子在其不同时期的《论语》学著作中对“克己复礼”不断深化诠释，并对宋代理学各家之说辨析、取舍，

---

① 杨志刚：《礼学研究刍议》，陈明主编：《原道》第3辑，中国广播电视出版社，1996年，第186—189页。
② 何炳棣：《答刘述先教授——再论“克己复礼”的诠释》，《二十一世纪》1992年第10期。
③ 何炳棣：《答孙国栋教授〈“克己复礼为仁”争论平议〉》，《二十一世纪》1992年第13期。
④ 刘述先：《再谈“克己复礼真诠”——答何炳棣教授》，《二十一世纪》1992年第11期。
⑤ 孙国栋：《“克己复礼为仁”争论平议》，《二十一世纪》1992年第12期。

批评“以理易礼”只讲理而不讲礼、取消了对礼的下学的过程。[①] 许家星从工夫论视角对朱子“克己复礼”章解进行了分析，其《仁的工夫论诠释——以朱子“克己复礼”章解为中心》认为，朱子以“本心之全德”“天理之节文”对“仁、礼”做出独特揭示，凸显工夫的心性和事为两面；朱子创造性地揭示了克复工夫笃实、亲切、健勇、精细、彻上彻下的“切要”特点，尤其对“理”与“礼”、“克己”与“复礼”、彻上与彻下等问题反复其说，诱发了后世极多争议、误读。[②] 其《朱子道统说新论——以孔颜“克复心法”说为中心》一文，在研究朱子道统说的同时指出，朱子提出的孔颜“克己复礼为仁”之“心法”授受，在道统中占有不可忽视的重要地位，朱子道统说包含工夫与本体两翼，如何由心性工夫通达道体是朱子道统说的根本宗旨，“克复心法”为“十六字心传”的必要补充，其价值在于彰显了儒家道统以工夫论为核心、由工夫贯穿本体的下学上达路线，这一路线成为朱子批判整合儒学内部道统说之武器，也是朱子一生求仁体仁之工夫指针。[③]

二是关注朱子“克己复礼”诠释之仁礼关系。这方面的专题论文很少。李泽厚虽然没有对这一问题进行具体详细地研究讨论，但却做出了与此相关的明确论断。他指出，周公是“由巫到礼”，孔子是“释礼归仁”，“释礼归仁”不是放任情欲，是要“克己复礼”，仁包含“克己”的意志锻炼，恰恰是理性对情欲的自觉主宰。他认为，朱熹把“仁”释作“心之德，爱之理”这一先验理性，而以世间的一切礼制规范作为“理一分殊”的“人事”的“仪则”，仪则非常具体地规约管辖人间的情爱和关系，具有“天之经，地之义”的神圣性，是人们必须服从、履行的“应当”，这就承续了“由巫到礼”的巫史传统，再一次从天人之际论证和安

① 牟坚:《朱子对“克己复礼”的诠释与辨析——论朱子对“以理易礼”说的批评》,《中国哲学史》2009 年第 1 期。

② 许家星:《仁的工夫论诠释——以朱子“克己复礼”章解为中心》,《孔子研究》2012 年第 3 期。

③ 许家星:《朱子道统说新论——以孔颜“克复心法”说为中心》,《人文杂志》2013 年第 6 期。

排了传统社会现实生活的伦常秩序。[①] 此外，杨根东硕士学位论文《朱子“礼”论——从“礼之本”的角度探究》[②] 第三、四部分，姜波硕士学位论文《以理释礼——朱熹礼、理关系研究》[③] 第三章第四节等亦涉及朱子仁、礼关系，只是有些论述较简单，有待进一步深入研究。

三是关注朱子“克己复礼”诠释与理学体系建构之关系。目前，尚未看到这方面的专题论文和著作，但相关研究对此有所提及。其一，关于朱子“克己复礼”的创造性诠释与其理学体系建构。李方泽、王培指出，朱熹把“克己”“复礼”作为一个并列的联合词组来理解，是对儒家经典的“误读”，从根本上说是为其理学思想体系建构服务的。[④] 遗憾的是文章对此只是浅尝辄止，其重点在对孔子“克己复礼”本义的澄清、对朱熹“误读”的原因分析。许道勋、徐洪兴《中国经学史》认为，朱熹对《论语·颜渊》中一段内容（克己复礼为仁章）的解释，可谓是典型的义理之学。朱子整个解说，除了转引程颐、谢良佐等北宋理学家的话之外，阐述的大部分是朱子个人的思想，换言之，经典成为朱熹宣扬其理学思想的基本材料。[⑤] 其二，关于朱子“仁”之创造性诠释与其理学体系建构。白奚《“心之全德”：朱子对“仁”范畴的价值提升》指出，经过程、朱，特别是朱子的诠释，仁在儒学思想体系中的特殊性得到凸显，其地位得到应有的提升，朱子借助了可以利用的各种思想资源，主要围绕着“全德”这一概念对仁的地位进行提升，朱子对仁的诠释和提升，对于建构他的理学新体系，具有非常重要的理论意义。[⑥] 陈来《中国近世思想史研究》之《朱子〈论语集注〉的儒学思想》指出，朱子“仁

---

① 李泽厚：《释礼归仁》，《由巫到礼　释礼归仁》，生活·读书·新知三联书店，2015年，第117—143页。

② 杨根东：《朱子“礼”论——从“礼之本”的角度探究》，复旦大学哲学学院硕士学位论文，2009年。

③ 姜波：《以理释礼——朱熹礼、理关系研究》，安徽大学哲学学院硕士学位论文，2011年。

④ 李方泽、王培：《“克己复礼为仁”之本义澄清——兼论朱熹的“误读”及其意义》，《江淮论坛》2012年第3期。

⑤ 许道勋、徐洪兴：《中国经学史》，上海人民出版社，2006年，第395页。

⑥ 白奚：《“心之全德”：朱子对“仁”范畴的价值提升》，贾磊磊、杨朝明主编：《第四届世界儒学大会学术论文集》，文化艺术出版社，2011年，第117—122页。

者，心之全德”的定义式诠释说明，广义的仁则代表心的全部德性，包含了义、礼、智，是道德境界的全体，心之全德的仁也就是天理，这是朱子对仁学思想的发展。[①] 其三，关于朱子《论语集注》的创造性诠释与理学体系建构。钱穆《从朱子论语注论程朱孔孟思想歧异》[②] 举朱子《论语》注为例，呈现程朱、孔孟思想歧异处，指出朱注之所以违失孔孟原旨，原因在于程朱与孔孟时异代易，思想体系本有歧异。[③]

（二）对朱熹“克己复礼”诠释的比较研究。

一是将朱子的克复诠释与传统儒家、经学家的诠释进行比较。中国台湾高荻华博士强调，传统儒家关怀的是人间秩序的建构，但朱子在《四书章句集注》中追求的不只是秩序，更是对“人”的价值肯定，这是朱子集结《四书》、重新注疏《四书》背后很不一样的关怀重点；朱子以“理”释“仁”、以“理”代“礼”、由“礼”到“仁”，其“克己复礼为仁”之诠释，将传统儒家与经学家的社会人伦范畴转为人自身内在德性的追寻，既是对传统儒家与经学家诠释的深化，亦体现了朱子对《论语》的重新定位及其诠释思想之转变。[④] 李霞指出，宋代新儒家程朱等人继承了孔孟仁学的基本精神而又做了重大改造与发展：他们将孔孟的道德情感之“仁”升华为道德之本，将孔孟的道德条目之“仁”提升为道德宗元，将孔孟的主体精神之“仁”扩展为宇宙精神，将孔孟的个体生命力之“仁”发展为宇宙生生之德，儒家仁学因此而由道德伦理学升华为道德哲学。[⑤]

二是将朱子的克复诠释与南宋明儒者的诠释进行比较。周学武分析了同视“克己复礼”为圣学纲领的南宋朱子、陆九渊、叶适三家对“己”

---

① 陈来:《朱子〈论语集注〉的儒学思想》,《中国近世思想史研究》，生活·读书·新知三联书店，2010 年，第 146 页。

② 钱穆:《从朱子论语注论程朱孔孟思想歧点》,《钱宾四先生全集》第 4 册，联经出版事业公司，1998 年，第 263—310 页。

③ 钱穆曾撰文粗发其绪，详见钱穆:《程朱与孔孟》,《中国学术思想史论丛（五）》，安徽教育出社，2004 年，第 205—211 页。

④ 高荻华:《朱熹〈四书章句集注〉解经研究》，“国立”台湾师范大学中国文学系研究所博士学位论文，2007 年。

⑤ 李霞:《程朱对孔孟仁学的改造与发展》,《孔子研究》2001 年第 6 期。

的定义、释“己”的学术立场，论析了“克”字在三家思想上的比重、三家关于“克己复礼”的工夫，从哲学的角度再现了朱、陆、叶三家的诠释。[①]遗憾的是，该文论析较简，最后的结语未免偏颇。邱显智硕士学位论文《“克己复礼”诠解之省察——以朱子、王阳明、罗近溪为研究对象》从存理去欲与实践次第、良知的回向与开展、生机畅发与主体自觉等方面讨论朱子、王阳明、罗近溪之“克己复礼”的不同诠释，突出朱子与程颐、王阳明的不同，以及罗近溪对朱子的批评，只是限于篇幅，论述与分析比较简单。[②]苏俊凯硕士学位论文《“克己复礼”之生命教育哲学研究》从生命教育的观点出发，反思慈济“克己复礼”运动的现代意义，其中第二章第二、三节论及朱子、王阳明与阳明后学不同的“克己复礼”诠释和工夫。[③]

三是将朱子的克复诠释与清儒的诠释进行比较。刁小龙以《论语》“克己复礼”的解释为例，重新考察了程朱的义理阐释与清儒小学训诂解释两种不同的路径，认为经学解释需要关注解释者自身的诠释立场，清儒批评程朱对《论语·颜渊》篇“克己复礼为仁”的训诂解释，忽略了程朱的解释立场及其理学体系。[④]方旭东认为，有关“颜渊问仁”章解释上的汉宋之争实质上是解释方法之争，汉学与宋学各代表一种诠释路向，虽然宋学家的解释在汉学家眼里常被认为“诠释过度”，但汉学家的解释常常存在“诠释不足”的问题，被视为出于朱熹己见而被汉学家弃之如敝履的“战胜私欲”一说与汉学家主张的“约身”说不惟不相扞格，而且在理解上更为深刻。[⑤]黄俊杰指出，清儒凌廷堪反对朱子以“理”言

① 周学武：《南宋朱陆叶三家说“克己复礼”》，《书目季刊》1975年第2期。

② 邱显智：《“克己复礼”诠解之省察——以朱子、王阳明、罗近溪为研究对象》，“国立”暨南国际大学中国语文学系硕士学位论文，2012年。

③ 苏俊凯：《“克己复礼”之生命教育哲学研究》，台湾南华大学哲学系硕士学位论文，2011年。

④ 刁小龙：《经学解释：训诂与义理之间——以〈论语〉“克己复礼”程朱说为例》，《儒家典籍与思想研究》2012年第1期，第32—43页。

⑤ 方旭东：《诠释过度与诠释不足：重审中国经典解释学的汉宋之争——以〈论语〉“颜渊问仁”章为例》，《哲学研究》2005年第2期。

"仁"，更批判朱子以"私欲"释"己"，主张以"礼"摄"仁"、融"仁"于"礼"。[①] 张崑将指出，戴震批评朱子解经违背"援佛老之言而为儒家之言的忌讳"，以致让儒与释老不可分别。[②]

四是对比朱子"克己复礼"解之前后变化。钱穆《朱子新学案》一文注意到了朱子由尊程子之"敬"转向"克己"的变化，指出朱子思想"显有三变"[③]：起始，朱子持敬工夫既深，则不须再言克己；后又认为初学应兼用敬与克己工夫；至六十岁后，朱子认为克己工夫胜过持敬，晚年特别注意克己。就钱穆对朱熹由"敬"到"克己"变化的关注，乐爱国、陈昊《以"克己"代"敬"——钱穆论朱子晚年工夫转向》一文做了进一步的分析，认为朱熹以"克己"替代"敬"的过程细，钱穆的研究中内含了五个演变阶段。[④] 许家星《仁的工夫论诠释——以朱子"克己复礼"章解为中心》指出，朱子对"克""为""一日""归"等词数易其说，这种曲折解读导致后世议论纷纭。[⑤]

五是将朱子的克复诠释与朝鲜、日本等儒者的诠释进行比较。黄俊杰《从东亚儒学视域论朝鲜儒者丁茶山对〈论语〉"克己复礼"章的诠释》，从东亚儒学的新视野，以 18 世纪末 19 世纪初朝鲜儒者丁茶山诠释《论语》"克己复礼"章为个案，集中探讨丁茶山对"己"字何解、"仁"字何解、"克己"如何可能、"克己"与"复礼"关系如何等问题的诠释，并比较丁茶山的解释与朱子解释之差异，厘定丁茶山诠释之因袭与创新。[⑥] 该书论述视域颇为新颖。随后，黄俊杰论文又指出，丁茶山质疑朱子"(克己复礼为)仁"之诠释，不同意朱子将伦理学安立在本体论的

① 黄俊杰:《孔子"克己复礼为仁"说与东亚儒者的诠释》,《孔子研究》2017 年第 2 期。

② 张崑将:《朱子对〈论语·颜渊〉"克己复礼"章的诠释及其争议》,《台大历史学报》2001 年第 27 期。

③ 钱穆:《朱子论克己》,《朱子新学案》第 2 册，九州出版社，2011 年，第 115 页。

④ 乐爱国、陈昊:《以"克己"代"敬"——钱穆论朱子晚年工夫转向》,《学术界》2016 年第 10 期。

⑤ 许家星:《仁的工夫论诠释——以朱子"克己复礼"章解为中心》,《孔子研究》2012 年第 3 期。

⑥ 黄俊杰:《东亚儒学：经典与诠释的辩证》，华东师范大学出版社，2012 年，第 208—218 页。

基础之上，他在人际互动脉络中释“仁”，也与荻生徂徕在政治脉络中释“仁”构成对比。[①]不过，该文因涉及面宽，不曾深入研究朱子“克己复礼”诠释。张崑将《朱子对〈论语·颜渊〉“克己复礼”章的诠释及其争议》指出，日本怀德堂的考证学者中井履轩、德川时代古学派儒者荻生徂徕批评朱子解经违背“历史语言的脉络性”之解经原则，其中，中井履轩批评朱子违背“孔子时代的语言脉络”，荻生徂徕批评朱子违背“六经时代的语言脉络”。[②]

（三）对其他宋儒“克己复礼为仁”诠释的研究。

刘丰《“克己复礼”的诠释与宋代儒学的发展》指出，对《论语》“克己复礼为仁”一句的诠释，从二程发其端，历二程弟子的诠释与传承，直至朱子《论语集注》集其大成，展现了宋代理学关于天理及其落实与展开的思想历程，二程关于“克己复礼”的训解中，明确将“己”解释为“私”，将“礼”解释为“理”，程颢重视“克己”，程颐重视“复礼”的过程，二程对“克己复礼为仁”的解释，在某种意义上扭转了儒学发展的方向。二程虽在理论上明确肯定了礼的地位与意义，强调洒扫应对等礼仪实践的重要性，但是从整体上来说，还是更加突出仁的优先性。[③]陈碧强《杨慈湖对“克己复礼”的阐释及其理论意义》[④]分析指出，在“克己复礼”诠释史上，“克去己私，复返天理”的思路虽具有典范性意义，但在宋儒杨慈湖那里遭遇了挑战，慈湖从心学的角度出发，通过赋予“克”“己”“礼”等概念新的内涵，提供了异于传统的颠覆性理解，慈湖对“克己复礼”的全新阐释在阳明后学那里得到了积极回应，阳明

① 黄俊杰：《孔子“克己复礼为仁”说与东亚儒者的诠释》，《孔子研究》2017 年第 2 期。
② 张崑将：《朱子对〈论语·颜渊〉“克己复礼”章的诠释及其争议》，《台大历史学报》2001 年第 27 期。
③ 刘丰：《“克己复礼”的诠释与宋代儒学的发展》，《北宋礼学研究》，中国社会科学出版社，2016 年，第 434—440 页。刘丰：《宋代礼学的新发展——以二程的礼学思想为中心》，《中国哲学史》2013 年第 4 期。
④ 陈碧强：《杨慈湖对“克己复礼”的阐释及其理论意义》，《贵阳学院学报（社会科学版）》2015 年第 2 期。

后学对该问题的理解与慈湖有颇多契合之处。钟信昌《宋代〈论语〉经筵讲义研究》第五章第六节《袁甫及其〈论语〉讲义》简单介绍了宋儒袁甫就“颜渊问仁”章“克己复礼为仁”等内容向皇帝进讲释义有关情况。[①] 惠吉兴《宋代礼学研究》第三章第三节《克己复礼——礼学修养论》亦简要论及袁甫的“克己复礼”诠释。[②]

三、对明清儒者“克己复礼为仁”诠释的研究

（一）关于王阳明《论语》及其“克己复礼为仁”诠释研究。

关于王阳明《论语》诠释的研究文献不多。詹海云《王阳明与〈论语〉》从《传习录》等文献中搜罗了王阳明对《论语》的论述，并从王阳明论圣学的性质、论圣学的内涵、论圣学的工夫和论孔门诸子等角度分析王阳明《论语》诠释的思想内涵，比较阳明与孔子、阳明与朱子、阳明与清初反理学之顾炎武之间的异同，并评论顾炎武对阳明之批评有失公允。[③] 该文研究王阳明与《论语》颇有深度，对相关研究资料的搜罗也颇为详尽。日本学者松川健二《王守仁〈传习录〉和〈论语〉——心学解释的成果》从王阳明《传习录》中选取有关《论语》的言论，从存天理去人欲、作圣之功、致良知、万物一体之仁等四个方面分析指出：王阳明为了完成和弘扬自己的学问，大大地利用了《论语》的言论，对古典的言语给予独到的解释，并成功地透过批判朱熹《论语集注》建构起自己的心学理论。[④] 另有数位日本学者从比较王阳明与孔子异同的角度，研究了王阳明与《论语》等相关内容，如三岛复《王阳明的论语解》[⑤]、安

---

① 钟信昌：《宋代〈论语〉经筵讲义研究》，台北市立大学中国语文学系博士学位论文，2014 年。

② 惠吉兴：《宋代礼学研究》，河北大学出版社，2011 年，第 83—89 页。

③ 詹海云：《王阳明与〈论语〉》，林庆彰主编：《明代经学国际研讨会论文集》，万卷楼，1996 年。

④［日］松川健二著，林庆彰译：《王守仁〈传习录〉和〈论语〉——心学解释的成果》，［日］松川健二编，林庆彰等合译：《论语思想史》，万卷楼，2006 年，第 359—377 页。

⑤［日］三岛复：《王阳明的论语解》，《斯文》1922 年第 4 编 5 号，第 193—212 页。

井小太郎《王阳明与论语》[①]、安井小太郎《传习录与论语》[②]等。《论语》是“克己复礼”之母体，这些研究对我们掌握和了解王阳明“克己复礼”诠释的大背景颇有助益。

专门研究王阳明“克己复礼”诠释的论文较少，詹海云《王阳明与〈论语〉》[③]在讨论王阳明论圣学的工夫时，涉及王阳明对“克己复礼为仁”诠释的讨论，只不过，王阳明的相关讨论是围绕其对朱子“克己复礼”诠释之“效验”[④]说的批评。王阳明认为，朱子“克己复礼”作“效验”讲，是就“用”而言，不是就“体”而言；就“体”而言，“复礼”是复吾心一体之仁，即光复良知，“克己”须先“立志”，“立志”才能“存天理去人欲”，而“去人欲”之下手处即在心的发动处的“意”。由此，王阳明将克己复礼与立志、意诚相结合。马忠杰、张宏敏《对〈论语〉“克己复礼为仁”句的一种解读——以王阳明〈传习录〉为中心的考察》[⑤]用王阳明《传习录》的文本注解来疏解“克己复礼”的修养方法，期冀有助于解读孔子仁学思想。该文与其说是在解读孔子，不如说是在解读王阳明，而解读王阳明的深度显然不够。乐爱国《王阳明对〈论语〉“克己复礼为仁”的解读及其后学的变异》[⑥]指出，王阳明对《论语》的“克己复礼为仁”解读源自于朱熹，而阳明后学的解读发生了变异，既不同于朱熹，又与王阳明的解读有很大的差异。

---

① [日]安井小太郎:《王阳明与论语》,《东亚研究》第5卷12号，大正四年（1915）十二月与大正五年（1916）一月，第21—26页。
[日]安井小太郎:《王阳明与论语》,《东亚研究》第6卷1号，大正四年（1915）十二月与大正五年（1916）一月，第12—21页。

② [日]安井小太郎:《传习录与论语》,《阳明学研究》，东京モナス社，昭和十三年（1938），第211—220页。

③ 詹海云:《王阳明与〈论语〉》，林庆彰主编:《明代经学国际研讨会论文集》，万卷楼，1996年。

④ 朱子曰:“又言一日克己复礼，则天下之人皆与其仁。极言其效之甚速而至大也。”载于朱熹:《论语集注》卷六,《四书章句集注》，中华书局，2012年，第133页。

⑤ 马忠杰、张宏敏:《对〈论语〉“克己复礼为仁”句的一种解读——以王阳明〈传习录〉为中心的考察》,《阳明学刊》第五辑，2011年，第300—307页。

⑥ 乐爱国《王阳明对〈论语〉“克己复礼为仁”的解读及其后学的变异》,《贵州社会科学》2020年第2期。

（二）关于阳明后学与朱子“克己复礼为仁”诠释之异同比较研究。

吴震《罗近溪的经典诠释及其思想史意义——就“克己复礼”的诠释而谈》指出，阳明后学罗近溪对“克己复礼”的诠释与朱子不同。在“克己复礼”的诠释史上，“克去己私，复返天理”这一以程朱理学为代表的主流见解，到阳明学的时代，遭到了严重的挑战，明代心学家罗近溪提出了“能己复礼”“能身复礼”的全新诠释，“人”“己”“身”不再是消极的存在对象，而应当是有正面价值的、有充分潜能的、“即人而仁”的、以仁体为自身之本质的主体性存在。罗近溪对“克己”所做的重新解释，与其说是针对汉儒，还不如说是针对宋儒，其思想史意义不仅在于由此确立了以“己即人”“人即仁”为核心内容的仁学思想，而且在于它适以表明，对于经典文本的解读应当允许突破文字训诂的局限，而做出富有创造性的哲学解释。①

日本学者沟口雄三《中国前近代思想的屈折与展开》第三章第三节《明清思想的继起性展开的一个纵断面——明代后期的克己解》认为，从阳明后学到戴震的“克己复礼”解，皆在哲理上肯定“人欲”，朝“己欲”与“他欲”统摄于万物一体的方向上展开。该书把以邹东廓、王龙溪、罗近溪为代表的阳明后学的“克己复礼”解，与清初颜元、李塨，及清中叶戴震等人的“克己复礼”解视为同一思想趋势与系谱；而且，还将“克己复礼”解联系到“里甲制”的解体以及地主、佃户间土地所有权问题，从社会经济层面予以解读。②

林月惠《诠释与工夫——宋明理学的超越蕲向与内在辩证》中的第六篇《阳明后学的“克己复礼”解及其工夫论之意涵》，分析了阳明致良知影响下的阳明后学邹东廓、王龙溪、罗近溪的“克己复礼”解，比较三者诠释的细微变化，并回应了沟口雄三之论断，对沟口雄三以上两个

① 吴震：《罗近溪的经典诠释及其思想史意义——就“克己复礼”的诠释而谈》，《复旦学报（社会科学版）》2006 年第 5 期。

②［日］沟口雄三著，龚颖译：《中国前近代思想的屈折与展开》，生活·读书·新知三联书店，2011 年，第 366—418 页。

方面的观点，针锋相对地进行了反驳：虽然从思想现象的关联来看，阳明后学与清代颜元、李塨、戴震等人都反对朱子的“克己复礼”解，但细绎阳明后学的“克己复礼”解，即可发现其义理脉络及问题意识与清代的“克己复礼”解绝不相侔；哲学思想有其本身的义理发展脉络，不能化约到社会经济现象或结构来解读，就阳明后学而言，“克己复礼”解乃工夫论的论述，与社会经济之关联甚微，沟口雄三之论断，有待商榷。① 沟口雄三从思想变化的外在面貌来观察，将阳明后学的“克己复礼”解与清代颜元、李塨、戴震等人的“克己复礼”解视为同调，林月惠则从哲学思想本身的义理发展脉络来解析，强调“克己复礼”是内在于宋明理学的工夫论，阳明后学的“克己复礼”解，其内在义理并未背离宋明理学“存天理，去人欲”以臻至“无欲”的共法，皆能正视道德生活中的善恶二元性。

（三）关于阳明后学与阳明“克己复礼为仁”诠释之异同比较研究。

一方面阳明后学的“克己复礼”诠释深受王阳明“致良知”的影响，表现出与阳明的一致性；另一方面，阳明后学的“克己复礼”诠释又特别强调“礼”，讲究考察礼文，主张以道问学、博文约礼，偏离了王阳明的良知良能之教。龚鹏程《晚明思潮》中有三章涉及“克己复礼”诠释研究，其中《克己复礼的路向：晚明思潮的再考察》分“克己复礼”“即心即礼”“转识成智”“辅教护国”等四节论述焦竑、李贽、袁宗道诸人的克己复礼诠释路向，阐明晚明“礼”的内在化、本体化，即心即礼，以礼为心性，“礼，时为大”等特点；《罗近溪与晚明王学的发展》第五节《复礼之学》讨论了罗近溪复礼的两种含义，一种是借用经典言词来唤醒主体良知，复合于天理，一种是以礼文来磨砻我们朴素的底里，罗近溪偏离了王阳明良知良能的教法，特别强调“礼”的意义，第六节《克己之学》从仁礼关系的层面讨论了罗近溪“仁礼并言”“仁礼两端”的特点，并且指出，罗近溪之学已从呼吁发显主体良知的逆觉体证之路，逐

---

① 林月惠：《诠释与工夫——宋明理学的超越蕲向与内在辩证》，“中央研究院”中国文哲研究所，2008 年，第 217—275 页。

步走向讲究考察礼文、遵守礼法的道路;《摄道归佛的儒者:焦竑》第八节《克己复礼》提及焦竑主张博文而约礼、以道问学成就尊德性,虽然只是简单涉及,但颇为独到。[①]

（四）关于其他明儒“克己复礼为仁”诠释研究。

邓克铭《高攀龙之〈论语〉诠解》第四部分《“克己复礼”的解释》指出,高攀龙的“克己复礼”解不同于朱子,高攀龙对罗近溪的“克己复礼”解也有所批评,认为“克己复礼”有两种方式:一为直接从“本性”“真体”“真性”入手,一切妄念只是因迷而起,若知真体本无一物,则妄念自然消除;一为从实际工夫做起,在行为意念上仔细检点反省,亦可达到复性之境地。[②]这两种方式在高攀龙思想中并行不悖,各有其理论依据,而前者受其复性观念影响,从本性论克己复礼,更具个人特色,后者乃因当时学弊而发。张晓生《郝敬及其〈四书〉学研究》第三章第一节《郝敬的〈论语〉学》指出,郝敬把“行仁”“克己复礼”都归纳为“下学而上达”,“克己复礼”成为郝敬“下学而上达”的《论语》解说体系中的一环,这进一步印证了其用“下学而上达”统摄《论语》之企图;郝敬将“行仁”等同于“修身”,又加上“果决”的精神要素,这样解说经文,已经将《论语》中的古训转化为现实可行的修养途径,表现出他重实践的思想特质。[③]简瑞铨《张岱四书遇研究》第四章第三节《〈论语〉克己复礼为仁》以“礼、仁、义”三观念以及张岱特别重视的“学”之观念为视角,考察张岱对《论语》的见解。张岱论“礼”包括礼的意义(“礼”即是“天理”)、礼的作用(修礼尽敬礼之用)、用礼的原则(礼得“中”则治,失“中”则乱);从《论语》本身的思想脉络来看,张岱之“学”指的是学“为仁”或学“克己复礼”。[④]

---

① 龚鹏程:《晚明思潮》,商务印书馆,2005年,第20—117页。
② 邓克铭:《高攀龙之〈论语〉诠解》,《鹅湖学志》2011年第46期。
③ 张晓生:《郝敬及其〈四书〉学研究》,台湾东吴大学中国文学研究所博士学位论文,2002年,第105页。
④ 简瑞铨:《张岱四书遇研究》,台湾东吴大学中国文学系博士学位论文,2006年。

（五）关于清儒"克己复礼为仁"诠释研究。

沟口雄三《中国前近代思想的屈折与展开》第一节《宋学式人性论的破绽——颜元、李塨的克己解》指出，颜元以应克之"私"为"外物"，使得宋学式的一己完成性开始露出微妙的破绽，颜元以"外物"为恶而置之于性之外，同时又让恶作为气质的混浊状态附着于性，这是颜元哲学不彻底性所带来的逻辑上的一个破绽，颜元哲学有不彻底的"新"；第二节《社会性相关之理的创出——戴震的克己解》认为，戴震之"克己"既不是克服等于私欲的己，也不是己克胜私欲，而是在和他欲的关联上不失于己欲，在戴震看来，"理"不是因"不出于欲"而得到满足的悬空之理，而必须是成千上万人的普遍的"日用饮食"的事实性条理，不应是一己胸臆的豁然自得之物，而必须具有万人共有的客观规范性，戴震的"克己复礼"解是站在己与天下的相关之中使欲得到相互调和而为仁这个新的立场上的解释。[①] 金景芳、吕绍纲《释"克己复礼为仁"》认为，朱熹解释"克己复礼为仁"是完全错误的，清人俞樾《群经平议》释"克己复礼"承孔安国注训克为能，"己复礼"三字连续，训诂至确。[②] 张寿安《以礼代理——凌廷堪与清中叶儒学思想之转变》涉及戴震、阮元、凌廷堪的"克己"解及其对朱子"私欲"解的批评。[③] 赖芳晖《毛奇龄〈四书改错〉研究》指出，朱熹和毛奇龄两人解"克己复礼"，代表宋儒与清儒的普遍差异，朱熹解"克己"为"战胜私欲"，毛奇龄解"克己"为"约身"。[④] 林启屏《乾嘉义理学的一个思考侧面——论"具体实践"的重要性》简要论及戴震、阮元、凌廷堪的礼学思想及其"克己复礼"说，并指出，宋儒、明儒开发了"人"面对"自己"的"内在面

---

① [日] 沟口雄三著，龚颖译：《中国前近代思想的屈折与展开》，生活·读书·新知三联书店，2011 年，第 366—418 页。

② 金景芳、吕绍纲：《释"克己复礼为仁"》，《中国哲学史》1997 年第 1 期。

③ 张寿安：《以礼代理——凌廷堪与清中叶儒学思想之转变》，河北教育出版社，2001 年，第 53—57 页。

④ 赖芳晖：《毛奇龄〈四书改错〉研究》，"国立中央"大学中国文学研究所硕士学位论文，2004 年。

向”之幽微，清儒拓展了“人”所面对的“外在关系”之处理。[①]张寿安《以礼代理——凌廷堪与清中叶儒学思想之转变》对清代嘉庆间学者张成孙等人的礼学思想及“克己复礼”之说有所分析。[②]邓克铭《宋代理概念的开展》从修正程朱的角度，分清初、乾嘉、乾嘉以后等三期，论及清代学者的礼学思想与“克己复礼”之说。[③]刁小龙《经学解释：训诂与义理之间——以〈论语〉“克己复礼”程朱说为例》第一部分论及清儒毛奇龄、凌廷堪、惠士奇对程朱“克己复礼”解释的驳斥，即驳斥程朱“克己复礼”说忽视《论语》本身训诂文辞之例——失诸上下文例之观照：人、己既别，则前后之“己”不当两解；忽略了下文所云动作主体的存在。[④]赖芳晖《毛奇龄〈四书改错〉研究》指出，清儒摒弃了天理人欲对立的诠释态度，回复古注，要求“克己”与“为仁由己”之“己”字的一致性。清儒善用解经方法对宋儒提出批评，将“己”从“天理人欲”的对立关系中解放出来，强调道德主体的重要性。[⑤]该部分论述过于简单。

四、对“克己复礼为仁”诠释其他相关方面的研究

（一）关于“克己复礼为仁”诠释与儒学发展研究。

李泽厚将“巫史传统”分为周公、孔子两大步。第一步是“由巫到礼”，周公将传统巫术活动创造性地转化为人际世间一整套的宗教—政治—伦理体制，使礼制下的社会生活具有神圣性。第二步是“释礼归仁”，孔子为这套礼制转化性地创造出内在人性根源，开创了“壹是皆以

① 林启屏：《乾嘉义理学的一个思考侧面——论“具体实践”的重要性》，林庆彰、张寿安主编：《乾嘉学者的义理学》上册，“中央研究院”中国文哲研究所，2003年，第41—102页。

② 张寿安：《以礼代理——凌廷堪与清中叶儒学思想之转变》，河北教育出版社，2001年，第53—57页。

③ 邓克铭：《宋代理概念之开展》，文津出版社，1993年，第126—166页。

④ 刁小龙：《经学解释：训诂与义理之间——以〈论语〉“克己复礼”程朱说为例》，《儒家典籍与思想研究》2012年第1期，第32—43页。

⑤ 赖芳晖：《毛奇龄〈四书改错〉研究》，“国立中央”大学中国文学研究所硕士论文，2004年。

修身为本”的修齐治平的“内圣外王”之道。在李泽厚看来，道德形上学挽救不了也复兴不了中国，一个民族良好道德的形成，首先要期待于良好的国家体制。李泽厚提倡“儒学四期说”，以周（由巫到礼，政治脱魅）、孔（建构情理，释礼归仁）替代儒学三期的孔、孟。[①]颜炳罡藉仁礼关系说明先秦至清代儒学的发展，指出自孔子始，仁礼关系就是儒家学说的基本关系，“克己复礼为仁”体现着主观与客观、常道与变道、绝对与相对的合一即仁与礼的合一，也潜存着设礼以显仁的儒学建构之路，在孔子建立的仁礼合一的理论系统中，同样含有依仁以成礼的儒学建构之路。[②]杨国荣以“仁”“礼”为视域分析了从先秦到宋明到近代儒学的演进与分化，并对宋代的“理学”“新学”“事功之学”做了细致分析。他指出，作为历史的产物，儒学本身经历了历史演化的过程，儒学的这种历史演化，同时伴随着其历史的分化，后者主要体现于“仁”与“礼”的分野。[③]梁涛强调，从孔子开始，儒家之道的主要内容有二，一是仁，一是礼，仁是孔子开创之新统，礼是孔子承继之旧统；统合仁学与礼学，“合外内之道”，此乃儒家道统之所在；发展仁学，改造礼学，统合孟荀，才能构建儒家新道统。[④]黄伟雄认为，儒家思想经由先秦时代到宋明时代，其理论核心有所转移，从孔子“克己复礼为仁”纲要性谈话强调“礼”的重要性，到朱熹、王阳明以“理”“性”“心”等概念阐发“克己复礼”的意义，再到牟宗三结合西方哲学的“理性”概念谈“良知坎陷”，展现出了一个辨证过程；在先秦儒学中，礼作为一种外在的客体存在，有其客观的物质基础，在儒学的人文化成的过程中（即博文约礼），慢慢形上学化，在宋明理学中和天理画上等号，并进一步内化到人的心体（良知）的主体存在上；从孔子主张的“克己复礼为仁”，到朱熹的“存天理，去

① 李泽厚：《由巫到礼　释礼归仁》，生活·读书·新知三联书店，2015 年，第 117—143 页。

② 颜炳罡：《依仁以成礼，还是设礼以显仁——从儒家的仁礼观看儒学发展的两种方式》，《文史哲》2002 年第 3 期。

③ 杨国荣：《儒学：本然形态、历史分化与未来走向——以“仁”与“礼”为视域》，《华东师范大学学报（哲学社会科学版）》2015 年第 5 期。

④ 梁涛：《儒家道统说新探》，华东师范大学出版社，2013 年，第 25 页。

人欲”，再到王阳明的“心即理”“致良知”，我们可以看出儒家思想的理论主轴由“礼”转移至“理”的过程。[①]

（二）关于“克己复礼为仁”诠释方法及其他研究。

黄俊杰和傅伟勋都曾就“克己复礼”诠释问题发表过看法，他们的诠释学方法与本研究密切相关，另外成中英“本体诠释学”、汤一介“中国诠释学”创建问题的提出、刘笑敢“跨文本诠释”和伽德默尔“视域融合”诠释理论等皆有助于本书的研究。

日本怀德堂考证学者中井履轩对朱子“克己复礼”解进行批判，对此，黄俊杰强调，中井履轩的解经方法是一种“历史的解经方法”，这种方法特别强调解经要以经典作者所使用之语言与概念，不应以解经者自己的语言或概念强入经典，刑求古人。对于中井履轩这种还原经典的“历史的解经方法”，黄俊杰不以为然，主张“解释者‘历史性’不但不可能解消，而且也不应该被解消”[②]。其《东亚儒家经典诠释传统研究的现况及其展望》认为，儒家经典诠释的一种较为切实可用的方法，就是将经典诠释之变化，置于历史转型期的历史脉络中加以考察。因此，可在现有的丰硕研究成果的基础之上，进一步探讨东亚儒家经典诠释传统中所未经明言的，或所呈现的宇宙图像与世界图像，并分析经典诠释者经由这种宇宙图像与世界图像如何建构一个有秩序的经典思想世界。[③]黄俊杰的经典诠释研究为本研究提供了一个重要的观察面向，即可将“克己复礼”的思想内涵置于历史脉络中加以考察。

与黄俊杰所提出的儒家经典诠释学不同，傅伟勋提出了他的佛教诠释学。傅伟勋《创造的诠释学及其应用——中国哲学方法论建构试论之一》较系统地提出其“创造的诠释学”构想。其创造的诠释学共分五大

---

① 黄伟雄:《礼、理与理性：从克己复礼为仁谈起》，单纯主编，国际儒学联合会编：《国际儒学研究》第16辑，九州出版社，2008年，第536—544页。

② 黄俊杰:《中井履轩对朱子学的批判：从〈四书〉的再诠释出发》，《东亚儒学史的新视野》，“国立”台湾大学出版中心，2001年，第245—247页。

③ 黄俊杰:《东亚儒家经典诠释传统研究的现况及其展望》，《东亚儒学：经典与诠释的辩证》，“国立”台湾大学出版中心，2007年，第128—129页。

层次，即“实谓”“意谓”“蕴谓”“当谓”“创谓”。[①]傅伟勋认为五大层次虽不可任意越级，不过如对个别层次皆已熟练，则不必再死板地依次探讨原典诠释的问题。五大层次当可一时并了，同时进行每一层次的诠释学考察，而对于各层的考察结论，将顿现于创造的诠释学中。[②]傅伟勋曾据其“创造的诠释学”与何炳棣商榷，指出何炳棣之失（前文已涉及）。[③]

成中英《如何重建中国哲学》创立本体诠释学，注重诠释的本体论意蕴。“诠释学以一个历史传统、文化现象、知识体系或哲学系统为对象，做身历其境的意义的展现，并透过创造性的概念，掌握对象主体所含摄的生活经验及生命真实，以及其指向的本体”[④]；“本体”概念在中国传统哲学中具有丰富的历史内涵和思想体系，与作为静态存在的西方 ontology 不同，中国的本体概念是动态的，与人的主体性紧密联系在一起，包含了人的活动的一切内容。

汤一介《三论创建中国解释学问题》提出“中国解释学”的创建问题，认为中国自先秦以来有着悠久而丰富的经典注解的历史传统，“应有条件利用这一丰厚的资源来自觉地系统地研究我国对‘经典’注释的历史，并创建‘中国的解释学’”[⑤]。汤先生认为，充分了解西方诠释学，并以其理论和方法对中国传统的经典注释历史和方法做系统的梳理，通过

---

① 傅伟勋：《创造的诠释学及其应用——中国哲学方法论建构试论之一》，《从创造的诠释学到大乘佛学》，东大图书公司，1990 年，第 10 页。

② 傅伟勋：《关于缘起思想形成与发展的诠释学考察》，《中华佛学学报》第 4 期。关于国内学术界对傅伟勋诠释学的评介，可参阅此书中“傅伟勋与创造的诠释学”栏目的相关论文。王立新、欧崇敬、吴根友主编：《中国哲学的创造性转化》，云南人民出版社，2004 年。

③ 傅伟勋：《“克己复礼”真诠问题的争辩》，《学问的生命与生命的学问》，正中书局，1994 年，第 250—251 页。

④ 成中英：《如何重建中国哲学》，《中国哲学的现代化与世界化》，联经出版事业公司，1985 年，第 13 页。成中英对其本体诠释学的论述可参见：成中英：《本体诠释洞见和分析话语——中国哲学中的诠释和重构》，《本体与诠释：中西比较》第 3 辑，上海社会科学院出版社，2003 年；成中英先生最新论述参见成中英：《全面诠释与发展儒学：哲学、经学与国学》，贾磊磊、孔祥林主编：《第一届世界儒学大会学术论文集》，文化艺术出版社，2009 年，第 112—117 页。

⑤ 汤一介：《三论创建中国解释学问题》，《中国文化研究》2000 年第 2 期。

比较中西经典注解的异同，然后归纳出中国传统的特点，在此基础上中国解释学的建立才有可能。汤先生的中国解释学只是一种设想。

刘笑敢《诠释与定向——中国哲学研究方法之探究》提出“跨文本诠释”这一概念。刘笑敢是通过探讨郭象对《庄子》的诠释而提炼出这一中国古代经典诠释中普遍存在的概念的。诠释者对于不同的异质性的文本，往往以甲释乙、以丙释丁，这种以此释彼又以彼释此的方法即是跨文本诠释。①

伽达默尔《真理与方法》强调，诠释的活动并不是要回到作者“原意”上，诠释是在每一次“视域融合”的过程里，对“文本”进行“不同地”或“不一样地”理解活动，因为每一次的理解，“诠释者自身”的历史性与有限性，必然在其中起着决定性的作用。②

《论语》文本缺少系统，诠释者诠释文本时，往往运用了相关的解释学技巧。刘述先指出，“传统中国人的思维方式正是缺乏像西方哲学思想那样的理论架构。故此读《论语》之困难在于它东一句西一句，似乎缺少系统，这才需要把相关的材料类聚起来，运用解释学的技巧，组织成为一个融贯的思路”③。关于“克己复礼为仁”诠释方法的研究文献，引导我们进入诠释者的诠释之环，更加深入地分析经典诠释文本，把诠释对象置身于历史脉络中进行梳理，自觉地观照诠释者的诠释活动和个人生命实践活动之间的互动。

“克己复礼为仁”出自《论语》，因此有关《论语》的研究成果，对于本研究不无益处。这些《论语》研究成果主要有：唐华《中国论语学术思想发达史》④、日本学者松川健二编《论语思想史》⑤、黄俊杰《德

---

① 刘笑敢：《诠释与定向——中国哲学研究方法之探究》，商务印书馆，2009年，第42页。

② [德]伽达默尔著，洪汉鼎译：《真理与方法》卷一，商务印书馆，2007年，第400—401页。

③ 刘述先：《再谈“克己复礼真诠”——答何炳棣教授》，《二十一世纪》1992年第11期。

④ 唐华：《中国论语学术思想发达史》，大中国图书公司，1980年。

⑤ [日]松川健二编，林庆彰等合译：《论语思想史》，万卷楼，2006年。

川日本〈论语〉诠释史论》①、金培懿《近代日本〈论语〉诠解流变》②、王鹏凯《历代论语著述综录》③、唐明贵《论语学史》④、戴维《论语研究史》⑤、朱华忠《清代论语学》⑥、柳宏《清代〈论语〉诠释史论》⑦、周元侠《朱熹的〈论语集注〉研究：兼论〈论语集注〉的解释学意义》⑧、李远《清代〈论语〉著述叙录》⑨、李兴芳《清代〈论语〉古注辑佚研究》⑩等。

五、研究评析及前瞻

从上文已有研究的回顾，我们可以看到，对孔子“克己复礼为仁”思想研究的文献较多，尤其是20世纪90年代初发生于海外及中国港台地区的激烈争论更是将对这方面的研究推向了高潮。这些文献从字词释义、经典诠释、思想发掘、研究路径选择等不同角度较为深入地研究了孔子的“克己复礼”思想，而“克己复礼”诠释之争反映出的关于孔子“克己复礼”思想中“克己”“(复)礼”“(为)仁”等诸概念的内涵的界定、仁礼关系的初步探讨，历史学家与哲学家治学方法、旨趣的差异，“克己复礼”究属政治、社会学还是伦理学范畴诸问题的讨论，以及内证文本等问题，更是激发了我们进一步探讨朱熹“克己复礼”诠释中相关问题的兴趣。具陈何炳棣、杜维明等“克己复礼为仁”论争之始末，回顾“百年误读”与“千年争论”之辩的过程，本书无意于评判孰是孰非，而旨在探讨“克己复礼为仁”论争背后的思想史意义：一是“克己复礼为仁”委实重要、典型，否则不会持续成为论争的焦点；二是与其空无

---

① 黄俊杰:《德川日本〈论语〉诠释史论》，“国立”台湾大学出版中心，2006年。
② 金培懿:《近代日本〈论语〉诠解流变》，万卷楼，2017年。
③ 王鹏凯:《历代论语著述综录》，花木兰文化工作坊，2005年。
④ 唐明贵:《论语学史》，中国社会科学文献出版社，2009年。
⑤ 戴维:《论语研究史》，岳麓书社，2011年。
⑥ 朱华忠:《清代论语学》，巴蜀书社，2008年。
⑦ 柳宏:《清代〈论语〉诠释史论》，社会科学文献出版社，2008年。
⑧ 周元侠:《朱熹的〈论语集注〉研究：兼论〈论语集注〉的解释学意义》，中国社会科学出版社，2012年。
⑨ 李远:《清代〈论语〉著述叙录》，西北师范大学硕士学位论文，2011年。
⑩ 李兴芳:《清代〈论语〉古注辑佚研究》，北京师范大学硕士学位论文，2011年。

依傍地争辩，不如脚踏实地地省察，选取历史上代表性人物比如朱熹，就其“克己复礼为仁”诠释个案进行具体的研究，找出诠释中透显出的问题症结所在[①]；三是孔子“克己复礼为仁”思想论争的具体内容为朱熹“克己复礼为仁”诠释研究奠定了坚实的基础。

与对孔子“克己复礼为仁”思想研究的已有成果相比，对宋儒“克己复礼为仁”诠释的研究成果较少，而对宋儒“克己复礼为仁”诠释的研究成果又多集中于朱熹身上。已有的研究关注到了朱熹创造性的诠释与其理学体系建构的关联，提及了朱熹对仁礼关系的诠释、工夫论倾向以及下学上达的诠释特色，注意对朱熹开展相关比较研究，横向上将朱熹与其同时期的陆九渊、叶适等进行比较，纵向上将朱熹与孔孟、明清儒者等进行比较，并且从东亚儒学视域，将朱熹与日本儒者荻生徂徕、中井履轩及朝鲜儒者丁茶山等进行比较。这些已有的研究成果为本课题的研究指引了方向，开启了思路。不过，这些已有的研究成果只是涉及命题的某个方面，或只是蜻蜓点水般地泛泛而论，对朱熹“克己复礼为仁”诠释的研究，缺乏全面性、系统性、深入性，从而为本课题研究留下了较大的空白和进一步深入的空间。

与对孔子“克己复礼为仁”思想研究的已有成果相比，对明清儒者“克己复礼为仁”诠释研究的文献较少。元儒的“克己复礼为仁”诠释主要是尊朱、述朱，整体上不曾突破朱熹思想的藩篱，研究价值不太大，因此学术界对此不甚关注，相关研究成果极少，而已有的极少数研究成果跟本论题主旨不甚契合，所以相关研究文献材料本书没再吸纳进来。

就明代儒者相关研究成果来看，关于王阳明“克己复礼为仁”诠释的研究成果很少，这与王阳明对“克己复礼为仁”诠释本来不甚着意、较之朱熹相关诠释特色不够鲜明等有关；相比之下，阳明后学的相关研究较多，研究对象涉及罗汝芳、邹守益、焦竑与朱子“克己复礼为仁”诠释之异同比较研究，阳明后学与阳明“克己复礼为仁”诠释之异同比

---

① 郭园兰：《“克己复礼为仁”思想研究：概念、关系及路径选择》，《湖南大学学报（社会科学版）》2017 年第 4 期。

较研究等；关于其他明儒“克己复礼”诠释研究的对象有高攀龙、郝敬、张岱等，只是研究对象涉及面宽，研究还不够深入。饶有兴味的是，林月惠针对沟口雄三之阳明后学“克己复礼”诠释研究展开了讨论，林月惠等习惯从哲学层面检讨“克己复礼”诠释，因此不能接受沟口雄三从思想变化的外在面貌，特别是从经济层面解读明代后期的“克己复礼”诠释，这涉及究竟应从哲学思想本身的内在义理脉络，还是应从外在社会经济现象或结构来解读等问题。

清儒“克己复礼为仁”诠释的研究着重体现在清儒对朱熹“克己复礼”诠释的批判，研究对象涉及毛奇龄、颜元、李塨、戴震、阮元、凌廷堪等，涉及面宽，但限于篇幅，多集中在训诂层面进行讨论和研究，对训诂背后的思想史意义挖掘得还不够。那么，为何朱熹“克己”诠释在明清特别是清代还有这么大的影响？较之明清儒者，朱熹“克己复礼为仁”诠释究竟有何意涵和特色？朱熹对“克己复礼为仁”进行创造性诠释对明清儒者究竟有何影响？为何朱熹“克己复礼为仁”诠释会成为清代汉宋之争的争点，朱熹“克己复礼为仁”诠释在其学术中究竟居于何等地位，如何彰显儒学的分化与发展？对诸如此类问题的回答，皆应从理学体系建构的视角，进一步探讨朱熹“克己复礼为仁”诠释，以期有助于平议清代汉宋之争，为当代儒学发展提供借鉴和思考。

既有的关于“克己复礼为仁”诠释与儒学发展的研究，高屋建瓴，将“克己复礼”和“仁”“礼”诠释置身于儒学发展的大脉络来考察，为本研究开拓了更广阔的视野。但是，如果不深入到具体、典型的人物的“克己复礼为仁”诠释中，点面结合地系统考察，难免会有浮光掠影之嫌。

在已有的“克己复礼为仁”诠释研究成果基础上，应进一步深入探讨的是，朱熹诠释“克己复礼为仁”，其“克己”“复礼”“为仁”诸概念以及“克己”“复礼”“为仁”三者的关系究竟有着怎样的深刻内涵？朱熹是如何在博采、集评前人特别是二程等人的相关诠释思想的基础上，发展、完善和定论这些概念意涵及其彼此间的关系？透过“克己复礼为仁”这一儒学重要命题，朱熹是如何创造性地诠释仁礼关系、如何回答“克己复礼”何以为“仁”这一问题的？与此相应，朱熹如何诠释克己与复礼、仁与爱、仁与理、礼与理等关系的？朱熹等宋儒直接面对的是佛道特别是佛氏的挑战，须致力于复兴和弘扬新儒学，“克己复礼为仁”这一命题中的仁与礼是儒学的核心问题，因而朱熹对这一命题的诠释应反映朱熹是如何直揭儒佛之辨、捍卫儒学的立场的。又朱熹“克己复礼为仁”诠释在清代汉宋之争中成为争点，焦点在于朱熹对“克己复礼为仁”进行了创造性的诠释，那么应立足于汉宋之争这一宏大学术背景，进一步以理学建构为视角，全面系统地探讨朱熹是如何诠释“克己复礼为仁”的。与此相关，还应更深入地挖掘朱熹学术的体系性、逻辑性、内倾性、全面性与其工夫论倾向性及其心性论、本体论建构，凸显其在儒学发展史上的地位、影响和鲜活的生命力，思考其为当代儒学发展提供怎样的借鉴作用。

第三节　内容与创新

一、研究内容

为应对佛道挑战，回应“人心陷溺”之社会现实需要，朱熹对“克己复礼为仁”这一最能反映儒学仁礼关系的核心命题，进行创造性诠释，建构理学体系，树立了宋代理学驾驭和诠释经典文本的典范。随着时代和思潮流变，朱熹理学在清代却遭到了排斥，朱熹对“克己复礼为仁”的理学化诠释，在此时甚至成为了汉宋之争的重要争点。从儒学与外部的关系来看，朱熹“克己复礼为仁”诠释思想涉及儒学与佛道之辩；从儒学内部不同流派的关系来看，朱熹“克己复礼为仁”诠释思想与清代汉宋之争密不可分。鉴于此，本研究以宋代佛道挑战、清代汉宋之争为背景，以理学体系建构为视角，首次对朱熹“克己复礼为仁”诠释进行系统全面研究，透过朱熹经典诠释和理学学术建构的互动，深入挖掘朱熹克己、复礼、为仁及其三者关系的诠释意涵，深刻揭示其诠释的理学化、阶段性、发展性、矛盾性特征及其成因，彰显了朱熹内倾的学术特征及其在儒学发展史上深远的影响和鲜活的生命力。

第一章：研究概述。探讨本研究的选题背景与意义，梳理和回顾国内外已有的研究成果，对有待进一步深入研究的空间做出前瞻性的判断和设想，确立本书的研究内容和创新之处。

第二章：朱熹对“克己”的诠释。其一，朱熹在“克己”诠释上的立场与取舍。包括朱熹在“克己”诠释上的立场，朱熹对前贤“克己”诠释的博采集评、批驳辨误和选择吸收。其二，朱熹“克己”诠释的思想内涵。朱熹以“身之私欲”而不以“身”训“己”：从理与气、形体与私欲的关联和天理人欲相对、“己”“礼”相对的角度以及“克己”与“复礼”的关联来诠释“己”；以“胜”而不以“治”训“克”：从天理人欲此胜则彼退之关系、天理人欲难明等角度以及“克”之对象“私欲”难以对付的特征来释“克”。朱熹认为“克己”是圣人成圣之根本、教人之定本。在内容上，主张不稳当的、偏与不偏的都要克；在态度上，主张克己“只得尽力舍死向前”，不顾一切；在方法上，主张克己“久而不懈”、持之以恒。其三，朱熹用以释“己”之“私欲”涉及“气禀之私”“人我之私”“耳目鼻口之欲”等内容，“非礼勿视听言动”涉及“耳目口鼻”之欲较多。其四，朱熹注重在实践中贯彻自己的“克己”诠释思想，包括劝导学者“克己”以治心修身，进谏君王以正心窒欲，为自己的学术、政治立场张本，也正因为如此，其“克己”诠释与实践的影响日益扩大，以至于作为核心内容卷入了道学之争。

第三章：朱熹对“复礼”的诠释。其一，朱熹对宋儒“复礼”诠释进行采录和评论。其二，朱熹“复礼”诠释的思想内涵：朱熹释“复礼”之“复”为“反”，释“复礼”之“礼”为“天理之节文”。其“复礼”诠释经历了一段不断反思和发展的过程。朱熹先是释“礼”为“天理”，视“礼”为“体”；又因不满于释“礼”为“天理”，转而关注形而下的“礼”，朱熹释“复礼”之“礼”为“节文”，视“礼”为“用”；释

"礼"为"天理"或释"礼"为"节文"都不足以全面诠释"礼"，朱熹进而兼顾形而上、下层面，将"复礼"之"礼"诠释为"天理之节文"，视"礼"为"体""用"兼备：一端伸向形而上的本体"天理"，释"礼"为"天理"、为"体"、为合当底，一端指向形而下的"节文"，释"礼"为"节文"、为"用"、为践履和下学工夫。其三，朱熹"复礼"诠释的内在发展与理学根源。以朱熹不满于"复天理"之释为例，论述朱熹从"复天理"到"复天理之节文"之释的选择，透显朱熹"复礼"诠释历经的内在发展历程。又以"复天理之节文"之释为例，分析体用一源思想、理气观、理学本体论思想等为何是朱熹"复礼"诠释的理学根源。

第四章：朱熹对"为仁"的诠释。其一，朱熹对宋儒"为仁"诠释进行采录和评论，对"人心"释"仁"予以继承和发展。其二，朱熹释"为仁"为"谓之仁""是仁""见仁""到仁""至仁"，以工夫指示仁，强调"克己复礼"工夫。其三，朱熹诠释"克己复礼为仁"之"仁"为"本心之全德"：在批判和吸收前人以"人心""天下之正理""心之道"释"仁"的基础上，释"仁"为"本心之全德"，这是《论语集注》中"仁"之诠释的惯例和通则。朱熹认为，本心区别于人心，是道心，本心之仁是天生的、固有的，是性、理，易为私欲所昏，下克己复礼工夫，可见依旧之仁；德和仁具有共通的意涵，均兼性情、有体用，都是天生的、人所自有的，都是性，都是就事上说，因而以"德"释"仁"；"全德"突出"仁"的"德之全体"义，"仁"包仁义礼智四德，是"专言之仁"，为大、为先、为生意贯通，是全德。"仁者，本心之全德"，一端指向形而上的性、体，即"本心"；另一端指向"全德"，与释"礼"为形而下之"节文"、为用不同的是，释"仁"之"全德"兼性情、体用。在朱熹看来，"仁"本身兼备体用，释"仁"为"本心"突出的是"仁"的本体性，释"仁"为"全德"，突出"仁"是包四德、包四端之"性情之德""有体有用之德"，突出的是"仁"兼具众德、包容遍覆、纯粹无私、同于天理。又以"仁者，本心之全德"为例，分析（性情）未发已发、心统性情、理气观、体用一源等是朱熹"为仁"诠释的理学根源。

第五章:“克己复礼为仁”诠释与朱熹学术特征及影响。其一，朱熹诠释“克己”“复礼”“为仁”之关系。朱熹认为“克己”“复礼”既合又分，“克己复礼”与“为仁”系先后关系，“克己复礼为仁”之“仁”“礼”关系为仁礼相通、仁包含礼等多维关系。其二，以“克己”为中心，从“克己复礼为仁”诠释看朱熹学术内倾特征。朱熹“克己复礼为仁”诠释以理学为其理论框架和指导思想，其理学体系的建构和完善是在诠释“克己复礼为仁”等经典的过程中完成的，两者相互促进。在经典诠释和理学体系建构的双向互动中，朱熹形成了内倾的学术特征，这种内倾特征主要表现为向里用力、心性追求、内向超越等。朱熹学术内倾特征的形成既受时代背景、个人际遇的影响，亦为振兴儒学的需要，更是心性之学发展、学术风尚转移的结果。其三，以“克己”为中心，从“克己复礼为仁”诠释之汉宋分野看朱熹学术影响。汉学宋学“克己”诠释存在分野，汉学家对宋学家“克己”解进行了批驳，宋学家对“克己”进行创造性诠释的实质在于理学体系建构的内在需要。朱熹“克己复礼为仁”等经典诠释及其形成的学术特征对整个儒学史的发展有导向作用，推动了儒学的分化，在儒学发展史上有深远的影响和鲜活的生命力，可为当代儒学发展提供借鉴和思考。

需要强调的是，本书主体第二、三、四章采取了分别讨论“克己”“复礼”“为仁”的结构方式。在阅读已有研究者如张崑将、黄俊杰等采取分别讨论方式撰写的论文时，本人就曾认真思考本研究的整体布局和安排。后来通过研究发现，朱熹本人讨论“克己复礼为仁”这一命题时实际上也是分开讨论的，如分别讨论“克己”与“敬”的不同、“复礼”和“为仁”的含义，讨论“克己”与“复礼”、“克己复礼”与“为仁”的关系等，朱熹完整地诠释这一命题的只有几句话。后代学者对朱熹这一命题的回应也是分开的，如乾嘉学者对朱熹“克己”解的质疑、对朱熹“(复)礼”而引起的“礼”“理”讨论、对朱熹“(为)仁”的质疑等都是分开进行的。为此，本研究采取了分别讨论“克己”“复礼”“为仁”的结构安排。同时，为了避免割裂，也采取了由分到合的形式，第五章合讲“克己复礼为仁”这一命题中“克己”“复礼”“为仁”的关系，并从“克己复礼为仁”诠释整体地看朱熹学术特征及影响。

二、创新之处

朱熹“克己复礼为仁”诠释研究，看似只是对一个命题的诠释研究，实则能够关联上下左右，能够实现小切口大关怀，体现朱熹学术本身“致广大、尽精微”的特质，具有研究内容、视野、方法等方面的创新。

从研究内容来看，本书首次对朱熹“克己复礼为仁”诠释进行系统而全面的研究，旨在深入挖掘“克己”“复礼”“为仁”等概念的意涵；在此基础上，进一步探究朱熹对仁与礼、克己复礼与仁、克己与复礼、仁与爱、仁与理、仁与德、礼与理等关系的诠释，并进行条分缕析的分析，深入把握朱熹“克己复礼”诠释的内涵；由此凸显朱熹学术的体系性、逻辑性、全面性、内倾性与其工夫论倾向及其心性论、本体论建构；进而彰显朱熹“克己复礼为仁”诠释在儒学发展史上的地位、影响和鲜活的生命力，思考其为当代儒学发展提供的借鉴作用。

从研究视角来看，全书以理学体系建构为视角对朱熹“克己复礼为仁”诠释进行全面的研究，旨在揭示朱熹如何以理学体系建构驾驭经典诠释、其经典诠释如何体现理学体系建构，挖掘朱熹“克己复礼为仁”诠释背后的理学根源，突出朱熹经典诠释的理学化特征及其与理学体系建构的互动互促。仁礼关系是儒学的核心问题，是儒学发展和分化的晴雨表，是一直以来聚讼不已的焦点话题，朱熹对“克己复礼为仁”这一最能反映儒学仁礼关系的命题多有措意，进行创造性的诠释，建构理学体系，是其应对佛道挑战、回应“人心陷溺”之社会现实需要。朱熹“克己复礼为仁”诠释成为清代汉宋之争的焦点，主要不在于朱熹是宗孟还是宗荀、崇仁还是尚礼，而在于清代汉学家对朱熹等宋儒的理学体系建构的漠视和排斥。由此可见，以理学体系建构为视角对朱熹“克己复礼为仁”诠释进行研究非常有必要，对平议清代汉宋之争亦非常重要。由朱熹“克己复礼为仁”诠释而引起的不论是儒学与外部的抗争（儒学与佛道之辩），还是儒学内部本身的争议（清代汉宋之争），都需要有针对性地以理学体系建构视角切入开展研究，这对于彰显朱熹的学术特色、地位与影响，对于把握宋代学术的转型、演化与“造极”及其在整个儒学发展史上的地位，意义重大、影响深远。

从研究方法来看，正如陈来先生《朱子哲学研究》所指出的，“整个朱子哲学和它的重要部分都不是一次形成的静止结构，而是有其自身提出、形成并经历复杂演变的动态体系”[①]，朱熹学术思想的形成，不是一蹴而就的，而是在经典诠释的过程中逐步形成、完善的，依据朱熹学术本身的特点，本书研究力图呈现朱熹学术的原貌，注重朱熹诠释与建构的历时性发展、动态性演变，在全面梳理朱熹博采、集评和批判吸纳前人特别是二程等人的相关诠释思想的基础上，探求朱熹与儒学内部其他学派学者如何论辩往来，如何发展、完善和定论相关的概念意涵及其彼此间的关系，如何建构和完善理学体系并振兴儒学，以此揭示朱熹诠释“克己复礼为仁”的学思历程。正视朱熹“克己复礼为仁”诠释中的矛盾性、阶段性，破解朱熹“克己复礼为仁”诠释中出现的矛盾性问题，比如克己与复礼究竟是合说还是分说，“克己复礼”当下便是仁还是然后才是仁，究竟是礼先仁后还是仁先礼后，“克己复礼为仁”之“为仁”为“谓之仁”“是仁”“见仁”“到仁”“至仁”等应做何确解，进而对朱熹克己复礼关系辨、仁礼关系辨、仁爱关系辨、仁德关系辨、仁理关系辨、礼理关系辨等进行细致入微的研究，发现问题矛盾的症结所在，认识朱熹学术的各个阶段性特征，从动态发展过程中，把握朱熹学术的体系性、逻辑性、全面性和统一性。陈来先生指出，“无论何种与思想史相关联的研究，最基础的研究仍然是对思想文本的研究，没有对于文本的深度研究，不能深入文本的具体诠释，终究难免浮光掠影或对塔说相轮”[②]。本研究的深入开展建立在搜集和阅读大量文本材料之上，这也是值得一提的。

---

① 陈来：《朱子哲学研究》，华东师范大学出版社，2000 年，第 9 页。

② 陈来：《序》，《中国近世思想史研究》，生活 · 读书 · 新知三联书店，2010 年，第 4 页。

第二章 朱熹对“克己”的诠释

清代汉宋之争中，《论语》“克己”诠释成为争点之一，以朱熹为代表的宋儒训“克己”为“胜身之私欲”，这成为清代汉学家批判宋儒的核心内容，[①]从正面进入朱熹的“克己”诠释之环，全面探究朱熹“克己”诠释及其背后深邃的思想内涵，消弭对朱熹诠释的误解，是十分必要而紧迫的。现代大儒钱穆对此早有明确论述：“明道单提‘敬’字教人，伊川增之以‘致知’，又曰‘敬义夹持’，朱子谓其如车两轮，如鸟两翼，不可偏缺。朱子又自提‘克己’二字，以与二程言敬字比论其异同得失，初则若鼎足之三，继则为一枝独秀。此在两宋理学思想中乃一甚值注意研讨之问题。惜乎言程朱理学者，于此多未触及，置不一言，此实一至可扼腕之事。”[②]钱穆在这里突出了朱熹学术的三次变化。首先，朱熹重视二程之“敬”“致知”，认为两者都重要，不可偏废。此后，朱熹在二程“敬”与“致知”之基础上，提出“克己”，并将三者鼎足而立。最后，通过比较同异得失，朱熹在晚年专崇“克己”，置“克己”于“主敬”工夫之上。对于这一变化，尤其是对于朱熹尊崇“克己”，钱穆感叹“言程朱学者”不曾触及。更为遗憾的是，从钱穆就学界罔顾朱子“克己”研究而扼腕叹息并提供相关研究资料至今，尚未有人专注朱熹之“克己”[③]，

---

① 程树德撰，程俊英、蒋见元点校：《颜渊上》，《论语集释》卷二四，中华书局，2013年，第944页。

② 钱穆：《朱子论克己》，《朱子新学案》第2册，九州出版社，2011年，第441页。

③ 张崑将、吴震、牟坚等学者在论文中对朱熹之“克己”诠释有所涉及，但不曾进行专题研究。参看张崑将：《朱子对〈论语·颜渊〉“克己复礼”章的诠释及其争议》，《台大历史学报》2001年第27期；吴震：《罗近溪的经典诠释及其思想史意义——就“克己复礼”的诠释而谈》，《复旦学报（社会科学版）》2006年第5期；牟坚：《朱子对“克己复礼”的诠释与辨析——论朱子对“以理易礼”说的批评》，《中国哲学史》2009年第1期。

更遑论就朱熹“克己”诠释及其学术做出较为系统而全面的研究。朱熹晚年专崇“克己”，学术体系日趋完善，学术思想渐趋成熟，“克己”诠释在其学术中占据十分重要的位置，透过朱熹“克己”诠释，我们能够更好更深入地把握朱熹的学术思想。那么，朱熹究竟是怎么诠释“克己”的？其“克己”诠释又是如何与其理学体系构建相结合、相促进、相统一的？本章在梳理朱熹对前人“克己”诠释的集评辨误和选择吸收的基础上，试图从理学体系构建的视角来探讨朱熹对《论语》“克己”的诠释。

第一节　朱熹在“克己”诠释上的立场与取舍

一、朱熹在“克己”诠释上的立场

自汉代开始，以“克己”为核心的诠释甚多，歧解纷纭，争端蜂起。可概括为四类：

一是训“克己”为“胜己之私”。西汉扬雄开此训之先河，“胜己之私之谓克”①，首将“私”字纳入克的对象。魏王肃训“克己”为“胜己私情”：“克，胜，言能胜己私情复之于礼则为仁也。”②隋朝刘炫指出，“克训胜也，己谓身也。有嗜欲当以礼义齐之。嗜欲与礼义交战，使礼义胜其嗜欲，身得归复于礼，如是乃为仁也”③。“克己”即“胜嗜欲”。宋代邢昺继承刘炫诠释，在《论语注疏》中引用并注疏为：“克训胜也，己谓身也，谓能胜去嗜欲，反复于礼也。”④程颐在承续前人诠释的基础上以“克尽己私”训“克己”并有所发挥。⑤相关表述还有张载“克己要当以

① 扬雄著，李轨注：《扬子法言》卷五，《四部丛刊》初编影印石砚参翻宋治平监本。
② 王肃注：《孔子家语》卷九，上海启新书局石印内府藏本。
③ 阮元校刻：《阮刻春秋左传注疏》卷四五，浙江大学出版社，2015年，第3136页。
④ 何晏注，邢昺疏：《论语注疏》卷一二，北京大学出版社，1999年，第157—158页。
⑤ 程颢、程颐著，王孝鱼点校：《河南程氏遗书》卷二二上，《二程集》，中华书局，2004年，第286页。

理义战退私己”[①]、范祖禹“克己，自胜其私也”[②]、陈祥道“胜己之私谓之克”[③]、胡安国“克己者，自胜其私意也”[④]、张栻“克尽己私”[⑤]，等等。

二是训“克己”为“约身”“治己”“修己”。汉代马融将“克己”训为“约身”，《论语集解义疏》和《论语注疏》均引马融此解。[⑥]南朝梁皇侃强调：“克，犹约也。复，犹反也。言若能自约俭己身，还反于礼中，则为仁也”[⑦]，训“克己”为“约俭己身”。宋代叶适以“治己”训“克己”：“克己，治己也，成己也，立己也。”[⑧]明清有较多学者直承马融“克己”古训。明末邹守益认为，“克己复礼，即修己以敬”[⑨]。王龙溪也认为，“‘克’是修治之义，‘克己’犹云‘修己’”，明确反对以“己”为欲。[⑩]清代刘宝楠、陈澧有类似表述：“凡言‘克己’，皆如约身之训”[⑪]；“马氏之意，盖以克己复礼即约我以礼，故解克己为约身也”[⑫]。阮元在《揅经室集》中汇集收录了三位承续马融训解的经学家言论，即毛奇龄、凌廷堪、臧用中。[⑬]今人钱穆[⑭]、杨伯峻[⑮]、李泽厚[⑯]亦如此解“克己”。

三是训“克己”为“能己”。汉代孔安国训“克己复礼”为“身能

① 张载著，章锡琛点校：《横渠易说》，《张载集》，中华书局，1978年，第130页。
② 朱熹：《论语精义》卷六下，《朱子全书》第7册，第412页。
③ 陈祥道：《论语全解》卷六，北京大学《儒藏》编纂与研究中心编：《儒藏》精华编第105册，北京大学出版社，2013年，第137页。
④ 朱熹：《资治通鉴纲目》卷五五，《朱子全书》第11册，第412—413页。
⑤ 张栻著，杨世文点校：《南轩先生论语解》卷六，《张栻集》，中华书局，2015年，第214页。
⑥ 皇侃撰，高尚榘校点：《论语义疏》，中华书局，2013年，第298页；何晏注，邢昺疏：《论语注疏》卷一二，北京大学出版社，1999年，第177页。
⑦ 皇侃撰，高尚榘校点：《论语义疏》卷六，中华书局，2013年，第297—298页。
⑧ 叶适：《习学记言序目》卷四九，中华书局，1977年，第731页。
⑨ 董平编校整理：《邹守益集》卷一六，凤凰出版社，2007年，第739—740页。
⑩ 吴震编校整理：《王畿集》卷六，凤凰出版社，2007年，第143页。
⑪ 刘宝楠撰，高流水点校：《论语正义》卷一五，中华书局，1990年，第484页。
⑫ 陈澧著，杨志刚编校：《东塾读书记》卷二，中西书局，2012年，第30页。
⑬ 阮元撰，邓经元点校：《揅经室一集》卷八，《揅经室集》，中华书局，1993年，第183—184页。
⑭ 钱穆：《论语新解》，生活·读书·新知三联书店，2002年，第303页。
⑮ 杨伯峻：《论语译注》，中华书局，1980年，第130页。
⑯ 李泽厚：《论语今读》，生活·读书·新知三联书店，2008年，第342页。

反礼”：“复，返也。身能反礼，则为仁矣。”[1]宋代杨简训“克”为“能”，“克己”即“能己”，强调“己”的主观能动性。[2]明代胡直指出：“克，能也。孔子正言能于己而复礼则为仁矣，能己即与由己应，盖为仁功在复礼，而复礼在由己。”[3]他认为“胜私”解不符合语境，“克己”“由己”一语而顿分二义，不恰当，训为“能己”，则上下文文义一贯。明代罗汝芳也认为，“克己”“由己”之“己”相同，“克”即能，“克己复礼”即自己能复于礼。[4]清人俞樾坚持孔安国注，并强调断句：“按孔注训克为能，是也。此当以‘己复礼’三字连文，‘己复礼’者，身复礼也，谓身归复于礼也，能身复礼即为仁矣，故曰‘克己复礼为仁’。”[5]

四是训“克己”为“责己”。东晋范宁指出，“克，责也。复礼，谓责克己失礼也。非仁者则不能责己复礼。故能自责己复礼则为仁矣”[6]。以“责”训“克”，“克己”就是“责己”。清儒藏用中也用“责己”训“克己”：“范武子训‘克’为‘责’，责己失礼而复之，与下文‘四勿’义亦通。”[7]并指出马融、范宁等说，义本互通。清黄式三也认为，“克己，犹言深自克责也”[8]。

“克己”上述四类诠释，在朱熹之前大都已提出，且承接有序，流播不断，各自体现出独特的学术脉络。朱熹没有选择马融“约身”、孔安国“身能（反礼）”、范宁“责己”，而是承袭扬雄“胜己之私”。由扬雄“胜己之私”、王肃“胜己私情”到刘炫“胜身（嗜欲）”、程颐“克尽己私”，

---

① 刘宝楠撰，高流水点校：《论语正义》卷一五，中华书局，1990 年，第 483 页。
② 杨简著，董平校点：《慈湖先生遗书》卷一一，《杨简全集》第 8 册，浙江大学出版社，2016 年，第 2134 页。
③ 胡直撰，张昭炜编校：《衡庐精舍藏稿》卷二九，《胡直集》下册，上海古籍出版社，2020 年，第 608 页。
④ 罗汝芳：《盱坛直诠》，北京大学《儒藏》编纂与研究中心编：《儒藏》精华编第 195 册，北京大学出版社，2013 年，第 356 页。
⑤《清经解续编》卷一三九二，上海书店影印本，第 1206 页。
⑥ 何晏集解，皇侃义疏，王云五主编：《论语集解义疏》卷六引，商务印书馆，1937 年，第 162 页。
⑦ 阮元撰，邓经元点校：《揅经室一集》卷八，《揅经室集》，中华书局，1993 年，第 184 页。
⑧ 黄式三撰，张涅、韩岚点校：《论语后案》，凤凰出版社，2008 年，第 327 页。

朱子释“克己”为“胜身之私欲”，在扬雄“克己”诠释的基础上增加了涵括外在形躯意义的“身”和表达内在意念的“欲”，并以“身”限定“私欲”，在兼顾内外两层修养工夫的基础上，巩固和突出了“克己”诠释之内在意涵。

朱熹在《论语集注》中指出：“克，胜也。己，谓身之私欲也”；“克去己私以复乎礼，则私欲不留，而天理之本然者得矣”。[①]“克己”就是战胜己身之私欲。私欲既去、私欲不留，人才能复归于礼，回归到天理的本然状态。在《朱子语类》《论语或问》等著作中，朱熹亦有类似表述。“克，是克去己私。己私既克，天理自复”[②]；“此圣门之学，所以汲汲于求仁，而颜子之问，夫子特以克己复礼告之，盖欲其克去有己之私欲，而复于规矩之本然，则夫本心之全德，将不离乎此而无不尽也”[③]。“克去己私”“克去有己之私欲”等，均是朱熹承接扬雄“胜己之私”、以“胜身之私欲”训“克己”的不同表达。

值得注意的是，朱熹亦用同一诠释脉络下的扬雄、刘炫、邢昺等前人使用过的类似语词，以“己私”“私意”等来释“己”。比如，朱熹71岁时，在《答周深父》中指出：“细考本文，恐不若只作胜己之私之安稳也。”[④]“胜己之私之谓克”是早时扬雄对“克己”的诠释。那么，这是否可以说明：朱熹对“克己”的诠释与扬雄、刘炫等人的诠释是一样的？假若朱熹满足于与他们一样，那么，朱熹为何在扬雄“胜己之私”的基础上特加一“欲”字[⑤]，还别出心裁、刻意释“己”为“身之私欲”？朱熹曾明确指出，“某释经，每下一字，直是称等轻重，方敢写出”[⑥]；“某于《论》《孟》，四十余年理会，中间逐字称等，不教偏些子。学者将注处，

① 朱熹：《论语集注》卷六，《四书章句集注》，第133、150页。
② 黎靖德编，王星贤点校：《朱子语类》卷四一，第1067页。
③ 朱熹：《论语或问》卷一二，《朱子全书》第6册，第798—799页。
④ 朱熹：《答周深父》，《晦庵先生朱文公文集》卷六三，《朱子全书》第23册，第3085—3086页。
⑤ 刘炫和邢昺诠释时亦提到“嗜欲”，但他们却还是释“己”为“身”，不曾迥异于同一脉络下的其他人对“己”之诠释。
⑥ 黎靖德编，王星贤点校：《朱子语类》卷一〇五，第2626页。

宜子（仔）细看”[①]。显然，以“胜身之私欲”释“克己”绝不是他一时兴起偶尔为之，而是经过长期深思熟虑所得，这种诠释也大不同于同一脉络下的其他诠释。“圣人之言，即圣人之心；圣人之心，即天下之理。”[②]朱熹认为，圣人之言是天理的表达，他数十年致力于通过经典诠释建构和完善理学体系。“克己”是《论语》中孔子答颜渊之言，朱熹“克己”诠释的不同之处就体现在其中蕴涵和依托的天理体系。唯有从理学体系出发，我们才能真正洞悉朱熹“克己”诠释的奥妙所在。

二、朱熹对前贤“克己”诠释的博采集评

释“克”为“胜”，在朱子之前的经典诠释中已有诸多案例，训“克己”为“胜私欲”，前人亦有类似表述，但朱熹把“胜私欲”解加以系统化和普遍化。由扬雄“己之私”、王肃“己私情”到刘炫“嗜欲”、程颐“己私”“私意”，朱熹将外“私”内“欲”合一为“私欲”。在这一由外而内的治学过程中，朱熹按照自己的学术标准，对前人成果下了一番博采集评、批驳辨误和选择吸收的取舍工夫。

《论孟精义》成于乾道八年（1172），在其中的《论语精义》卷六之“克己复礼”章，朱熹广泛采集了程颢、程颐、范祖禹、吕大临、谢良佐、游酢、杨时、尹焞等人的诠释，[③]其中对程颢、程颐的“克己”诠释语句采录尤多。举隅如下：

采录程颢的“克己”语句有：“克己复礼，乃所以为道”；“知道与己未尝相离，则若不克己，何以体道？道在己，不是与己各为一物，可跳身而入者也。克己复礼，非道而何？至于公言克己不是道，亦是道也，实未尝离得，故曰可离非道，理甚分明”；“克便是克之道”；“道则不消克，却不是持国事，在圣人则无事可克，今日持国须克得己，然后复礼”；“克己则私心去，自能复礼，虽不学文，而礼意已得”；“多惊多怒

① 黎靖德编，王星贤点校：《朱子语类》卷一九，第437页。
② 黎靖德编，王星贤点校：《朱子语类》卷一二〇，第2913页。
③［日］大槻信良：《凡例》，《朱子四书集注典据考》，台湾学生书局，1976年，第1页。

多忧，只去一事所偏处自克，克得一件，其余自止”；“克己最难，故曰：‘中庸不可能也’”；等等。[①] 所引语句涉及“道”与“己”不相离之关系、克己才能复礼以及克己则私心去之重要性、从一事所偏处自克的方法、克己最难之特点等。

采录程颐的“克己”语句有：“克，胜也。难胜者莫如己，胜己之私，则能有诸己，是反身而诚者也。凡言克者，未能有诸己也”；“人能克己，则心广体胖，仰不愧，俯不怍，其乐可知。有息则馁矣”；“敬即便是礼，无己可克”；“难胜莫如己私，学者能克之，非大勇乎”；等等。[②] 所引语句涉及克与己、克己的诠释和理解，克己的作用，敬与克的关系，己私难胜、克己难、学者无大勇不能克己等内容。

采用范祖禹的“克己”语句有：“克己，自胜其私也，胜己之私，则至于理”；“有不善未尝不知，知之未尝复行，克己也”；等等。[③] 涉及“克己”的直接诠释，训“克己”为“自胜其私”，明确“克己”可达到“至于理”的目的，从“知不善”“知行”结合的角度界定克己的特点等。

采用吕大临的“克己”语句有：“胜一己之私，以反乎天秩天叙，则物我兼体，虽天下之大，皆归于吾仁术之中”；“有己则丧其为仁，天下非吾体；忘己则反得吾仁，天下为一人”；“方其未克，窘我室庐”；“亦既克之，皇皇四达”；等等。[④] 涉及“克己”的作用和目的，从“忘己”得仁、“有己”丧仁，克己与否有“窘我室庐”与“皇皇四达”之别等角度交代《克己复礼赞》对“克己”的肯定。

采用谢良佐的“克己”语句有：“克己须从性偏难克处克将去。克己之私，则心虚见理矣。”[⑤]

采用杨时的“克己”语句有：“克己所以胜私欲而收放心也。”[⑥]

---

① 朱熹：《论语精义》卷六下，《朱子全书》第 7 册，第 410—411 页。
② 同上注，第 411 页。
③ 同上注，第 412—413 页。
④ 同上注，第 413 页。
⑤ 同上注，第 414 页。
⑥ 同上注，第 415 页。

直接采用游酢的“克己”诠释语句虽几乎没有，但其“徇己之私，则汩于忿欲，而人道熄”“胜人心之私”等语亦为“克己”之释。[①]

采用尹焞的“克己”语句有：“礼不可以徒复，唯能克己，所以复也”；“难胜莫如己私，由乎中而应乎外，制其外，所以养其中，视听言动必以礼，而其心不正者，未之有也，是之谓复天理”；“又问克己之目，语以视听言动者，夫然，则为仁在内，何事于外乎”；等等。[②]涉及克己之“复礼”作用、己私难胜、克己难等，强调克己之为仁在内不在外。

朱熹辞官后一年，即淳熙四年（1177），又写成《论孟集注》《论语或问》。在《论语或问》“克己复礼”章中，朱熹对《论语精义》中程颢、程颐、范祖禹、吕大临、谢良佐、游酢、杨时、尹焞等八位宋儒的“克己复礼”和“克己”诠释逐一进行了评价。[③]

各家之中，朱熹对二程评价最高，“程子（程颢、程颐）至矣”。朱熹还对二程的“克己”诠释进行了具体的品评。他认为，程颢之“公言克己，不是道亦是道也，实未尝离得，故曰可离非道”，“不免难明而似可疑者”。对此，朱熹加以具体解释说，“以是说通之，亦可以无疑矣”，程颢之“克己自能复礼，不必学文”，“敬则便是礼，无己可克”为“谬误而真可疑者”，“岂其记录之误耶”，赞赏程颢所论克己为道之说、偏处自克己之说和程颐心广体胖之说（人能克己，则心广体胖，仰不愧，俯不怍，其乐可知）为“发明深切，无可疑者”。

对于谢良佐“克己之私，则心虚见理矣”，朱熹认为，“则是其所以用力于此者，不以为修身践履之当然，特以求夫知之而已也”，谢良佐“克己”诠释不重践履，有违于“克己之效”，存在无可持循之实的弊端。对于杨时“先克己，而后复礼以闲（防御）之”，朱熹认为，“违圣人之意远”。

朱熹认为：范祖禹之诠释“疏甚”；吕大临之诠释“过高而失圣人

---

① 朱熹：《论语精义》卷六下，《朱子全书》第 7 册，第 414 页。
② 同上注，第 416 页。
③ 朱熹：《论语或问》卷十二，《朱子全书》第 6 册，第 798—801 页。

之旨”，“想象恍惚之中，非有修为效验之实”；杨时的诠释“违圣人之意远”；尹焞的解释“失程子之意”；游酢的诠释，“其失近于吕氏，而无天序天秩之本”，“人与物等，害于分殊之义”，“陷于释氏顿悟之说，以启后学侥幸躐等之心”，“生于庄周、列御寇荒唐之论”，“于夫子所以告子贡者，似有所未察”。[①]

《论语或问》对二程评价最高，其他著作在引用程子诠释时仍几经修改。或如钱穆所说:“朱子凡遇自己意见与二程有出入，必委屈缓言之，绝不见有冲突凌驾之迹。此非故作掩隐。‘述而不作，信而好古’，朱子学从二程入，亦从二程出，必求于二程所言可通，乃觉心安而理得，此种深挚笃厚之心情，乃学者之盛德，故非浅薄嚣张足己自满者所能骤窥此境也。”[②]不在面上进行一般性的评价，但在著述行文中反复推敲修改，既与二程不相冲突，也不凌驾其上，还有大的创新，这才是朱熹的真正高明之处。

《朱子语类》亦记载朱熹有针对性地对尹焞、谢良佐、游酢等人的“克己”诠释进行品评。朱熹指出，尹焞“克己”诠释失程子之意，谢良佐“克己”诠释是谢氏本人之意，非夫子所以告颜渊者。[③]朱熹广采、集评众家诠释，并想方设法出入二程，旨在择善而从、不善而改，追求诠释的精益求精，这既是他集大成的表现，更是他集大成的前提和基础。

三、朱熹对前贤“克己”诠释的批驳辨误

朱熹“克己”解亦是在批判他人“克己”误解中凸显出来的。朱熹对他人“克己”诠释诸多误解进行了批驳，这里以他批吕大临《克己铭》的“克己”解为例略加论述。

宋人重内圣修养，纷纷以“克”名斋，应友人之邀，张栻作《克己斋铭》，朱熹作《克斋记》。吕大临作《克己铭》专论“克己”，意亦

① 朱熹:《论语或问》卷一二,《朱子全书》第6册，第800—801页。
② 钱穆:《朱子论克己》,《朱子新学案》第2册，九州出版社，2011年，第444页。
③ 黎靖德编，王星贤点校:《朱子语类》卷四一，第1065页。

在此。在《朱子语类》中，朱熹集中在三个方面对吕大临《克己铭》的“克己”误解进行了批驳，借以凸显“克己”真诠，缕析“克己”之“胜私欲”义。

一是批驳《克己铭》病在与物相对时克。朱熹认为，己私可克，己私是自家身上事，与物无关。“吕与叔《克己铭》却有病。他说须于与物相对时克。若此，则是并物亦克也。己私可克，物如何克得去！己私是自家身上事，与物未相干在。”“《克己铭》不合以己与物对说。”“吕与叔说克己，从那己、物对处克。此说虽好，然不是夫子与颜子说底意。夫子说底，是说未与物对时。若与物对时方克他，却是自家己倒了几多。所谓己，只是自家心上不合理底便是，不待与物对方是。”有弟子问：“吕《铭》‘痒痾疾痛，皆切吾身’句，是否？”朱熹答曰：“也说得。只是不合将己对物说，一篇意都要大同于物。克，只是克这个。孔子当初本意，只是说克自己私欲。”[①]

二是批驳《克己铭》只是克物，而不是克去己私。“包详道言：‘克去胜心、忌心。’先生曰：‘克己有两义，物我亦是己，私欲亦是己，吕与叔作《克己铭》只说得一边。’”[②]“某解‘颜渊问仁章’毕，先生曰：‘克，是克去己私。己私既克，天理自复。譬如尘垢既去，则镜自明；瓦砾既扫，则室自清。如吕与叔《克己铭》则初未尝说克去己私。大意只说物我对立，须用克之。如此，则只是克物，非克己也。’”[③]“克己”有两义，《克己铭》只说得一边，强调的是“克物”，朱熹强调的是“克私”。

三是批驳《克己铭》以“克己”之“己”对“人物”言。当有人问“公便是仁否”，朱熹答曰：“非公便是仁，尽得公道所以为仁耳。求仁处，圣人说了：‘克己复礼为仁。’须是克尽己私，以复乎礼，方是公；公，所以能仁。”“‘克己’之‘己’，未是对人物言，只是对‘公’字说，犹曰私耳。吕与叔极口称扬，遂以‘己既不立，物我并观’，则虽天下之大，

---

① 黎靖德编，王星贤点校：《朱子语类》卷四一、四一、四二，第1044、1067、1074页。
② 黎靖德编，王星贤点校：《朱子语类》卷四一，第1067页。
③ 同上。

莫不皆在于吾仁之中，说得来恁大，故人皆喜其快。才不恁说，便不满意，殊不知未是如此。”杨道夫云：“如此，则与叔之意与下文克己之目全不干涉。此自是自修之事，未是道着外面在。”[①]恰如杨道夫所指，朱熹之“克己”解指向内在自修，吕大临之“克己”解导向外在，与“颜渊问仁”章下文无涉。“克己”之“己”对“公”，犹曰“私”，不是对“人物”言。

四、朱熹对前贤“克己”诠释的选择吸收

朱熹“克己”诠释的集大成地位更源自他对前人成果的批判性吸收，仅从他对待扬雄、程颐、谢良佐之“克己”诠释的立场和做法中就不难发现这一点。

朱熹本人高度重视并常提及扬雄、刘炫等的“克己”解。他认为，扬雄《法言》之说，自刘炫发之，刘炫之言“虽若有未莹者，然章句之学及此者，亦已鲜矣”[②]。对刘炫的“克己”诠释先抑后扬，赞美之意不言而喻。由此亦可窥见，朱熹与扬雄、刘炫等人的“克己”解是一脉相承的。张崑将等学者也研究指出，扬雄《法言》所训“胜己之私之谓克”对朱熹颇有影响。[③]对于前代扬雄的观点，朱熹不是全盘照收，也不是一概否定。张栻曾于《克己斋铭》中评扬雄“克己”诠释：“子云盖未知所以为克者，故其言迫切而不近。”[④]为此，朱熹弟子问：“南轩作《克己斋铭》不取子云之说如何？”朱熹答：“不知南轩何故如此说？恐只是一时信笔写将去，殊欠商量。”[⑤]朱熹因为赞同扬雄克己诠释，故而认为张栻之评不妥。当然，朱熹也不是完全盲从，对于扬雄诠释，他有客观的分析。“扬子云曰：‘胜己之私之谓克。’‘克’字本虚，如何专以‘胜己之私’为训？‘郑伯克段于

① 黎靖德编，王星贤点校：《朱子语类》卷四一，第1067—1068页。
② 朱熹：《论语或问》卷一二，《朱子全书》第6册，第798页。
③ 张崑将：《朱子对〈论语·颜渊〉“克己复礼”章的诠释及其争议》，《台大历史学报》2001年第27期。
④ 张栻著，杨世文点校：《克斋铭》，《新刊南轩先生文集》卷三六，《张栻集》，第1307页。
⑤ 黎靖德编，王星贤点校：《朱子语类》卷四一，第1045页。

鄎’，岂亦胜己之私耶！”[①] 朱熹以“郑伯克段于鄎”的“克”之诠释为例，说明用“胜”训“克”则可，扬雄以“胜己之私”训“克”显然不妥。

朱子在《论语集注》中引用程颐、谢良佐“胜私欲”诠释亦反复修改，甚为严格。在《朱子语类》中，他直白地指出：“看《集义》，聚许多说话，除程先生外，更要拣几句在《集注》里，都拈不起。看诸公说，除是上蔡说得犹似。如游杨说，直看不得！”[②] 朱子认为，除程子外，只谢良佐的诠释还有可取之处，其他就看不得了。因此，在《论语集注》“克己复礼为仁”章，他只引用了程颐、谢良佐的相关论述。

《论语集注》中朱熹转引程颐的诠释为：“非礼处便是私意。既是私意，如何得仁？须是克尽己私，皆归于礼，方始是仁。”[③]《朱子语类》中朱熹亦强调：“伊川尝曰：‘非礼处，便是私意。既是私意，如何得仁？须是克尽己私，皆归于礼，方始是仁。’此说最为的确。”[④] 朱熹引用的程颐诠释的这一定稿经过反复修改。《论语精义》记载了朱熹对程颐注的修改情况：“（程颐）曰‘非礼处便是私意，既是私意，如何得仁？凡人须是克尽己私，只有礼时，方始是仁处’[⑤]，先生（朱熹）亲笔改云：‘克己复礼为仁。言克尽己私，皆归于礼，是乃仁也。’”[⑥] 而此处朱熹之修改较之《论语集注》文本，还有出入。朱熹编写的《河南程氏遗书》记载了程颐对唐棣提问的回答：“非礼处便是私意。既是私意，如何得仁？凡人须是克尽己私后，只有礼，始是仁处。”[⑦]《论语集注》文本在此基础上去掉了赘词“凡人”“后”等，“只有礼”改为“皆归于礼”，“始是仁处”改为“方始是仁”。这些修改与完善体现了朱子在前人启发下，对“克己”认识的不断深化。

---

① 黎靖德编，王星贤点校：《朱子语类》卷四一，第 1068 页。
② 同上注，第 1064 页。
③ 朱熹：《论语集注》卷六，《四书章句集注》，第 133 页。
④ 黎靖德编，王星贤点校：《朱子语类》卷四一，第 1065 页。
⑤《论语或问》中程颐注亦为：“克尽己私，只有礼时方始是仁处。”参看朱熹：《论语或问》卷一二，《朱子全书》第 6 册，第 800 页。
⑥ 朱熹：《论语精义》卷六下，《朱子全书》第 7 册，第 412 页。
⑦ 程颢、程颐著，王孝鱼点校：《河南程氏遗书》卷二二上，《二程集》，第 286 页。

谢良佐重视“克己”，亦视“克己”为“胜私欲”，主张“圣门学者，大要以克己为本。克己复礼，无私心焉，则天矣”[①]。朱熹在《朱子语类》中评价认为，“上蔡过高，多说人行不得底说话……上蔡《论语解》，言语极多，看得透时，它只有一两字是紧要”[②]。《论语集注》中朱熹引用的谢良佐的“克己”诠释为：“克己须从性偏难克处克将去。”[③]谢良佐原话为：“须是克己才觉时便克将去，从偏胜处克，克己之私则见理矣。”[④]由此可见，谢良佐之语，朱熹在引用时是经过反复斟酌和修改的。

朱熹在诠释“克己”的过程中，对前人成果进行博采和集评、批驳和辨误、选择和吸收，经过深思熟虑和反复斟酌、取舍，才逐渐形成了自己集大成的诠释成果。他本人亦不讳言，其《答潘端叔》明言：“只《集注》屡改不定。”[⑤]王懋竑《朱子年谱》亦云：“是其（集注）修改直至没身而后已也。”[⑥]

第二节　朱熹“克己”诠释的思想内涵

朱熹在诠释《论语》“克己”过程中提出了诸多主张，下文围绕“克己”何为、何为“克”、何为“己”、“克”什么、如何“克”等问题探讨朱熹“克己”诠释的思想内涵，并尝试联系其理气观、理欲观，从理学大框架下探讨以“胜私欲”训“克己”的深层原因。

一、“克己”是圣人成圣之根本、教人之定本

朱熹对“克己”诠释极为重视，甚至依托诠释构建起了丰富而系统

---

① 黄宗羲著，全祖望补修，陈金生、梁运华点校：《上蔡学案》，《宋元学案》卷二四，中华书局，1986 年，第 918 页。

② 黎靖德编，王星贤点校：《朱子语类》卷一九，第 442 页。

③ 朱熹：《论语集注》卷六，《四书章句集注》，第 133 页。

④ 朱熹编：《谢良佐语》，《上蔡先生语录》卷中，中华书局，1985 年，第 26 页。

⑤ 朱熹：《答潘端叔》，《晦庵先生朱文公文集》卷五〇，《朱子全书》第 22 册，第 2292 页。

⑥ 王懋竑撰，何忠礼点校：《朱子年谱考异》卷二，《朱熹年谱》，中华书局，1998 年，第 334 页。

的克己之学，将其作为自己心性哲学体系的重要组成部分。他认为“克己”、克己之学是圣人成圣、教人的根本途径。

在《论孟精义》中，朱熹反复引用谢良佐的观点强调“克己”的重要性。“颜子不迁怒，不贰过，则其所好乃克己之学也。圣人之所以为圣，以其得天理而忘人欲；众人之所以为众人，以其灭天理而穷人欲。颜子之克己，其于圣人孰御焉？是以谓之好学”①；“圣门学者，大要以克己为本。克己复礼，无私心焉，则天矣”②。谢良佐认为，“克己”是根本，圣人与众人的区别就在于能不能由“克己”而得天理、忘人欲，颜渊能成圣，关键在于他好克己之学，其克己连圣人都难以抵挡。对此，朱熹是认同的，并加以引用和阐述发挥。

“制也，制之于外。克己也，以安其内。”③ 与“外制”相比，“克己”有“安内”之功效。“‘克己复礼’如内修政事，外攘夷狄。”④ 如果用治国来做比方，“克己复礼”就是一个由内而外的过程，内在修明，外在自然平和，内在之“克己”始终处于根本之地位。“圣人教人有定本……夫子对颜渊曰：‘克己复礼为仁。’‘非礼勿视，非礼勿听，非礼勿言，非礼勿动’，皆是定本”⑤；“颜子生平，只是受用‘克己复礼’四个字”⑥。在朱熹看来，孔子教人、颜子为学的根本均是“克己复礼”，不“克己”又如何能教好人、为好学呢？“克己”为圣人教人之定本。

朱熹重视“克己”有一发展过程。起始，他对程颢单提“敬”字教人和程颐新增“致知”之学非常重视，谓“敬”“致知”如车两轮、如鸟两翼，不可偏缺。⑦ 其后，朱熹 43 岁左右提出“克己”⑧，并比较论述与

---

① 朱熹：《论语精义》卷三下，《朱子全书》第 7 册，第 204 页。
② 朱熹：《孟子精义》卷一四，《朱子全书》第 7 册，第 842 页。
③ 朱熹著，陈选集注：《嘉言第五》，《御定小学集注》卷五，《景印文渊阁四库全书》第 699 册，台湾商务印书馆，1986 年，第 578 页。
④ 黎靖德编，王星贤点校：《朱子语类》卷四二，第 1073 页。
⑤ 黎靖德编，王星贤点校：《朱子语类》卷八，第 129 页。
⑥ 黎靖德编，王星贤点校：《朱子语类》卷四一，第 1042 页。
⑦ 朱熹：《答孙敬甫》，《晦庵先生朱文公文集》卷六三，《朱子全书》第 23 册，第 3061 页。
⑧ 朱熹：《克斋记》，《晦庵先生朱文公文集》卷七七，《朱子全书》第 24 册，第 3710 页；钱穆：《朱子论克己》，《朱子新学案》第 2 册，九州出版社，2011 年，第 442 页。

二程之异同得失，“克己”之于“敬”“致知”，若三足鼎立。再后来，正如钱穆所述，朱子晚年好提克己工夫，认为“颜子生平，只是受用‘克己复礼’四个字”[①]，及其年过六十，乃始明白以克己工夫放在持敬工夫之上，视“克己”为一枝独秀；年六十七以后，谓克己工夫较持敬更积极，更彻底。[②]

“克己”得到朱熹的高度重视有时代的原因。到宋代，儒学内倾现象逐渐形成[③]，中国转向内在[④]，内在的德性修养摆在首要位置，“内圣”被视为“外王”的基础。“成己方能成物，成物在成己之中，须是如此推出，方能合义理。”[⑤]当时的学者甚至视外王事业为内圣事业自然发展的结果，“内圣”可必然发展为“外王”，“成己”然后“成物”，“成己”是前提，这才符合义理。此外，宋代佛教发达，影响日盛，佛教戒律森严，这也是朱熹重视“克己”诠释的重要外在原因。

二、以“身之私欲”而不以“身”训“己”

分别以马融、孔安国、范宁为代表的“克己”诠释脉络，大都释“己”为“身”，或心照不宣地视古今之“己”同义；而以扬雄为代表的诠释脉络，对“己”的诠释则要丰富得多，如扬雄的“己之私”、王肃的“己私情”、刘炫和邢昺的“身（嗜欲）”、程颐的“己私”“私意”等。朱熹常用“身之私欲”来释“己”，但在不同的文本中也有不同的表达。其《论语集注》说：“己，谓身之私欲也”；“克去己私以复乎礼，则私欲不留，而天理之本然者得矣”。[⑥]这里用来释“己”的有“身之私

① 黎靖德编，王星贤点校：《朱子语类》卷四一，第1042页。
② 钱穆：《朱子论克己》，《朱子新学案》第2册，九州出版社，2011年，第441、455、460页。
③ 肖永明：《对〈论语〉“今之学者为人”的诠释与宋代儒学的内倾》，《湖南大学学报（社会科学版）》2012年第4期。
④［美］刘子健著，赵冬梅译：《中国转向内在：两宋之际的文化转向》，江苏人民出版社，2012年，第151页。
⑤ 黎靖德编，王星贤点校：《朱子语类》卷八，第131页。
⑥ 朱熹：《论语集注》卷六，《四书章句集注》，第133、150页。

欲""己私""私欲"等。其他如《戊申封事》中的"己者，一身之私欲也"[①]，《论语或问》中的"己者，人欲之私也"[②]，《朱子语类》中的"非礼即己"[③]等。朱熹对"己"的诠释，虽灵活多样，但皆统摄于其理学框架之下。

首先，朱熹从理与气、形体与私欲的关联来诠释"己"。

张载首次以"天地之性""气质之性"连举。"气质之性"在人身上体现为人对物质生活的欲望。"惟其能克己则为能变"[④]，通过克己即克制欲望可以变化气质，复归于至善的"天地之性"状态。他认为，"今之人灭天理而穷人欲，今复反归其天理"[⑤]，并由此推衍出"循天理""遏人欲"的人性修养方法。在此基础上，二程自家体贴出"天理"[⑥]，强调"性即理"[⑦]，"在天为命，在义为理，在人为性，主于身为心，其实一也"[⑧]，最先把"天理"与"天地之性"、"人欲"与"气质之性"等同，并将其纳入道德伦理范畴。程颐之前，多言"性"，程颐之后，始转向对"理"的探讨。程颐之"性即理"可谓是"性学"通向"理学"的桥梁。朱熹吸取张载、二程等人的思想理论成果，逐渐用"理学"代替"性学"，用理气观说性，认为人物之性都是从天禀受而来，天赋予命与万物以性，即"天命之性"，一切现实的人性就是"气质之性"，即天命之性受气质熏染而发生的转化形态。"论天地之性则专指理言，论气质之性则以理与气杂而言之。"[⑨]"人物未生之时，不可谓性，才谓之性便是人生以后，此

① 朱熹:《戊申封事》,《晦庵先生朱文公文集》卷一一,《朱子全书》第20册，第591页。
② 朱熹:《论语或问》卷一二,《朱子全书》第6册，第799页。
③ 黎靖德编，王星贤点校:《朱子语类》卷四一，第1050页。
④ 张载著，章锡琛点校:《经学理窟》,《张载集》，中华书局，1978年，第281页。
⑤ 同上注，第273页。
⑥ 程颢、程颐著，王孝鱼点校:《河南程氏外书》卷一二,《二程集》，第424页。
⑦ 程颢、程颐著，王孝鱼点校:《河南程氏遗书》卷二二上,《二程集》，第292页。
⑧ 程颢、程颐著，王孝鱼点校:《河南程氏遗书》卷一八,《二程集》，第204页。
⑨ 朱熹:《答郑子上》,《晦庵先生朱文公文集》卷五六,《朱子全书》第23册，第2688页。

理随在形气之中，不全是性之本体矣。”[①] 人由理气构成，理为本性，气为形体；人有天地之性和气质之性，出生后，作为理的天地之性混杂于形体之中，很难纯然呈现，人之“身”“形”，受气质熏染，与物欲关联。“阴浊胜，则物欲行”[②]，“蔽锢少者，发出来天理胜；蔽锢多者，则私欲胜”[③]，“私欲是气质中一事”[④]。就理气观而言，形体始终与私欲相联，人出生后“性之本体”一般只能以理气交杂的气质之性的面貌呈现。既然身、欲不离，联系如此紧密，那么秉持理气观的朱熹释“己”为“身之私欲”就是水到渠成的自然事了。可见，朱子是从理与气、形体与私欲的关联来诠释“己”的，亦即从理学体系的本体论、人性论视角来诠释“己”的。

其次，朱熹从天理人欲相对、“己”“礼”相对的角度来诠释“己”。

朱熹认为：“孔子所谓‘克己复礼’，《中庸》所谓‘致中和’‘尊德性’‘道问学’，《大学》所谓‘明明德’，《书》曰‘人心惟危，道心惟微，惟精惟一，允执厥中’，圣贤千言万语，只是教人明天理，灭人欲。”[⑤]“克己复礼”等命题是天理人欲思想体系的重要组成部分，释“己”为私欲、释“礼”为“天理之节文”是朱熹天理人欲观及其学术体系的反映。“天理人欲之间，每相反而已矣。”[⑥]“天理人欲，不容并立。”[⑦]“克己复礼是截然分别个天理人欲，是则行之，非则去之。”[⑧]“人之一心，天理存，则人欲亡；人欲胜，则天理灭。”[⑨]“人只有个天理人欲，此胜则彼退，彼胜则此退。”[⑩] 天理人欲相互对立和排斥。这种对立观也折射到

---

① 朱熹：《答严时亨》，《晦庵先生朱文公文集》卷六一，《朱子全书》第23册，第2961页。
② 黎靖德编，王星贤点校：《朱子语类》卷九八，第2517页。
③ 黎靖德编，王星贤点校：《朱子语类》卷四，第66页。
④ 黎靖德编，王星贤点校：《朱子语类》卷七八，第2019页。
⑤ 黎靖德编，王星贤点校：《朱子语类》卷一二，第207页。
⑥ 朱熹：《论语集注》卷七，《四书章句集注》，第149页。
⑦ 朱熹：《孟子集注》卷五，《四书章句集注》，第257页。
⑧ 黎靖德编，王星贤点校：《朱子语类》卷四二，第1073页。
⑨ 黎靖德编，王星贤点校：《朱子语类》卷一三，第224页。
⑩ 同上注，第224—225页。

“克己复礼”诠释。朱熹将克复的对象“己”和“礼”两两相对，强调“‘己’字与‘礼’字正相对说”“己与礼对立”[①]。

“‘己’字与‘礼’字正相对说。礼，便有规矩准绳。且以坐立言之：己便是箕踞，礼便是‘坐如尸’；己便是跛倚，礼便是‘立如斋’。但如此看便见。”[②]“己”字对“礼”字正如坐立时“箕踞”对“坐如尸”、“跛倚”对“立如斋”，“己”乃坐立时不懂规矩、坐立不正，“礼”乃坐立有规矩准绳、坐姿端正。“己与礼对立。克去己后，必复于礼，然后为仁。若克去己私便无一事，则克之后，须落空去了。且如坐当如尸，立当如斋，此礼也。坐而倨傲，立而跛倚，此己私也。克去己私，则不容倨傲而跛倚；然必使之如尸如斋，方合礼也。故克己者必须复此身于规矩准绳之中，乃所以为仁也。”[③]“克己”为“克去己私”，释“非礼”、释“己”为“己私”，强调克己者能复此身于礼，实现仁。“非礼者，己之私也。勿者，禁止之辞。是人心之所以为主，而胜私复礼之几也。私胜则动容周旋无不中礼，而日用之间莫非天理之流行矣。”[④]“己”对应于“礼”，即“非礼”。“克己”乃“胜私”，“私胜”则“中礼”，则天理流行。

“己”与“礼”相对，“己”为“非礼”，“非礼者，己之私也”[⑤]，“己”就是“己之私”，“礼即天理之节文”。“己”“礼”相对就是私欲与天理相对。克去“己私”即返复“天理”的诠释路径恰恰相应于去得一分人欲便是存得一分天理的理学理念，这样，我们就不难理解朱熹所说“私欲净尽，天理流行”[⑥]了。可见，“己”被释为“私欲”，是朱熹天理人欲对立思想的体现。“天理”和“人欲”是朱熹理学体系特有的概念，朱熹以“人欲”来释“己”，完全把《论语》诠释理学化了。

再次，朱熹还从“克己”与“复礼”的关联来诠释“己”。

---

① 黎靖德编，王星贤点校：《朱子语类》卷四一，第1045、1046页。
② 同上注，第1045页。
③ 同上注，第1046页。据钱穆考证，此条潘时举记，时朱子年六十四。见钱穆：《朱子论克己》，《朱子新学案》第2册，九州出版社，2011年，第450—451页。
④ 朱熹：《论语集注》卷六，《四书章句集注》，第133页。
⑤ 同上。
⑥ 同上。

“天理”是朱熹理学思想体系的最高本体范畴。“天理者，此心之本然”[①]；“性即天理，未有不善者也”[②]；“原其初发，都是天理”[③]；“至若论其本然之妙，则惟有天理，而无人欲”[④]。从理学本体论的角度，从源头上讲，只有天理而无人欲，天理是人心本来的样子，性就是天理，人性本善。“初来本心都自好，少间多被利害遮蔽，如残贼之事，自反了恻隐之心，是自反其天理。”[⑤]在朱熹看来，人之初心本来都是好的，因受遮蔽而走向天理之反面，产生人欲。如何才能复礼（理）呢？去除遮蔽天理的私欲，就能复归本然、至善之天理，因为“克己者乃所以复礼”[⑥]，“革尽人欲，复尽天理”[⑦]。要“复礼”，必得克去人欲，“克己”是“复礼”的前提，朱熹从其理学本体论思想出发，从贯彻其天理人欲观的角度，释“己”为“私欲”。

朱熹对“己”的诠释事实上已严严实实地披上了理学化的外衣，显然已大不同于同一诠释脉络下的扬雄、王肃、刘炫、邢昺等人的诠释。虽然从字面上来看，扬雄、王肃等人训“己”时也用“私”“己私”，刘炫、邢昺等人训“克己”亦旁涉到“嗜欲”，程颐训“己”亦用“己私”“私意”，但他们所说的“私”和“欲”与朱熹理学体系框架下的“私欲”已不可相提并论。朱熹在扬雄诠释的基础上别添“身”与“欲”字，绝非画蛇添足，而是为了便于从理学体系的大框架下更加圆融地诠释“己”。

三、以“胜”而不以“治”训“克”

与对“己”之诠释的多样化不同的是，朱熹在各个文本中一致训

① 朱熹:《延和奏札二》,《晦庵先生朱文公文集》卷一三,《朱子全书》第20册，第639页。
② 朱熹:《孟子集注》卷一一,《四书章句集注》，第331页。
③ 黎靖德编，王星贤点校:《朱子语类》卷九七，第2487页。
④ 朱熹:《答陈同甫》,《晦庵先生朱文公文》卷三六,《朱子全书》第21册，第1586页。
⑤ 黎靖德编，王星贤点校:《朱子语类》卷九七，第2487页。
⑥ 朱熹:《克斋记》,《晦庵先生朱文公文集》卷七七,《朱子全书》第24册，第3710页。
⑦ 黎靖德编，王星贤点校:《朱子语类》卷一三，第225页。

“克”为“胜”。朱熹把对“克”的诠释也置于其理学体系的大框架中，用“胜”释“克”，是因为天理人欲处于此胜则彼退的对立关系，天理人欲难以明辨，“克”之对象“人欲”难以克胜。马融诠释脉络下的“治”、孔安国诠释脉络下的“能”、范宁诠释脉络下的“责”，远不能形容朱熹理学框架下“克”之工夫。

首先，朱熹从天理人欲此胜则彼退之关系的角度来释“克”。

在朱熹理学体系中，天理和人欲处于此胜则彼退的关系中，二者截然对立。“克己复礼是截然分别个天理人欲，是则行之，非则去之”①；“人只有个天理人欲，此胜则彼退，彼胜则此退，无中立不进退之理，凡人不进便退也”②。朱熹认为，天理人欲相互对立与排斥，是你死我活的冤家对头。天理进一步，则人欲退一步；人欲进一步，则天理退一步。要么克胜人欲、复归天理，要么陷溺人欲、丧失天理，不进则退。在这种天理和人欲此胜则彼退的较量中，需要付出十足的克己工夫，才能获胜。“克己亦别无巧法，譬如孤军猝遇强敌，只得尽力舍死向前而已，尚何问哉！”③主体面对人欲，犹如孤军遇到强敌，别无选择，只能拼死一战。朱熹反复强调，“圣人所以下个‘克’字，譬如相杀相似，定要克胜得他！”“颜子克己，如红炉上一点雪！”④“克”字如相杀，定要胜利；“克己”为雪落红炉，必将消融，如此才能战胜“私欲”，才能体现胜券在握的气势。“克者，胜也。日用之间，只要胜得他。天理才胜，私欲便消；私欲才长，天理便被遮了。要紧最是胜得去，始得。”⑤在这种尖锐对立的天理人欲关系下，只有“胜”字才能匹配和胜任“克”之工夫。有弟子问，训“克”为“胜”不若“治”较稳，朱熹答：“治字缓了。且如捱得一分，也是治，捱得二分，也是治。胜，便是打叠杀了

① 黎靖德编，王星贤点校：《朱子语类》卷四二，第1073页。
② 黎靖德编，王星贤点校：《朱子语类》卷一三，第224—225页。
③ 黎靖德编，王星贤点校：《朱子语类》卷四一，第1042页。
④ 同上注，第1044、1042页。
⑤ 同上注，第1063页。

他。”[1]朱熹认为，“治”字太缓，更适合于缓慢的过程、共存有余地的情形，天理要彻底战胜人欲，用“治”这种工夫不行，力度不够，“胜”字才有“打叠杀了他”的力度。明代学者蔡清在《四书蒙引》中对此亦有讨论：“克，胜也。直至那边全倒了，只有我在，方是克。此克字最重，故曰：‘如红炉上一点雪。’”[2]对方全倒了，唯我独在，才是“克”、才是“胜”，如同红炉上一点雪，烈火熊熊，雪落速殒无痕。蔡清精研朱熹著作，力捍朱熹学说，对“克”训解读可谓深契朱子本意。

其次，朱熹从天理人欲难明的角度释“克”。

朱子有言，“非至明不能察其几”[3]，有学者解读为，“是言其致察于‘非’字”[4]。没有“至明”的工夫，则不能清楚地判断什么是不能视听言动的“非礼”，更不能明察天理人欲所动之玄机，必将混淆天理人欲。“因说克己。或曰若是人欲则易见，但恐自说是天理处，却是人欲，所以为难。”[5]人欲虽易见，但有时易把人欲误为天理，天理和人欲不易辨清。“因论‘克己复礼’，洽叹曰：‘为学之艰，未有如私欲之难克也！’先生曰：‘有奈他不何时，有与他做一片时。’”[6]朱熹回答弟子指出，私欲之难克，一方面难在战胜不了它，另一方面难在误把私欲作天理，视私欲为同朋，因而与之同做一片，融为一起了。“天理人欲，几微之间”[7]，“吾人所学吃紧着力处，止在天理、人欲二者相去之间耳”[8]。天理和人欲过渡之

---

① 黎靖德编，王星贤点校：《朱子语类》卷四一，第1044—1045页。据钱穆考证，此条为林学蒙记，朱子年六十五以后，或人不欲训“克”字作“胜”字，正为怕犯手脚，不愿着力做。参看钱穆：《朱子论克己》，《朱子新学案》第2册，九州出版社，2011年，第448页。

② 蔡清：《颜渊问仁》，《四书蒙引》卷七，《景印文渊阁四库全书》第206册，台湾商务印书馆，1986年，第287页。

③ 朱熹：《论语集注》卷六，《四书章句集注》，第133页。

④ 胡广、杨荣、金幼孜等纂修，周群、王玉琴校注：《论语集注大全》卷一二，《四书大全校注》，武汉大学出版社，2009年，第593页。

⑤ 黎靖德编，王星贤点校：《朱子语类》卷四一，第1043页。

⑥ 同上注，第1050页。

⑦ 黎靖德编，王星贤点校：《朱子语类》卷一三，第224页。

⑧ 王懋竑撰，何忠礼点校：《朱子年谱》卷三，《朱熹年谱》，中华书局，1998年，第148页。

间，有时并非判然有别，而这恰恰是“克己”最难处、最吃紧处，也是最应该着力处。

参阅张栻与此类似的表述有助于理解朱熹的深意：“试举天理、人欲二端言之。学者皆能言有是二端也，然不知以何为天理而存之，以何为人欲而克之，此未易言也。”[①]“克己”之难，在于天理微妙难明，人欲汹涌易起，“天理人欲之分”难析。天理人欲难明，又不得不明，“毫厘之差，霄壤之缪”[②]，“克己即存理去欲之别名”[③]，区分天理人欲是存理去欲的前提，求仁“克己”自然很难。

“天理人欲，无硬定底界，至是两界分上工夫。这边工夫多，那边不到占过来。若这边工夫少，那边必侵过来。”[④]朱熹还认为，天理人欲不是凝固不变的两极，二者之间“无硬定底界”[⑤]，可相互换位和转化，两边力量的对比起决定作用，“两界分上工夫”是关键，“须事事与剖判极处，即克治扩充工夫随事著见”[⑥]。想要天理不失，人欲不横流，“克己”工夫一刻也不能松懈。只有“胜”字而不是“治”字能胜任这种有力度又能持久的“克”的工夫。

朱熹学生符舜功就学者“克己”修养与朱熹展开讨论。符舜功问道：“学者当先防人欲，正如未上船，先作下水计。不如只于天理上做工夫，人欲自消。”朱熹不赞同这一说法，引尧舜“人心惟危，道心惟微”之说表达自己观点，主张“只于两者（天理、人欲）交界处理会”。[⑦]这同他于“天理人欲相去之间”着力之论有异曲同工之效。

---

① 张栻著，杨世文点校：《答直夫》，《新刊南轩先生文集》卷二七，《张栻集》，第1177页。

② 张栻著，杨世文点校：《潭州重修岳麓书院记》，《新刊南轩先生文集》卷一〇，《张栻集》，第902页。

③ 黄宗羲著，沈芝盈点校：《姚江学案》，《明儒学案》卷一〇，中华书局，1985年，第203页。

④ 黎靖德编，王星贤点校：《朱子语类》卷一三，第224页。

⑤ 李泽厚指出，既然“理”必须依存于“气”而体现，那么，天理人欲如何分界也就很难。参看李泽厚：《中国古代思想史论》，生活·读书·新知三联书店，2008年，第250页。

⑥ 黎靖德编，王星贤点校：《朱子语类》卷一三，第225页。

⑦ 黎靖德编，王星贤点校：《朱子语类》卷七八，第2015页。

再次，朱熹从“克”之对象“私欲”难以对付的特征来释“克”。

朱熹深刻体察到“克己”难克，这是他字斟句酌、深思熟虑后以“胜”而不以“治”训“克”的重要原因。程颢强调“克己最难”[①]，认为“‘先难’，克己也”[②]。受此影响，朱熹对“克己”之难做了详尽论述。“克己工夫较难，出门、使民较易。”[③]与“出门如见大宾，使民如承大祭”之敬的修养相比较而言，“克己”更难。

“克己”是“胜私欲”，作为“克”的对象的“私欲”难以对付。“‘克’者，胜也。难胜莫如‘己’，胜己之私则能有诸己，是反身而诚者也。”[④]如果能克服和超越“己之私”，那么，我们就能找到本我，但“己之私”难克，因为这是心上工夫。“答颜子处是就心上说工夫，较深密为难。”[⑤]朱熹认为，“克”的对象“己”不是指“身”，而是指“私欲”。“身”侧重形躯意义，是外在的、可见可触的；而“私欲”侧重内心深处的欲念，“克”私欲是心上工夫。心上工夫最为幽微玄妙，要做到深密无过确实很难。朱熹甚至将“克己”对象喻之为盗、恶草、贼、病根等，如“克己则是拒盗”[⑥]，“克己则是去其恶草”[⑦]，“‘克己’如誓不与贼俱生”[⑧]，“‘克己’是拔去病根”[⑨]。“克己”被喻为杀贼工夫。“‘克己复礼’，这是杀贼工夫”[⑩]；“‘克己’者，一似家中捉出个贼，打杀了便没事”[⑪]；“告颜渊底是杀贼工夫”[⑫]。为此，朱熹反复强调，要坚持不懈地“克”。“把持不能久，胜物欲不去”；“自着力把持，常惺惺，不要放倒。

---

① 程颢、程颐著，王孝鱼点校：《河南程氏遗书》卷一一，《二程集》，第128页。
② 程颢、程颐著，王孝鱼点校：《河南程氏外书》卷二，《二程集》，第362页。
③ 黎靖德编，王星贤点校：《朱子语类》卷四二，第1075页。
④ 程颢、程颐著，王孝鱼点校：《河南程氏外书》卷三，《二程集》，第367页。
⑤ 黎靖德编，王星贤点校：《朱子语类》卷四二，第1074页。
⑥ 黎靖德编，王星贤点校：《朱子语类》卷九，第151页。
⑦ 黎靖德编，王星贤点校：《朱子语类》卷一二，第214页。
⑧ 黎靖德编，王星贤点校：《朱子语类》卷四四，第1118页。
⑨ 同上。
⑩ 黎靖德编，王星贤点校：《朱子语类》卷二〇，第468页。
⑪ 同上注，第469页。
⑫ 黎靖德编，王星贤点校：《朱子语类》卷四二，第1073页。

觉得物欲来便着紧，不要随他去。这个须是自家理会”[①]。“克己”要在“久”“常”上下工夫，时常警惕，不能“物欲”来了就下工夫，去了就不管了。朱子终身倡导和践行“克己”工夫。“克”之对象如此幽深、难以应对，“克”之工夫必然是“胜”而不是“治”了。

受朱熹影响，朱熹弟子对于“克己”对象之难亦多有阐述，从朱熹与其弟子问答的语录汇编《朱子语类》中历历可见。比如，其弟子在与朱熹问答中指出：“‘仁者先难而后获。’难者，莫难于去私欲。私欲既去，则恻然动于中者，不期见而自见”[②]；“克去己私，最是难事。如今且于日用间每事寻个是处”[③]；“如今所以难克，也是习于私欲之深”[④]。在诸弟子看来，“克己”之难，难在私欲难去，难在习于私欲的程度太深。

宋儒尤袤十世从孙尤文自小读程朱遗书，谓学者“必先于天理人欲关键剖决分明，才有入手处”[⑤]，深得朱熹“克己”难克之本意。

四、不稳当的都要克，尽力舍死向前，久而不懈

对于哪些该克、哪些不该克，以及如何克己，朱熹有周详论述。

其一，在克己内容上，朱熹主张不稳当的都要克，从而达到“不以一毫私意自蔽，不以一毫私欲自累”的境界，强调“克己”内容上的彻底性。

朱熹赞同谢良佐的主张“克己须从性偏难克处克将去”[⑥]，他还对“偏”“难”等字眼加以阐发和强调，提出自己更全面的看法。《朱子语类》记载：“然人之气禀有偏，所见亦往往不同，如气禀刚底人，则见刚

---

① 黎靖德编，王星贤点校：《朱子语类》卷一一八，第2848—2849页。
② 黎靖德编，王星贤点校：《朱子语类》卷三二，第819页。
③ 黎靖德编，王星贤点校：《朱子语类》卷四一，第1043页。
④ 同上注，第1063页。
⑤ 沈佳：《尤文》，《明儒言行录》卷一，《景印文渊阁四库全书》第458册，台湾商务印书馆，1986年，第611页。（尤袤《梁溪遗稿》卷一载有《送朱晦庵南归》一诗，可见尤袤、朱熹交情非一般，尤文受朱熹影响亦属自然。）
⑥ 朱熹：《论语集注》卷六，《四书章句集注》，第133页；朱熹：《中庸章句》，《四书章句集注》，第33页。

处多，而处事必失之太刚；柔底人，则见柔处多，而处事必失之太柔。须先就气禀偏处克治。”[①] 人之气禀或刚或柔，各有偏失，“克己”自然要从偏处克去。有弟子问：“谢氏说‘克己，须从性偏难克处克将去。’此性是气质之性否？”朱熹答：“然。然亦无难易。凡气质之偏处，皆须从头克去。谢氏恐人只克得里面小小不好底气质，而忘其难者，故云然。”[②] 气质偏处有难易，不管难易都要克，不能克易忘难，只克小的、容易克的方面，而忽略掉难克的方面。当有弟子问：“上蔡‘先从偏处克将去’，其说如何？”朱熹答：“也不特恁地。夫子说非礼勿视听言动，便尽包得了。如偏底固是要克，也有不偏而事为有不稳当底，也当克。且如偏于严，克而就宽，那宽中又有多少不好处要克。”[③] 在朱熹看来，先就气禀偏处、难处克治，最后不论偏的还是不偏的，只要是不稳当的都要克。

偏处、难处、不稳当处都克后，朱熹追求的目标是什么呢？是“无分毫私欲”，是“存心”，是“致广大”“极高明”。“克尽己私，故日用间是这道理在胸中平铺地顺流将去，无分毫私欲为之梗拂。”[④] 在朱熹看来，己私克尽，道理就平铺流淌，也就毫无梗阻、拂挠了。“不以一毫私意自蔽，不以一毫私欲自累，涵泳乎其所已知，敦笃乎其所已能，此皆存心之属也。”[⑤] 没有“私意自蔽”“私欲自累”，只用涵泳已知、敦笃已能，心之本体、全德自然就存现了。因为“此心本广大，若有一毫私意蔽之，便狭小了；此心本高明，若以一毫私欲累之，便卑污了。若能不以一毫私意自蔽，则其心开阔，都无此疆彼界底意思，自然能‘致广大’；惟不以一毫私欲自累，则其心峻洁，决无污下昏冥底意思，自然能‘极高明’”[⑥]；“一以私意自蔽，则心不洪放而狭隘迫窄，何以致广大乎？一以私

① 黎靖德编，王星贤点校：《朱子语类》卷一三，第 225 页。
② 黎靖德编，王星贤点校：《朱子语类》卷四一，第 1059 页。
③ 同上注，第 1057 页。
④ 朱熹：《答李孝述继善问目》，《晦庵先生朱文公续集》卷一〇，《朱子全书》第 25 册，第 4821 页。
⑤ 朱熹：《中庸章句》，《四书章句集注》，第 36 页。
⑥ 黎靖德编，王星贤点校：《朱子语类》卷六四，第 1585 页。

欲自累，则此心沉溺而昏暗卑陋，何以极高明乎"[1]。只要克去己私，人心就能广大、高明了。

其二，在克己态度上，朱熹主张"只得尽力舍死向前"，强调态度决心上不顾一切。

"克己"难克，决定了"克己"工夫之付出非同一般。朱熹指出，"克己亦别无巧法，譬如孤军猝遇强敌，只得尽力舍死向前而已，尚何问哉"，"克己复礼，'如火烈烈，则莫我敢遏'"。[2]个体面对人欲，犹如孤军遇到强敌，别无选择，只能拼死一战。

"'克己'是拔去病根……譬如捉贼，'克己'便是开门赶出去，索性与它打杀了，便是一头事了"[3]；"告颜渊底是杀贼工夫……告颜子底意思，是本领已自坚固了，未免有些私意，须一向克除教尽"[4]。"克"字训为"胜"而不训为"治"，在朱熹看来，是因为"治"字太缓，"胜"便是"打叠杀了他"[5]，个中气势扑面而来。

朱熹甚至用"刚""一刀两段""尽净""截然分别""至健"等干脆利落的词语来表达"克己"在态度上的不顾一切，形容"克己"之力度。"'克己复礼'，便刚决克除将去"；"夫子告颜渊之言，非大段刚明者不足以当之"，"一似《易》之《乾》"，"《乾》是纯刚健之德"；"'克己复礼'，是刚健勇决，一上便做了"；"颜子之于仁，刚健果决，如天旋地转，雷动风行做将去"；"'克己'底是一刀两段，而无'克伐怨欲'了"；"克己则和根打拼了，教他尽净"；"'克己复礼'，是截然分别个天理人欲"；[6]"非至明不能察其几，非至健不能致其决"[7]。

① 朱熹：《答周舜弼》，《晦庵先生朱文公文集》卷五〇，《朱子全书》第23册，第2341页。

② 黎靖德编，王星贤点校：《朱子语类》卷四一，第1042页。

③ 黎靖德编，王星贤点校：《朱子语类》卷四四，第1118页。

④ 黎靖德编，王星贤点校：《朱子语类》卷四二，第1073页。

⑤ 黎靖德编，王星贤点校：《朱子语类》卷四一，第1044—1045页。

⑥ 黎靖德编，王星贤点校：《朱子语类》卷四一、四一、四二、四二、四四、一二、四二，第1046、1064、1072、1077、1117、214、1073页。

⑦ 朱熹：《论语集注》卷六，《四书章句集注》，第133页。

朱熹还通过比较“敬”之工夫来突出“克己”工夫力度之大。一方面，朱熹认为克己工夫与持敬工夫相资相成。“若不敬，则此心散漫，何以能克己。若不克己，非礼而视听言动，安能为敬”，“敬则无己可克”，“说得也好”；“敬之至，固无己可克；克己之至，亦不消言敬”；[①]“然学者诚能从事于敬恕之间而有得焉，亦将无己可克矣”[②]。另一方面，朱熹认为，较之“敬”，“克己”更刚、更有力。“克己，乾道也；敬恕，坤道也”；“乾道奋发而有为，坤道敬重而持守”；“譬如服药，克己者，要一服便见效；敬恕者，渐渐服药，磨去其病也”；“‘克己复礼’，如拨乱反正；主敬行恕，如持盈守成，二者自有优劣”；“敬是涵养操持不走作，克己则和根打拼了，教他尽净”。[③]“克己”是和自己恶的方面做斗争，自然要下死力气；“敬”侧重强调对好的、善的方面的持守，自然要温和许多。

其三，在克己方法上，朱熹主张“久而不懈”、持之以恒。

对于坚持不懈地“克”，朱熹反复强调和讨论，并身体力行。

“若以正胜邪，则须是做得十分工夫，方胜得他，然犹自恐怕胜他未尽在。正如人身正气稍不足，邪便得以干之矣。”[④]“克己”工夫若不坚持，若不做到十分工夫，恐难彻底战胜私欲，稍有松懈，“私欲”即卷土重来，邪便胜正了。“把持不能久，胜物欲不去”；“自着力把持，常惺惺，不要放倒。觉得物欲来便着紧，不要随他去。这个须是自家理会”。[⑤]“克己”要在“久”“常”上下工夫，时常警惕，不能“物欲”来了就下工夫，去了就不管了。

借助陈来《朱子书信编年考证》和王懋竑的《朱熹年谱》，按时间顺序梳理朱熹相关论述，我们不难发现朱子倡导和践行“克己”工夫的印迹。

---

① 黎靖德编，王星贤点校:《朱子语类》卷四二，第1074—1075页。
② 朱熹:《论语集注》卷六，《四书章句集注》，第134页。
③ 黎靖德编，王星贤点校:《朱子语类》卷四二、四二、四二、四二、一二，第1074、1076—1077、1072、1073、214页。
④ 黎靖德编，王星贤点校:《朱子语类》卷五九，第1417页。
⑤ 黎靖德编，王星贤点校:《朱子语类》卷一一八，第2848—2849页。

早在39岁时，朱熹与陈明仲讨论克己之目，鼓励学者循视听言动等可见易守之法，养不可见不可系之心，认为克己工夫“久而不懈，则表里如一，而私意无所容矣”①。坚持不懈地“克己”，可实现内在和外在完美统一，从而战胜私欲。

41岁时，朱熹与李伯谏讨论“为己”“变化气质”等工夫。“若实有为己之心，但于此显然处严立规程，力加持守，日就月将，不令退转，则便是孟子所谓深造以道者。盖其所谓深者，乃功夫积累之深；而所谓道者，则不外乎日用显然之事也。及其真积力久，内外如一，则心性之妙无不存，而气质之偏无不化矣。所谓自得之而居安资深也，岂离外而内、恶浅而深，舍学问思辩力行之实而别有从事心性之妙也哉？”②一方面，朱熹担心李伯谏学佛病根未除，因而告之以“严立规程”“日用显然之事”，倡导其行“学问力行之实”；另一方面更重要的是倡导“力加持守，日就月将，不令退转”，强调工夫积累深、积力久，从而变化气质，葆存心性之妙。

46岁时，朱熹答王子合曰：“观于已发，识其未发，克己不已，一旦复之，则造次颠沛皆见此心之妙，始可以言仁矣。”③从已发处观察其然，从未发处识透其所以然，而最紧要的还在“克己不已”，坚持不懈地“克己”，如此才能处处见此心之妙，才能成就仁德。

59岁时，朱熹向孝宗皇帝上《戊申封事》书，进谏皇帝要“正心”。“孔子所以有‘克己复礼’之云，皆所以正吾此心而为天下万事之本。”④正心不是一时之事，需要每天坚持施以“克己”工夫。即便面对皇帝，朱熹亦坦言须“日日克之，不以为难，则私欲净尽，天理流行，而仁不

---

① 朱熹：《答陈明仲》，《晦庵先生朱文公文集》卷四三，《朱子全书》第22册，第1951页。

② 同上注，第1959页。

③ 朱熹：《答王子合》，《晦庵先生朱文公文集》卷四九，《朱子全书》第22册，第2247页。

④ 朱熹：《戊申封事》，《晦庵先生朱文公文集》卷一一，《朱子全书》第20册，第591页。

可胜用矣”[①]。

66岁时，朱熹答范文叔曰：“夫子所谓‘克己复礼’，所谓‘恭敬忠恕’，可以备见其用力之始终矣。幸深味乎此而实加功焉，则为有以慰区区之望，固不在于言语文字之间而已也。”[②]突出强调“用力之始终”和“实加功”的工夫。

68岁时，朱熹答周舜弼曰：“克己工夫要当自日月至焉推而上之，至终食之间，以至造次、至颠沛，一节密一节去，庶几持养纯熟，而三月不违可学而至。不学则已，欲学圣人则‘纯亦不已’，此其进步之阶与？”[③]虽时值庆元党禁之时，朱熹仍不曾松懈“克己”工夫，再三强调“一节密一节”地坚持“克己”，“纯亦不已”。

表2.1　朱熹讨论“克己”工夫之持久一览表

时间	出处	主张	期效
1168年（39岁）	《答陈明仲》	久而不懈	表里如一，私意无所容
1170年（41岁）	《答李伯谏》	严立规程，力加持守，日就月将，不令退转，积力久	内外如一，心性之妙无不存，气质之偏无不化
1175年（46岁）	《答王子合》	观于已发，识其未发，克己不已	造次颠沛皆见此心之妙，始可以言仁
1188年（59岁）	进谏宋孝宗《戊申封事》	日日克之，不以为难	私欲净尽，天理流行，仁不可胜用
1195年（66岁）	《答范文叔》	备见其用力之始终，味乎此而实加功	有以慰区区之望，固不在于言语文字之间
1197年（68岁）	《答周舜弼》	自日月至焉推而上之，至终食之间，以至造次、至颠沛，一节密一节去；纯亦不已	庶几持养纯熟，而三月不违可学而至；进步之阶

为便于了解，在此以图表形式加以再现（参看表2.1）。从上文节选的朱熹与友人问答及其向皇帝的进谏，我们不难发现朱熹对坚持不懈

① 朱熹：《戊申封事》，《晦庵先生朱文公文集》卷一一，《朱子全书》第20册，第591页。

② 朱熹：《答范文叔》，《晦庵先生朱文公文集》卷三八，《朱子全书》第21册，第1713页。

③ 朱熹：《答周舜弼》，《晦庵先生朱文公文集》卷五〇，《朱子全书》第22册，第2342页。

“克己”的重视，“久而不懈”“力加持守”“积力久”“克己不已”“日日克之”“用力始终”“一节密一节”“纯亦不已”等术语，实为朱熹倡导的持恒“克己”之同义语。从节选文章的时间序列来看，朱熹毕生重视、倡导和践行“克己”工夫，即使在受党禁打击的晚年，仍然如此。

五、“克己”之私内含气禀之私、耳目口鼻之欲、人我之私

朱熹用以释“己”之“私欲”有明确意涵。

朱熹训“己”为“私欲”，他也经常用“私意”“己私”等来释“己”。如，“告颜子以‘克己复礼’，克去己私以复于礼”①，“克己固学者之急务……凡是己私、不是天理者，便克将去”②，皆用“己私”释“己”；“所以要‘克己复礼’，便是要克尽私意”③，“只是要‘克己复礼’，若能克去私意，日间纯是天理”④，皆用“私意”释“己”。而且，“私意”“己私”“私欲”经常互通互用。

朱熹用以释“己”的“私欲”究竟涉及哪些具体内容？在《朱子语类》中，朱熹与学生对此有问答：“‘克己之私有三：气禀、耳目鼻口之欲，及人我是也。不知哪个是夫子所指者？’曰：‘三者皆在里。然非礼勿视听言动，则耳目口鼻之欲较多。’”⑤在朱熹看来，“克己之私”涉及气禀之私、耳目口鼻之欲以及人惟有我之私等三个方面的内容，耳目口鼻对应听视言嗅之功能，因而，从功能上来说，“非礼勿视听言动”涉及耳目口鼻之欲显然较多。

明代学者蔡清对朱熹此论亦有讨论。“己，谓身之私欲也，兼三项：气质之偏一也，耳目口鼻二也，人我忌克三也。分言之，则有三；若单举耳目口鼻，便该了那两项。且如气质之偏是偏个什么，人我忌

① 黎靖德编，王星贤点校：《朱子语类》卷六，第111页。
② 朱熹：《答杜叔高》，《晦庵先生朱文公文集》卷六〇，《朱子全书》第23册，第2878页。
③ 黎靖德编，王星贤点校：《朱子语类》卷二六，第644页。
④ 黎靖德编，王星贤点校：《朱子语类》卷三七，第983页。
⑤ 黎靖德编，王星贤点校：《朱子语类》卷四一，第1044页。

克是忌个什么，故下文之言，只说非礼勿视听言动，尽之矣。”[①]蔡清从“兼”“分言”“单举”等角度来分析。在他看来，朱熹解“身之私欲”兼三项，分说，则有气禀之偏、耳目口鼻之欲、人我之私三项内容；若单提，则“耳目口鼻”之欲涵盖了气禀之私、人我之私的内容。

其一，气禀之私。

气禀之私为什么是要“克”的私欲？一者，朱熹认为，人之善恶贤愚由气之清浊而定。“人之性皆善。然而有生下来善底，有生下来便恶底，此是气禀不同”[②]；“禀气之清者，为圣为贤”，“禀气之浊者，为愚为不孝”[③]；“由气禀有昏浊，又私欲污染，其善者遂变而为恶”[④]。朱子坚信性善，但他同时认为，气禀之清者，生来是善，是圣贤，气禀之浊者，生来是恶；由于气禀有清浊，再加上私欲之污染，善之性也就变而为恶了。二者，人之气禀都有偏颇。“盖为此心此理虽本完具，却为气质之禀不能无偏。若不讲明体察，极精极密，往往随其所偏，堕于物欲之私而不自知。”[⑤]气禀之偏，如若不“克”，会不知不觉堕落于“物欲之私”。三者，气禀之偏为害不小。“既有是形体之累，而又为气禀之拘，是以物欲之私得以蔽之，而天命之本然者，不得而著。”[⑥]气禀之偏导致“天命之本”不得彰显。“气禀物欲得以蔽之而不能自明”；“但众人类为气禀物欲之所昏，故不能常敬而失其所止”；“惟其气禀之杂、物欲之私有以害之”；“人惟拘于气禀、蔽于私欲”；“盖理虽在我，而或蔽于气禀物欲之私，则不能以自见”。[⑦]气禀物欲常常导致心智昏暗，不能自明，为害甚大。“盖人莫不知

① 蔡清：《颜渊问仁》，《四书蒙引》卷七，《景印文渊阁四库全书》第206册，台湾商务印书馆，1986年，第287页。

② 黎靖德编，王星贤点校：《朱子语类》卷四，第69页。

③ 同上注，第73页。

④ 朱熹：《答黄商伯》，《晦庵先生朱文公文集》卷四六，《朱子全书》第22册，第2129页。

⑤ 朱熹：《答项平父》，《晦庵先生朱文公文集》卷五四，《朱子全书》第23册，第2543页。

⑥ 朱熹：《大学或问》，《朱子全书》第6册，第532页。

⑦ 朱熹：《晦庵先生朱文公文集》卷一五、一五、一五、五八、八〇，《朱子全书》第20、20、20、23、24册，第700、706、711、2788、3800页。

德之当明而欲明之，然气禀拘之于前，物欲蔽之于后，是以虽欲明之而有不克也”[①]，“胜其气禀之偏、物欲之蔽而能明其明德也”[②]。气禀之偏阻碍明明德，必须克胜。四者，气禀之偏难知难识难治。“气禀、物欲均为害性，然物欲之害易见，气禀之害难知”[③]，“杂于气禀而为善之不切，难识而难治”[④]。朱子认为，气禀和物欲都对人之性有危害，后者容易被知晓，而前者气禀之私最是难知难识，更难治。

气禀伴随人之出生而生，因禀受气之清浊不同，个体气禀参差不齐、复杂多样。“气禀物欲害之也，盖气偏而失之太刚，则有所不克；气偏而失之太柔，则有所不克。声色之欲蔽之，则有所不克；货利之欲蔽之，则有所不克。不独此耳，凡有一毫之偏蔽得以害之，则皆有所不克。”[⑤]“太刚”“太柔”皆气禀之偏造成的，因而朱熹要变“有所不克”为“克”。“但为气禀所拘、人欲所蔽，则有时而昏，然其本体之明，则有未尝息者，故学者当因其所发而遂明之，以复其初也。”[⑥]气禀物欲虽然使人昏暗不明，但人有本体之明，只要能克胜气禀物欲，我们就能复归初心。

其二，人我之私。

为什么将“人我”作为“己私”纳入克的范围？在朱熹看来，“人我之私”本意为“人惟有我之私”，偏指“我私”或“己私”，与他人没有关系，正因如此，才要克去这种“人我之私”，从自己做起。朱子直接释“我”为“私己”[⑦]，认为“我”与私意息息相关，是消极的需要去除的对

① 朱熹:《大学或问》上,《朱子全书》第6册，第516页。
② 朱熹:《经筵讲义》,《晦庵先生朱文公文集》卷一五,《朱子全书》第20册，第706页。
③ 朱熹:《答余国秀》,《晦庵先生朱文公文集》卷六二,《朱子全书》第23册，第3020页。
④ 朱熹:《答李敬子余国秀》,《晦庵先生朱文公文集》卷六二,《朱子全书》第23册，第3030页。
⑤ 朱熹:《经筵讲义》,《晦庵先生朱文公文集》卷一五,《朱子全书》第20册，第700页。
⑥ 朱熹:《大学章句》,《四书章句集注》，第3页。
⑦ 朱熹:《论语集注》卷五,《四书章句集注》，第110页。

象。“我，私意成就”[①]；“到我，但知有我，不知有人”[②]。这些都是“我”之“私”的表现。这种“有我”，以自己为中心，自以为是。“人惟有我，故任私意；既任私意，百病俱生。”[③]朱熹晚年68岁时还就此与吕子约讨论[④]，“只己见便为至当之论”，“先横着一个人我之见在胸中，于己说则只寻是处，虽有不是，亦瞒过了；于人说则只寻不是处，吹毛求疵，多方驳难。如此，则只长得私见，岂有长进之理”[⑤]，以一己之见为是，惟己见是从，只寻自己“是处”、别人“不是处”，这种“我之私”很难公正，极其狭隘，与圣人惟理是从的做法迥然不同。“圣人做事，初无私意。或为，或不为，不在己意，而惟理之是从。”[⑥]圣人尊重本有、客观、公正之理，不以己意为是，这是朱熹颇为推崇的。因而，“人惟有我”之私，必然是“克己之私”的重要内容，必须下工夫大力克胜。

其三，耳目口鼻之欲。

将耳目口鼻之欲作为“私欲”纳入“克”的范围，这很容易被理解和接纳。“人惟拘于阴阳五行所值之不纯，而又重以耳、目、口、鼻四肢之欲为之累，于是，此心始梏于形气之小，不能廓然大同无我，而其灵亦无以主于身矣。”[⑦]朱熹认为，耳目口鼻四肢之欲桎梏人心，使心灵不能主宰形体，应该克胜。

不过，朱熹所要“克”的耳目口鼻之欲有所侧重，他并不是绝对的禁欲主义者。正如林月惠所说：“‘存天理，去人欲’之‘人欲’，在宋明理学论述中有独特的意涵，它不是泛指一般日常语言使用脉络下的‘欲望’（如饥饱寒暖、口鼻耳目之自然欲望），而是特指‘天理’之‘阙如’

① 黎靖德编，王星贤点校：《朱子语类》卷三六，第951页。
② 同上注，第952页。
③ 同上注，第953页。
④ 陈来考证作于宋宁宗庆元三年丁巳（1197），朱子68岁。参看陈来：《朱子书信编年考证》（增订本），生活·读书·新知三联书店，2007年，第434—436页。
⑤ 朱熹：《答吕子约》，《晦庵先生朱文公文集》卷四八，《朱子全书》第22册，第2234页。
⑥ 黎靖德编，王星贤点校：《朱子语类》卷三六，第952页。
⑦ 朱熹：《答陈安卿》，《晦庵先生朱文公文集》卷五七，《朱子全书》第23册，第2739页。

(吾人体现天理而有‘过、不及’之状况，而使天理不能作主)。”① 朱熹言“去人欲”有其哲学理据，并非反对人的所有欲望。“然人有是身，则有耳目鼻口四肢之欲，而或不能无害夫仁……盖非礼而视，人欲之害仁也；非礼而听，人欲之害仁也；非礼而言且动焉，人欲之害仁也。”② 这里的“或”字意即“有时候”，“耳目口鼻四肢之欲”有时候损害仁，有时候不损害仁。那何时不损害仁呢？“欲，如口鼻耳目四肢之欲，虽人之所不能无，然多而不节，未有不失其本心者，学者所当深戒也。”③ 可见，在朱熹看来，多而不节制的“欲”害仁，有节制的、合理的“欲”不害仁，学者诫勉、克制的乃“多而不节”的“欲”。“如饥饱寒燠之类，皆生于吾之血气形体，而他人无与焉，所谓私也，亦未便是不好，但不可一向徇之耳。”④ 饥饱寒燠之“私”，没有不好，但“一向徇之”过度了就不好。“人心是此身有知觉，有嗜欲者，如所谓‘我欲仁’‘从心所欲’‘性之欲也，感于物而动’，此岂能无！但为物诱而至于陷溺，则为害尔。”⑤ 有些嗜欲乃人之必有，是合理之“欲”，不属“克”的范围，朱熹要“克”的是“陷溺”、过分之物欲。“饮食者，天理也；要求美味，人欲也。”⑥ 是不是私欲，关键看程度，合理的、有节的欲仍是天理，是不应该被克除的。

为了说明克胜的私欲是过度的欲望，朱熹还打了一个很形象的比方：“欲是情发出来底。心如水，性犹水之静，情则水之流，欲则水之波澜。但波澜有好底，有不好底。欲之好底，如‘我欲仁’之类；不好底则一向奔驰出去，若波涛翻浪。大段不好底欲则灭却天理，如水之壅决，无所不害。”⑦ 朱熹将心、性、情、欲分别比喻为水、水之静、水之流、水

---

① 林月惠：《诠释与工夫——宋明理学的超越蕲向与内在辩证》，“中央研究院”中国文哲研究所，2008 年，第 228 页。

② 朱熹：《克斋记》，《晦庵先生朱文公文集》卷七七，《朱子全书》第 24 册，第 3709—3710 页。

③ 朱熹：《孟子集注》卷一四，《四书章句集注》，第 382 页。

④ 朱熹：《答陈安卿》，《晦庵先生朱文公文集》卷五七，《朱子全书》第 23 册，第 2729 页。

⑤ 黎靖德编，王星贤点校：《朱子语类》卷六二，第 1488 页。

⑥ 黎靖德编，王星贤点校：《朱子语类》卷十五，第 224 页。

⑦ 黎靖德编，王星贤点校：《朱子语类》卷五，第 94 页。

之波澜，我们要克胜之“欲”不是一般的“水之波澜”，而是“不好底”、无节的、“一向奔驰出去”的“波涛翻浪”。

第三节　朱熹“克己”诠释思想的践履与影响

一、朱熹“克己”诠释思想的践履：治心修身与正心窒欲

朱熹尤其注重在实践中贯彻自己的“克己”诠释思想，包括劝导学者以此治心修身、进谏君王以此正心窒欲等，为自己的学术、政治立场张本。

其一，劝导学者“克己”以治心修身。

朱熹注重发挥经典诠释在践履中的作用，倡导在日常生活中“克己”，依此进行内圣修养。《朱子语类》对此有详细讨论：“人之一心，天理存，则人欲亡；人欲胜，则天理灭。未有天理人欲夹杂者。学者须要于此体认省察之”；“学者须是革尽人欲，复尽天理，方始是学”；“学者必须先克人欲以致其知。则无不明矣”；“学者工夫只得勉勉循循，以克人欲存天理为事”。[①]朱熹从“克己”诠释义“胜私欲”的角度指出，学者应省察“天理”“人欲”此消彼长的关系，学者之学始于“革尽人欲”“复尽天理”，学者应以“克人欲”为事，“克人欲”就能“致其知”，就能“无不明”。朱熹 56 岁时写《答诸葛诚之书》，专门指出弟子们竞相辩论的错误所在，“劝同志者兼取两家之长，不轻相诋毁”，“理会着实功夫”，引领学者形成“克己”即“胜私欲”风气，并称赞陆九渊“平日自任，正欲身率学者于天理，不以一毫人欲杂于其间，恐决不至如贤者之所疑也”[②]。

李清馥《文公朱晦庵先生学派》记载：“先生还自浙东，见其士习驰骛于外，每语学者且观《孟子》‘道性善’及‘求放心’两章，务收敛凝

① 黎靖德编，王星贤点校：《朱子语类》卷一三、一五、三一，第 225、291、783 页。
② 陆九渊著，钟哲点校：《年谱》，《陆九渊集》卷三六，中华书局，1980 年，第 507 页。

定，以致克己求仁之功，而深斥其所学之误。以为舍六经、《语》、《孟》而尊史迁，舍穷理尽性而谈世变，舍治心修身而喜事功，大为学者心术之害，极力为吕祖俭、潘景愈、孙应时辈言之。"[①] 朱熹关注士风，对于当时士人过多地谈世变、喜事功等驰骛于外之士习表示担忧，劝告学者致"克己求仁之功"，不可舍弃穷理尽性、治心修身之功，引导学者端正心术，加强内圣领域之修养。

其二，进谏君王"克己"以正心窒欲。

帝王是"法之原""民之原"[②]。"非天下以奉一人，乃一人以主天下。"[③] 帝王地位特殊，影响大，在治国管理结构体系中，帝王是主宰，是政策的决定者，是决定国家治理成败的关键因素，帝王的修养有示范作用，其行为有直接执行性。"君志先定，君志定而天下之治成矣。"[④] 在朱熹等宋儒看来，《大学》中修身、齐家、治国、平天下这一治理程序的完成，须由统治者率先做起。因而，"克己复礼"，"不止为学者事，自古帝王皆从这里做工夫"[⑤]。帝王"为仁之难，反甚于学者，以物欲之为害者众也"[⑥]，于是朱熹将自己的"克己"诠释思想频频应用于奏折中，以此进谏帝王加强"胜私欲"之修养。

淳熙八年（1181）十一月二十六日，[⑦] 52 岁的朱熹在《延和奏札二》中进谏指出：

> 臣闻人主所以制天下之事者，本乎一心，而心之所主，又有天

---

① 李清馥著，何乃川、李秉乾点校：《文公朱晦庵先生学派》，《闽中理学渊源考》卷一六，商务印书馆，2018 年，第 227 页。

② 王先谦撰，沈啸寰、王星贤点校：《君道篇第十二》，《荀子》卷八，《荀子集解》，中华书局，2013 年，第 272、277 页。

③ 魏徵等撰：《炀帝上》，《帝纪第三》，《隋书》卷三，中华书局，1973 年，第 61 页。

④ 程颢、程颐著，王孝鱼点校：《上殿札子》，《河南程氏文集》卷一，《二程集》，第 447 页。

⑤ 倪岳：《论语讲章》，《青溪漫稿》卷一〇，《景印文渊阁四库全书》第 1251 册，台湾商务印书馆，1986 年，第 88 页。

⑥ 真德秀著，朱人求点校：《大学衍义》卷一一，华东师范大学出版社，2010 年，第 180 页。

⑦ 束景南：《朱熹年谱长编》（增订本），华东师范大学出版社，2014 年，第 712—715 页。

理、人欲之异。二者一分，而公私邪正之途判矣。盖天理者，此心之本然，循之则其心公而且正；人欲者，此心之疾疢，循之则其心私而且邪。[①]

帝王“心”与“天理”“人欲”紧密联系。天理是心之本然，人欲是心之疾疢；循天理，心公且正，循人欲，心私且邪。朱熹劝帝王“正心”，即劝其“去私欲”，加强“克己”之修养。

淳熙十五年（1188）十一月七日，[②] 59岁的朱熹向皇帝上书《戊申封事》，诚恳谏言指出，天下事变化无穷，但都本于人主之心，人主之心正，天下事无一不正，人主之心不正，天下事无一能正，人主之心是“天下之大本者”，人主之赏劝、刑威势不可挡，人主的一举一动、一颦一笑也会“风动神速”影响天下，人主虽“居深宫之中，其心之邪正，若不可得而窥者”，但“其符验之著于外者，常若十目所视、十手所指而不可掩”，正因为如此，“孔子所以有‘克己复礼’之云”，人主应“正吾此心而为天下万事之本”，如果能够这样，那么就会视明听聪、周旋中礼、身无不正，“所行无过不及而能执其中”，从而实现“天下之大，而无一人不归吾之仁者”。[③]这封谏言，所论甚为宏大，但落脚点却只在“克己”正身，只在以孔子“克己复礼”奉劝决定天下万事的人主。

同年（1188）六月七日，[④]朱熹以《延和奏札五》向孝宗直谏：

自今以往，一念之萌，则必谨而察之，此为天理耶，为人欲耶？果天理也，则敬以扩之，而不使其少有壅阏；果人欲也，则敬以克之，而不使其少有凝滞。……如此则圣心洞然，中外融彻，无一毫之私欲得以介乎其间，而天下之事将惟陛下之所欲为，无不如

---

① 朱熹：《辛丑延和奏札二》，《晦庵先生朱文公文集》卷一三，《朱子全书》第20册，第639页。

② 束景南：《朱熹年谱长编》（增订本），华东师范大学出版社，2014年，第919—922页。

③ 朱熹：《戊申封事》，《晦庵先生朱文公文集》卷一一，《朱子全书》第20册，第590—591页。

④ 束景南：《朱熹年谱长编》（增订本），华东师范大学出版社，2014年，第896—900页。

志矣。[1]

朱熹直接请求孝宗"敬克人欲"，"敬扩天理"，使"无一毫之私欲"，并强调若这样，"陛下"想做的任何"天下之事"都可如庖丁解牛般迎刃而解，万事如愿。可见，在朱熹看来，人君若能"胜私欲"，存天理，则实现"天下归仁"的"仁道"易如反掌。

此外，绍熙五年（1194），65岁的朱熹在《经筵讲义》和《行宫便殿奏札二》中也就天理人欲专门向君王进谏。

朱熹以"胜私欲"进谏帝王正心、窒欲，是其注重儒家道德思想内向的一面、强调根植于个体人心当中的内在化的道德观念以及内省的训练的一种必然体现。在他看来，帝王最重要的就是修身和窒欲，将"克己"训为"胜私欲"较之训为"修身"更为具体，更能体现这种"内在"感。

二、朱熹"克己"诠释思想的影响：以道学之争为例

朱熹凭其集大成者的学术地位，引领学术风气，在他之后，训"克己"为"胜私欲"非常普遍，蔚然成风。真德秀甚至指出："克者，战胜，攻取之谓。私欲害人，甚于寇贼，故必勇往力行克而去之也。"[2] 冯从吾更强调："先儒解克字，谓如三军遇敌，战必胜，攻必取，此言甚好。"[3] 赵顺孙《四书纂疏·论语纂疏》、胡炳文《四书通·论语通》、詹道传《论语纂笺》、蔡清《四书蒙引》、薛蕙《考功集》、王直《抑庵文集·后集》等均释"克己"为"胜私欲"。

朱子在现实生活中大力倡导和坚持践履"克己"，不仅自己身体力行，劝导周围学者以此治心修身，还多次上书君王，劝谏人主以此正心窒欲，其"克己"诠释思想影响极大，乃至作为核心内容卷入了道学之争，

---

① 朱熹：《延和奏札五》，《晦庵先生朱文公文集》卷一四，《朱子全书》第20册，第664—665页。

② 真德秀撰，朱人求点校：《大学衍义》卷一一，华东师范大学出版社，2010年，第169—189页。

③ 冯从吾：《示宁阳学诸生》，《少墟集》卷四，《景印文渊阁四库全书》第1293册，台湾商务印书馆，1986年，第112页。

成为当时道学之争的焦点之一。众所周知，道学是整个宋代儒学中最具创新性的部分，朱熹是道学的集大成者。[①]道学在创建过程中，论争就未曾停止过。朱熹释“克己”为“胜私欲”，不只是纸上谈兵，而是在现实生活中践履和推行“克己”诠释思想，讲究“克己”之学，推动“克己”之道，一时间，“克己”成为了宋代道学的代名词，朱子“克己”诠释因而遭到了反道学一派的强烈反对与攻击，成为反对者的“众矢之的”。

从陈贾、郑丙、林栗对道学的反对奏折以及叶适的辩护奏折、楼钥的调停奏折中，我们可以窥见一斑。陈贾时任监察御史，他专门给皇上呈报《陈贾论道学欺世盗名乞摈斥》之奏折，对道学展开深入而全面的批判，着重强调“克己复礼”、正心诚意等是学者当然之事，而道学家之徒却认为“己独能之”，只有自己能，且互为标榜；道学家还以此假名济伪，说一套做一套，言行不一，本想当官，却说“吾常泥泽冠冕”，本想发财，却说“吾能粪土千金”；道学家还相与为媒，植党分明。陈贾的结论就是，“以正心诚意、克己复礼为事”的道学家不能用，用了就会天下大乱，“万一有是人而得用”，“利害不在其身，而在天下”。矛头直指朱熹。[②]《宋史·郑丙传》记载，吏部尚书郑丙上奏说：“近世士大夫，有所谓‘道学’者，欺世盗名，不宜信用。”[③]所指亦是朱熹等道学家。另据《朱熹年谱长编》记载，淳熙十五年（1188）六月一日，朱熹与兵部侍郎林栗论《易》《西铭》不合；六月九日，林栗奏劾朱熹。[④]

透过史料，我们可以发现，陈贾、郑丙、林栗反对道学有外在的政治原因。《宋史》记载，淳熙八年（1181），朱熹弹劾台州唐仲友，宰相王淮善唐仲友，不喜朱熹，乃擢用陈贾为监察御史，并让他上疏痛革“近日道学假名济伪之弊”。[⑤]而林栗、郑丙与陈贾为同科，他们反道

① 余英时：《朱熹的历史世界》，生活·读书·新知三联书店，2011年，第7—8页。
② 李心传辑，朱军点校：《陈贾论道学欺世盗名乞摈斥》，《道命录》卷五，上海古籍出版社，2016年，第48页。
③ 脱脱等：《郑丙传》，《宋史》卷三九四，中华书局，1977年，第12305—12306页。
④ 束景南：《朱熹年谱长编》（增订本），华东师范大学出版社，2014年，第894—900页。
⑤ 脱脱等：《王淮传》，《宋史》卷三九六，中华书局，1977年，第12702页。

学皆有迎合宰相王淮之意。王淮、郑丙、陈贾、林栗皆为反道学一派[①]，他们反道学有派系利益之争。尽管如此，王淮等反道学一派始终把“克己”“胜私欲”作为反道学的重要理由和靶子，这一点是没有疑义的，朱子“克己”诠释思想在官僚社会中的巨大影响由此可见。

针对陈贾、郑丙、林栗诸人对道学的攻击与反对，叶适挺身上奏为朱熹辩护。他认为，“凡栗之辞，始末参验，无一实者。至于其中‘谓之道学’一语，则无实最甚。利害所系，不独朱熹，臣不可不力辩”。作为“事功学派”的代表，叶适并不是《宋史·道学传》中所指的道学家[②]，他为朱熹辩护，不能从学术派系上找原因。叶适在上奏的《辩状》中特别强调，“居要津者密相付授，见士大夫有稍慕洁修，粗能操守，辄以‘道学’之名归之”[③]。可见，叶适反感的是反道学一派对重内圣修养的“稍慕洁修，粗能操守”的包括他在内的士大夫的打击，同时这种反感，也与他重视“克己”之实用性、释“己”为“个体”、解“克己”为“治己”“成己“立己”息息相关。[④]

针对郑丙、陈贾、林栗等人的反对和叶适对朱熹的辩护，楼钥上奏《论道学朋党》，[⑤]希望能调停双方，走中庸之道。楼钥指出，十数年间，但凡奏章中涉及“克己”字眼，即加以忌讳，反道学一派从“克己”一词着手做文章，对“凡士之端谨好修、谈论经礼者”，“一切指之以为‘道学’”。这与叶适所说“见士大夫稍慕洁修，粗能操守，辄以‘道学’之名归之”相类似，只是“克己”即“胜私欲”的表达方式不同而已。反道学一派反感奏折中“克己”之字眼，即便人主躬行“克己”之道于

①《庆元党案》所附攻庆元伪学者，即列有陈贾、郑丙、林栗、王淮等，载于黄宗羲著，全祖望补修，陈金生、梁运华点校：《庆元党案》，《宋元学案》卷九七，中华书局，1986年，第3226—3228页。

② 余英时：《朱熹的历史世界》，生活·读书·新知三联书店，2011年，第651页。

③ 脱脱等：《林栗传》，《宋史》卷三九四，中华书局，1977年，第12031—12032页。

④ 叶适：《皇朝文鉴三》，《习学记言序目》卷四九，中华书局，1977年，第731页。

⑤ 楼钥奏折《论道学朋党》题下注：“任宗正寺丞日上。”考察《宋史》卷三九四本传，楼钥由宗正寺丞出知温州，在周必大任宰相时，结合朱熹年谱考证（束景南：《朱熹年谱长编》（增订本），华东师范大学出版社，2014年，第900—902页），此奏折应作于淳熙十五年六月林栗攻朱熹及“道学”之后。

上，士大夫为躲避反道学家的讥笑、折辱、仇恨，亦“往往有所讳而不敢言”，自觉“相戒以毋言”。可见，当时反道学势力极盛，道学之争异常严酷。楼钥因此上奏，乞人主“执其两端，而用其中”，使士大夫能无竞，众贤和于朝，国家不生于厉阶，天下不至于甚弊。[①] 楼钥此奏一方面反映了由“克己”而引发的道学之争，另外一方面亦体现其对人主行“克己”之道的企盼。

楼钥上述所举的貌似不可思议的“讳言”现象，可从朱熹的进谏经历中得到印证。据李清馥《闽中理学渊源考》和束景南《朱熹年谱长编》记载：

> 十五年正月，且趣入对，遂拜命。会淮罢相，力疾入奏，首言州县近年刑狱失当，有涉纲常风化之重者，有司亦从流宥轻之失宜，卒乃拳拳以谨察天理人欲为说。有要之于路，以“正心诚意”上所厌闻，戒以勿言者。先生曰：“吾平生所学，只有此四字，岂可默以欺君乎？”及奏，上未尝不称善……[②]

朱熹要上奏，有人好言相劝，奉劝勿言“正心诚意”，因为这是“上所厌闻”。“克己”“正心诚意”虽然只是道学家修养之术语，但这些术语引发的却是政治思想立场的争斗。朱熹不听劝诫，仍坚持以“克己”“正心诚意”劝谏人主，得到的是“上未尝不称善”。可见，人主对朱熹是肯定的，不曾介入以“克己”为由引发的道学之争，这大概也是道学和反道学一派纷纷上奏人主，争取人主支持的重要原因所在。

值得注意的是，庆元元年（1195）至嘉泰二年（1202），楼钥、叶适与朱熹都入《伪学逆党籍》，[③] 楼钥、叶适虽不是《宋史·道学传》所指的道学家，但随着事态发展，楼钥、叶适为朱熹等道学家辩护，道学的队

---

① 楼钥著，顾大朋点校：《论道学朋党》，《楼钥集》卷一九，浙江古籍出版社，2010 年，第 395—396 页。

② 李清馥著，何乃川、李秉乾点校：《文公朱晦庵先生学派》，《闽中理学渊源考》卷一六，商务印书馆，2018 年，第 227 页；束景南：《朱熹年谱长编》（增订本），华东师范大学出版社，2014 年，第 899—900 页。

③ 李心传辑，朱军点校：《伪学逆党籍》，《道命录》卷七下，上海古籍出版社，2016 年，第 81—83 页。

伍不断扩大，这也是反道学一派始料未及的。

三、余论

对于《论语》中“克己复礼为仁”之“克己”，朱熹十分重视，在继承扬雄等人“胜己之私”诠释的基础上，引入理学诸概念，对“克己”做了理学化的诠释，训“克”为“胜”，释“己”为“身之私欲”，将表示外在形躯意义的“身”与表达内在意念的“欲”有机结合起来，兼顾内外两层修养工夫，并明确指出“身之私欲”包括气禀之私、人我之私、耳目口鼻之欲等三个方面内涵。在朱子看来，人之善恶贤愚由气之清浊而定，人之气禀都有偏颇，气禀之偏难知难识难治，为害不小，如若不“克”，会不知不觉堕落于“物欲之私”，气禀之私是必须要克的；“人我之私”本意为“人惟有我之私”，偏指“我私”或“己私”，与他人没有关系，正因如此，才要克去这种“人我之私”，从自己做起；耳目口鼻四肢之欲桎梏人心，使心灵不能主宰形体，应该克胜。不过，朱熹所要“克”的耳目口鼻之欲有所侧重，是过度的超过自然需求的欲望，他并不是绝对的禁欲主义者。当然，“朱熹虽然并不一概排斥或否定人的自然欲望，但他的思想总的倾向是强调把个人的欲望尽可能减低以服从社会的道德要求”①。

朱子在学术上探讨“克己”思想，以其集大成者的学术地位引领学术风气，使得“克己”之“胜私欲”训解甚为普遍流传；他更在现实生活中大力倡导、务实践履、身体力行，带动弟子及身边人治心修身，还坚持上书君王，劝谏人主“克己”窒欲。也正因为如此，其“克己”诠释思想产生了重大而深远的影响，乃至作为核心内容卷入了道学之争，成为当时道学之争的焦点。

朱熹“克己”诠释为何会搅入道学之争？可以从学术内外多方面来予以分析。一是“克己”受道学家的重视，是经典诠释等学术活动的重

---

① 陈来:《宋明理学》，生活·读书·新知三联书店，2011年，第201页。

要内容，“克己”甚至已成为朱熹等道学家的代名词；二是训“克己”为“胜私欲”，经常成为道学家进谏皇帝和经筵讲义等政治活动的话题，得到皇帝的赏识，道学家的政治地位一度由此而上升，引起反道学家一派的反感和忌恨；三是“克己”涉及的是内圣领域，是张载、程颐之绪余，与反道学家一派立场不同；四是反道学一派迎合宰相王淮意图，因朱熹弹劾唐仲友事而反朱熹，借“克己”等道学家常用的术语来反道学家，这是学术之外的政治因素。

朱熹对学者“克己”修养之重视与宣扬，无疑促进了士大夫重视内圣领域之修养。刘子健指出：“新儒家哲学中萦回着这样一个问题，这就是优秀的人，即所谓‘儒家士绅’如何进行修身。就拿《近思录》这部著名的儒家入门读物的书名来说，它所要思的主要是士大夫、家境富裕的文人以及其他社会优秀分子的心之所关、情之所切。”[①] 余英时亦分析认为，《近思录》纲目卷一至卷五相当于格、致、诚、正、修，即朱熹《集注》所谓“修身以上，明明德之事也”。“克己复礼”作为《近思录》第五卷，在余英时看来是“内圣”的领域，诚然事关“学者”修养。[②] 在朱子倡导和引领之下，宋代学者尤其是士大夫阶层始终关注修身，即使是著书立说，也更倾向于思考内圣修养，并在实践中落实“克己”之“胜私欲”要求。

① [美] 刘子健著，赵冬梅译：《中国转向内在：两宋之际的文化转向》，江苏人民出版社，2012年，第150页。

② 余英时：《朱熹的历史世界：宋代士大夫政治文化的研究》，生活·读书·新知三联书店，2011年，第10页。

第三章　朱熹对“复礼”的诠释

程树德针对清人方东树《汉学商兑》所涉内容指出，《论语》“此章（克己复礼为仁章）为汉学宋学之争点”[①]。考察《汉学商兑》，可见此章成为汉学宋学之争点，又涵盖“克己”“复礼”“为仁”三个分争点。第二章已揭“克己”诠释这一分争点，此章再揭“复礼”这一分争点。

方东树在《汉学商兑》中指出：“近世有为汉学考证者，著书以辟宋儒、攻朱子为本，首以言心、言性、言理为厉禁。海内名卿巨公，高才硕学，数十家递相祖述，膏唇拭舌，造作飞条，竞欲咀嚼。”[②] 方东树所指乃乾隆末至道光初的“泛嘉庆时代”，即清儒新义理的建立时代，所涉及人物包括开风气先河之戴震及递相祖述者阮元、焦循、凌廷堪、孙星衍等，他们“膏唇拭舌，造作飞条，竞欲咀嚼”以反对和否定程朱理学。

汉宋门户由来已久，乾隆以来的学界对汉宋学抱持着训诂与义理的二分，认为训诂以汉儒为胜、义理以宋儒为胜。宋儒虽亦不废训诂考证，但仍以义理为其宗。汉学家虽也考辨经义，但不尚抽象议论，对程朱理学罕予发抒。事实上，训诂、义理是性质不同的两种学问，即使在互訾互争之时，因交会点有限，也只是局部性的异议，参与论争的人不多。只有到方东树所指的“泛嘉庆时代”，“礼理争议”这个大问题出现，成为汉宋之争的核心内容，汉宋之争才呈明显对峙之局并有短兵相接之势，[③] 引起当时众多学者的关注和参与。

---

① 程树德撰，程俊英、蒋见元点校：《颜渊上》，《论语集释》卷二四，中华书局，2013年，第944页。

② 江藩、方东树著，徐洪兴编校：《序例》，《汉学商兑》，《汉学师承记：外二种》，中西书局，2012年，第215页。

③ 张寿安：《以礼代理——凌廷堪与清中叶儒学思想之转变》，河北教育出版社，2001年，第122页。

考察方东树《汉学商兑》一书，不难发现，清代汉学家对以朱熹为首的宋儒“以理释礼”、倡理学的反驳主要集中在三个方面。一是认为“理”虚而“礼”实，不能以虚“理”释实“礼”；二是从文献考察而言，《论语》恒言“礼”，未尝一言及“理”，宋儒以“理”训“礼”不合文本实际；三是朱子中年讲“理”，晚年讲“礼”，这一变化可以证明朱熹自己也认为“理”空“礼”实、“理”必附于“礼”以行。程树德就朱熹在中、晚年对“理”“礼”的不同偏重，也强调指出，“是朱子已自悔其说之非矣，后人何必代古人之文过耶？”[①] 针对清代汉学家对朱熹“复礼”诠释的反驳，方东树在《汉学商兑》中一一做了回驳甚至谩骂，但他仍立足于反驳清代汉学家、浮于以牙还牙的技术层面，不曾立足朱熹理学体系之建构、进入朱熹“复礼”诠释之环。那么，清代汉学家驳斥以朱熹为代表的宋儒之“以理释礼”是否公允？清代汉学家所驳朱熹之“理”是否是朱熹的真实样貌？朱熹究竟是怎么诠释“复礼”的？其“复礼”诠释与其理学体系构建存在何种关联？本章在梳理朱熹对前人“复礼”诠释的采录与评论的基础上，试图从理学体系构建的角度来考察朱熹对“复礼”的诠释。

第一节　朱熹对宋儒“复礼”诠释的采录与评论

汉孔安国以“反”释“复”，复礼即反礼：“复，反也，身能反礼则为仁矣。”[②] 对于复礼之复的诠释，后世学者沿袭孔说，或做具体阐发，或用不同表达，均无实质区别。南宋遗民周密结合声韵，对“复”之意做了较为全面的解释和梳理：

复有三字音。房六切者，复归之复也，字书训以往来，是也。《易卦》之《复》，《毛诗》“复古复竞”，《论语》“言可复也”，“克己

① 程树德撰，程俊英、蒋见元点校：《颜渊上》，《论语集释》卷二四，中华书局，2013年，第945页。

② 皇侃撰，高尚榘校点：《颜渊第十二》，《论语义疏》卷六，中华书局，2013年，第298页。

复礼”，皆是也。《易注》云“还”，《语注》犹“覆”，与《诗》“为恢复之复”，其义一也。扶富切者，又义也，字书训以又，是也。《书》“复归于亳”，《诗》“复会诸侯”，《语》“复梦周公”，“则不复也”，及“复见复闻”之类，皆是也。芳六切，与覆同音者，反复之复也，《易乾象赞》“反复道也”《释文》“芳六反，本亦作覆”是也。[①]

周密认为，“复”字有三种读音、三种解释，一是复归、往来，二是又之意，三是反复之复。“克己复礼”之“复”属于第一种意义，与孔安国的诠释是一致的。

朱熹对“复礼”的认识和诠释是一个不断深化的过程，梳理其对宋儒“复礼”诠释的采录和评价情况，有助于我们了解和掌握朱熹“复礼”诠释的逐渐深化和发展。下面对《论语精义》《论语或问》《朱子语类》中的相关文本进行举例分析。

一、对宋儒“复礼”诠释的采录

朱熹在《论语精义》卷六的“克己复礼”章，广泛采录了程颢、程颐、范祖禹、吕大临、谢良佐、游酢、杨时、尹焞等宋人对“复礼”的诠释[②]，其中对程颢、程颐的诠释语句采录尤多。举隅如下：

采录程颢的“复礼”诠释语句有：“非礼勿视，非礼勿听，非礼勿言，非礼勿动，积习尽有功，礼在何处”；“非礼勿视，非礼勿听，非礼勿言，非礼勿动，一于礼之谓仁，仁之于礼，非有异也”；“克己则私心去，自能复礼，虽不学文，而礼意已得”[③]等。所引语句涉及积习与礼、仁与礼、克己与复礼的关系等。

采录程颐的“复礼”诠释语句有：“礼者，理也。有诸己，则无不中于理”；“视听言动非礼不为，即是礼，礼即理也。不是天理，便是私欲。

---

① 周密撰，张茂鹏点校：《复覆伏三字音》，《齐东野语》卷一三，中华书局，1983 年，第 237 页。
② [日]大槻信良：《凡例》，《朱子四书集注典据考》，台湾学生书局，1976 年，第 1 页。
③ 朱熹：《论语精义》卷六下，《朱子全书》第 7 册，第 412 页。

入于私欲，虽有意于为善，亦是非礼。无人欲，即皆天理”；[①]“敬立则无妄，无妄则礼也”；“敬即便是礼，无己可克”；“凡人须是克尽己私，只有礼时，方始是仁处”[②]等。所引语句涉及理与礼、敬与礼、礼与仁的关系等。

采录范祖禹的“复礼”诠释语句有：“礼者，理也，至于理，则能复礼矣”；“不迁怒，不贰过，复礼也。夫正与是出于理，不正不是则非理也，视听言动，无非礼者，正心而已矣”等。[③]所引语句涉及礼、理、复礼的关系，正与理、礼与正心的关系等。

采录吕大临的“复礼”诠释语句为：“胜一己之私，以反乎天秩天叙，则物我兼体，虽天下之大，皆归于吾仁术之中。”[④]所引语句认为“复礼”是“反乎天秩天叙”。

采录谢良佐的“复礼”诠释语句为：“礼者，摄心之规矩。循理而天，则动作语默无非天也。内外如一，则视听言动无非我矣”；“以斯视，以斯听，自然合理。合理便合礼文，循理便是复礼”；“怎生外面讨得礼文来合，循理便是复礼。言动犹可以有礼文，视听有甚礼文，以斯听，自然合理。合这个理字，便合礼文。礼、理之不可易者也，只是一个敬字”等。[⑤]所引语句涉及礼与理的关系，交待循理便是复礼。

采录游酢的“复礼”诠释语句为：“礼者，性之中也……非礼勿动，则不离于中……中心安仁，则纵目之所视，更无乱色，纵耳之所听，更无奸声。”[⑥]所引语句涉及礼的含义，礼与内心安仁的关系等。

采用杨时的“复礼”诠释语句为：“虽收放心，闲之为艰，复礼所以闲之也……若夫动容周旋中礼，则无事乎复矣。”[⑦]所引语句涉及复礼的作用、中礼与复礼的关系等。

---

① 朱熹：《论语精义》卷六下，《朱子全书》第7册，第411—412页。
② 同上注，第412页。
③ 同上注，第412—413页。
④ 同上注，第413页。
⑤ 同上注，第413—414页。
⑥ 同上注，第415页。
⑦ 同上。

采用尹焞的“复礼”诠释语句为：“礼者，理也，去私欲则复天理，复天理者仁也。礼不可以徒复，唯能克己，所以复也”；“盖难胜莫如己私，由乎中而应乎外，制其外，所以养其中，视听言动必以礼，而其心不正者，未之有也，是之谓复天理”[①]等。所引语句涉及礼与理、去私欲与复天理的关系，克己与复礼的关系，礼、心正与复天理的关系等。

二、对宋儒“复礼”诠释的评论

在《论语或问》“颜渊”篇、《朱子语类》“颜渊问仁章”中，朱熹对《论语精义》中程颢、程颐、范祖禹、吕大临、谢良佐、游酢、杨时、尹焞等宋儒的“复礼”诠释进行了评论。

我们先讨论朱熹对程颢“复礼”诠释的评价与议论，此处最为详细。

对于《论语精义》卷六下“颜渊”篇摘录的程颢关于“礼”的三处诠释，朱熹在《论语或问》中一一进行了评价。其中两处，朱熹觉得乃“难明而似可疑者也，各以是说通之，亦可以无疑矣”[②]。为此，他设法使程颢这两处“复礼”诠释变得通畅无疑。为疏解程颢所言“积习尽有功，礼在何处”，朱熹指出，“言德盛仁熟，自然中礼，无所待于勉强，而非为学者言也”[③]。在此，朱熹认为，“非礼勿视听言动”之习惯与规范具有积累的功效，当积累到一定程度，量变引起质变，主体就会不知不觉地、自然而然地自愿遵循“礼”的规范，无须刻意去注意“礼”的存在，遵循“礼”成了一种自愿的乐意的行为，从而感觉不到刻意约束的“礼”的存在了。为疏解程颢所言“视听言动一于礼之谓仁，仁之与礼非有异”[④]，朱熹指出，“言能复于礼，则仁心自存，有不待他求而得者，非以仁与礼为一物也”[⑤]。在此，朱熹突出的是，复于“礼”能实现仁心自存，无须刻意他求，但也不能简单地视“仁”与“礼”为同一物。

---

① 朱熹:《论语精义》卷六下,《朱子全书》第7册，第415—416页。
② 朱熹:《论语或问》卷一二,《朱子全书》第6册，第800页。
③ 同上。
④ 朱熹:《论语精义》卷六下,《朱子全书》第7册，第411页。
⑤ 朱熹:《论语或问》卷一二,《朱子全书》第6册，第800页。

对于第三处程颢所言“克己自能复礼，不必学文”，朱熹在《论语或问》中视之为“是则真可疑而不可通者，岂其记录之误耶”[①]，甚至怀疑是记录错误。对此，朱熹在《朱子语类》中做了进一步的讨论：

又曰：“早间与亚夫说得那‘克己复礼’，是克己便是复礼，不是克己了，方待复礼，不是做两截工夫。就这里克将去，这上面便复得来。明道说那‘克己则私心去，自能复礼；虽不学礼文，而礼意已得’。这个说得不相似。”又曰：“‘克己复礼’，是合掌说底。”[②]

时举曰：“先生向所作《克斋记》云：‘克己者，所以复礼；非克己之外，别有所谓复礼之功。’是如何？”曰：“便是当时也说得忒快了。明道谓：‘克己则私心去，自能复礼；虽不学礼文，而礼意已得。’如此等语，也说忒高了。孔子说‘克己复礼’，便都是实。”曰：“如此，则‘克己复礼’，分明是两节工夫。”曰：“也不用做两节看。但不会做工夫底，克己了，犹未能复礼；会做工夫底，才克己，便复礼也。”[③]

对以上引文进行分析，不难发现，朱子并不赞同程颢“克己则私心去，自能复礼；虽不学礼文，而礼意已得”的说法。诚然，朱熹一方面认为“克己”便是“复礼”，“克己”“复礼”不是做两截工夫，“‘克己复礼’，是合掌说底”[④]，“合掌”即“重复”义[⑤]，“克己”与“复礼”是重复同一项工夫，在“克己”之外没有额外的复礼之功，“克己，则礼自复；闲邪，则诚自存。非克己外别有复礼，闲邪外别有存诚”[⑥]；另一方面，朱熹又坚持“克己”与“复礼”仍有精粗之别[⑦]，“克己”非即是“复礼”。因而朱熹答龚郯伯曰：“‘克己复礼’，一如将水去救火相似。又似一件事，

---

① 朱熹：《论语或问》卷一二，《朱子全书》第6册，第800页。
② 黎靖德编，王星贤点校：《朱子语类》卷四一，第1049页。
③ 同上注，第1047页。
④ 同上注，第1049页；钱穆：《朱子论克己》，《朱子新学案》第2册，九州出版社，2011年，第450页。
⑤ 冯青：《朱子语类学归》，江西人民出版社，2011年，第297页。
⑥ 黎靖德编，王星贤点校：《朱子语类》卷四一，第1042页。
⑦ 同上注，第1046—1047页。

又似两件事。"[①] 而程颢则直下肯定，认为一旦超越本心，心体当下自觉、呈显，就自然表现出仁、义、礼、智四端。其复礼之"礼"不是指"礼文"，而是就四端而言的"礼"自身，因而"虽不学礼文，而礼意已得"，礼文制度是否熟稔，自然不妨碍其发心的初衷。对此，朱熹是不认可的，因而批驳明道"也说忒高了""说得不相似"。

朱熹对程颐"复礼"诠释言论主要存在三类评价，第一类是充分认可。对于程颐所言"视听言动非礼不为，即是礼，礼即理也"[②]，朱熹大为赞赏，因而在《论语或问》中指出，"视听言动之说……则其所以发明深切，无可疑者"[③]。

第二类是持疑并疏解。对于程颐所言"礼者，理也"，朱熹《论语或问》指出，这是"言礼之属乎天理，以对己之属乎人欲，非以礼训理，而谓真可以此易彼也"[④]。在朱熹看来，不能简单地训"礼"为"理"，礼之属天理对应的是己之属人欲，"礼""己"相对，"天理""人欲"相对。朱熹在《论语或问》中针对程颐所言"克己尽仁，克尽己私，只有礼时方始是仁处"[⑤] 指出，"亦若其言仁、礼不异之意也"[⑥]。在朱熹看来，不能简单地视"仁"与"礼"为相同之意思，而应从克尽己私、只有礼时才是仁的境界这一过程来看待"仁"与"礼"的关系。朱熹明确表示，程颐的这两处诠释"皆其难明而似可疑者，各以是说通之，亦可以无疑矣"[⑦]。

第三类是予以否定。对于程颐所言"有诸中则无不中理，慎独敬义，所以为克己复礼""敬立则无妄，无妄则礼也""敬即便是礼，无己可

---

① 黎靖德编，王星贤点校：《朱子语类》卷四一，第 1042 页。
② 朱熹：《论语精义》卷六下，《朱子全书》第 7 册，第 411 页。
③ 朱熹：《论语或问》卷一二，《朱子全书》第 6 册，第 800 页。
④ 同上。
⑤ 程颐《论语或问》此言，在《论语精义》中为："凡人须是克尽己私，只有礼时，方始是仁处。"其后又以小字附注：（程颐）先生亲笔改云："克己复礼为仁，言克尽己私，皆归于礼，是乃仁也。"朱熹在文本中保留这些修改和变化，可见其颇为措意。参见朱熹：《论语精义》卷六下，《朱子全书》第 7 册，第 412 页。
⑥ 朱熹：《论语或问》卷一二，《朱子全书》第 6 册，第 800 页。
⑦ 同上。

克”，朱熹《论语或问》指出：“凡或过而失中，或乱而无序，是则真可疑而不可通者，岂其记录之误耶？”[①]在朱熹看来，程颐关于“复礼”的这些诠释是失中而无序的，其真实性甚至都值得怀疑。

朱熹对范祖禹、吕大临、谢良佐、游酢、杨时、尹焞等宋儒“复礼”诠释的评价与议论相对简略。

对于范祖禹“礼者，理也，至于理，则能复礼矣”[②]“不迁怒，不贰过，复礼也。夫正与是出于理，不正不是则非理也，视听言动，无非礼者，正心而已矣”[③]等诠释，朱熹《论语或问》评价其太空疏，“范氏之说，则其疏甚矣”[④]。

对于吕大临“胜一己之私，以反乎天秩天叙，则物我兼体，虽天下之大，皆归于吾仁术之中”[⑤]之诠释，朱熹《论语或问》评价其过高、失却孔子本来意旨、想象恍惚、无修为效验之实等，“吕氏专以同体为言，而谓天下归仁，为归吾仁术之中，又为之赞以极言之，则不免过高而失圣人之旨。抑果如此，则夫所谓克己复礼而天下归仁者，乃特在于想象恍惚之中，而非有修为效验之实矣”[⑥]。对于吕大临《克己铭》之疏忽“复礼”，朱熹进行了批驳：“某见前辈一项论议说忒高了，不只就身上理会，便说要与天地同其体，同其大，安有此理！如‘初无吝骄，作我蟊贼’云云，只说得克己一边，却不说到复礼处。”[⑦]朱熹认为吕大临只说克己而不说复礼，论议不实、好高骛远、不切实际。

对于谢良佐“礼者，摄心之规矩。循理而天，则动作语默无非天也。内外如一，则视听言动无非我矣”[⑧]，朱熹《论语或问》评价指出：“谢氏以礼为摄心之规矩，善矣。然必以理易礼，而又有循理而天、自然合礼

① 朱熹：《论语或问》卷一二，《朱子全书》第6册，第800页。
② 朱熹：《论语精义》卷六下，《朱子全书》第7册，第412页。
③ 同上注，第413页。
④ 朱熹：《论语或问》卷一二，《朱子全书》第6册，第801页。
⑤ 朱熹：《论语精义》卷六下，《朱子全书》第7册，第413页。
⑥ 朱熹：《论语或问》卷一二，《朱子全书》第6册，第801页。
⑦ 黎靖德编，王星贤点校：《朱子语类》卷四一，第1067页。
⑧ 朱熹：《论语精义》卷六下，《朱子全书》第7册，第413页。

之说焉，亦未免失之过高，而无可持循之实。盖圣人所谓礼者，正以礼文而言，其所以为操存持守之地者密矣。若曰‘循理而天，自然合理’，则又何规矩之可言哉？”[①] 在此，朱子突出谢氏诠释“失之过高”，“无可持循之实”，无规矩可谈。

对于游酢“礼者，性之中也。且心之本体，一而已矣，非事事而为之，物物而爱之，又非积日累月而后可至也”[②] 的诠释，朱熹评价为：“以为非必积日累月而后可至，一日反本复常，则万物一体，无适而非仁者，则又陷于释氏顿悟之说，以启后学侥幸躐等之心。”[③] 朱熹认为游酢此解不重积累，陷入释氏顿悟之说，误导后学产生“侥幸躐等”的心思。

对于杨时“动容周旋中礼，则无事乎复”[④] 的诠释，朱熹指出：“杨氏以为先克己，而后复礼以闲之，则其违圣人之意远矣。”[⑤] 强调杨时之解远远违背了圣人原意。

对于尹焞“礼者，理也，去私欲则复天理，复天理者仁也。礼不可以徒复，唯能克己，所以复也”[⑥] 之诠释，朱熹《论语或问》评价指出：“惟尹氏庶几近之，然其以理易礼，而遂以复礼为仁，则亦失程子之意矣。”[⑦] 在肯定尹焞诠释之时，亦指出其诠释失程子原意。对此，朱熹还有进一步的论述：

> 正淳问：“程子曰：‘礼，即理也。不是天理，便是人欲。’尹氏曰：‘礼者，理也。去人欲，则复天理。’《或问》不取尹说，以为失程子之意，何也？”曰：“某之意，不欲其只说复理而不说‘礼’字。盖说复礼，即说得着实；若说作理，则悬空，是个甚物事？”[⑧]

朱熹之所以不选取尹焞的诠释，在于尹焞只说“复理”不说“礼”

① 朱熹：《论语或问》卷一二，《朱子全书》第6册，第801页。
② 朱熹：《论语精义》卷六下，《朱子全书》第7册，第415页。
③ 朱熹：《论语或问》卷一二，《朱子全书》第6册，第801页。
④ 朱熹：《论语精义》卷六下，《朱子全书》第7册，第415页。
⑤ 朱熹：《论语或问》卷一二，《朱子全书》第6册，第801页。
⑥ 朱熹：《论语精义》卷六下，《朱子全书》第7册，第415—416页。
⑦ 朱熹：《论语或问》卷一二，《朱子全书》第6册，第801页。
⑧ 黎靖德编，王星贤点校：《朱子语类》卷四一，第1065页。

字，忽略了“复礼”，因而说得不着实，悬空了。

第二节　朱熹“复礼”诠释的思想内涵

孔安国、皇侃、刘炫、邢昺等学者皆释《论语》“克己复礼”之“复”为“反”。[①] 朱熹在《四书章句集注》中承袭前人之说，也以“反”释“克己复礼”之“复”：“复，反也。”[②]《论语》中“复”字多处出现，朱熹有不同诠释[③]，但对“复礼”之“复”的诠释，在其不同著作中都是一以贯之的。既然朱熹对《论语》“克己复礼”之“复”的诠释同于前人，那么，朱熹“复礼”诠释迥于他人的特色及其思想内涵，显然更多地体现在对“礼”字的诠释上。朱熹如何释“复礼”之“礼”？朱熹对“复礼”之“礼”的诠释与前人有何不同？从朱熹对“复礼”之“礼”的诠释可以窥出朱子怎样的学术特征？下文以“礼”为重点来探讨朱熹“复礼”诠释的思想内涵。

一、“复礼”即“复本有之礼”

我们从四个方面来阐述朱熹释“复礼”为“复本有之礼”的思想内涵。

首先，朱熹认为“礼”系“自家本有底”，为“规矩之本然”，强调“礼”的“自复”之功，释“复礼”为“复本有之礼”。

朱熹在《朱子语类》中直接指出，“克己，则礼自复”，“礼是自家本

---

① 皇侃撰，高尚榘校点：《论语义疏》，中华书局，2013 年，第 297—298 页；何晏注，邢昺疏：《论语注疏》，北京大学出版社，1999 年，第 177—178 页。

② 朱熹：《论语集注》卷六，《四书章句集注》，第 133 页。

③ 值得注意的是，朱熹在《论语》“学而”篇中别出心裁地释“信近於义，言可复也”之“复”为“践言”：“复，践言也。”（朱熹：《论语集注》卷一，《四书章句集注》，第 52 页。）此为解经者向所未见，以致程树德批之曰：“‘复’训反覆，汉唐以来旧说如是，从无‘践言’之训，《集注》失之。”（程树德撰，程俊英、蒋见元点校：《论语集释》，中华书局，2013 年，第 59 页。）可见，朱子解经，不论因袭还是独创，皆“逐字称等”（《朱子语类》卷十九，第 437 页），一方面顾及文脉贯通，另一方面，更重要的是服务其理学体系建构的需要。

有底，所以说个'复'，不是待克了己，方去复礼"。[1]"自复"之"自"，意思非常明确，"复礼"之"礼"是自家本有的，不是外面强加给人的。朱熹在《论语或问》中进一步指出，"此圣门之学，所以汲汲于求仁，而颜子之问，夫子特以克己复礼告之，盖欲其克去有己之私欲，而复于规矩之本然，则夫本心之全德，将不离乎此而无不尽也"[2]。"复礼"就是"复于规矩之本然"，即复反本然之规矩、本然之礼。朱熹注重从阐述"复礼"之"复"的含义中揭示"礼"乃"本有之礼"。他认为，"复者，已失而反其初"[3]，"复者是本来物事"[4]。在朱熹看来，已经丧失了的东西，重新回到原初的状态，才能叫作"复"，回复的是本来就有的事物或状态。个中道理有如孔子所言："复，反也，所以返本复始，求全其所由生也。"[5]从王弼"复者，反本之谓"[6]、吕大临"（故克己复礼）昔之所丧，今复得之"[7]、韩元吉"返其故而还其初者"[8]等言语中，我们也可理解朱熹"复本有之礼"的意思。

朱熹常将礼与仁、义、智并提，以天生本有释之。《论语或问》载："人受天地之中以生，而仁义礼智之性具于其心"[9]；"而传所谓君之仁、臣之敬、子之孝、父之慈、与人交之信，乃其目之大者也。众人之心，固莫不有是，而或不能知，学者虽或知之，而亦鲜能必至于是而不去"[10]。朱熹认为，人生以来，礼与仁、义、智就具于其心，仁敬孝慈信，众人固有。《朱子语类》载："仁义礼智，自天之生人，便有此四件，如火炉便有

---

① 黎靖德编，王星贤点校：《朱子语类》卷四一，第1042、1047页。
② 朱熹：《论语或问》卷一二，《朱子全书》第6册，第798—799页。
③ 黎靖德编，王星贤点校：《朱子语类》卷九四，第2396页。
④ 黎靖德编，王星贤点校：《朱子语类》卷六五，第1608页。
⑤ 胡宏著，吴仁华点校：《复斋记》，《胡宏集》，中华书局，1987年，第151—152页。
⑥ 王弼著，楼宇烈校释：《复》，《周易注》，《王弼集校释》，中华书局，1980年，第336—337页。
⑦ 吕大临等撰，陈俊民辑校：《颜渊第十二》，《论语解》，《蓝田吕氏遗著辑校》，中华书局，1993年，第454页。
⑧ 韩元吉：《敦复斋记》，《南涧甲乙稿》卷一五，《丛书集成初编》，中华书局，1985年，第283页。
⑨ 朱熹：《论语或问》卷一二，《朱子全书》第6册，第798—799页。
⑩ 朱熹：《大学或问》上，《朱子全书》第6册，第509页。

四角，天便有四时，地便有四方，日便有昼夜昏旦。天下道理千枝万叶，千条万绪，都是这四者做出来。四者之用，便自各有许多般样。”[①] 在朱熹看来，礼与仁、义、智一样，不是从外部给予的，自天生成人，本来便有，礼是天生、本有的四件之一，就好比火炉有四角、天有四时、地有四方、日有昼夜。

《朱子语类》又载：

> 要知这源头是甚么，只在身己上看。许多道理，尽是自家固有底。仁义礼智，“知皆扩而充之，若火之始然，泉之始达”。这个是源头，见得这个了，方可讲学，方可看圣贤说话。恰如人知得合当行，只假借圣贤言语作引路一般。……又如说“非礼勿视”，自是天理付与自家双眼，不曾教自家视非礼；才视非礼，便不是天理。“非礼勿听”，自是天理付与自家双耳，不曾教自家听非礼；才听非礼，便不是天理。“非礼勿言”，自是天理付与自家一个口，不曾教自家言非礼；才言非礼，便不是天理。“非礼勿动”，自是天理付与自家一个身心，不曾教自家动非礼；才动非礼，便不是天理。[②]

朱熹认为，礼与仁、义、智，都是自家固有的道理，是源头，天理赋予自家眼、耳、口以及身心，视、听、言、动时就应“合当行”，要非礼勿视、听、言、动，否则，就不符合天理，就不是自家固有的状态，因为天理付与自家双眼、双耳、一个口、一个身心，不曾教自家视非礼、听非礼、言非礼、动非礼。

朱熹将礼与仁、义、智合称为“四德”：“故人之为心，其德亦有四，曰仁义礼智。”[③] 在他看来，此“四德”亦为本有之德。《朱子语类》载：“江元益问入德。曰：‘德者己之所自有。入德，只是进得底。且如仁义礼智，自家不得，便不是自家底。’”[④] 针对门人“入德”之问，朱熹回答指

---

① 黎靖德编，王星贤点校：《朱子语类》卷二〇，第 463 页。

② 黎靖德编，王星贤点校：《朱子语类》卷一一四，第 2759—2760 页。

③ 朱熹：《仁说》，《晦庵先生朱文公文集》卷六七，《朱子全书》第 23 册，第 3279 页。参看陆建华：《先秦诸子礼学研究》，人民出版社，2008 年，第 82—83 页。

④ 黎靖德编，王星贤点校：《朱子语类》卷一二〇，第 2906 页。

出，仁义礼智是己身自有之德，要人德，须自己主动去修养，否则，这德就不是自家本有的了。

其次，朱熹认为，本有之礼容易被气禀、物欲所遮蔽。

既然“礼”为本有，为何有时又不为人所知晓、所践行呢？“众人之心固莫不有是，而或不能知”[①]，对此，朱熹认为，心具众理，“但当其蔽隔之时，心自为心，理自为理，不相赘属”[②]。怎样被蔽隔？朱熹进一步解释道：“气禀之偏者，自不求所以知。若或有这心要求，便即在这里。缘本来个仁义礼智，人人同有，只被气禀物欲遮了。……如气禀物欲一齐打破，便日日朝朝，只恁地稳稳做到圣人地位。”[③]在朱熹看来，人人同有、本有之礼被气禀、物欲遮蔽了，若能战胜气禀、物欲，打破气禀、物欲的蔽翳，便可返复本有之“仁义礼智”，便可望稳稳做到圣人地位。在《朱子语类》中，朱熹强调：“今复礼，便是天理。……人既不随私意，则此理是本来自有底物，但为后来添得人欲一段。如‘孩提之童，无不知爱其亲；及长，无不知敬其兄’，岂不是本来底。却是后来人欲肆时，孝敬之心便失了。然而岂真失了？于静处一思念道，我今日于父兄面上孝敬之心颇亏，则此本来底心便复了也。只于此处牢把定其功，积久便不可及。”[④]此处以孩提知爱亲、及长知敬兄为例论述了“礼”“理”是本来自有的东西。朱熹认为，本来自有的孝敬等“礼”“理”只因后来人欲横肆，才暂时失了，只要静思反省，“本来底心”便会自然复反。

再次，朱熹“复本有之礼”的思想深受孟子、程颢等前贤影响。

朱子释“复礼”为“复本有之礼”，深受孟子“道性善”的影响。孟子说：“仁义礼智，非由外铄我也，我固有之也。”（《孟子·告子上》）朱熹经常引用孟子这句话。《朱子语类》载，朱熹答弟子问曰：“‘仁义礼智，非由外铄我也，我固有之也，弗思耳矣！’”而且对“弗思”二字是厉声

---

① 朱熹：《大学或问》，《朱子全书》第6册，第509页。
② 朱熹：《答李孝述继善问目》，《晦庵先生朱文公续集》卷一〇，《朱子全书》第25册，第4817页。
③ 黎靖德编，王星贤点校：《朱子语类》卷一八，第412页。
④ 黎靖德编，王星贤点校：《朱子语类》卷四二，第1079页。

言。又笑曰：“某常说，人有两个儿子，一个在家，一个在外去干家事。其父却说道在家底是自家儿子，在外底不是！”[①] 又说：“人之良知，本所固有。”[②] 他答鄂州州学教授许中应亦言：“人之有是身也，则必有是心，有是心也，则必有是理，若仁、义、礼、智之为体，恻隐、羞恶、恭敬、是非之为用，是则人皆有之，而非由外铄我也。”[③] 在朱熹看来，礼与仁义智一道，是心之体，恻隐、羞恶、恭敬、是非是心之用，两者都是人本来就有的，“非由外铄”。朱熹从性理层面上论述“礼”，没有尊崇荀子一系，视礼为圣人所制定的以“养人之欲”“给人之求”为目的的外在道德行为规范[④]，而基本上是继承了孟子的观点，认为“礼”是天命所赋予人的“五常”之一，也就是说，“礼”是人之内在德性。“礼”本该是外在的，人性无疑是内在的，朱熹巧妙协调“礼”之内外矛盾，倾内而抑外。

朱熹关于自有之德、本有之礼的思想同程颢的天德之论是一脉相承的。程颢指出，“圣贤论天德，盖谓自家元是天然完全自足之物，若无所污坏，即当直而行之；若小有污坏，即敬以治之，使复如旧。所以能使如旧者，盖谓自家本质元是完足之物”[⑤]。程颢认为，自家具有“天德”，本是“天然完全自足之物”，如果能“无所污坏”，保持“如旧者”，就只需“直而行之”，如果“小有污坏”，就应“敬以治之”，使之“复如旧”。可以说，程颢此处“自家本质元是完足”之论断，正为朱熹倡导“反本复旧”“反本复礼”提供了理论可能与实践动力。

朱熹关于本有之礼被气禀、物欲遮蔽的思想，也是继承前人认识的发展，程颢、胡宏即是例证。早在北宋，程颢即指出，孟子等人所说的纯善无恶之性，只是“继之者善”，不是“成之者性”，孟子没有真正说

① 黎靖德编，王星贤点校：《朱子语类》卷一五，第303页。
② 黎靖德编，王星贤点校：《朱子语类》卷一八，第392页。
③ 朱熹：《鄂州州学稽古阁记》，《晦庵先生朱文公文集》卷八〇，《朱子全书》第24册，第3800页。
④ 王先谦撰，沈啸寰、王星贤点校：《礼论篇第十九》，《荀子》卷一三，《荀子集解》，中华书局，1988年，第409页。
⑤ 程颢、程颐著，王孝鱼点校：《河南程氏遗书》卷一，《二程集》，第1页。

到作为具体现实的人的人性，他所说的只是作为天地之理的性，而凡是现实的人的性都已不是那个作为天地之理的性了，而是由气禀决定的性了。[①] 朱熹无疑继承和发扬了程颢的这一思想，因而将气禀与性、礼相关联。湖湘学派的创立者胡宏指出：“人之生也，父天母地，天命所固有也。方孩提，未免于父母之怀。及少长，聚而嬉戏，爱亲敬长，良知良能在，而良心未放也。逮成童、既冠，嗜欲动于内，事物感于外，内外纷纠，流于所偏胜，故分于道者日远也。”[②] 在胡宏看来，方孩提、及少长，人均有“爱亲敬长”之良知良能，逮成童、既冠，嗜欲、纷纠使人“偏胜”、分道日远。从这里我们不难看到朱熹所言“物欲遮了”“人欲肆时”的思想雏形。可以说，朱熹的包括对“复礼”诠释在内的理学理论和思想正是在集前人经验之大成上逐渐建立和完善起来的。

此外，朱熹释“复礼”为“复本有之礼”，与其理学体系建构中认识论的路线和原则有关，与其持有的先验论有关。

正如陈来所指出的：“从认识论的路线和原则看，朱熹一方面承认人的内心本有天赋的道德原则，同时又强调认识的直接对象是具体事物之理，只有通过具体的学习的积累过程才能最终使内心的原则彰显出来。他的思想既包含一种唯理论的先验论，又包含认识过程的先验论。”[③] 值得注意的是，朱熹的先验论不同于柏拉图的理念世界先验论，不同于笛卡尔的天赋观念先验论，也不同于康德的认识形式和范畴的先验论，而与莱布尼茨的“心灵原来就包含着一些概念和学说的原则”[④] 相似。朱熹的先验论承续了二程的道德观念先验论。朱熹认为，人心具有先验的道德原则（礼、理），即先天固有某些道德良知，现实人的某些道德心理和意识是生而固有、不学而能的固有良知，这些原则、良知与事物的普遍法

① 陈来：《宋明理学》，生活·读书·新知三联书店，2011 年，第 97—98 页。
② 胡宏著，吴仁华点校：《复斋记》，《杂文》，《胡宏集》，中华书局，1987 年，第 152 页。
③ 陈来：《宋明理学》，生活·读书·新知三联书店，2011 年，第 199 页。
④ 北京大学哲学系外国哲学史教研室编译：《十六—十八世纪西欧各国哲学》，生活·读书·新知三联书店，1958 年，第 310 页。

则是一致的，但由于构成人体的阴阳五行（气质）的影响，这些内心的道德原则在人的现实意识中不能得到完全表现，人不能自觉意识到内心具备这些道德原则。

通过对朱熹文本的具体考察，我们不难发现，在朱熹看来，人先天固有的不是一切知识，不是全部道德观念，而是某些道德良知，本来全具的只是“理”“礼”。除了“爱亲敬兄”之外，其他道德观念，作为现实意识存在于人心之中，是依赖（不是来源）于后天经验获得的。为何朱熹先验论中先天固有的内容局限于某些道德良知，而不是一切的道德良知，更不是一切的知识？从朱熹建构理学体系的需要来考察，或许可以找到大概的答案。朱熹当时亟需面对的是人心陷溺的问题，破坏价值与秩序的是内在的人欲之私，而不是外部秩序，因此，朱熹建构理学体系的目标为个人的成德之教。相应地，其先验论也体现为个人成德之教的某些道德良知。而朱熹的理学体系建构是通过经典诠释来实现的，不言而喻，朱熹释“复礼”为“复本有之礼”，自然是以理学体系建构下的先验论为指导的。

二、“复礼”即“返本复性”

上文已揭朱熹释礼为“自家本有底”①、为“规矩之本然”②，强调礼的“自复”之功③，释“复礼”为“复本有之礼”“复于规矩之本然”。那么，为何礼为“自家本有底”“规矩之本然”？朱熹是从什么层面来谈礼之“本有”“本然”特征的？礼与性又是什么关系？如何理解“复礼”即“返本复性”？这些都是需要我们进一步深入探讨的问题。陈来强调指出，“从伦理哲学本身来说，这种学说（理学）无论从目的还是从效果上更加强了人性的超社会、超人类的先验色彩”④。显然，朱熹之先验论与其人

① 黎靖德编，王星贤点校：《朱子语类》卷四一，第 1047 页。
② 朱熹：《论语或问》卷一二，《朱子全书》第 6 册，第 798—799 页。
③ 黎靖德编，王星贤点校：《朱子语类》卷四一，第 1042 页。
④ 陈来：《朱子哲学研究》，华东师范大学出版社，2000 年，第 197 页。

性论有密切的关联，从“性”这一角度考察朱熹对《论语》“复礼”的诠释，或许可以帮助我们更好地理解其“复礼”诠释内涵，也可以帮助我们更深入地理解其先验论，从而更为深刻地理解其理学体系建构。

首先，在朱熹的理学体系中，礼即性。

朱熹常常并释礼与仁义智为性。朱熹指出：“仁义礼智，乃未发之性，所谓诚。中庸，皆已发之理”[①]；“百行皆仁义礼智中出”[②]；“有仁义礼智，则是性”[③]；“故赋于人物，便有仁义礼智之性”[④]；“在人，仁义礼智，性也”[⑤]；“人受天地之中以生，而仁义礼智之性具于其心”[⑥]。在朱熹看来，礼与仁义智是处于未发状态的本性，是一切行为的始发处，是天所赋予的，是人的本然之性。《朱子语类》载：“韩文《原性》人多忽之，却不见他好处。如言‘所以为性者五：曰仁义礼智信’，此语甚实。”[⑦]韩愈《原性》篇不受人重视，但其以“仁义礼智信”五者为性，对此，朱熹赞其“甚实”。朱熹释礼为性时，不仅并举仁义礼智四者为性，而且还反过来，直接释性为仁义礼智，将性等同于仁义礼智：“性只是仁义礼智，乃是道也”[⑧]；“性只是仁义礼智”[⑨]；“性中只有个仁义礼智”[⑩]；等等。

朱熹还进一步指出，儒家所论、用以释礼之性是实的，而不是释氏之空性。《朱子语类》载：“盖性中所有道理，只是仁义礼智，便是实理。吾儒以性为实，释氏以性为空。若是指性来做心说，则不可”[⑪]；“性是实理，仁义礼智皆具”[⑫]；“如今人说性，多如佛老说，别有一件物事在那里，

---

① 黎靖德编，王星贤点校：《朱子语类》卷六，第 104 页。
② 同上注，第 107 页。
③ 黎靖德编，王星贤点校：《朱子语类》卷二〇，第 464 页。
④ 黎靖德编，王星贤点校：《朱子语类》卷一七，第 383 页。
⑤ 黎靖德编，王星贤点校：《朱子语类》卷四，第 63—64 页。
⑥ 朱熹：《论语或问》卷一二，《朱子全书》第 6 册，第 798 页。
⑦ 黎靖德编，王星贤点校：《朱子语类》卷一三七，第 3272 页。
⑧ 黎靖德编，王星贤点校：《朱子语类》卷一〇〇，第 2544 页。
⑨ 黎靖德编，王星贤点校：《朱子语类》卷四，第 64 页。
⑩ 黎靖德编，王星贤点校：《朱子语类》卷二〇，第 472 页。
⑪ 黎靖德编，王星贤点校：《朱子语类》卷四，第 64 页。
⑫ 黎靖德编，王星贤点校：《朱子语类》卷五，第 83 页。

至玄至妙，一向说开去，便入虚无寂灭。吾儒论性却不然”[①]；“人之性本实，而释氏以性为空也”[②]；“盖释氏之言见性，只是虚见；儒者之言性，止是仁义礼智，皆是实事”[③]；“释氏弃了道心，却取人心之危者而作用之；遗其精者，取其粗者以为道。如以仁义礼智为非性，而以眼前作用为性是也。此只是源头处错了”[④]。在朱熹看来，人之性本实，儒家以仁义礼智为性，可以经由人的日常生活实践予以证实，是实理、实事；而释氏以仁义礼智为非性，以性为空，以眼前作用为性，视性空与心空同义，指性来做心说，将性之实理混淆为心之知觉，这是以朱熹为代表的儒家坚决反对的。

其次，朱熹认为，性是天所与，是本有的，作为性的礼自然也是天所与、本有的。

朱熹释礼为“本有”“本然”，显然与其认为性系天之赋予、释礼等性之大目“承天命”、“礼之体”具于有生之初等意涵息息相关。

随着北宋理学的完成，性的概念已是天地之性与气质之性“二性”的组合。在朱熹哲学中性有两种不同的意义。一是指人物的气质之性。一是指天地之理，常称为天命之性，相对于气质之性而言，亦称为本然之性。朱熹以性并释礼与仁义智时，显然运用了“理一分殊”的理学理论。他认可学生所说：“一性禀于天，而万善皆具，仁义礼智，所以分统万善而合为一性者也。方‘寂然不动’，此理完然，是为性之本体。”[⑤]朱熹认为，礼与仁义智分统万善，合一而为性，此性禀受于天，是“性之本体”，也就是说，礼与仁义智是本然之性、天命之性。对此，朱熹有明确表述：“仁义礼智天道，此天之所以命于人，所谓‘本然之性’者也。”[⑥]

---

① 黎靖德编，王星贤点校：《朱子语类》卷五，第 92 页。
② 黎靖德编，王星贤点校：《朱子语类》卷六，第 104 页。
③ 黎靖德编，王星贤点校：《朱子语类》卷一二四，第 2975 页。
④ 黎靖德编，王星贤点校：《朱子语类》卷一二六，第 3021 页。
⑤ 黎靖德编，王星贤点校：《朱子语类》卷二〇，第 469 页。
⑥ 黎靖德编，王星贤点校：《朱子语类》卷六一，第 1465 页。

“性”字从心从生。刘向说：“性，生而然者也。”[①]《白虎通义·情性》言：“性者，生也。”[②]董仲舒指出：“性之名非生与？如其生之自然之资谓之性。”[③]“性者宜知名矣，无所待而起，生而所自有也。”[④]性本身是“生”而来的。朱熹强调：“性也者，言天之赋予万物，万物禀而受之者也”[⑤]；“在天为命，禀于人为性”[⑥]；“大抵言性，便须见得是元受命于天，其所禀赋自有本根，非若心可以一概言也”[⑦]；“天所赋为命，物所受为性。赋者命也，所赋者气也；受者性也，所受者气也”[⑧]；等等。这些都道出性是天所赋予的、自有本根的、人和万物所禀受于天的。

既然性是本有的，作为性的礼也应该是本有的。为此，朱熹常并道“礼”与“仁义智”等是天所与、承天命的。朱熹指出：“仁、义、礼、智，皆天所与之良贵”[⑨]；“譬如一条长连底物事，其流行者是天道，人得之为性。《乾》之‘元亨利贞’，天道也，人得之，则为仁义礼智之性”[⑩]；“吾之仁义礼智，即天之元亨利贞。凡吾之所有者，皆自彼而来也”[⑪]。朱熹认为，“礼”与“仁义智”都是上天赐予的，是人得天道而为，与元亨利贞相对而言，并从中而来。《朱子语类》中记载了朱熹与学生关于性的问答：“问：‘如何谓之性？’曰：‘天命之谓性。’又问：‘天之所命者，果何物也？’曰：‘仁义礼智信。’”[⑫]通过两次回答学生之问，朱熹强调礼与

---

① 王充《论衡》引，载于王充著，张宗祥校注，郑绍昌标点：《论衡校注》，上海古籍出版社，2013年，第68页。
② 陈立撰，吴则虞点校：《白虎通疏证》，中华书局，1994年，第381页。
③ 苏舆撰，钟哲点校：《深察名号第三十五》，《春秋繁露义证》卷一〇，中华书局，1992年，第291页。
④ 苏舆撰，钟哲点校：《实性第三十六》，《春秋繁露义证》卷一〇，中华书局，1992年，第312页。
⑤ 朱熹：《答方宾王》，《晦庵先生朱文公文集》卷五六，《朱子全书》第23册，第2655页。
⑥ 黎靖德编，王星贤点校：《朱子语类》卷五，第90页。
⑦ 同上。
⑧ 同上注，第82页。
⑨ 朱熹：《孟子集注》卷三，《四书章句集注》，第240页。
⑩ 黎靖德编，王星贤点校：《朱子语类》卷二八，第725页。
⑪ 黎靖德编，王星贤点校：《朱子语类》卷六〇，第1426页。
⑫ 黎靖德编，王星贤点校：《朱子语类》卷九四，第2381页。

仁义智信是天命之性。朱熹的学生兼女婿黄榦在《书晦庵先生家礼》一文中亦强调：“人禀五常之性而生，则礼之体始具于有生之初。”[1]黄榦明确道出人禀性而生，在有生之初，“礼之体”即完具，可谓熟谙朱熹对“礼”之天生本有性的理解和把握。

再次，既然礼即性，礼和性都是本有的，那么，复礼就是返本复性。朱熹指出：

然以自古圣贤观之，惟帝尧、大舜生而知之，安而行之，为能履此位、当此责而无愧。若成汤、武王，则其聪明之质固已不能如尧、舜之全矣，惟其能学而知，能利而行，能择善而固执，能克己而复礼，是以有以复其德性聪明之全体，而卒亦造夫尧、舜之域，以为亿兆之父母。盖其生质虽若不及，而其反之之至则未尝不同。孔子所谓及其成功一也，正此之谓也。[2]

在此，朱熹释“复礼”为“复其德性聪明之全体”，即复全本有之性。尧舜保有“生而知之”“安而行之”的本性，故能履位当责，而汤武的“聪明之质”已不如尧舜之全了，但他们能“学而知”“利而行”，能“择善而固执”“克己而复礼”，也就是能复全其本有之性，所以也能造尧舜之域，为“亿兆之父母”。朱熹认为，尧舜的保有本性与汤武的复反本性（即“反之之至”）是一样的，“未尝不同”，并借此进谏皇上。由此，我们不难看到，“德性聪明之全体”与“反之之至”皆透显出朱熹释所复之“礼”为本有的、纯然的、应然的“天命之性”。

朱熹在《答徐景光》书中进一步指出：

宠示《复性》一篇，伏读再三，开警甚至。如所谓圣人不待觉而复，贤者能求复其性者，深合乎孟子“尧舜性之，汤武反之”之说。又所论颜子克己复礼一节，意亦甚正，叹服亡已。但所云圣人

① 黄榦：《书晦庵先生家礼》，《勉斋集》卷二二，《景印文渊阁四库全书》第1168册，台湾商务印书馆，1986年，第239—240页。

② 朱熹：《乞进德札子》，《晦庵先生朱文公文集》卷一四，《朱子全书》第20册，第674页。

之性虚寂而静者，非所以语性。所云心斋、坐忘者，亦非所以论颜氏克己复礼之实也。至于卒章所论心、性之别，以为心能惑性，则又可疑之大者。熹尝谓有是形，则有是心；而心之所得乎天之理，则谓之性；（仁、义、礼、智是也。）性之所感于物而动，则谓之情。（恻隐、羞恶、是非、辞逊是也。）是三者，人皆有之，不以圣凡为有无也。但圣人则气清而心正，故性全而情不乱耳。学者则当存心以养性，而节其情也。今以圣人为无心，而遂以为心不可以须臾有事，然则天之所以与我者，何为而独有此赘物乎？①

朱熹在上文中并举“复性”与“复礼”，实际上是释“复礼”为“复性”，“复礼”即“复性”。在朱熹看来，圣人能够“不待觉”而复反本有之性，贤者能够自觉追求复反本有之性，这和孟子之言“尧舜性之，汤武反之”是高度契合的，和孔子答颜子之克己复礼也是一致的，汤武之“反之”复性、贤者之克己复礼，均是返本复性以成圣之道，是值得充分赞扬的，而以“虚寂而静”论性、心斋、坐忘等并不是“克己复礼之实”。

朱熹释“复礼”为“复性”“复其德性聪明之全体”，受张载、二程的影响。《朱子语类》载：

道夫问：“气质之说，始于何人？”曰：“此起于张程。某以为极有功于圣门，有补于后学，读之使人深有感于张程，前此未曾有人说到此。如韩退之《原性》中说三品，说得也是，但不曾分明说是气质之性耳。性那里有三品来！孟子说性善，但说得本原处，下面却不曾说得气质之性，所以亦费分疏。诸子说性恶与善恶混。使张程之说早出，则这许多说话自不用纷争。故张程之说立，则诸子之说泯矣。”因举横渠：“形而后有气质之性。善反之，则天地之性存焉。故气质之性，君子有弗性者焉。”又举明道云：“论性不论气，不备；论气不论性，不明，二之则不是。”且如只说个仁义礼智是

① 朱熹：《答徐景光》，《晦庵先生朱文公文集》卷六四，《朱子全书》第23册，第3128页。

性，世间却有生出来便无状底，是如何？只是气禀如此。若不论那气，这道理便不周匝，所以不备。若只论气禀，这个善，这个恶，却不论那一原处只是这个道理，又却不明。此自孔子曾子子思孟子理会得后，都无人说这道理。①

在上文中，朱熹明确指出了“气质之说”起于张载、二程，并通过比较韩愈、孟子之失，对张、程之功给予高度评价，从其引用和分析中我们不难发现朱熹复反本然之性的思想深受张、程之影响。比如，张载主张人“形而后”就有气质之性，如果善于复反，就能保有天地之性。②朱熹之复礼即复本有之性，与此自是气脉相通、前后连贯的。再比如，程颢主张气性兼论，而朱熹区分气质之性、本然之性，主张返本复性，两者在本质上也是一致的。不难发现，朱熹所指“仁义礼智”之性是张载所指的“天地之性”、程明道所指的本然之性。

朱熹指出：“盖孟子专指其发于性者言之，故以为才无不善；程子兼指其禀于气者言之，则人之才固有昏明强弱之不同矣，张子所谓气质之性是也。二说虽殊，各有所当，然以事理考之，程子为密。盖气质所禀虽有不善，而不害性之本善；性虽本善，而不可以无省察矫揉之功，学者所当深玩也。”③从现实来看，“无所污坏”的本然之性只是理想，现实常常处在“污坏”的气质之性中。但是，这种气质之性并不影响本然之性的存在，这使得返本复性有了可能；而另一方面，本善之性需要省察矫揉之功，返本复性非常必要。朱熹在批判继承孟子、程子、张子之思想的基础上，提出“复礼”之“复性”需要“省察矫揉之功”来实现。

朱熹用“理一分殊”理论释“礼”为“性”、释“复礼”为“复本有之礼”，也继承了二程的思想主张。二程指出：“二气五行刚柔万殊，圣

---

① 黎靖德编，王星贤点校：《朱子语类》卷四，第70—71页。

② 张载类似的陈述还如：“人之刚柔、缓急、有才与不才，气之偏也。天本参和不偏，养其气，反之本而不偏，则尽性而天矣。性未成则善恶混，故亹亹而继善者斯为善矣。”（张载著，章锡琛点校：《正蒙》，《张载集》，中华书局，1978年，第23页。）

③ 朱熹：《孟子集注》卷一一，《四书章句集注》，第335页。

人所由惟一理，人须要复其初。”[①]在二程看来，人返回本然之性之返本复初，如同从刚柔万殊、纷繁复杂的气化世界去追溯一理之本一般。向世陵指出，“张载‘善反’论的前提是‘未成’的人性，‘善反’形式是在‘变化气质’，是正面创造人的善性——天地之性，使性由‘未成’进达‘已成’，实现完全的天地之性”，那么，二程的复性是由“澄治”“返回到水之‘元初’本然”，表现为修错纠偏。[②]由此，我们是能看到朱熹相关思想的渊源的。

此外，需要指出的是，朱熹的“返本复性”与“顺性而为”“灭情复性”不同。

朱熹就“孟子曰：‘尧舜，性者也；汤武，反之也’”解释道：

> 性者，得全于天，无所污坏，不假修为，圣之至也。反之者，修为以复其性，而至于圣人也。程子曰：“性之反之，古未有此语，盖自孟子发之。”吕氏曰：“无意而安行，性者也，有意利行而至于无意，复性者也。尧舜不失其性，汤武善反其性，及其成功一也。”[③]

朱熹认为，汤武的“返本复性”与尧舜的“顺性而为”是有差别的。“顺性而为”是“圣之至”的最高境界，体现的是“无所污坏，不假修为”的天性，以尧舜为典型代表。“返本复性”之“返本”体现的是本性有所遮蔽污坏，因而需要下工夫，需要“修为以复其性”，回归到原有的、完全的、应然的“天命之性”，这是以汤武为典型开出的道路。

朱熹诠释“复礼”为“复性”“返本复性”，其“返本复性”不同于唐代李翱的“灭情复性”，这出于他们不同的“性”“情”观。李翱指出：“人之所以为圣人者，性也；人之所以惑其性者，情也。喜、怒、哀、惧、爱、恶、欲七者，皆情之所为也。情既昏，性斯匿矣。”[④]李翱视人之性为善，视情为妄为邪为“惑其性者”，认为“妄情灭息，本性清

① 程颢、程颐著，王孝鱼点校：《河南程氏遗书》卷六，《二程集》，第83页。
② 向世陵主编：《宋代经学哲学研究·基本理论卷》，上海科学技术文献出版社，2015年，第63页。
③ 朱熹：《孟子集注》卷一四，《四书章句集注》，第381页。
④ 李翱：《复性书》上，《李文公集》卷二，上海古籍出版社，1993年，第6页。

明”，主张通过灭情以复性。[1]朱熹的“性”“情”观与李翱迥然不同。朱熹指出：“性发为情，情根于性”[2]；“盖心便是包得那性情，性是体，情是用”[3]；“盖性即心之理，情即性之用”[4]；“恻隐、羞恶、是非、辞逊是情之发，仁义礼智是性之体。性中只有仁义礼智，发之为恻隐、辞逊、是非，乃性之情也”[5]。可见，在朱熹这里，情是性之发用，情以性为根本，性与情是体用关系。朱熹以“情”为“善”，崇尚孟子的论“情”观，即如陈淳所说的“孟子论情，全把做善者，是专指其本于性之发者言之”[6]，情是仁义礼智之性发动而出的恻隐等四端，都是善。情既然是性的发动，是善，朱熹怎能灭“情”？[7]因此，朱熹之“返本复性”不同于李翱的“灭情复性”。

三、“复礼”即“复天理”

首先，朱熹释“复礼”为“复理”“复天理”。

《朱子语类》载：“问‘克己复礼为仁’。曰：‘克去己私，复此天理，便是仁。’”[8]面对学生的“克己复礼”之问，朱熹直截了当地回答，“克己”是“克去己私”，“复礼”是“复此天理”。据此，我们可以看出，朱熹释“复礼”为“复天理”。

在《论语集注》“克己复礼为仁”章，朱熹反复强调：“故为仁者必有以胜私欲而复于礼，则事皆天理，而本心之德复全于我矣”[9]；“日日克之，不以为难，则私欲净尽，天理流行，而仁不可胜用矣”[10]；“私胜则

---

① 李翱：《复性书》中，《李文公集》卷二，上海古籍出版社，1993年，第10页。
② 朱熹：《又论仁说》，《晦庵先生朱文公文集》卷三二，《朱子全书》第21册，第1411页。
③ 黎靖德编，王星贤点校：《朱子语类》卷五，第91页。
④ 同上。
⑤ 同上注，第92页。
⑥ 陈淳著，熊国祯、高流水点校：《中和》，《北溪字义》，中华书局，1983年，第48页。
⑦ 陈来：《朱子哲学研究》，华东师范大学出版社，2000年，第208—212页。
⑧ 黎靖德编，王星贤点校：《朱子语类》卷四一，第1051页。
⑨ 朱熹：《论语集注》卷六，《四书章句集注》，第133页。
⑩ 同上。

动容周旋无不中礼，而日用之间莫非天理之流行矣”[①]。在这里，朱熹以“事皆天理”“天理流行”等从“克己”效用的角度诠释“复礼”为“复天理”。

在《论语或问》中朱熹强调，“然己者，人欲之私也，礼者，天理之公也”；“礼即天之理也，非礼则己之私也”[②]。朱熹从“己”“礼”相对的角度，以“礼”的“天理之公”对应“己”的“人欲之私”，释“复礼”为“复天理（之公）”。

朱熹指出，“须知天理只是仁、义、礼、智之总名，仁、义、礼、智便是天理之件数”[③]。在朱熹看来，“天理”是“礼”和“仁义智”的“总名”，“礼”是天理中的一件，就理一分殊的理论而言，若说“天理”是“理一”，那么“礼”与“仁义智”是分殊之“理”，“复礼”为“复天理”。

在《朱子语类》中，朱熹就《论语》“克己复礼为仁”章解释道：

> 又曰：“‘为国以礼’之‘礼’，却不只是繁文末节。”夔问：“莫便是那‘克己复礼’之‘礼’？”曰：“礼是那天地自然之理。理会得时，繁文末节皆在其中。‘礼仪三百，威仪三千’，却只是这个道理。千条万绪，贯通来只是一个道理。夫子所以说‘吾道一以贯之’，曾子曰‘忠恕而已矣’，是也。盖为道理出来处，只是一源。散见事物，都是一个物事做出底。一草一木，与他夏葛冬裘，渴饮饥食，君臣父子，礼乐器数，都是天理流行，活泼泼地。那一件不是天理中出来！见得透彻后，都是天理。理会不得，则一事各自是一事，一物各自是一物，草木各自是草木，不干自己事。倒是庄老有这般说话。庄子云：‘言而足，则终日言而尽道；言而不足，则终日言而尽物。’”[④]

---

① 朱熹：《论语集注》卷六，《四书章句集注》，第133页。

② 朱熹：《论语或问》卷一二，《朱子全书》第6册，第799页。

③ 朱熹：《答何叔京》，《晦庵先生朱文公文集》卷四〇，《朱子全书》第22册，第1838页。

④ 黎靖德编，王星贤点校：《朱子语类》卷四一，第1049页。

在这段言语中，朱熹没有否定作为“繁文末节”的形而下的礼，他更加强调的是礼的形而上意义。他开始用“天地自然之理”释“礼”，而后直接将此简称“天理”以释“礼”，复礼即复天理了。在朱熹看来，“礼仪三百，威仪三千”等繁文末节，以及千条万绪，乃至一草一木、夏葛冬裘、渴饮饥食、君臣父子、礼乐器数等都是源自一个道理，这个道理就是“天理”，能认识到这一点，就能“尽道”，否则只是“尽物”，没有“理会得”，更没有“见得透彻”。诚然，朱熹这条由一理化而为万殊、就分殊之事事物物去了解其分殊之理的路径不容乐观[①]，但朱熹释“复礼”为“复天理”，赋予“礼”形而上的“天理”意涵和目标是不容置疑的，也应给予充分的肯定。

朱熹通过对比“克、伐、怨、欲不行”和“克己复礼”这两种不同的“为仁”路径，释“复礼”为“复天理之本然”。在诠释《论语》“克、伐、怨、欲不行焉，可以为仁矣”时，朱熹指出，“克去己私以复乎礼，则私欲不留，而天理之本然者得矣”[②]。很明显，在这里，朱熹是用“克己复礼”来对比诠释“克、伐、怨、欲不行”的，“克己”是“克去己私”“私欲不留”，“复礼”是得“天理之本然者”。在《朱子语类》“克伐怨欲不行章”中，朱熹和学生有一段比较长的问答，也是意在比较两者的同异。

安卿说“克伐怨欲不行”。先生问曰：“这个禁止不行，与那非礼勿视听言动底‘勿’字，也只一般。何故那个便是为仁？这个禁止却不得为仁？必有些子异处，试说看。”安卿对曰：“非礼勿视听言动底是于天理人欲之几，既晓然判别得了，便行从天理上去。‘克伐怨欲不行’底，只是禁止不行这个人欲，却不知于天理上用功，所以不同。”曰：“它本文不曾有此意。公何据辄如此说？”久之，曰：“有一譬喻：如一个人要打人，一人止之曰：‘你不得打！才打

① 刘述先：《朱子哲学思想的发展与完成》，吉林出版集团有限责任公司，2015年，第501—505页。
② 朱熹：《论语集注》卷七，《四书章句集注》，第150页。

他一拳，我便解你去官里治你。’又一人曰：‘你未要打它。’此二者便是‘克己’与‘不行’之分。‘克己’是教它不得打底，便是从根源上与它说定不得打。未要打底是这里未要打，及出门去，则有时而打之矣。观此，可见‘克己’者是从根源上一刀两断，便斩绝了，更不复萌；‘不行’底只是禁制它不要出来，它那欲为之心未尝忘也。且如怨个人，却只禁止说，莫要怨它，及至此心欲动，又如此禁止。虽禁止得住，其怨之之心则未尝忘也。如自家饥，见刍豢在前，心中要吃，却忍得不吃。虽强忍住，然其欲吃之心未尝忘。‘克己’底，则和那欲吃之心也打叠杀了。”①

作为老师，朱熹启发式地提出问题，为什么“克伐怨欲不行”不是仁，而“克己复礼”为仁？门人陈淳（字安卿）答道，前者只是“禁止不行这个人欲”，没有从“天理上用功”；而后者能“晓然判别”“天理人欲之几”，能“从天理上去”，所以是仁。在朱熹的进一步引导下，门人陈淳打比方指出，“克伐怨欲不行”只是“有时而打之”，“只是禁制”，“欲为之心未尝忘”；而“克己复礼”是从根源上“斩绝”私欲、复得天理。

朱熹释“复礼”为“复天理”，突出的是礼之存在的至高正当性，强调礼是天下当然之理的体现。《朱子语类》载：“礼却只是一个道理，如视也是这个礼，听也是这个礼，言也是这个礼，动也是这个礼。若博文而不约之以礼，便是无归宿处。……若只去许多条目上做工夫，自家身已都无归着，便是离叛于道也”②；“礼是归宿处。凡讲论问辩，亦只是要得个正当道理而有所归宿尔”③；“礼，只是理，只是看合当恁地”④；“盖天下皆有当然之理。今复礼，便是天理”⑤。在这里，朱熹用“合当恁地”“道理”“正当道理”“当然之理”等语词，突出了“礼”作为天理之当然性、应然性。

---

① 黎靖德编，王星贤点校：《朱子语类》卷四四，第1118页。
② 黎靖德编，王星贤点校：《朱子语类》卷三三，第833页。
③ 同上。
④ 黎靖德编，王星贤点校：《朱子语类》卷三五，第911页。
⑤ 黎靖德编，王星贤点校：《朱子语类》卷四二，第1079页。

其次，朱熹释“复礼”为“复天理”有其内在理路。

前文已揭，朱熹释“复”为“反”[①]，言“复者，已失而反其初”[②]“复者是本来物事”[③]。那么，在朱熹看来，“礼”和“理”是“初”、是“本来之物”吗？《朱子语类》反复陈述：“礼是自家本有底”[④]；“此理是本来自有底物”[⑤]；“原其初发，都是天理”；“克己，则礼自复”[⑥]；“己私既克，天理自复”[⑦]。由此，我们不难发现，朱熹视“礼”和“理”皆为自家本有底物，皆能“自复”。

“礼”与“理”如此相似，朱熹释“复礼”为“复理”似乎是理所当然的。那么，朱熹这个原初的、自家本有的“礼”还是那个形而下的“礼”吗？朱熹是否直接把形而下的、外在的“礼”一蹴而就地释为形而上的“理”“天理”？朱熹是怎样完成从“礼”到“理”“天理”的贯通和飞跃的？朱熹释“礼”为“天理”期间，经历了一个怎样的逻辑历程、有何内在理路？下面，结合前文所涉，从两个方面对朱熹的诠释理路进行梳理。

一方面，朱熹释“礼”为“性”、释“复礼”为“复性”，完成“礼”之形而上的飞跃。

朱熹并释“礼”与“仁、义、智”为“性”为“体”。朱熹指出：“仁义礼智，性之所有，与性为体者也”[⑧]；“仁义礼智，性也，体也”[⑨]；“恻隐、羞恶、是非、辞逊是情之发，仁义礼智是性之体。性中只有仁义礼智，发之为恻隐、辞逊、是非，乃性之情也”[⑩]；“论其体，则实是有仁

① 朱熹：《论语集注》卷六，《四书章句集注》，第133页。
② 黎靖德编，王星贤点校：《朱子语类》卷九四，第2396页。
③ 黎靖德编，王星贤点校：《朱子语类》卷六五，第1608页。
④ 黎靖德编，王星贤点校：《朱子语类》卷四一，第1047页。
⑤ 黎靖德编，王星贤点校：《朱子语类》卷四二，第1079页。
⑥ 黎靖德编，王星贤点校：《朱子语类》卷四一，第1042页。
⑦ 同上注，第1067页。
⑧ 朱熹：《张无垢中庸解》，《晦庵先生朱文公文集》卷七二，《朱子全书》第24册，第3474页。
⑨ 朱熹：《答方宾王》，《晦庵先生朱文公文集》卷五六，《朱子全书》第23册，第2660页。
⑩ 黎靖德编，王星贤点校：《朱子语类》卷五，第92页。

义礼智；论其用，则实是有恻隐、羞恶、恭敬、是非"[①]。在朱熹看来，仁义礼智是"性"、是"体"、是"性之体"，与之相对应的恻隐、羞恶、是非、辞逊是"性之情"、是"情之发"、是"用"。朱熹承郭店楚简"德生礼"[②]之说，把礼再次列入德的视野。"故人之为心，其德亦有四，曰仁义礼智，而仁无不包"[③]；"仁义礼智信者，德之体"[④]。朱熹释仁义礼智为"四德"，并释"礼"等性之大目为"德之体"。

朱熹强调"性"和"礼"等性之大目为形而上者。《朱子语类》载："性是形而上者"[⑤]；"仁义礼智，性之大目，皆形而上者，不可分为二也"[⑥]；"仁义礼智，性之大目，皆是形而上者，岂可分也"[⑦]。朱熹认为，性就是"形而上者"，具有本体特性。因而朱熹不说"生之谓性"，而说"生之理谓性"[⑧]。在讨论"生之谓性"这一话题时，他批评佛教的"作用是性"是"只说个形而下者"，而孟子辟告子"生之谓性"之说和董仲舒的"性者生之质"之说，都不曾说得性之本体。

在突出性之本体性，并释"礼"与"仁义智"为"性"为"体"，直接强调"性"和"礼"等性之大目为形而上者，释"复礼"为"复性"的过程中，朱熹完成了对"复礼"诠释的形上飞跃，为释"复礼"为"复天理"奠定了坚实基础。

另一方面，朱熹释"礼"为"性"、发展"性即理"说，完成释"复礼"为"复理""复天理"的合理转换。

朱熹释"礼"为"性"，并在此基础上，继承和发展"性即理"说，完成了"礼"与"理"、"复礼"与"复理"的合理转换。

---

① 黎靖德编，王星贤点校：《朱子语类》卷一四，第256页。
② 荆门市博物馆编：《语丛一》，《郭店楚墓竹简》，文物出版社，1998年，第194页。
③ 朱熹：《仁说》，《晦庵先生朱文公文集》卷六七，《朱子全书》第23册，第3279页。参看陆建华：《先秦诸子礼学研究》，人民出版社，2008年，第82—83页。
④ 黎靖德编，王星贤点校：《朱子语类》卷九四，第2394页。
⑤ 黎靖德编，王星贤点校：《朱子语类》卷五，第97页。
⑥ 黎靖德编，王星贤点校：《朱子语类》卷一一七，第2810页。
⑦ 黎靖德编，王星贤点校：《朱子语类》卷六，第107页。
⑧ 黎靖德编，王星贤点校：《朱子语类》卷五，第82页。

朱熹对程颐的“性即理”说[①]颇为推崇，认为“此言极无病”[②]，“此说最好”[③]，“颠扑不破”[④]，“自孔孟后，无人见得到此。亦是从古无人敢如此道”[⑤]，“是真有功于圣门”[⑥]。朱熹用“无病”“最好”“颠扑不破”“从古无人敢如此道”“有功于圣门”等语，高度评价“性即理”说的正确性、真理性、开拓性及其对儒家的功劳。

二程“性即理”说是在理本论的框架下论性，创造性地突出了人之本性与道德法则、宇宙普遍法则的一致，贯通了天理与人性、理本论与人性论。朱熹进一步发展这一理论，以理气观说性，认为天地间有理有气，气构成了人的形体，理构成了人的性体，人之本性与天地之理有一种直接的宇宙论的联系[⑦]，并且打通了以“理上”“气下”模式构成的理气论与“性上”“气下”模式构成的性气论。“性是形而上者，气是形而下者。形而上者全是天理，形而下者只是那渣滓。至于形，又是渣滓至浊者也。”[⑧]朱熹不仅以理气关系来支撑说明理本论，而且将“性”的范畴整合进来，从而解决了人和万物的生成根据和行为准则，使得“性即理”说更具有现实的生命力，更合乎逻辑。

朱熹亦明确提出“性即理”、“性”是“天理”。《朱子语类》载：“性即理也。在心唤做性，在事唤做理”[⑨]；“性只是理而已”[⑩]；“性是天生成许多道理”[⑪]；“‘继之者善，成之者性。’这个理在天地间时，只是善，无有不善者。生物得来，方始名曰‘性’。只是这理，在天则曰‘命’，在人

① 程颐说：“性即理也。所谓理，性是也。”载于程颢、程颐著，王孝鱼点校：《河南程氏遗书》卷二二上，《二程集》，第 292 页。
② 黎靖德编，王星贤点校：《朱子语类》卷五，第 92 页。
③ 黎靖德编，王星贤点校：《朱子语类》卷四，第 63 页。
④ 黎靖德编，王星贤点校：《朱子语类》卷五，第 93 页。
⑤ 黎靖德编，王星贤点校：《朱子语类》卷五九，第 1387 页。
⑥ 黎靖德编，王星贤点校：《朱子语类》卷九五，第 2427 页。
⑦ 陈来：《宋明理学》，生活·读书·新知三联书店，2011 年，第 191 页。
⑧ 黎靖德编，王星贤点校：《朱子语类》卷五，第 97 页。
⑨ 同上注，第 82 页。
⑩ 黎靖德编，王星贤点校：《朱子语类》卷二〇，第 464 页。
⑪ 黎靖德编，王星贤点校：《朱子语类》卷五，第 83 页。

则曰‘性’”[①]；“性者，即天理也，万物禀而受之，无一理之不具”[②]。从这些引文中，我们可以看出，朱熹认为，性就是理，两者的区别只在于针对的对象不同。《四书集注》载，“性者，人所受之天理”[③]；“性者，人之所得于天之理也”[④]；“性，即理也。天以阴阳五行化生万物，气以成形，而理亦赋焉，犹命令也。于是人物之生，因各得其所赋之理，以为健顺五常之德，所谓性也”[⑤]。在这里，朱熹认为，性是人禀受的“天理”“天之理”，性即理。

正因朱熹释“礼”为“性”，发展了“性即理”命题，主张“礼”“理”皆为人所本有，从而完成了释“礼”为“理”的合理转换。朱熹指出，“大凡天之生物，各付一性。性非有物，只是一个道理之在我者耳。故性之所以为体，只是‘仁义礼智信’五字，天下道理，（无）不出于此。韩文公云‘人之所以为性者五’，其说最为得之”[⑥]。在这段话里，朱熹将性、理、体、礼等融通一起进行阐释，在他看来，天赋予每个所生之物一个道理，人身得到的这个道理是性，其内容为仁、义、礼、智、信五者，天下道理无不出于这五者，因而仁、义、礼、智、信皆为体，即“礼”是“性”是“体”，“性”即“理”，“礼”与“理”一致。

朱熹还指出：“须知仁、义、礼、智，四字一般，皆性之德，乃天然本有之理，无所为而然者”[⑦]；“当然之理，人合恁地底，便是体，故仁义礼智为体”[⑧]；“性是太极浑然之体，本不可以名字言，但其中含具万理，而纲领之大者有四，故命之曰仁、义、礼、智”[⑨]。朱熹释“礼”为

---

① 黎靖德编，王星贤点校：《朱子语类》卷五，第 83 页。
② 同上注，第 96 页。
③ 朱熹：《论语集注》卷三，《四书章句集注》，第 79 页。
④ 朱熹：《孟子集注》卷一一，《四书章句集注》，第 332 页。
⑤ 朱熹：《中庸章句》，《四书章句集注》，第 17 页。
⑥ 朱熹：《玉山讲义》，《晦庵先生朱文公文集》卷七四，《朱子全书》第 24 册，第 3588 页。
⑦ 朱熹：《答胡广仲》，《晦庵朱文公文集》卷四二，《朱子全书》第 22 册，第 1904 页。
⑧ 黎靖德编，王星贤点校：《朱子语类》卷一〇一，第 2591 页。
⑨ 朱熹：《答陈器之问〈玉山讲义〉》，《晦庵先生朱文公文集》卷五八，《朱子全书》第 23 册，第 2778 页。

性之德、为天然本有之理、为体，将礼、性、理、体融会贯通，“礼”与“理”浑然一致。

再次，朱熹释“复礼”为“复天理”是对前人思想资源的继承和发扬。

释“礼”为“理”，释“复礼”为“复理”“复天理”，从字面上来看，绝不是朱熹的独创。

早在先秦，荀子即提出，“礼也者，理之不可易者也”；其后，《礼记》之《仲尼燕居》亦指出，“礼也者，理也”①；《乐记》引述荀子之语，“礼也者，理之不可易者也”②。只是他们所说的“理”，主要是指事物的规律，不具有道德规范的意义。

到了北宋，周敦颐说：“礼，理也；乐，和也。礼，阴也；乐，阳也。阴阳理而后和，君君、臣臣，父父、子子，兄兄、弟弟，夫夫、妇妇，万物各得其理，而后和。故礼先而乐后。”③“克去己私，复由天理，天下之至难也。”④周敦颐释“礼”为“理”，释“复礼”为“复天理”，其说得到了朱熹的高度评价。⑤但周敦颐对礼与理关系的论述语焉不详，其“理”还不具有本体的天理的含义，仍只停留在《礼记》的层次上。

张载说：“盖礼者理也，须是学穷理，礼则所以行其义，知理则能制礼，然则礼出于理之后。”⑥张载统一礼、理关系，认为，一方面，理是礼的根据、标准，知理然后才能制礼、观礼，合理才合礼；另一方面，礼是理的现实化、具象化，理通过礼获得了现实的规定性，具有规范功

① 孙希旦撰，沈啸寰、王星贤点校：《仲尼燕居第二十八》，《礼记集解》卷四九，中华书局，1989年，第1281页。

② 孙希旦撰，沈啸寰、王星贤点校：《乐记第十九》，《礼记集解》卷三八，中华书局，1989年，第1009页。

③ 周敦颐著，陈克明点校：《通书》，《周敦颐集》卷二，中华书局，1990年，第24页。

④ 同上注，第15页。

⑤ 朱熹说：“《通书》说：‘礼，理也；乐，和也。阴阳理而后和，君君臣臣，父父子子，兄兄弟弟，夫夫妇妇，万物各得其理而后和，故礼先而乐后。’说得最好。”载于黎靖德编，王星贤点校：《朱子语类》卷二二，第518页。

⑥ 张载：《张子语录》，《张载集》，中华书局，1978年，第326—327页。

能。[①]张载此处之“礼”指“礼之意”“礼之质”，对应“礼之文”，还不曾有形而上的天理的含义。张载又说：“礼即天地之德也。”[②]“礼所以持性，盖本出于性，持性，反本也。凡未成性，须礼以持之，能守礼已不叛道矣。”[③]从其视“礼”出于“性”的角度来看，张载将“礼”“性”与“德”沟通，使礼具有本源于道德本体的意义。正因如此，余敦康说：“在儒学史上，把儒家所服膺之礼提到天道性命的哲学高度进行系统的论证，从而为礼学奠定了一个坚实的理论基础，应以张载为第一人。”[④]张载虽拉近了“礼”与“性”，但不曾将“礼”“性”“理”三者融通。张载虽打通了“礼”“理”通道，但其思想只是以“气”为本，“理”“天理”在其思想体系中不占重要地位，他对“礼者理也”的论述亦不够精致。

真正将礼与人性、天理连成一贯，影响朱熹的是提出“性即理”说的二程。程颢说：“礼者，理也。”[⑤]二程释《论语》“克己复礼”时说：“‘礼’亦理也，有诸己则无不中于理。”[⑥]程颐说：“视听言动，非礼不为，即是礼，礼即是理也。不是天理，便是私欲。人虽有意于为善，亦是非礼。无人欲即皆天理”[⑦]；“礼经三百，威仪三千，皆出于性，非伪貌饰情也”[⑧]；“二气五行刚柔万殊，圣人所由惟一理，人须要复其初”[⑨]。二程释“礼”为“理”、“复礼”为“复天理”，已经不是先秦文献如《礼记》当中释“礼”为“理”的含义了，而是形而上的、具有本体意义的天理了。“理”即是天理，不合乎礼的行为便是道德上之不圆满。[⑩]二程赋予“理”形而上的、普遍的规范，下贯为形而下的“礼”，人可藉由礼的实践，达

---

① 惠吉兴：《宋代礼学研究》，河北大学出版社，2011 年，第 163 页。
② 张载：《经学理窟》，《张载集》，中华书局，1978 年，第 264 页。
③ 同上。
④ 余敦康：《内圣外王的贯通——北宋易学的现代阐释》，学林出版社，1997 年，第 348—349 页。
⑤ 程颢、程颐著，王孝鱼点校：《河南程氏遗书》卷一一，《二程集》，第 125 页。
⑥ 程颢、程颐著，王孝鱼点校：《河南程氏外书》卷三，《二程集》，第 367 页。
⑦ 程颢、程颐著，王孝鱼点校：《河南程氏遗书》卷一五，《二程集》，第 144 页。
⑧ 程颢、程颐著，王孝鱼点校：《河南程氏文集》，《二程集》，第 668 页。
⑨ 程颢、程颐著，王孝鱼点校：《河南程氏遗书》卷六，《二程集》，第 83 页。
⑩ 邓克铭：《宋代理概念之开展》，文津出版社，1993 年，第 113—117 页。

至与天理合一的境地。

两宋之际，二程再传弟子张九成亦以“天理”释“礼”、释“复礼”为“复（自归）天理”。张九成指出：“礼者，何也？天理也”；“礼也者，理也。克尽私智，自归天理也。自归天理，则四海为家，万物为体，喜怒哀乐疾痛痾痒与四海万物同矣。目之所视，耳之所听，口之所言，身之所履，皆知其源，而得其几其本而识其要”。[①]张九成因早年与学佛者交游，故其训解和议论多偏佛，无心致力于理学体系的建构。

到了南宋中期，朱子受二程的影响，认同“礼即是理也”的命题，并在此基础上做进一步发展和完善，用理气观说“性”，全面总结前人经验，建构起了理学体系。朱熹对《论语》“礼”“复礼”的诠释，自然也是在这一过程中完成的，这既是其理学体系的有机组成部分，也是其理学视域指导下的产物。与朱熹同时代的张栻、王质、陆九渊等皆释《论语》“克己复礼”之“复礼”为“复天理”，并对“礼”进行了解释。张栻释“礼”为“理”[②]“天之理”[③]“天则之不可踰者”[④]。王质亦释“礼”为“理”“天理”[⑤]。陆九渊在释“克己复礼”时也主张“礼者理也”[⑥]。诚然，张栻、王质、陆九渊等人在理学体系建构等方面无法跟朱熹相提并论，而且陆九渊为“心学”代表，其天理不是客观的，而是主观的，但他们的“复礼”诠释皆同于朱熹。可见，在朱熹的主张与推动下，释“复礼”为“复理”“复天理”，已经被越来越多的学者接受和运用。

四、“复礼”即“复节文”“复此身于规矩准绳之中”

首先，朱熹认为，“复礼”即“复节文”。

---

① 张九成著，杨新勋整理：《横浦集》卷一九，《张九成集》，浙江古籍出版社，2013 年，第 217 页；李纯仁：《为仁篇》，《新编颜子》卷二，《续修四库全书》第 932 册，上海古籍出版社，1996 年，第 13 页。

② 张栻著，杨世文点校：《南轩先生论语解》卷二，《张栻集》，第 114 页。

③ 张栻著，杨世文点校：《新刊南轩先生文集》卷二六，《张栻集》，第 1163 页。

④ 张栻著，杨世文点校：《南轩先生论语解》卷六，《张栻集》，第 214 页。

⑤ 王质：《雪山集附词》第 3 册，商务印书馆，1935 年，第 50—51 页。

⑥ 陆九渊著，钟哲点校：《与赵然道》，《陆九渊集》卷一二，中华书局，1980 年，第 159 页。

“节文”一词见于《孟子》《礼记》[1]《管子》。孟子曰：“礼之实，节文斯二者是也。”[2]《礼记·坊记》载：“礼者，因人之情而为之节文，以民坊者也。”[3]《管子·心术》载：“礼者，因人之情，缘义之理，而为之节文者也。”[4] 而《论语》本身则视“礼”为“节”：“礼之用，和为贵。先王之道，斯为美；小大由之。有所不行，知和而和，不以礼节之，亦不可行也。”[5] 朱熹在汲取和总结这些文献的基础上，释“礼”为“节文”。

《论语集注》载：“礼，节文也”[6]；“礼以谨节文，皆切于日用之实，故常言之”[7]；“无礼则无节文”[8]。在这里，朱熹从肯定与否定两个方面，明确指出“礼”即“节文”，没有礼就没有节文。《论语集注》中，朱熹释“与人恭而有礼”为“接人以恭而有节文”[9]，释“礼以行之”为“行之必有节文”[10]，也明确用“节文”对释“礼”。

《朱子语类》载：“须是真个识得礼之自然处，则事事物物上都有自然之节文”[11]；“礼则节文法度”[12]；“礼有节文可守”[13]；“释氏之学，只是克己，更无复礼工夫，所以不中节文，便至以君臣为父子，父子为君臣，一齐乱了”[14]；“礼有节文度数”[15]。在这几处，朱熹皆释“礼”为“节文”。

朱熹对“节文”又是如何诠释的？在《孟子》中，“节文”是“节度

---

① 陈荣捷：《宋明理学之概念与历史》，“中央研究院”中国文哲研究所，1996年，第86页。
② 朱熹：《孟子集注》卷七，《四书章句集注》，第292—293页。
③ 孙希旦撰，沈啸寰、王星贤点校：《坊记第三十》，《礼记集解》卷五〇，中华书局，1989年，第1281页。
④ 黎翔凤撰，梁运华整理：《心术上第三十六》，《管子校注》卷三〇，中华书局，2004年，第770页。
⑤ 朱熹：《论语集注》卷一，《四书章句集注》，第51页。
⑥ 同上注，第52页。
⑦ 朱熹：《论语集注》卷四，《四书章句集注》，第97页。
⑧ 同上注，第103页。
⑨ 朱熹：《论语集注》卷六，《四书章句集注》，第135页。
⑩ 朱熹：《论语集注》卷八，《四书章句集注》，第166页。
⑪ 黎靖德编，王星贤点校：《朱子语类》卷二二，第517页。
⑫ 黎靖德编，王星贤点校：《朱子语类》卷三四，第887页。
⑬ 黎靖德编，王星贤点校：《朱子语类》卷三五，第935页。
⑭ 黎靖德编，王星贤点校：《朱子语类》卷四一，第1046页。
⑮ 黎靖德编，王星贤点校：《朱子语类》卷四五，第1159页。

与文饰”的意思，亦即“礼”是仁义的规范，事亲从兄皆有节度，皆须合于“礼”，而“礼”也使“事亲从兄”更显文明有度。赵歧注“节文，事亲从兄使不失其节，而文其礼敬之容”，即是此意。对于《孟子》中的“节文”，朱熹诠释为“节文，谓品节文章”[①]。正因如此，朱熹以“品节文章”代替“节文”直接用来诠释“礼”：“礼，谓制度品节也。”[②]“制而为礼，则有品节文章之可见矣。”[③]在《朱子语类》中，朱熹还将“节文”解释为“等差”“文采”。“节谓等差，文谓文采。等差不同，必有文以行之。《乡党》一篇，乃圣人动容周旋皆中礼处。与上大夫言，自然訚訚；与下大夫言，自然侃侃。若与上大夫言却侃侃，与下大夫言却訚訚，便不是。圣人在这地位，知这则样，莫不中节。”[④]在朱熹看来，“节”是上大夫、下大夫之地位“等差”，“文”是訚訚、侃侃之“则样”“文采”，而且两者是相互关联、相伴而行的。

其次，朱熹认为，“复礼”即“复此身于规矩准绳之中”。

在上述引文中，朱熹用“则样”来解读“节文”。事实上，在考虑到形而下的“礼”时，朱熹多释“礼”为“序”“规矩”“准则”“则”等，释“复礼”为“复此身于规矩准绳之中”。

在《论语集注》中，朱熹直接引用程子言“礼只是一个序”[⑤]以诠释“礼”；还指出，“不知礼，则耳目无所加，手足无所措”[⑥]。这里的“礼”便是耳目、手足动作选择的依据、规矩、秩序了。

《朱子语类》载：

> “克己复礼”。所以言礼者，谓有规矩则防范自严，更不透漏。[⑦]
>
> 见得礼，便事事有个自然底规矩准则。[⑧]

---

① 朱熹：《孟子集注》卷七，《四书章句集注》，第 293 页。
② 朱熹：《论语集注》卷一，《四书章句集注》，第 54 页。
③ 朱熹：《答曾择之》，《晦庵先生朱文公文集》卷六〇，《朱子全书》第 23 册，第 2893 页。
④ 黎靖德编，王星贤点校：《朱子语类》卷三六，第 963 页。
⑤ 朱熹：《论语集注》卷九，《四书章句集注》，第 179 页。
⑥ 朱熹：《论语集注》卷十，《四书章句集注》，第 196 页。
⑦ 黎靖德编，王星贤点校：《朱子语类》卷四一，第 1043 页。
⑧ 同上注，第 1045 页。

固是克了己便是理。然亦有但知克己而不能复于礼，故圣人对说在这里。却不只道“克己为仁”，须着个“复礼”，庶几不失其则。①

“己”字与“礼”字正相对说。礼，便有规矩准绳。②

克己便能复礼，步步皆合规矩准绳。③

故克己者必须复此身于规矩准绳之中，乃所以为仁也。④

从以上引文可见，朱熹释“复礼”之“礼”为“规矩”“自然底规矩准则”“则”“规矩准绳”等，释“复礼”为“不失其则”“有规矩准绳”“合规矩准绳”“复此身于规矩准绳之中”。

再次，朱熹认为，复节文与复规矩准绳是相通的。

朱熹常用“礼之节文”和“规矩准绳”一同来诠释“克己复礼”之“礼”，视两者为相互贯通的。《朱子语类》载：

若以克去己私言之，便克己是精底工夫，到礼之节文有所欠阙，便是粗者未尽。然克己又只是克去私意，若未能有细密工夫，一一入他规矩准绳之中，便未是复礼。⑤

在这里，朱熹用两句话诠释“克己复礼”。前句指出，即便“克己”是精底工夫，但若缺少复礼的工夫，也就是说，“礼之节文有所欠阙”，那便是粗者未尽；后句从否定的角度释“复礼”为“入他规矩准绳之中”，“复礼”是细密工夫。朱熹先后用“礼之节文”和“规矩准绳”同释“复礼”之“礼”时，已经视二者为一了。值得注意的是，在前面的引文论述中也能看出，朱熹还常同用“节文”和“准则”“规矩”等同释复礼之“礼”，视二者为等同、相通。实质上，朱熹释“复礼”为“复此身于规矩准绳之中”亦包含“复规矩准则”“复节文”等意涵。

此外，朱熹重视“复礼”之“复节文”意涵。

从下面这一师生对话中，我们可以看出朱熹是高度重视“节文”的。

① 黎靖德编，王星贤点校：《朱子语类》卷四一，第1045页。
② 同上。
③ 同上。
④ 同上注，第1046页。
⑤ 同上注，第1046—1047页。

学生说：“起居动作之间，莫不浑全是礼，则是仁。若皆不合节文，便都是私意，不可谓仁。”朱熹说：“不必皆不合节文。但才有一处不合节文，便是欠阙。若克去己私，而安顿不着，便是不入他腔窠。且如父子自是父子之礼，君臣自是君臣之礼。若把君臣做父子，父子做君臣，便不是礼。”[①] 学生持彻底的两分法，认为起居动作都符合礼仪，就是仁，如果都不符合礼之节文，就是私意，就不能称之为仁；朱熹则纠正指出，不一定都不符合节文，只要有一处不符合节文，就算是欠缺，就不是仁了。言外之意就是说，克己必须复礼，复礼必须处处符合礼之节文，如此才算是仁，否则，克己再彻底也无处安顿，难入仁境。

《朱子语类》还进一步指出：“圣贤于节文处描画出这样子，令人依本子去学。譬如小儿学书，其始如何便写得好。须是一笔一画都依他底，久久自然好去。”[②] 在朱熹看来，礼之节文是圣贤描画出来供后人学习的“本子”，后人照着样儿去学去做，自然能复礼为仁，就好比小孩一笔一画描摹学习写字，时间长了自然能成。

朱熹还从反面批判了人们对礼之节文的错误认识。“五声十二律，不可谓乐之末。犹揖逊周旋，不可谓礼之末。若不揖逊周旋，又如何见得礼在那里。”[③] 朱熹认为，具体的礼之节文如“揖逊周旋”，不是礼的细枝末节，就好比“五声十二律”不是“乐之末”，没有声律，哪有音乐？没有节文，哪有礼？以节文为“礼之末”的观点是错误的。

朱熹对“节文”的重视，亦体现在他对《仪礼》一书的态度。“《礼记》要兼《仪礼》读，如冠礼、丧礼、乡饮酒礼之类，《仪礼》皆载其事，《礼记》只发明其理。读《礼记》而不读《仪礼》，许多理皆无安着处。”[④] 朱熹认为，《礼记》是说理之书，只重视“理”；《仪礼》重视节文，载有洒扫应对进退饮食居处的具体仪节，涉及具体的事，读《礼记》要

① 黎靖德编，王星贤点校：《朱子语类》卷四一，第 1046 页。
② 黎靖德编，王星贤点校：《朱子语类》卷三六，第 963 页。
③ 黎靖德编，王星贤点校：《朱子语类》卷三五，第 935 页。
④ 黎靖德编，王星贤点校：《朱子语类》卷八七，第 2225 页。

兼读《仪礼》，否则，许多理就空了，没有“安着处”。为此，朱熹曾斥责王安石废《仪礼》，其《乞修三礼札子》载：

《周官》一书，固为礼之纲领，至其仪法度数，则《仪礼》乃其本经，而《礼记》“郊特牲”“冠义”等篇乃其义说耳。前此犹有《三礼》、通礼、学究诸科，礼虽不行，而士犹得以诵习而知其说。熙宁以来，王安石变乱旧制，废罢《仪礼》，而独存《礼记》之科，弃经任传，遗本宗末，其失已甚。而博士诸生又不过诵其虚文以供应举，至于其间亦有因仪法度数之实而立文者，则咸幽冥而莫知其源。[①]

在这里，朱熹明确指出，就“仪法度数”而言，《仪礼》是礼之“本经”，是士子科考的重要内容，借此得以传习，而王安石变乱旧制，废罢《仪礼》，独存《礼记》，致使士子只诵虚文，而不知仪法度数，从而导致礼之巨大遗失。对此，朱熹给予了严厉批判。

朱熹为什么高度重视“复礼”之“复节文”意涵呢？

朱熹自小在父亲引导下学习礼仪规范，少年时随师学习司马光《杂仪》，青年考订写成生平第一本著作《诸家祭礼考编》，中年为学为官均十分重视发挥礼的教化功能，晚年修撰《仪礼经传通解》未竟而终。可以说，朱子一生都注重推行礼仪，以礼之践履来移风易俗、挽救衰败的世风。这是朱熹重视以“节文”释“礼”的个人原因，就外在社会现实而言，主要有以下三个方面的原因。

其一，古礼散失，亟待重建。在孔子的时代，礼乐尚在，礼乐的危机主要是形式化的危机。经过唐中叶以来社会经济的剧烈变动，以山东士族、关陇豪族为代表的封建农奴制趋向衰落，随之而来，山东士族的看家学问——礼学也随之衰亡，发展到朱熹所处的时代，古礼逐渐丧失[②]，朱熹高度重视并要求重建礼乐的形式——揖逊周旋。[③]《朱子语类》载：

---

① 朱熹：《乞修三礼札子》，《晦庵先生朱文公文集》卷一四，《朱子全书》第20册，第687页。

② 漆侠：《宋学的发展和演变》，人民出版社，2011年，第42、72页。

③ 颜炳罡：《依仁以成礼，还是设礼以显仁——从儒家的仁礼观看儒学发展的两种方式》，《文史哲》2002年第3期。

古礼难行。后世苟有作者，必须酌古今之宜。若是古人如此繁缛，如何教今人要行得！古人上下习熟，不待家至户晓，皆如饥食而渴饮，略不见其为难。本朝陆农师之徒，大抵说礼都要先求其义。岂知古人所以讲明其义者，盖缘其仪皆在，其具并存，耳闻目见，无非是礼，所谓“三千三百”者，较然可知，故于此论说其义，皆有据依。若是如今古礼散失，百无一二存者，如何悬空于上面说义！是说得甚么义？须是且将散失诸礼错综参考，令节文度数一一着实，方可推明其义。若错综得实，其义亦不待说而自明矣。①

在朱熹看来，古人之所以先讲明礼之义，原因是那时“其仪皆在，其具并存”，礼仪家喻户晓，如“饥食渴饮”，而到南宋时代，陆佃之徒仍先“求其义”，已经不符合实际情况了。因为此时“古礼散失”，其仪不在，节文度数难以着实，无所据依，只会悬空说义，因而须重视践履之礼，将散失诸礼错综参考，令节文度数一一着实。

其二，古礼繁缛难行，亟待裁损。到朱熹时代，大部分古礼已经散失，即使有所留存，亦繁缛难行。《朱子语类》载：

胡兄问礼。曰：“‘礼，时为大。’有圣人者作，必将因今之礼而裁酌其中，取其简易易晓而可行，必不至复取古人繁缛之礼而施之于今也。古礼如此零碎繁冗，今岂可行！亦且得随时裁损尔。孔子从先进，恐已有此意。”或曰：“礼之所以亡，正以其太繁而难行耳。”曰：“然。”②

在这里，朱熹明确指出，礼须因时而作，今人不能复取古人“繁缛之礼”；对于古礼因为“太繁”“难行”而散亡的事实，朱熹明确表示认同。钱穆指出，“古礼既不可行，道释却自有一套通俗可行之礼，此乃朱子当时所以特重讲礼之一番沉重心情也”③。儒家古礼或散失或繁缛难行，而道释却有通俗可行之礼，这道出了朱熹高度重视“礼”之“节文”意

---

① 黎靖德编，王星贤点校：《朱子语类》卷八四，第2178页。
② 同上。
③ 钱穆：《朱子之礼学》，《朱子新学案》第4册，九州出版社，2011年，第135页。

涵、主张对"礼"进行适时裁损的重要原因。

其三，现实弊病，亟待救治。"近世学者"存在"欠却持敬工夫"之弊病，以理释礼、以理易礼，失之过高，无可持循之实。《论语或问》载：

> 盖此章所谓礼，止指礼文而言耳。若推本言之，以为理在其中则可，今乃厌其所谓礼文之为浅近，而慕夫高远之理，遂至于以理易礼，而不复征于践履之实，则亦使人何所据而能立耶？[①]

在这里，朱熹直接释"礼"为"礼文"，重视"礼"的践履之实，认为如果顺着"礼文"推本，理在其中，言外之意，不能离开践履之"礼"，凭空推本形上"天理"。让朱熹忧心的现实却是，以礼文为浅近，追求高远之天理，"以理易礼"，不再追求"践履之实"，这如何能有立足的根据呢？释"礼"为形上"天理"，只会令学者更加"欠却持敬工夫"；重视形下"节文"，自是救治社会弊病之所需，不得不为之。

五、"复礼"即"复天理之节文"

朱熹释"礼"为"天理"，把形而下的"礼"上升为形而上的"天理"；又常释"礼"为"节文"，强调礼的规矩准绳义。以"天理"释"礼"，旨意高远，很难显示"礼"的精微缜密；以"节文"释"礼"，溺于卑近，虽能体现其对形下践履之"礼"的重视，但无法兼顾"礼"蕴含的形上超越之"理"。既然释"礼"时，"天理"为必要，"节文"又必不可少，那么，在朱熹诠释《论语》"礼"的过程中，是否有两全之释，能同时兼顾形而上之"天理"和形而下之"节文"呢？细研文本，在朱熹的经典诠释中，我们不难看到这种两全之释：

> 礼者，天理之节文，人事之仪则也。……礼，即理之节文也。……礼者，天理之节文也。……礼，谓义理之节文。[②]

> 礼者，天理节文之自然，人之所当行者。……这个礼，是那天

---

① 朱熹:《论语或问》卷二〇,《朱子全书》第6册，第918页。
② 朱熹:《论语集注》卷一、一、六、八,《四书章句集注》，第51、55、133、168—169页。

理节文。[1]

在上述引文中，朱熹直接将“天理”(“理”“义理”)与“节文”并举，以前者修饰、限定后者，形成一个偏正结构的短语，其中以“礼者，天理之节文也”最为典型。那么，这个短语的具体意涵又该如何理解？朱熹兼顾形上、形下两个层面诠释“礼”的理学理路何在？下面从两个方面来进行阐述。

一方面，“天理”是根源，“节文”是表现，作为“天理之节文”的“礼”是当然之理的自然生发。

朱熹释“礼”为“天理之节文”，始终认为“天理”是礼之根源，“节文”是“天理”的具体表现。《朱子语类》记载，朱熹68岁时对此有明确论述：

> 所以礼谓之“天理之节文”者，盖天下皆有当然之理。今复礼，便是天理。但此理无形无影，故作此礼文，画出一个天理与人看，教有规矩可以凭据，故谓之“天理之节文”。有君臣，便有事君底节文；有父子，便有事父底节文；夫妇长幼朋友，莫不皆然，其实皆天理也。[2]

这段话首尾两端皆立足于“天理”。在朱熹看来，天下皆有“当然之理”，“复礼”首先是“复天理”，但“天理”无形无影，“节文”就是圣贤画出来的可供人看、可供人凭据的“天理”，“天理”是当然的、超越的，是根源和归旨，“节文”是“天理”的形式具现，“礼”就是呈现当然之“天理”的可做规矩凭依的“节文”。

朱熹在晚年67岁后曾与学生就“礼者，天理节文之自然”展开讨论：

> 吴(伯游)问“礼之用，和为贵”。先生令坐中各说所见。铢曰：“顷以先生所教思之：礼者，天理节文之自然，人之所当行者。人若知得是合当行底，自甘心行之，便自不拘迫。不拘迫，所以和，

① 黎靖德编，王星贤点校：《朱子语类》卷二二、四一，第515、1048页。
② 黎靖德编，王星贤点校：《朱子语类》卷四二，第1079页。

非是外面讨一个和来添也。”曰：“人须是穷理，见得这个道理合当用恁地，我自不得不恁地。如宾主百拜而酒三行，因甚用恁地？如入公门鞠躬，在位踧踖，父坐子立，苟不知以臣事君，以子事父，合用为此，终是不解和。譬之今人被些子灯花落手，便须说痛。到灼艾时，因甚不以为苦？缘它知得自家病合用灼艾，出于情愿，自不以为痛也。”①

在朱熹看来，“天理”是自然“合当用恁地”，人只有事先穷理，知道道理应当如此，才会心甘情愿地、自主地施行相应的“节文”，宾主百拜而酒三行、入公门鞠躬、在位踧踖、父坐子立等礼节才会恰到好处地落实，否则，如果不明晓天理，礼之节文就很难做到。朱熹还通过对比个体面对“灯花落手”与“灼艾”两种疼痛的不同反应和态度来告诉我们，“合当用恁地”“天理”是“节文”表现的内在根据，只要内心“出于情愿”，即便是痛也不痛了。

朱熹 61 岁后还指出：

前日戏与赵之钦说，须画一个圈子，就中更画大小次第作圈。中间圈子写一“性”字，自第二圈以下，分界作四去，各写“仁义礼智”四字。“仁”之下写“恻隐”，“恻隐”下写“事亲”，“事亲”下写“仁民”，“仁民”下写“爱物”。……于“礼”下写“辞逊”，“辞逊”下写“节文”。②

推究朱熹所画圈子的层级，结合其视“礼”为“性”，发展“性即理”学说，可见，此处作为本有之性的“礼”与“理”同，“礼”与“节文”、“天理”与“节文”显然不属于同一层级，“节文”是礼（理）之由内向外的自然推扩，“天理”规范着“节文”，是内在之根本，“天理”藉由“节文”彰显，“节文”是“天理”的外在表现。

《朱子语类》记载，朱熹先后于 64 岁、70 岁时曾从反面来讨论“天理”是礼之根源、“节文”是外在表现：

---

① 黎靖德编，王星贤点校：《朱子语类》卷二二，第 514—515 页。
② 黎靖德编，王星贤点校：《朱子语类》卷二〇，第 473 页。

问：“……若天理不亡，则见得礼乐本意，皆是天理中发出来，自然有序而和。若是胸中不有正理，虽周旋于礼乐之间，但见得私意扰扰，所谓升降揖逊，铿锵节奏，为何等物！不是礼乐无序与不和，是他自见得无序与不和，而礼乐之理只在也。”曰：“只是如此。”①

问：“礼者，天理之节文；乐者，天理之和乐；仁者，人心之天理。人心若存得这天理，便与礼乐凑合得着，若无这天理，便与礼乐凑合不着。”曰：“固是。若人而不仁，空有那周旋百拜，铿锵鼓舞，许多劳攘，当不得那礼乐。”

以朱熹之见，若心中无这“天理”，周旋百拜、铿锵鼓舞、许多劳攘等“节文”动作皆为空有，不能算作真正的礼乐。“天理”为根本，周旋百拜等礼之仪节是“天理”的表现形式。在第一段对话中，虽然朱熹的回答简单，但可以肯定的是，他和提问的学生皆视“天理”为礼乐之根源，皆认为礼乐是从“天理”中生发出来，若无这“天理”，升降揖逊、铿锵节奏等皆无法成为礼乐。

另一方面，“天理”是体，“节文”是用，作为“天理之节文”的“礼”兼备体用。

就体用而言，朱熹视“天理”为体、“节文”为用、“礼”兼体用。

朱熹在礼是性、性即理、礼即理的诠释转换中释“天理”为形而上之体。“仁义礼智，性也，体也”②；“仁义礼智，性之大目，皆是形而上者，岂可分也”③；“性，即理也”④。在朱熹看来，“礼”“性”“理”“体”等是可以依次推导的概念，因而“理”即“体”。对此，朱熹还从另一个视角来予以论证。在回答杨至之问“体”时，朱熹明确指出：“合当底是体。”⑤他又曾指出：“盖天下皆有当然之理。今复礼，便是天理”；“礼，只

① 黎靖德编，王星贤点校：《朱子语类》卷二五，第604、607页。
② 朱熹：《答方宾王》，《晦庵先生朱文公文集》卷五六，《朱子全书》第23册，第2660页。
③ 黎靖德编，王星贤点校：《朱子语类》卷六，第107页。
④ 朱熹：《中庸章句》，《四书章句集注》，第17页。
⑤ 黎靖德编，王星贤点校：《朱子语类》卷六，第101—102页。

是理，只是看合当恁地”。[1]朱熹认为“合当底是体”，而作为“天理”之“礼”为“天下当然之理”，是“合当恁地”，自然为“体”。

朱熹释“节文”为形而下之用，为“事宜”。其70岁所作《答曾择之》言：

> 制而为礼，则有品节文章之可见矣。人事如五者，固皆可见其大概之所宜，然到礼上方见其威仪法则之详也。节文仪则，是曰事宜。[2]

朱熹在诠释《论语》“礼之用，和为贵”之“礼”时说：“礼者，天理之节文，人事之仪则也。”[3]这较之“礼者，天理之节文”更为周匝。《答曾择之》对此进行了深入讨论。朱熹认为，“天理”是形而上、无形无迹的“理”，“节文”（“品节文章”）是形而下、可见可行的“事宜”。“天理”和“节文”的关系即为“理”“事”的关系。“天理之节文”和“人事之仪则”虽是两个层次的说明，其本质皆指出“理（天理）”为体，“事（节文）”为用。对此，朱熹的得意门生陈淳亦有颇为恰当的阐释：

> 文公曰：“礼者，天理之节文，人事之仪则。”以两句对言之，何也？盖天理只是人事中之理，而具于心者也。天理在中而著见于事，人事在外而根于中，天理其体而人事其用也。“仪”谓容仪而形见于外者，有粲然可象底意，与“文”字相应。“则”谓法则、准则，是个骨子，所以存于中者，乃确然不易之意，与“节”字相应。文而后仪，节而后则，必有天理之节文而后有人事之仪则。言须尽此二者，意乃圆备。[4]

陈淳认为，“天理之节文”与“人事之仪则”是相对而言的，“天理”在中，对应“人事”在外，“节”“则”在中，对应“文”“仪”在外，“天理其体”对应“人事其用”，而“节文”为“事宜”；天理为“体”，

---

① 黎靖德编，王星贤点校：《朱子语类》卷四二、三五，第1079、911页。
② 朱熹：《答曾择之》，《晦庵先生朱文公文集》卷六〇，《朱子全书》第23册，第2893页。
③ 朱熹：《论语集注》卷一，《四书章句集注》，第51页。
④ 陈淳著，熊国祯、高流水点校：《仁义礼智信》，《北溪字义》卷上，中华书局，1983年，第20页。

相应的，作为“事宜”之“节文”自然为用。这是深得朱熹本意的。

朱熹视“天理”为体、“节文”为用，以体之“天理”和用之“节文”并释“礼”，意在突出“礼”兼备体用，这正是朱熹“礼”之释的高明之处。《朱子语类》载：

问：“先生昔曰：‘礼是体。’今乃曰：‘礼者，天理之节文，人事之仪则。’似非体而是用。”曰：“公江西有般乡谈，才见分段子，便说道是用，不是体。如说尺时，无寸底是体，有寸底不是体，便是用；如秤，无星底是体，有星底不是体，便是用。且如扇子有柄，有骨子，有纸糊，此便是体；人摇之，便是用。”杨至之问体。曰：“合当底是体。”

人只是合当做底便是体，人做处便是用。譬如此扇子，有骨，有柄，用纸糊，此则体也；人摇之，则用也。如尺与秤相似，上有分寸星铢，则体也；将去秤量物事，则用也。[①]

朱熹持“礼”之体用兼备观，明确批驳“公江西有般乡谈”，意在反对“江西”陆学之认虚空者为体，好比尺无寸、秤无星，自然无尺秤之用。朱熹认为，按照天理、规矩去做，就是礼之体，这里强调的是做的“合当”性，不强调做本身，因为做本身（“做处”）就是用，如此一来，作为“合当做”的礼就同时具备体和用，就如体用兼备的扇子，柄、骨子、纸糊等是体，“人摇之”是用，两者绝不能截然分开。与此类似的论述还出现在朱熹与友人的往来书信中，如其《答赵致道》言：

不曰理而曰礼者，盖言理则隐而无形，言礼则实而有据。礼者，理之显设而有节文者也，言礼则理在其中矣。故圣人之言体用兼该、本末一贯。[②]

总而言之，朱熹释“礼”为“天理之节文”，兼备体用，一方面体现出其形而上的“天理”之“体”的特征，另一方面又兼顾其形而下的

---

① 黎靖德编，王星贤点校：《朱子语类》卷六，第101—102页。

② 朱熹：《答赵致道》，《晦庵先生朱文公文集》卷五九，《朱子全书》第23册，第2865页。

"节文"之"用"的特征，对"礼"的体用做了充分展示，凸显了他倡导的"言虽近而索之无穷，指虽远而操之有要"[①]的学术旨趣。

第三节 朱熹"复礼"诠释的内在发展与理学根源

一、朱熹"复礼"诠释的内在发展：以不满于"复天理"之释为例

朱熹释"复礼"为复本有之礼、返本复性、复天理、复节文（复此身于规矩准绳之中）、复天理之节文，这些思想是相互补充的一个完整的整体，共同构成朱熹的"复礼"诠释思想。就历时来看，这一思想不是一蹴而就的，而是随着朱熹认识的发展而逐步形成的，具有一个内在的发展历程。这一发展历程又是极其复杂的，限于篇幅和水平，下文仅选取朱熹对释"礼"为"理"、释"复礼"为"复天理"不满这一现象来讨论，借此透显朱熹"复礼"诠释思想所具有的内在发展性。

围绕朱熹为首的宋儒释"礼"为"理"、释"复礼"为"复天理"，清代汉宋之争有激烈的论辩。戴震曰："以'理'为学，以'道'为统，以'心'为宗，探之茫茫，索之冥冥，不如反而求之六经。"[②]戴震以"茫茫""冥冥"形容宋儒虚而不实，对宋明儒家"性即理""心即理"之说持质疑态度，认为理学虚渺幽远不可捉摸，是禅学而非儒学，禁言宋儒形而上之理，提出理"乃要其后，非原其先"[③]，释"理"为肌理、腠理、文理，[④]视"理"为天地人物事本身内具的条理，在具体事物中，而不是超越其上的。焦循曰："宋儒言性、言理，如风如影。"[⑤]亦斥责宋儒释"礼"为"理"虚而不实。凌廷堪指出："《论语》记孔子之言备矣，但恒言礼，

① 朱熹：《自序》，《论孟精义》，《朱子全书》第7册，第11页。
② 江藩、方东树著，徐洪兴编校：《汉学商兑》，《汉学师承记：外二种》，中西书局，2012年，第250页。
③ 戴震著，何文光整理：《绪言》卷上，《孟子字义疏证》，中华书局，1982年，第82页。
④ 戴震著，何文光整理：《理》，《孟子字义疏证》，中华书局，1982年，第1页。
⑤ 江藩、方东树著，徐洪兴编校：《汉学商兑》，《汉学师承记：外二种》，中西书局，2012年，第252页。

未尝一言及理也。”[①] 凌氏从文献考据上批判宋儒释“礼”为“理”不合孔子言语实际。程树德亦指出：“如此章孔子明言复礼，并未言理。……解经须按古人时代立言，孔子一生言礼不言理，全部《论语》并无一个理字。”[②] 事实上，朱熹自己也已经看到上述问题的存在。从理学体系建构的角度而言，朱熹释“礼”为“天理”，把形而下的“礼”拉入形而上的“天理”；但从礼之现实践履、操作的层面来看，朱熹又认为“复礼”内含精细工夫，“复天理”空而不实，难以囊括，从而对训“礼”为“理”、释“复礼”为“复天理”表示不满。清代阮元指出了这一点：“朱子中年讲理，固已精实；晚年讲礼，尤耐繁难[③]。诚有见乎理必出于礼也。……故理必附于礼以行。空言理，则可彼可此之邪说起矣。”[④] 阮元从个体学术发展的角度指出，朱子对理、礼的理解前后有变化，这较之只是批评朱熹以“理”释“礼”者显然有了新的视角。但值得注意的是，朱熹中年即已经意识到以“理”释“礼”为空言，理必附于礼以行，因而不满于“复天理”之释而进行反思，并通过再诠释体现出来，从而由释“礼”为“天理”发展到释“礼”为“天理之节文”。朱熹以“天理之节文”释“礼”，既关注到了形而上的本体，又兼顾到了形而下的工夫，从而实现了体、用，本体、工夫的结合。清代汉学家阮元等批朱熹以“理”释“礼”并指出朱熹晚年转向注重“礼”，其实出现了两个误会，一是以“理”释“礼”的代表人物是二程，不是朱熹，朱熹是以“天理之节文”释“礼”；二是朱熹不是到晚年才有“讲礼”的转变，早在中年，朱熹即自觉对“礼”之“天理”义进行反思并发展为“天理之节文”义，突出

① 凌廷堪著，王文锦点校：《复礼下》，《校礼堂文集》卷四，中华书局，1998年，第31页。

② 程树德撰，程俊英、蒋见元点校：《颜渊上》，《论语集释》卷二四，中华书局，2013年，第945页。

③ 据钱穆考证，《朱子语类》中“‘克己复礼’，不可将理字来训礼字”，为朱熹46岁时语。（钱穆：《朱子论克己》，《朱子新学案》第2册，九州出版社，2011年，第443页。）朱熹在中年已经意识到以“理”释“礼”、以“复天理”释“复礼”不妥，清儒阮元等人评朱熹“中年讲理，晚年讲礼”之说，与实际不符。

④ 阮元撰，邓红元点校：《书东莞陈氏学蔀通辨后》，《揅经室续三集》卷三，《揅经室集》，中华书局，1993年，第1062页。

形而下的"礼"。学者们大都对第一点有回应，而对第二点却多顺承阮元之说或不曾触及，其实这一点是不符合事实，也有损于朱熹理学体系建构的全面性的。

其一，"复礼"内含精细工夫，"复天理"难以囊括。

朱熹曰："然克己又只是克去私意，若未能有细密工夫，一一入他规矩准绳之中，便未是复礼。如此，则复礼却乃是精处"[①]；"惟是克去己私了，到这里恰好着精细底工夫，故必又复礼，方是仁"[②]。在这里，朱熹从正反两方面明确指出，"复礼"是"精处"，是"细密工夫""精细底工夫"，如果只是克己，未能"入他规矩准绳之中"，就算不上"复礼"。

在回答学生"'克己复礼'如何分精粗"的提问时，朱熹指出，"若以克去己私言之，便克己是精底工夫，到礼之节文有所欠阙，便是粗者未尽"[③]。朱熹认为，如果礼之节文工夫欠缺，那么就是"粗者未尽"，也就是没有做好"复礼"的精细工夫，当然，"克己"也是"精底工夫"。

朱熹释"复礼"为精细、细密工夫，亦来自于他对"复礼"之"礼"的理解。《朱子语类》载：

> 因问："这'礼'字恁地重看？"曰："只是这个道理，有说得开朗底，有说得细密底。'复礼'之'礼'，说得较细密。'博文、约礼'，'知崇、礼卑'，'礼'字都说得细密。知崇是见得开朗，礼卑是要确守得底。"[④]

在此，朱熹明确指出，"复礼"之"礼"说得较细密，若释"复礼"之"礼"为"理"，可想而知，则只能是说得开朗底道理。

朱熹又说：

> 下面四个"勿"字，便是克与复工夫皆以礼为准也。[⑤]
>
> 盖圣人所谓礼者，正以礼文而言，其所以为操存持守之地者

---

① 黎靖德编，王星贤点校：《朱子语类》卷四一，第1046—1047页。
② 同上注，第1045页。
③ 同上注，第1046—1047页。
④ 同上注，第1049页。
⑤ 同上注，第1046页。

密矣。[1]

朱熹认为，从“克己复礼”章下文四个“勿”字可知，克复工夫是以形而下的礼为准；圣人所谓“礼”，是指礼文，这个“复礼文”的工夫，是细密的操存持守工夫。

《朱子语类》载：“颜子‘克己复礼’，便规模大，精粗本末，一齐该贯在这里”[2]；“吾儒克己便复礼，见得工夫精细。圣人说得来本末精粗具举”[3]。实际上，在朱熹看来，“克己复礼”工夫规模大，本末粗精具举。

说得开朗底之“理”不能代替说得较细密之“礼”，“复礼”之“礼”若只释为“理”，便不能展现和囊括“复礼”工夫上的“细密”“精致”，也与“克己复礼”工夫精粗本末一齐该贯相矛盾，显然有不妥的地方。

其二，“复理”悬空不实，而“复礼”是“着实”工夫。

在朱熹看来，若只是以“理”训“礼”，会导致空而不实。

朱熹学生正淳曾问：“程子曰：‘礼，即理也。不是天理，便是人欲。’尹氏曰：‘礼者，理也。去人欲，则复天理。’《或问》不取尹说，以为失程子之意，何也？”[4]朱熹回答说：“某之意，不欲其只说复理而不说‘礼’字。盖说复礼，即说得着实；若说作理，则悬空，是个甚物事？”[5]朱熹认为，尹焞“复天理”之说不是程子本意，因为“复礼”是“着实”工夫，而理则“悬空”了，不能以理易礼。从《论语或问》中朱熹评论尹焞的原话，我们更能看出这一意思：“惟尹氏庶几近之，然其以理易礼，而遂以复礼为仁，则亦失程子之意矣。”[6]

为何“复理”之诠释悬空？朱熹强调，“礼即理也。但谓之理，则疑若未有形迹之可言。制而为礼，则有品节文章之可见矣”[7]；“‘约之以

---

① 朱熹：《论语或问》卷一二，《朱子全书》第6册，第801页。
② 黎靖德编，王星贤点校：《朱子语类》卷四一，第1046—1047页。
③ 同上注，第1046页。
④ 同上注，第1065页。
⑤ 同上。
⑥ 朱熹：《论语或问》卷一二，《朱子全书》第6册，第801页。
⑦ 朱熹：《答曾择之》，《晦庵先生朱文公文集》卷六〇，《朱子全书》第23册，第2893页。

礼’，‘礼’字便作‘理’字看不得，正是持守有节文处”（“克己复礼”之“礼”亦然）[①]；“只说理，却空去了。这个礼，是那天理节文，教人有准则处”[②]。在朱熹看来，只说“理”，没有言及“形迹”，“空去了”，“礼”是“持守有节文处”“教人有准则处”，“礼”字作“理”字“看不得”。

在《论语或问》中，朱熹对《论语精义》中汇集引用的程颐、范祖禹、吕大临、谢良佐、尹焞等人以“理”训“礼”、以“复理”训“复礼”之诠释，一一进行了评析，认为以“理”训“礼”空而不实，“失之过高，而无可持循之实”，不可训“礼”为“理”。例如，对于伊川“礼者，理也”[③]之训，朱熹评曰：“如曰‘礼者，理也’亦言礼之属乎天理，以对己之属乎人欲，非以礼训理，而谓真可以此易彼也。”[④]朱熹澄清了程颐之诠不是以“理”易“礼”，而是以礼之属乎天理对应己之属乎人欲。再如，对于谢良佐之语“循理而天，则动作语默无非天也。内外如一，则视听言动无非我矣”[⑤]，朱熹评论道：“然必以理易礼，而又有循理而天、（以我视听，以斯视听，）自然合礼之说焉，亦未免失之过高，而无可持循之实……若曰‘循理而天，自然合理’，则又何规矩之可言哉？”[⑥]谢良佐将理、天、我等同视之，朱熹明确指出，其问题是太过虚高，不务实，没有规矩可言。

值得注意的是，据钱穆考证，《朱子语类》所载“‘克己复礼’，不可将理字来训礼字”[⑦]，系朱熹46岁时语。[⑧]据《年谱》记载，《论语或问》一书成于淳熙四年（1177）夏六月，朱熹当时48岁。[⑨]从上文所涉《论语

---

① 朱熹：《答张仁叔》，《晦庵先生朱文公文集》卷五八，《朱子全书》第23册，第2750页。
② 黎靖德编，王星贤点校：《朱子语类》卷四一，第1048页。
③ 朱熹：《论语精义》卷六下，《朱子全书》第7册，第411页。
④ 朱熹：《论语或问》卷一二，《朱子全书》第6册，第800页。
⑤ 朱熹：《论语精义》卷六下，《朱子全书》第7册，第413页。
⑥ 朱熹：《论语或问》卷一二，《朱子全书》第6册，第801页。
⑦ 黎靖德编，王星贤点校：《朱子语类》卷四一，第1045页。
⑧ 钱穆：《朱子论克己》，《朱子新学案》第2册，九州出版社，2011年，第443页。
⑨ 束景南：《朱熹年谱长编》（增订本）卷上，华东师范大学出版社，2014年，第585页。

或问》中的讨论来看，朱子在中年已经意识到以“理”释“礼”、以“复天理”释“复礼”之不妥，即强调要“复礼”才着实。如此看来，清儒阮元等人评朱熹“中年讲理，晚年讲礼”之说，与实际不符。朱熹本人早在中年即意识到，一方面，为了理学体系建构的需要，要将形而下之“礼”拉入形而上之“理”“天理”，因而以“理”训“礼”；另一方面，朱熹中晚年时皆强调，从现实践履、实际操作层面来看，只是以“理”训“礼”，以“复理”训“复礼”，又欠妥当。所以，朱熹释“复礼”为“复天理之节文（人事之仪则）”，以求兼顾二者。

其三，以“复理”释“复礼”，易堕于佛道之空寂。

在建构理学体系的过程中，朱熹将礼与仁义智信等纳入核心范畴理的内涵，离开“礼”的具体内涵，而释“礼”为“理”，将“礼”演化为了一个抽象的概念。在中晚年回过头来反思时，朱熹又认为，理应安顿到礼上，体现到礼的洒扫应对进退等具体事物上，否则就悬空无实，流于佛老。比如，《朱子语类》记载了朱熹 64 岁[①]时的相关言语：

> 只说理，却空去了。这个礼，是那天理节文，教人有准则处。佛老只为元无这礼，克来克去，空了。[②]
>
> 然而世间却有能克己而不能复礼者，佛老是也。佛老不可谓之有私欲。只是他元无这礼，克己私了，却空荡荡地。他是见得这理元不是当。克己了，无归着处。[③]

在这里，我们不难看出，朱熹批判佛教只克己不复礼、只说理不说礼，主张圣人之教应以复礼为主，反对以理训礼，否则如“空荡荡”之释氏，无归着处。

二、朱熹“复礼”诠释的理学根源：以“复天理之节文”为例

朱熹释“礼”为节文（规矩准则、规矩准绳）、为天理、为天理之

---

① 钱穆：《朱子论克己》，《朱子新学案》第 2 册，九州出版社，2011 年，第 450、450、451—452 页。

② 黎靖德编，王星贤点校：《朱子语类》卷四一，第 1048 页。

③ 同上。

节文（还有义理之节文、理之节文）等，释“复礼”为“复此身于规矩准绳之中”“复天理”“复天理之节文（人事之仪则）”等。朱熹一方面释“礼”为“理”、释“复礼”为“复天理”，一方面又说“只说理”却空，“不欲其只说复理而不说‘礼’字”，“礼即理。但谓之礼，则疑若未有形迹之可言”。为何朱熹对“礼”“复礼”的诠释如此五花八门，甚至出尔反尔？从其建构理学体系的角度、从其诠释的理论根源出发予以考察，或许有助于我们找到答案。

朱熹的“复礼”诠释有其深刻的理论根源，概而言之，朱熹的“复礼”诠释是服务于其理学体系建构需要的，理学是其“复礼”诠释的主要理论根源。在前面释“复礼”为复本有之礼、返本复性、复天理等章节中，我们各自有所论述，下文以复天理之节文为例，重点阐述朱熹释“理”为“体”、“节文”为“用”的理论根源。

其一，体用一源思想。

朱熹释“复礼”为“复天理之节文”，释“理”为“体”、“节文”为“用”，主要受其体用一源思想的影响。关于体用一源的思想理论，朱熹于乾道八年（1172）43岁时在《答何叔京》[①] 一文中有过明确表达。

> “体用一源”者，自理而观，则理为体、象为用，而理中有象，是一源也；“显微无间”者，自象而观，则象为显、理为微，而象中有理，是无间也。先生后答语意甚明，子细消详，便见归着。且既曰有理而后有象，则理象便非一物。故伊川但言其一源与无间耳。其实体用显微之分则不能无也。今曰理象一物，不必分别，恐陷于近日含胡之弊，不可不察。[②]

上引朱熹《答何叔京》文句明确表达了两层思想，一是理中有象，象中有理，故体用一源而无间；二是有理而后有象，理象非一物，体用有分别。对于第一层意思，朱熹两年后即淳熙元年（1174）45岁时在

---

① 陈来：《朱子书信编年考证》（增订本），生活·读书·新知三联书店，2007年，第97页。

② 朱熹：《答何京叔》，《晦庵先生朱文公文集》卷四〇，《朱子全书》第22册，第1841页。

《答吕子约》[1] 一文中也有表述，对于吕子约“体用一源而不可析”之体用合二为一观，该文称赞“此说甚善”。[2]

对于第二层意思，朱熹于乾道六年（1170）41岁时在《答吕伯恭问龟山中庸》[3] 一文中指出，“故伊川先生云：‘大本言其体，达道言其用。’体用自殊，安得不为二乎？学者须是于未发已发之际识得一分明，然后可以言体用一源处。然亦只是一源耳，体用之不同，则故自若也”[4]。在这里，朱熹认为，体用不同，是体用一源思想之前提。对于第二层意思，朱熹还于庆元三年（1197）68岁时在《答吕子约》[5] 一文中进一步指出：“至于形而上下，却有分别。须分得此是体、彼是用，方说得一源；分得此是象、彼是理，方说得无间。若只是一物，却不须更说一源、无间也。”[6] 在这里，朱熹从正反两面阐述，要分清体用、象理是有分别的此和彼，唯有如此，才能谈论体用一源、显微无间。

从上面的书信引文中，我们可以看出，朱熹不论早年还是晚年皆关注体用一源之体用分别和联系。在朱熹看来，体和用、理和象“同源”“无间”，理中有象，象中有体，但理象并非一物，体用有分别，体和用可合二为一，又应分而为二。[7]

朱子曾明确运用体用一源思想来讨论和分析复礼之“礼”。《朱子语类》载：

又曰：“‘为国以礼’之‘礼’，却不只是繁文末节。”夒问：“莫

① 陈来：《朱子书信编年考证》（增订本），生活·读书·新知三联书店，2007年，第131页。
② 朱熹：《答吕子约》，《晦庵先生朱文公文集》卷四七，《朱子全书》第22册，第2183页。
③ 陈来：《朱子书信编年考证》（增订本），生活·读书·新知三联书店，2007年，第74页。
④ 朱熹：《别纸》，《晦庵先生朱文公文集》卷三五，《朱子全书》第21册，第1520页。
⑤ 陈来：《朱子书信编年考证》（增订本），生活·读书·新知三联书店，2007年，第434—436页。
⑥ 朱熹：《答吕子约》，《晦庵先生朱文公文集》卷四八，《朱子全书》第22册，第2227页。
⑦ 钱穆：《朱子论体用》，《朱子新学案》第1册，九州出版社，2011年，第469—481页。

便是那‘克己复礼’之‘礼’？”曰：“礼是那天地自然之理。理会得时，繁文末节皆在其中。‘礼仪三百，威仪三千’，却只是这个道理。千条万绪，贯通来只是一个道理。……盖为道理出来处，只是一源。散见事物，都是一个物事做出底。一草一木，与他夏葛冬裘，渴饮饥食，君臣父子，礼乐器数，都是天理流行，活泼泼地。那一件不是天理中出来！见得透彻后，都是天理。理会不得，则一事各自是一事，一物各自是一物，草木各自是草木，不干自己事。”[①]

从朱熹的回答不难看出，礼是天地自然之理，这个用来训释“礼”的“理”是“道理”“天理”，规范着“礼仪三百，威仪三千”之“节文”，是“一源”、是“体”。“礼仪三百，威仪三千”，却只是这个道理；千条万绪贯通来只是一个道理；散见事物，都是一个物事做出底；事事物物皆从“天理”这个“源”出来。“散见事物”“礼仪三百，威仪三千”是“天理”的体现，是“事”、是“用”，与“天理”贯通。“天理”“节文”并释“复礼”之“礼”，二者既为“一源”，又有体、用之别。

朱熹于绍熙二年（1191）62岁后在《答曾光祖》[②]一文中，对程颐《易传序》“至微者理也，至著者象也。体用一源，显微无间。观会通以行典礼，则辞无所不备”之“观会通以行典礼”句，阐释道：“‘观会通’是就事上看理之所聚，与其所当行处。”又在《朱子语类》中释程颐此语为：“辞上所载，皆‘观会通以行其典礼’之事。凡于事物须就其聚处理会，寻得一个通路行去。若不寻得一个通路，只蓦地行去，则必有碍。典礼，只是常事。”[③]在朱熹看来，“礼”是“事”，需从“事”（“礼”）上理解“理”之汇聚处、“事”（“礼”）之所当行处，否则，若不理会理之汇聚处，蓦地行去，行“礼”亦不通。理是本体，事（“礼”）是“理”的体现、是用，二者有分别，又相互贯通。

---

① 黎靖德编，王星贤点校：《朱子语类》卷四一，第1049页。

② 陈来：《朱子书信编年考证》（增订本），生活·读书·新知三联书店，2007年，第347页。

③ 黎靖德编，王星贤点校：《朱子语类》卷六七，第1653页。

朱熹的体用一源思想是对周敦颐、二程体用一源思想的继承、批判和发扬。朱熹高度评价过周敦颐《太极图说》中包含的“体用一源，显微无间”之说。朱熹《隆兴府学濂溪先生祠记》载：

盖尝窃谓先生之言，其高极乎无极太极之妙，而其实不离乎日用之间；其幽探乎阴阳五行之赜，而其实不离乎仁义礼智刚柔善恶之际。其体用一源，显微无间，秦汉以下，诚未有臻斯理者。[①]

在上述引文中，朱熹肯定周敦颐“体用一源，显微无间”思想贯通了无极太极之高妙与日用之实、阴阳五行之幽深与仁义礼智之实等，是秦汉以来最完备之理。

程颐在《易传序》中把自己的思想概括为：“至微者理也，至著者象也，体用一源，显微无间。”[②] 又说：“至显者莫如事，至微者莫如理，而事理一致，微显一源。”[③] 程颐由论述《周易》之“因象以明理”、义理与象数同源的思想拓展到理事一致、事物的本质和表现相互统一、以理为体、以事为用，强调体用统一，并从理学的角度论“礼”：“推本而言，礼只是一个序，乐只是一个和。只此两字，含蓄多少义理。”[④] 这些无疑为朱熹“体用一源”思想、以体用论“复礼”之“礼”奠定了坚实的理论基础。

除了肯定和继承，朱熹还进行了大胆的批判和创新。值得注意的是，上文所引朱熹《答何叔京》一文中，朱熹明确点出，程氏“但言其一源与无间耳”[⑤]，程颐“体用一源”思想，只是强调体用的同一性，没有注意到体用之别。在朱熹看来，“体用一源”“显微无间”的前提是“体”和“用”不是一物，二者有别，这是周敦颐、程颐等前儒谈论“体用一源”时不曾涉及的。

---

① 朱熹：《隆兴府学濂溪先生祠记》，《晦庵先生朱文公文集》卷七八，《朱子全书》第24册，第3748页。
② 程颢、程颐著，王孝鱼点校：《河南程氏文集》卷八，《二程集》，第582页。
③ 程颢、程颐著，王孝鱼点校：《河南程氏遗书》卷二五，《二程集》，第323页。
④ 程颢、程颐著，王孝鱼点校：《河南程氏遗书》卷一八，《二程集》，第225页。
⑤ 朱熹：《答何叔京》，《晦庵先生朱文公文集》卷四〇，《朱子全书》第22册，第1841页。

如果说程颐通过其“体用一源”之强调体和用的统一性回驳了佛老二氏的“体用殊绝”观，纠正了王弼等玄学家的重视义理、否定象数以及“得意忘象”之偏颇，那么，朱熹既注意体用合一，又指出体用分殊，同时强调体用“一源”之同和体用“二分”之异，则对玄学以无为本的本体论和佛学以现实世界为虚空的世界观进行了有力批判，坚定维护了儒学的本位立场，有力促进了理学的发展。

其二，理气观。

由体用一源思想之后，朱熹进一步发展了理气观。[①] 朱熹释“理”为“体”、“节文”为“用”受其理气观的影响。

朱熹于绍熙元年（1190）61岁（或之后）在《答黄道夫》[②] 一文中指出：“天地之间，有理有气。理也者，形而上之道也，生物之本也。气也者，形而下之器也，生物之具也。”[③] 朱熹认为，宇宙及万物是由理、气两个方面共同构成，理是形而上的道，是事物的本质和规则；气是形而下的器，是构成一切事物的材料。

《朱子语类》进一步指出：“未有天地之先，毕竟也只是理，有此理便有此天地，若无此理便亦无天地，无人无物，都无该载了。有理，便有气流行，发育万物。”[④] 在这里，朱熹明确提出，理是先天地而有，有理便有天地，有理便有气有万物，理先而气后。

朱熹将理与气的关系平行移至理与礼（节文）的关系上。《大学或问》载：“故人物之生必得是理，然后有以为健顺仁义礼智之性；必得是

---

① 淳熙最后十年是朱熹（50—60岁）理气观发展的一个重要时期。（陈来：《朱子哲学研究》，华东师范大学出版社，2000年，第89页。）前文已揭，朱熹《答黄道夫》论述“体用一源”思想是在乾道八年（1172），朱子时年43岁。（参看陈来：《朱子书信编年考证》（增订本），生活·读书·新知三联书店，2007年，第97页。）可见，朱子理气观在“体用一源”思想之后形成。

② 陈来：《朱子书信编年考证》（增订本），生活·读书·新知三联书店，2007年，第320页。

③ 朱熹：《答黄道夫》，《晦庵先生朱文公文集》卷五八，《朱子全书》第23册，第2755页。

④ 黎靖德编，王星贤点校：《朱子语类》卷一，第1页。

气，然后有以为魂魄五脏百骸之身。”[①] 在朱熹看来，理是最高本体，有形之气是由无形之理决定的，礼（节文）作为有形的文明形态是可见的，属于气的层面，其本原是理，人得理而生，然后才有仁义礼智之性，人得气而有身。

朱熹晚年还说：“理与气本无先后之可言。但推上去时，却如理在先，气在后相似。”[②] 确定理在气先的“先”，不是时间上的在先，是指逻辑上的在先，仍坚持理是本、是体，节文是用。

其三，理学本体论思想。

朱熹释“理”为“体”、“节文”为“用”还受其理学本体论思想的影响。

在礼学思想方面，朱熹有理学逻辑与经学逻辑的出入。[③] 在经学逻辑中，朱熹以《仪礼》为经、为本、为事，以《礼记》为传、为末、为理，把《仪礼》抬高到高于《礼记》的位置。“《仪礼》，礼之根本，而《礼记》乃其枝叶。”[④]《仪礼》是记事之书，讲冠、婚、丧、祭、饮、射诸礼的具体仪节，涉及具体的事，就现实生活实践而言，它发挥的作用更大，所以是“礼之根本”。《礼记》是言理之书，只能通过对礼的解说来发明义理，不能发挥任何实际作用，空而无著，所以是“枝叶”。但在理学逻辑中，朱熹以理为本，节文为末，倡导理学本体论，坚持以“理”为本体。

朱熹的理学本体论思想认为，事物还未存在时，事物的理已经预先存在了，理是本体。《朱子语类》载：“未有这事，先有这理，如未有君臣，已先有君臣之理；未有父子，已先有父子之理。不成元无此理，直待有君臣父子，却旋将道理入在里面。”[⑤] 这就是说，事物在未产生时，事物的规律、法则、原理已然存在。程颐也说“有理而后有象”，只是不似

① 朱熹：《大学或问》上，《朱子全书》第6册，第507页。
② 黎靖德编，王星贤点校：《朱子语类》卷一，第3页。
③ 蔡方鹿：《朱熹之礼学》，《朱子学刊》第1辑，黄山书社，1996年，第71—80页。
④ 黎靖德编，王星贤点校：《朱子语类》卷八四，第2186页。
⑤ 黎靖德编，王星贤点校：《朱子语类》卷九五，第2436页。

朱熹阐述得清楚。朱熹把理先事后的理学本体论思想阐述得更为明确、精致。

朱熹的这种理学本体论哲学逻辑，不允许理处于末端、从属于事，理作为宇宙的原理和本体，始终保持遥遥领先的位置，是包括礼在内的一切事事物物存在的根据，理不依赖事物而存在。事实上，是非善恶的价值判断来自于人认知到的人与人之间的关系组成与互动以及约定俗成的规范，而朱熹在理学体系建构视域下诠释"礼，天理之节文"时，则跳过客观道德规范，直接诉诸超越的价值存在，然后返回肯定"礼"的客观道德规范意涵。"天理"在朱熹理学体系建构中是永恒有效的绝对客观，它规范着人的行为，作为用的礼（节文）合于"理"。

三、余论

汉唐以降，人们更多将"礼"视为践履层面的礼仪、礼制。宋以来佛道日炽，而佛道尤其是禅宗有完整的形上体系，为应对佛道挑战，朱熹继承前贤思想，释"礼"为"性"，发展"性即理"，直接把"礼"诠释为"天理"，将社会层面的人伦实践予以理论提升和理学建构，为儒家礼学寻找理论依据和天然合理性。这既是唐宋思想转型中"由礼转理""以礼合理"的理论成果，也是宋儒渴望将社会秩序建立在理性与人文的基础上的根本精神的体现。[①] 此为朱熹释"礼"的第一个维度。

然而，"天理"终究是形而上的，具有更多虚的特质，而"礼"又必须落实于社会人伦和生活践履，如果过多地强调体而淡化用，那么就极容易混同于只"克己"而不"复礼"的佛道，再加上古礼散失，繁缛难行，亟待重建，现实社会又存在"欠却持敬工夫"之弊病，以"理"易"礼"，失之过高，无可持循之实，于是，朱熹就回过头来反对只以"理"释"礼"，强调用，强调"事宜"，以"节文"释"礼"。此为朱熹释"礼"的第二个维度。

---

① 何俊：《由礼转理抑或以礼合理：唐宋思想转型的一个视角》，《北京大学学报（哲学社会科学版）》2007 年第 6 期。

以“天理”释“礼”，难以彰显“礼”的形下践履；以“节文”释“礼”，又无法兼顾“礼”的形上超越，为此，朱熹创造性地以“天理之节文”释“礼”。这既是宋儒沟通最高本体之天理与人间秩序之礼、引导社会服膺天理要求、实行正心诚意修齐治平之儒家思想的理论尝试，也是他们渴望重建现实社会政治秩序的理论推演。“天理之节文”是朱熹对“礼”的第三个维度的诠释，兼顾了形上之“理”与形下之“礼”，兼顾体用，一方面突出“今复礼，便是天理”“礼即理”，另一方面，强调理“无形无影”“未有形迹”，不能将礼“但谓之理”，应“画出一个天理与人看，教有规矩可以凭据”。

就发展时间而言，一般认为朱熹重视“礼”的“天理”义，对“礼”的“节文”义的重视只是其晚年的转向，这也是清代乾嘉学者阮元等批驳朱熹时的惯用说法。[①] 而通过上述研究，不难发现，朱熹早在中年41、48岁时而不是晚年，即对只以“理”释“礼”表示不满，开始重视“礼”之形下践履义，认识到“礼”之精微缜密实在是“理”远远不能企及的，“礼”的“节文”义甚过“礼”的“天理”义。在成书于淳熙四年（1177）朱熹48岁时的《论语集注》中，朱熹创造性地以“天理之节文”释“礼”，直到逝世前一两年，他还一直秉持和讨论这一诠释，毫无疑问，“天理之节文”是其最为成熟、最为满意的诠释。由此可见，朱熹“礼”之诠释不是一蹴而就的，历经从“天理”“节文”到“天理之节文”等不断发展和完善的过程，并相应呈现出从体、用到兼体用的类似于从正、反到合的分析和叙述结构特征。

朱熹的礼学思想是对张载、二程礼学思想的继承和发展。在张载的礼学思想中，礼本身有体有用，合体与用。二程则偏重于将儒学中的礼纳入其理学思想中，侧重从理与礼的关系方面来说礼，用理的绝对性保证礼的地位。有学者以此作为张载、二程礼学的本质区别。[②] 朱熹礼学思

① 阮元撰，邓经元点校:《书东莞陈氏学蔀通辨后》，《揅经室续三集》卷三，《揅经室集》，中华书局，1993年，第1062页。

② 刘丰:《北宋礼学研究》，中国社会科学出版社，2016年，第461页。

想则兼取张载、二程礼学思想之优势并予以发展。就释“礼”为“天理之节文”来说，一方面，朱熹以体用兼备释“礼”，吸取了张载礼学思想之长；另一方面，以“天理”“节文”并释“礼”，从理学体系建构的角度释“礼”，把形而下之“礼”纳入到形而上的“天理”系统之中，注重“理”与“礼（节文）”的体用关系，汲取了二程礼学思想之精华并予以发挥。透过《论语》“礼”之诠释这一案例，我们不难看出朱熹集礼学思想之大成。

遗憾的是，朱熹出于理学体系建构需要，以“天理之节文”来诠释“礼”，这个“礼”显然已经不同于传统的体现“先王之道”的具有礼乐教化意义的礼制之“礼”了，此“礼”之一端上升到至高无上的“天理”，另一端又变得细则化与生活化，难以全面展现“礼乐之教”在维持社会人伦关系及政教文明上的独特内涵，这委实是朱熹将“礼”释为“节文”并收摄到“天理”系统下所无法兼顾到的。

第四章　朱熹对“为仁”的诠释

前文已揭“克己”“复礼”诠释这两个分争点，在此再揭“为仁”这一分争点。

在清代汉宋之争中，戴震等汉学家以“相人偶”释“仁”，斥责程朱等宋学家以“心德”释“仁”是谬误。方东树立足于朱熹等宋儒的立场对汉学家进行了反驳，认为“相人偶”论的是“仁”之用，未论“仁”之体，非圣人全量之仁；韩愈言“博爱谓仁”、周敦颐言“爱曰仁”是言“仁”之用，程子言“爱非仁”是言“仁”之体；朱熹“仁者，心之德，爱之理”，发明二程之意最详尽，乃圣人全量之仁。

陈来对朱熹仁学给予高度评价，“对朱子仁学的思想，以往整体研究不够，需要更深入的分疏和诠释。从一定的意义上来看，朱子的哲学思想体系可以从两个基本方面来呈现：一个是理学，一个是仁学。从理学的体系去呈现朱子哲学，是我们以往关注的主体；从仁学的体系去呈现朱子思想，以往甚少。如果说理气是二元分疏的，则仁在广义上是包括理气的一元总体。在这一点上，说朱子学总体上是仁学，比说朱子学是理学的习惯用法，也许更能凸显其儒学体系的整体面貌”[1]。在此，陈来把理学、仁学并列为朱熹哲学思想体系的两个基本方面，甚至从凸显儒学体系整体面貌的角度，把仁学摆在高于理学的位置。

既然朱熹仁学思想如此重要，那么，我们应该如何看待汉宋之争中的“仁”论之争？朱熹“克己复礼为仁”之“为仁”诠释思想与其仁学思想是何种关系？朱熹究竟是怎么诠释“克己复礼为仁”之“为仁”的？其“为仁”诠释与其理学体系构建存在何种关联？本章在梳理朱熹

① 陈来:《朱子思想中的四德论》,《哲学研究》2011 年第 1 期。

对宋儒"为仁"诠释的采录与评论的基础上，试图从理学体系构建的角度来考察朱熹对《论语》"克己复礼为仁"之"为仁"的诠释。

第一节　朱熹对宋儒"为仁"诠释的采录与评论

朱熹在《论语精义》中广泛采录了二程以及张载、范祖禹、吕希哲、吕大临、谢良佐、游酢、杨时、侯仲良、尹焞等宋儒对"为仁"的诠释，后来在《论语或问》及其语录中又对相关诠释进行了进一步阐发和取舍，在《论语集注》中又直接诠释并引用二程等学者的诠释进行补充，这一过程实际上就是朱熹不断深化对"为仁"的认识和诠释的过程。

一、朱熹对宋儒"为仁"诠释的采录

朱熹在《论语精义》卷六的"克己复礼"章，广泛采集了程颢、程颐、范祖禹、吕大临、谢良佐、游酢、杨时、尹焞等宋人对"为仁"的诠释。举隅如下：

采录程颢的"为仁"诠释语句为："非礼勿视，非礼勿听，非礼勿言，非礼勿动，一于礼之谓仁，仁之于礼，非有异也。"[①] 所引语句涉及仁与礼的关系。

采录程颐的"为仁"诠释语句有："凡言仁者，有诸己也"；"克己复礼，则事事皆仁，故曰'天下归仁焉'"；"一日克己复礼，天下归仁者，言一旦能克己复礼，则天下称其仁，非一日之间也"；"非礼处便是私意，既是私意，如何得仁？凡人须是克尽己私，只有礼时，方始是仁处"等。朱熹还将后一处"凡人须是克尽己私"句修改为"克己复礼为仁，言克尽己私，皆归于礼，是乃仁也"[②]。所引语句涉及仁与己、礼的关系等。

采录范祖禹的"为仁"诠释语句为："为仁由己，在内故也。克己复礼时，天下之善皆在于此矣。天下之善在己，则行之一日，可使天下之

① 朱熹：《论语精义》卷六下，《朱子全书》第 7 册，第 411 页。
② 同上注，第 411—412 页。

仁归焉。”[①]所引语句涉及仁与己的关系等。

采录吕大临的“为仁”诠释语句有：“仁者以天下为一体，天秩天叙，莫不具存。人之所以不仁，己自己，物自物，不以为同体。胜一己之私，以反乎天秩天叙，则物我兼体，虽天下之大，皆归于吾仁术之中。一日有是心，则一日有是德”；“有己则丧其为仁，天下非吾体；忘己则反得吾仁，天下为一人。故克己复礼，昔之所丧，今复得之，非天下归仁者与？安仁者，以天下为一人而已”。“《克己复礼赞》曰：凡厥有生，均气同体。胡为不仁，我则有己。立己与物，私为町畦，胜心横生，扰扰不齐。大人存诚，心见帝则。初无吝骄，作我蟊贼。志以为帅，气为卒徒。奉辞于天，孰敢侮予？且战且徕，胜私窒欲。昔焉寇雠，今则臣仆。方其未克，窘我室庐。妇姑勃蹊，安取厥余？亦既克之，皇皇四达。洞然八荒，皆在我闼。孰曰天下，不归吾仁？痒疴疾痛，举切吾身。一日至之，莫非吾事。颜何人哉？希之则是。”[②]所引语句涉及为仁与物我同体、克己的关系等。

采录的谢良佐“为仁”诠释语句主要包括谢氏对两个问题的回答。或问：“言动非礼，则可以正，视听如何得合礼？”谢氏答曰：“四者皆不可易，易则多非礼，故仁者先难而后获。所谓难者，以我视，以我听，以我言，以我动也。仰面贪看鸟，回头错应人。视听不以我也，胥失之矣。”或问：“求仁如何下工夫？”谢氏答曰：“如颜子视听言动上做亦得，如曾子颜色容貌上做亦得。出辞气者，犹佛所谓从此心中流出。今人唱一喏，若不从心中出，便是不识痛痒。古人曰：‘心不在焉，视而不见，听而不闻，食而不知其味。’不见不闻不知味，便是不仁，死汉不识痛痒了。又如仲弓出门如见大宾，使民如承大祭，但存如见大宾如承大祭底心在，便长识痛痒。”此外还有：“一日克己复礼，天下归仁焉，只就性上看。”[③]所引语句涉及仁者先难而后获、求仁下工夫处等。

---

① 朱熹:《论语精义》卷六下,《朱子全书》第7册，第413页。
② 同上。
③ 同上注，第413—414页。

采录游酢的“为仁”诠释语句为：“孟子曰：‘仁，人心也。’则仁之为言，得其本心而已。心之本体，则喜怒哀乐之未发者是也。惟其徇已之私，则汩于忿欲，而人道熄矣。诚能胜人心之私，以还道心之公，则将视人如己，视物如人，而心之本体见矣。自此而亲亲，自此而仁民，自此而爱物，皆其本心随物而见者然也。故曰：‘克己复礼为仁。’礼者，性之中也。且心之本体，一而已矣，非事事而为之，物物而爱之，又非积日累月而后可至也。一日反本复常，则万物一体，无适而非仁矣，故曰：‘一日克己复礼，天下归仁焉。’天下归仁，取足于身而已，非有藉于外也，故曰：‘为仁由己，而由人乎哉？’颜渊请事斯语，至于非礼勿动，则不离于中，其诚不息，而可久矣，故能三月不违仁。虽然，三月不违者，其心犹有所操也，至于中心安仁，则纵目之所视，更无乱色，纵耳之所听，更无奸声，无思也，无为也，寂然不动，感而遂通天下之故，则发育万物，弥纶天地，而何克己复礼、三月不违之足言哉！此圣人之能事，而对时育万物者，所以博施济众也。仁至于此，则仲尼所不敢居，而且罕言也。然则仁与圣乌乎辨？曰：仁，人心也，操之则为贤，纵之则为圣，苟未至于纵心，则于博施济众，未能无数数然也。”[①] 所引语句涉及仁的含义、内心安仁等。

采用杨时的“为仁”诠释语句为：“仁，人心也。学问之道，求其放心而已，放而不知求，则人欲肆而天理灭矣。杨子曰：‘胜己之私之谓克。’克己所以胜私欲而收放心也。虽收放心，闲之为艰，复礼所以闲之也。能常操而存者，天下与吾一体耳，孰非吾仁乎？颜渊其复不远，庶乎仁者也，故告之如此。”[②] 所引语句涉及仁的含义、仁与克己复礼的关系等。

采用尹焞的“为仁”诠释语句为：“弟子问仁者多矣，唯对颜子为尽。问何以至于仁？曰复礼则仁矣。礼者，理也，去私欲则复天理，复天理者仁也。礼不可以徒复，唯能克己，所以复也。又问克己之目，语

---

① 朱熹：《论语精义》卷六下，《朱子全书》第7册，第414—415页。
② 同上注，第415页。

以视听言动者，夫然，则为仁在内，何事于外乎。”[①]所引语句涉及为仁与复礼、克己的关系等。

二、朱熹对宋儒“为仁”诠释的评论

在《论语或问》“克己复礼”章、《朱子语类》“颜渊问仁”章中，朱熹对《论语精义》中程颢、程颐、范祖禹、吕大临、谢良佐、游酢、杨时、尹焞等宋儒的“为仁”诠释进行了评价。

对于《论语精义》中摘录的程颢关于“为仁”的一处诠释，朱熹在《论语或问》中指出，“如曰‘视听言动一于礼之谓仁，仁之与礼非有异’者，言能复于礼，则仁心自存，有不待他求而得者，非以仁与礼为一物也”[②]。朱熹认为，仁与礼并不是同一物，复于礼，则仁心自存，不待他求而得。又《朱子语类》载，朱熹言：“一于礼之谓仁。只是仁在内，为人欲所蔽，如一重膜遮了。克去己私，复礼乃见仁。仁礼非是二物。”[③]在朱熹看来，人欲如一重膜遮蔽了仁，若下“克己复礼”的工夫，战胜私欲，复礼才能见仁，仁礼并不是不相干的二物。

对于程颐所言“克己复礼，则事事皆仁”，朱熹在《论语或问》中评价指出：“如曰‘事事皆仁’，言所行无非仁者，而后人得以是称之，非若吕、谢、游、杨之说也。”[④]

对于程颐所言“凡人须是克尽己私，只有礼时，方始是仁处”，朱熹在《论语或问》中评价指出：“如曰‘克己尽仁，克尽己私，只有礼时方始是仁处’，亦若其言仁、礼不异之意也。”[⑤]在《朱子语类》中，朱熹指出：“伊川尝曰：‘非礼处，便是私意。既是私意，如何得仁？须是克尽己私，皆归于礼，方始是仁。’此说最为的确。”[⑥]朱熹虽然赞赏程颐诠释，

---

① 朱熹：《论语精义》卷六下，《朱子全书》第7册，第415—416页。
② 朱熹：《论语或问》卷一二，《朱子全书》第6册，第800页。
③ 黎靖德编，王星贤点校：《朱子语类》卷四一，第1043页。
④ 朱熹：《论语或问》卷一二，《朱子全书》第6册，第800页。
⑤ 同上。
⑥ 黎靖德编，王星贤点校：《朱子语类》卷四一，第1065页。

但在引用时，并非全盘照抄。朱熹编的《河南程氏遗书》记载了程颐对唐棣提问的回答：“非礼处便是私意。既是私意，如何得仁？凡人须是克尽己私后，只有礼，始是仁处。”[①]《朱子语类》文本在此基础上去掉了赘词“凡人”“后”等字，“只有礼”改为“皆归于礼”，“始是仁处”改为“方始是仁”。这种修改内含有朱熹在前人启发下，对“克己复礼为仁”认识的不断深化。

对于程颐所言“仁者天下之正理。失正理，则无序而不和”[②]，朱熹在《论语或问》中赞说“程子至矣”[③]，并将此解转引于《论语集注》中[④]。但从后来朱熹与弟子的相关讨论来看，朱熹对此处“仁”之诠释更为满意的不是“天下之正理”，而是“本心之全德”，认为释“仁”为“天下之正理”不若释“仁”为“本心之全德”。[⑤]《朱子语类》载：

（1）问：“程先生尹先生皆以仁为正理，如何是正理？”曰：“只是正当底道理。”[⑥]

（2）“仁者，天下之正理”。只是泛说，不是以此说仁体。若曰“义者，天下之正理，也得”。[⑦]

（3）问“仁者，天下之正理”。曰：“此说太宽。如义，亦可谓天下之正理；礼，亦可谓天下之正理。”[⑧]

（4）问“仁者，天下之正理”。曰：“说得自好，只是太宽。须是说仁是本心之全德，便有个天理在。若天理不在，人欲横肆，如何得序而和！”[⑨]

（5）程子说“仁者，天下之正理”，固好；但少疏，不见得

① 程颢、程颐著，王孝鱼点校：《河南程氏遗书》卷二二上，《二程集》，第286页。
② 朱熹：《论语精义》卷二上，《朱子全书》第7册，第101页；程颢、程颐著，王孝鱼点校：《河南程氏粹言》卷一，《二程集》，第1173页。
③ 朱熹：《论语或问》卷三，《朱子全书》第6册，第661页。
④ 朱熹：《论语集注》卷二，《四书章句集注》，第61页。
⑤ 黎靖德编，王星贤点校：《朱子语类》卷二五，第606—608页。
⑥ 同上注，第608页。
⑦ 同上注，第606页。
⑧ 同上。
⑨ 同上。

仁。仁者，本心之全德。人若本然天理之良心存而不失，则所作为自有序而和。若此心一放，只是人欲私心做得出来，安得有序，安得有和！[①]

在朱熹看来，二程释“仁”为“正理”意为“正当底道理”。按理，这与朱熹释“仁”为“性”为“理”相类，但朱熹认为“天下之正理”的诠释“只是泛说”，太宽，对“仁”之诠释来说没有针对性，“义”和“礼”亦可套用此诠释，“不是以此说仁体”，“少疏，不见得仁”，须训这“仁”为“本心之全德”，便有个天理在。朱熹这些诠释思想亦影响其门人，如其门人郑南升直接释伊川“仁者，天下之正理”为“所谓正理，即心之德也”。[②]

对于范祖禹所言“为仁由己，在内故也”，朱熹在《论语或问》中指出：“范氏之说，则其疏甚矣。”[③] 朱熹认为，范祖禹为仁之释太空疏。

对于吕大临所言“仁者以天下为一体，天秩天叙，莫不具存。人之所以不仁，己自己，物自物，不以为同体”，朱熹在《论语或问》中指出，“吕氏专以同体为言，而谓天下归仁，为归吾仁术之中，又为之赞以极言之，则不免过高而失圣人之旨。抑果如此，则夫所谓克己复礼而天下归仁者，乃特在于想象恍惚之中，而非有修为效验之实矣”[④]。朱熹认为，吕大临解仁太过高远，失却了孔子原意，只在想象恍惚中言，没有修为效验之实。

对于谢良佐对“为仁”的诠释，朱熹《论语或问》未做专门评价。《朱子语类》针对谢良佐言“（视听言动）四者皆不可易，易则多非礼，故仁者先难而后获。所谓难者，以我视，以我听，以我言，以我动也”[⑤]，评价说：“如谢氏曰：‘以我视，以我听，以我言，以我动。’夫子分明说是‘非礼勿视听言动’，谢氏却以‘以我’言之，此则自是谢氏之意，非

---

① 黎靖德编，王星贤点校：《朱子语类》卷二五，第 606 页。
② 同上注，第 607 页。
③ 朱熹：《论语或问》卷一二，《朱子全书》第 6 册，第 801 页。
④ 同上。
⑤ 朱熹：《论语精义》卷六下，《朱子全书》第 7 册，第 414 页。

夫子所以告颜渊者矣。”[①] 在朱熹看来，谢良佐将“非礼勿视听言动”释为“以我视，以我听，以我言，以我动”，失却了孔子告颜渊的本意，是谢良佐一己之意。

对于游酢所言“仁之为言，得其本心而已”等，朱熹《论语或问》指出：“至于游氏之说，以为视人如己视物如人，则其失近于吕氏，而无天序天秩之本，且谓人与物等，则其害于分殊之义为尤甚。以为非必积日累月而后可至，一日反本复常，则万物一体，无适而非仁者，则又陷于释氏顿悟之说，以启后学侥幸躐等之心。以为安仁则纵目所视而无乱色，纵耳所听而无奸声，则又生于庄周、列御寇荒唐之论，若以圣人为恃其中心安仁之故，而有意于纵其视听者。至其所论仁圣之辨，则又以博施济众为言，则于夫子所以告子贡者，似有所未察也。”[②] 游酢提出了仁是本心，仁是心之本体的思想，主张人能反其本心，便达到万物一体之仁。这显然比谢良佐、吕大临的心性论思想更进了一步。对此朱熹未曾置言。朱熹主要从四个方面批评游酢解仁之论：一是批评游酢“视人如己视物如人”之言，跟吕大临一样，有着高远不切实际的缺失；二是批评游酢称人与物等同，严重危害到人与物的分殊之义；三是批评游酢论安仁之效，滋生和受影响于庄子、列子荒唐之言；四是批评游酢分辨仁圣之论，未曾真正体察孔子为何以“博施济众”告子贡。

对于杨时所言“仁，人心也。学问之道，求其放心而已，放而不知求，则人欲肆而天理灭矣”，朱熹《论语或问》指出：“杨氏以为先克己，而后复礼以闲之，则其违圣人之意远矣。”[③] 在他看来，杨时之释远远违背了孔圣人的原意。

对于尹焞所言“弟子问仁者多矣，唯对颜子为尽”，朱熹《论语或问》指出：“惟尹氏庶几近之，然其以理易礼，而遂以复礼为仁，则亦失程子之意矣。”[④] 批评尹焞解仁之论失却了二程原意。

---

① 黎靖德编，王星贤点校：《朱子语类》卷四一，第 1065 页。
② 朱熹：《论语或问》卷一二，《朱子全书》第 6 册，第 801 页。
③ 同上。
④ 同上。

对于胡宏所言“仁者，心之道乎”，朱熹在《朱子语类》中指出：“五峰曰：‘诚者，命之道乎！中者，性之道乎！仁者，心之道乎！’此语分得轻重虚实处却好。某以为‘道’字不若改做‘德’字，更亲切。‘道’字又较疏。”[①]朱熹认为，胡宏释“仁”为“心之道”之“道”字较空疏，不若改释为“心之德”，更亲切。

三、朱熹对以“人心”释仁的继承与发展

孟子说“仁，人心也”[②]，开启以“心”训“仁”的先河。对于孟子此语，朱熹有详细的分析。《朱子语类》载：

> “仁，人心也”，是就心上言。[③]
>
> 仁是无形迹底物事，孟子恐人理会不得，便说道只人心便是。却不是把仁来形容人心，乃是把人心来指示仁也。[④]
>
> 问：“杨氏谓：‘孟子言：“仁，人心也。”最为亲切。’窃谓以心之德为仁，则可；指人心即是仁，恐未安。”曰：“‘仁，人心也；义，人路也。’此指而示之近。缘人不识仁义，故语之以仁只在人心，非以人心训仁；义，只是人之所行者是也。”[⑤]
>
> 曰：“耳无有不聪，目无有不明，心无有不仁。然耳有时不聪，目有时不明，心有时不仁。”问：“莫是心与理合而为一？”曰：“不是合，心自是仁。然私欲一动，便不仁了。所以‘仁，人心也’。”[⑥]

在上述几条文献中，朱熹表达了两层似乎相互矛盾的意思。一方面，他强调，“仁，人心也”，是就心上言，“仁就心上说”[⑦]，“仁就处心处说，一事上处心如此，亦是仁”[⑧]，不是用仁来形容人心，也不是以人心训仁，

---

① 黎靖德编，王星贤点校：《朱子语类》卷六，第 103 页。
② 朱熹：《孟子集注》卷一一，《四书章句集注》，第 340 页。
③ 黎靖德编，王星贤点校：《朱子语类》卷五九，第 1405 页。
④ 同上注，第 1405—1406 页。
⑤ 同上注，第 1406 页。
⑥ 黎靖德编，王星贤点校：《朱子语类》卷三一，第 785 页。
⑦ 黎靖德编，王星贤点校：《朱子语类》卷三三，第 844 页。
⑧ 同上注，第 848 页。

而是用人心来指示仁，如果说“人心即是仁”，朱熹表示“恐未安”，因而反对用人心训仁；另一方面，朱熹在最后一条文献中又明确指出，心自是仁。为何会出现这种看似自相矛盾的诠释？朱熹究竟在何种层面上肯定和批判“仁，人心也”？下面试图从三个方面探寻其答案。

第一方面，朱熹之所以否定“仁，人心”，是因为“仁”是性，“心”兼性情。如《朱子语类》载：

问：“伊川曰：‘仁是性也。’仁便是性否？”曰：“‘仁，性也。’‘仁，人心也。’皆如所谓‘乾卦’相似。卦自有乾坤之类，性与心便有仁义礼智，却不是把性与心便作仁看。性，其理；情，其用。心者，兼性情而言；兼性情而言者，包括乎性情也。孝弟者，性之用也。恻隐、羞恶、辞让、是非，皆情也。”问：“伊川何以谓‘仁是性’？孟子何以谓‘仁人心’？”曰：“要就人身上说得亲切，莫如就‘心’字说。心者，兼体、用而言。程子曰：‘仁是性，恻隐是情。’若孟子，便只说心。程子是分别体、用而言；孟子是兼体、用而言。”①

在朱熹看来，“仁，人心”，以“人心”训“仁”不妥，仁是性，心兼（包括）性情，兼体用，我们自然不能用包含性、情的心训释纯为性的仁。

第二方面，朱熹之所以肯定“仁，人心”，是因为“心”是说体，是指“本心”。据《朱子语类》记载，朱熹说：

“心统性情。”性情皆因心而后见。心是体，发于外谓之用。孟子曰：“仁，人心也。”又曰：“恻隐之心。”性情上都下个“心”字。“仁，人心也”，是说体；“恻隐之心”，是说用。必有体而后有用，可见“心统性情”之义。②

理即是性，这般所在，当活看。如“心”字，各有地头说。如

① 黎靖德编，王星贤点校：《朱子语类》卷二〇，第475—476页。
② 黎靖德编，王星贤点校：《朱子语类》卷九八，第2513页。

孟子云：“仁，人心也。”仁便是人心，这说心是合理说。[①]

在这里，朱熹明确指出，“仁，人心”之“心”是说体，是合理说。孟子之“人心”兼体用而言，若我们只从“体”的角度视“心”，去掉“人心”之“用”（即情），那么统性情之“心”，即只剩下“性”了，无疑也就等同于是“性”之“仁”了，仁便是人心。

第三方面，心是专指“性”或“本心”时，“人心”是“仁”。

朱熹说：“自古圣贤相传，只是理会一个心，心只是一个性。性只是有个仁义礼智。”[②]心包括未发之性和已发之情，当心不含已发之情、只为未发之性时，心便同于为“性”之“仁”了。当朱熹肯定“人心”为“仁”时，此“人心”不含“已发之情”，只指“未发之性”了。正如向世陵所强调的：“但就心之自身来说，又要知晓心无不仁是专指本心即心之本体的方面，而不包括其流行发用在内。”[③]

朱熹围绕“心统性情”理学理论，强调“仁，人心也”是说性、说体。可见，从天性的角度，在本体的层面，朱熹认为人心就是仁。[④]只是有时在具体语境中，朱熹并没有明白地亮出自己这一角度和层面，因而初看起来，似乎自相矛盾。而实际上，朱熹从天性、本体的角度论述本心是仁的言论很多。有时，朱熹直接点明人之本心是仁，如“仁者，人之本心也”[⑤]。而有时，朱熹释“仁”与“心”为同一物，指出“仁即是心”，虽未明确此“心”为“本心”，但透过其关于“私欲”“尘垢”“遮蔽”“间隔”等论述，我们也可以看出其“心”即特指“本心”。如：

仁与心本是一物。被私欲一隔，心便违仁去，却为二物。若私欲既无，则心与仁便不相违，合成一物。心犹镜，仁犹镜之明。镜本来明，被尘垢一蔽，遂不明。若尘垢一去，则镜明矣。颜子三个

---

① 黎靖德编，王星贤点校：《朱子语类》卷五，第 84 页。
② 黎靖德编，王星贤点校：《朱子语类》卷二〇，第 475 页。
③ 向世陵主编：《宋代经学哲学研究 · 基本理论卷》，上海科学技术文献出版社，2015 年，第 207 页。
④ 钱穆：《朱子论仁》，《朱子新学案》第 1 册，九州出版社，2011 年，第 391 页。
⑤ 黎靖德编，王星贤点校：《朱子语类》卷三四，第 866 页。

月之久无尘垢。其余人或日一次无尘垢，少间又暗；或月一次无尘垢，二十九日暗，亦不可知。[①]

仁即是心。心如镜相似，仁便是个镜之明。镜从来自明，只为有少间隔，便不明。颜子之心已纯明了，所谓“三月不违”，只缘也曾有间隔处。[②]

朱熹亦从反面反复强调不仁者失去本心，如谓“不仁之人，失其本心”[③]，“不仁之人，私欲固蔽，失其本心”[④]，“‘依于仁，’仁是个主，即心也。‘依于仁’，则不失其本心。既不失其本心，则德亦自然有所据。若失其本心，则与那德亦不见矣”[⑤]，“人之本心无有不仁，但既然汩于物欲而失之，便须用功亲切，方可复得其本心之仁”[⑥]等。朱熹认为，人因为失其本心而不仁，依于仁则不失其本心；心无不仁是专指本心即心之本体的方面，而不包括发用流行后，受私欲蒙蔽后之仁[⑦]。

《朱子语类》载：“故体认得此心，而有以存养之，则心理无所不到，而自然无不爱矣。才少有私欲蔽之，则便间断，发出来爱，便有不到处。故世之忍心无恩者，只是私欲蔽锢，不曾认得我与天地万物心相贯通之理。故求仁之切要，只在不失其本心而已。”[⑧]就本体而言，仁同本心，因而，朱熹强调，求仁之要，只在不失其本心。

第二节　朱熹对“为仁”的诠释：以工夫指示仁

孔子《论语》中“仁”字出现109次，“为仁”出现了8次，其中以

---

① 黎靖德编，王星贤点校：《朱子语类》卷三一，第781页。
② 同上注，第787页。
③ 朱熹：《论语集注》卷二，《四书章句集注》，第69页。
④ 朱熹：《孟子集注》卷七，《四书章句集注》，第285页。
⑤ 黎靖德编，王星贤点校：《朱子语类》卷三四，第868页。
⑥ 朱熹：《答何叔京》，《晦庵先生朱文公文集》卷四〇，《朱子全书》第22册，第1841页。
⑦ 向世陵主编：《宋代经学哲学研究·基本理论卷》，上海科学技术文献出版社，2015年，第207页。
⑧ 黎靖德编，王星贤点校：《朱子语类》卷九五，第2424—2425页。

颜渊章“克己复礼为仁”最具典型意义。“克己复礼为仁”在清代汉宋之争中成为争点[①]，是儒学中的一个重要命题，在朱熹学术中亦占据重要的地位。朱熹颇为重视这一命题，认为“颜子生平，只是受用‘克己复礼’四个字”[②]，认为“仁本难说”[③]，“仁字最难形容”[④]，“‘仁’字最难言”[⑤]，“学者之于仁，工夫最难”[⑥]，“《论语》切要处在言仁。言仁处多，莫未识门路。日用至亲切处，觉在告颜子一章”[⑦]。

前哲时贤对朱熹工夫论的关注较少[⑧]，本节拟以朱熹对“克己复礼为仁”之“为仁”的诠释为中心，揭示朱熹学术的工夫论倾向及其全面性特征，回应和平议清代汉宋之争中汉学家的批驳，揭示“工夫”在儒家学说中的独特哲学价值，及其在世界哲学发展中的重要作用。

一、释“为仁”为“谓之仁”“是仁”：定位仁之工夫

《论语》“颜渊”篇“颜渊问仁”章有两个“为仁”，一为“克己复礼为仁”之“为仁”，一为“为仁由己”之“为仁”。在《论语集注》该章中，朱熹释“克己复礼为仁”之“仁”为“仁者，本心之全德”，释“为仁由己”之“为仁”为“为仁者，所以全其心之德也”，但对“克己复礼为仁”之“为”和“为仁”却不曾有具体的诠释。[⑨]《朱子语类》载有朱熹通过类比对此“为”字的诠释。

---

① 程树德撰，程俊英、蒋见元点校：《颜渊上》，《论语集释》卷二四，中华书局，2013年，第944页。
② 黎靖德编，王星贤点校：《朱子语类》卷四一，1042页。
③ 同上注，1287页。
④ 同上注，1459页。
⑤ 同上注，477页。
⑥ 同上注，818页。
⑦ 同上注，1073页。
⑧ 朱汉民、吴震、许家星、田智忠等少数学者从不同角度探讨过朱熹的工夫论。参看朱汉民：《朱熹工夫论的知行关系》，《湖南大学学报（社会科学版）》2005年第4期；吴震：《从政治文化角度看道学工夫论之特色——有关朱熹工夫论思想的一项新了解》，《社会科学》2013年第8期；许家星：《仁的工夫论诠释——以朱子“克己复礼”章解为中心》，《孔子研究》2012年第3期；田智忠、胡东东：《朱子“中和之悟”的工夫论解读》，《福建师范大学学报（哲学社会科学版）》2008年第4期。
⑨ 朱熹：《论语集注》卷六，《四书章句集注》，第133页。

《中庸》第十二章载有孔子言：“道不远人。人之为道而远人，不可以为道。”[①] 这章同《论语》“颜渊问仁”章颇为相似的是，皆出现了两个“为”字，且同一章中，两个“为”字的意思不同。为此，朱熹将这两章进行了类比。《朱子语类》载：“‘人之为道而远人’，如‘为仁由己’之‘为’；‘不可以为道’，如‘克己复礼为仁’之‘为’。”[②]

《论语》“学而”篇载有“孝弟也者，其为仁之本与”[③]，“宪问”篇载有“克、伐、怨、欲不行焉，可以为仁矣”[④]，这两篇载有的这两句话中均出现“为仁”二字。为此，朱熹又将其分别与“颜渊问仁”章出现的两个“为仁”进行类比。《朱子语类》载：“‘克己复礼为仁’，与‘可以为仁矣’之‘为’，如‘谓之’相似；与‘孝弟为仁之本’，‘为仁由己’之‘为’不同。”[⑤]

朱熹在此将“孝弟为仁之本”之“为仁”与“为仁由己”之“为仁”归为一类，并在注释“学而”篇“孝弟为仁之本”时强调，“为仁，犹曰行仁”[⑥]。由此类推，“为仁由己”之“为仁”意为“行仁”。

从上述朱熹的类比中，不难发现，“人之为道”“孝弟为仁之本”“为仁由己”之“为”皆为行为动词，意为“行（仁）”；“不可以为道”“可以为仁矣”“克己复礼为仁”之“为”皆为谓语动词，意为“谓之（仁）”。显然，在朱熹看来，“颜渊问仁”章两个“为仁”，含义各不相同。“为仁由己”之“为仁”乃“行仁”，意为推行仁道、仁爱，“为仁者，所以全其心之德也。……故为仁者必有以胜私欲而复于礼，则事皆天理，而本心之德复全于我矣”[⑦]，意思明白，不曾有疑义；而朱熹对“克己复礼为仁”之“为仁”的诠释则曲折得多，在这里，他通过类比，以“谓之”释“为仁”之“为”。

---

① 朱熹：《中庸章句》，《四书章句集注》，第 23 页。
② 黎靖德编，王星贤点校：《朱子语类》卷六三，第 1541 页。
③ 朱熹：《论语集注》卷七，《四书章句集注》，第 48 页。
④ 同上注，第 150 页。
⑤ 黎靖德编，王星贤点校：《朱子语类》卷四一，第 1043 页。
⑥ 同上。
⑦ 朱熹：《论语集注》卷六，《四书章句集注》，第 133 页。

在朱熹的语境中，“谓之”又是何意？《朱子语类》载有相关问题：

问：(《集注》)“解文义处，或用‘者’字，或用‘谓’字，或用‘犹’字，或直言，其轻重之意如何？”曰：“直言，直训如此。犹者，犹是如此。”又问“者”、“谓”如何。曰：“是恁地。”[①]

朱熹明确指出，“谓”字即“是恁地”的意思，即“是这（那）样地”。对此，金履祥、何基均强调，“克己复礼为仁”之“为”字轻，《(朱子)语录》多作“谓之仁”“便是仁”[②]。可见，朱熹的“谓之仁”与“是仁”相通。因而，有必要考察朱熹“是仁”的真正意涵，借此进一步探讨朱熹以“谓之”类比“为仁”之“为”的究竟所指。

在诠释“克己复礼为仁”这一命题的整体含义时，程颐释“为仁”为“是仁”，言：“须是克尽己私，皆归于礼，方始是仁。”[③]朱熹加以引用，并常释“为仁”为“是仁”。《朱子语类》载：

做到私欲净尽，天理流行，便是仁。[④]

“克己复礼”当下便是仁，非复礼之外别有仁也。此间不容发。无私便是仁，所以谓“一日克己复礼，天下归仁”。若真个一日打并得净洁，便是仁。如昨日病，今日愈，便不是病。[⑤]

克去己私，复此天理，便是仁。[⑥]

圣人只说做仁，如“克己复礼为仁”，是做得这个模样，便是仁。上蔡却说“知仁”，“识仁”，煞有病。[⑦]

在这些诠释“克己复礼为仁”的语句中，朱熹都用了判断动词“是”，强调“为仁”系“是仁”。他是在用“克己复礼”定义“仁”吗？

---

① 黎靖德编，王星贤点校：《朱子语类》卷一九，第 438 页。
② 金履祥：《颜渊》，《论孟集注考证》卷六，《景印文渊阁四库全书》第 202 册，台湾商务印书馆，1986 年，第 79—80 页。
③ 朱熹：《论语集注》卷六，《四书章句集注》，第 133 页。
④ 黎靖德编，王星贤点校：《朱子语类》卷六，第 117 页。
⑤ 黎靖德编，王星贤点校：《朱子语类》卷四一，第 1050 页。
⑥ 同上注，第 1051 页。
⑦ 同上注，第 1066 页。

朱熹曾强调，“克己复礼为仁”“非以‘克己复礼’是仁”[①]；在讨论“‘克己复礼’当下便是仁”时，他还明确指出：“‘克己复礼’本非仁，却须从‘克己复礼’中寻究仁在何处，亲切贴身体验出来，不须向外处求。”[②]在朱熹看来，“克己复礼”并不等于仁，但只要“亲切贴身体验”，由它可以找到仁。“非是仁”“本非仁”与“是仁”显然自相矛盾，朱熹的“是仁”之释并不是以“克己复礼”定义“仁”，而是将“克己复礼”定位为“为仁之工夫”。学宗朱熹的黄震对此强调，“为仁之工夫，即是上文‘克己复礼’”[③]，直揭朱熹释义要旨。正如法国哲学家于连所强调的，要从语用的角度而不是字面的意思去解读传统经典里的话语，[④]朱熹释“为仁”为“谓之仁”“是仁”并非从字面上定义“仁”，而是从强调“克己复礼”工夫的语用角度定位“仁”。

二、释“为仁”为“见仁”：工夫指向仁之本体

朱熹常用“见仁”释“克己复礼为仁”之“为仁”。“一于礼之谓仁。只是仁在内，为人欲所蔽，如一重膜遮了。克去己私，复礼乃见仁。”[⑤]朱熹认为，人欲就像一重膜，遮了内在的仁，克己复礼工夫可以把人欲这层膜撕掉，从而让我们见到仁的本来面目，“为仁”即“见仁”。

朱熹还曾用非常形象的比喻来说明这个道理。“孔子告颜渊，只说‘克己复礼’，若是克得己，复得礼，便自见仁分晓。如往长安，元不曾说与长安有甚物事如何，但向说向西去，少间他到长安，自见得。”[⑥]要去长安，重要的不是打听长安有什么景物、特点，关键应该是如何去得长安，至于长安是什么样子，去了自然就见到了。“为仁”何尝不是如此？

---

① 黎靖德编，王星贤点校：《朱子语类》卷二〇，第468页。

② 同上注，第470—471页。

③ 黄震著，张伟、何忠礼主编：《读〈论语〉》，《黄氏日钞》卷二，《黄震全集》第1册，浙江大学出版社，2013年，第20页。

④［法］弗朗索瓦·于连著，杜小真译：《迂回与进入》，生活·读书·新知三联书店，2003年。

⑤ 黎靖德编，王星贤点校：《朱子语类》卷四一，第1043页。

⑥ 同上注，第1049页。

“克己复礼”是“为仁”的方法和途径，照此去做了，“克得己”“复得礼”，自然就能“见仁”。

朱熹用词非常严谨，认为“见仁”比“为仁”“是仁”更为精准。

周明作谓：“私欲去则为仁。”曰：“谓私欲去后，仁之体见，则可；谓私欲去后便为仁，则不可。譬如日月之光，云雾蔽之，固是不见。若谓云雾去，则便指为日月，亦不可。如水亦然。沙石杂之，固非水之本然。然沙石去后，自有所谓水者，不可便谓无沙无石为水也。”①

在这里，朱熹巧用比方，云雾蔽日月之光，云雾去，则日月见，我们不能说云雾去后就为日月；水杂沙石，沙石去，则见水之本然，我们不能说无沙无石就为水；同理，私欲去，则仁之本体可见，我们不能说私欲去就为仁。

对于如何见仁，朱熹与学生有进一步的讨论：

国秀问：“圣人言仁处，如‘克己复礼’一句，最是言得仁之全体否？”曰：“圣人告人，如‘居处恭，执事敬，与人忠’之类，无非言仁。若见得时，则何处不是全体？何尝见有半体底仁！但‘克己复礼’一句，却尤亲切。”②

或问：“仁之全体，在克己上？”曰：“若论全体，是处可见。且如‘其言也讱’，若于此理会得透彻，亦见得全体。须是知得那亲切处。”③

朱子认为，见仁是见仁之全体，而不是“半体底仁”，“克己”可见仁之全体，“居处恭，执事敬，与人忠”“其言也讱”之类，只要“理会得透彻”，也能见到仁之全体，只是“克己复礼”一句最为亲切见效。

就“仁”的意涵，朱熹与弟子还曾深入讨论：

问：“‘克己复礼’，‘如见大宾’之时，指何者为仁？”曰：“存

① 黎靖德编，王星贤点校：《朱子语类》卷六，第117页。
② 黎靖德编，王星贤点校：《朱子语类》卷四一，第1054—1055页。
③ 同上注，第1055页。

得心之本体。”[①]

在朱熹看来，“仁”就是“存得心之本体”，不论是“克己复礼”“如见大宾”，还是“居处恭”“其言也讱”，我们所见的仁之全体，就是通过工夫实践而存得心之本体。

如果说朱熹释“为仁”为“谓之仁”“是仁”，是强调“克己复礼”乃“为仁之工夫”；那么，释“为仁”为“见仁”，则是强调“克己复礼”这一工夫及其指示的目标和方向乃“仁”之本体、全体。

三、释“为仁”为“到仁”“至仁”：工夫指向仁之境界

《朱子语类》载：

> 问：“‘克己复礼为仁’，这‘为’字，便与子路‘为仁’之‘为’字同否？”曰：“然。”又问：“程先生云：‘须是克尽己私，皆归于礼，方始是仁。’恐‘是仁’字与‘为仁’字意不相似。”曰：“克去那个，便是这个。盖克去己私，便是天理，‘克己复礼’所以为仁也。仁是地头，‘克己复礼’是工夫，所以到那地头底。”[②]

提问者涉及的“子路‘为仁’之‘为’”并非《论语》文本中的原文，是就《论语·公冶长》所载内容“孟武伯问：‘子路仁乎？’子曰：‘不知也’”[③]改说的。在提问者心中，“子路”与“仁乎”之间有一联系词“为”。朱熹答问时明确表示，子路“为仁”之“为”与“克己复礼为仁”之“为”相同。对于为何相同，朱子似乎未答，但仔细的读者于第二问中即可找到答案。朱熹针对再次提问指出，程子“是仁”与“克己复礼为仁”之“为仁”字意相似。“克己复礼”是工夫，仁是“地头”，是方向和目标，“是仁”“为仁”意为“到仁”，即通过“克己复礼”的工夫“到那地头底”，到达那仁的境界和地位。

关于“到仁”义，《朱子语类》又载：

---

① 黎靖德编，王星贤点校：《朱子语类》卷四一，第1043页。
② 同上注，第1058页。
③ 朱熹：《论语集注》卷三，《四书章句集注》，第77页。

亚夫云：“‘克己复礼为仁’，到仁便是极了。”[1]

（朱熹言）“到仁处，大本已好，但小节略略有些未善。”[2]

可见，以“克己复礼为仁”之“为仁”为“到仁”意，是朱熹师生的共识。

朱熹还以“至仁”释“克己复礼为仁”之“为仁”。《朱子语类》载：

孔门弟子如“仁”字“义”字之说，已各各自晓得文义。但看答问中不曾问道如何是仁，只问如何行仁；夫子答之，亦不曾说如何是仁，只说道如何可以至仁。如颜子之问，孔子答以“克己复礼”；仲弓之问，孔子答以“出门如见大宾，使民如承大祭，己所不欲，勿施于人”；司马牛之问，孔子答以“仁者其言也讱”；樊迟之问，孔子答以“居处恭，执事敬，与人忠”。想是“仁”字都自解理会得，但要如何做。[3]

朱熹强调，孔门师生答问中，根本不曾涉及“如何是仁”，弟子不曾问“如何是仁”，只问“如何行仁”；夫子不曾答“如何是仁”，只答“如何可以至仁”[4]。通过举例，朱熹认为，孔子以“克己复礼”答颜子之问，是说如何可以至仁，“克己复礼为仁”之“为仁”乃“至仁”义。

朱熹门人郑可学曾通过书信求教“克己复礼为仁”：“克己之功难为，而至仁也易……特不能如颜子深于天理人欲之际，便可至仁耳。”在这里，门人郑可学用“至仁”代言“克己复礼为仁”之“为仁”，朱熹对此是充分肯定的，评其“说得也好”。[5]

朱熹另一学生陈文蔚说：“学者工夫只得勉勉循循，以克人欲存天理为事。其成与不成，至与不至，则非我可必矣。”释“为仁”为经历勉勉循循工夫后之“至仁”。对此，朱熹亦肯定说：“是如此。”[6]

① 黎靖德编，王星贤点校：《朱子语类》卷四五，第1167页。
② 同上。
③ 黎靖德编，王星贤点校：《朱子语类》卷四一，第1054页。
④ 黎靖德编，王星贤点校：《朱子语类》卷四二，第1074页。
⑤ 同上。
⑥ 黎靖德编，王星贤点校：《朱子语类》卷三一，第783页。

《朱子语类》载：

问：“或人问伊川曰：‘孝弟为仁之本’，此是由孝弟可以至仁否？伊川曰：非也。不知如何。”曰：“仁不可言至。仁者，义理之言，不是地位之言，地位则可以言至。又不是孝弟在这里，仁在那里，便由孝弟以至仁，无此理。如所谓‘何事于仁，必也圣乎’，圣，却是地位之言。程先生便只说道：‘尽得仁，斯尽得孝弟；尽得孝弟，便是仁。’”①

在上述引文中，朱熹明确指出“仁不可言至”，那么，这是否与前文所述相矛盾呢？事实上，两者并不矛盾。仔细分析，我们可以发现，这里的“为仁”特指“孝弟为仁之本”之“为仁”，意为“行仁”，即推行仁道、仁爱，是就义理而言，不是就地位和境界而言，前面也已经引述，“孝弟为仁之本”“为仁由己”之“为”与“克己复礼为仁”之“为”不同。②

如果说朱熹释“为仁”为“谓之仁”“是仁”，强调“克己复礼”是“为仁之工夫”；释“为仁”为“见仁”，强调“克己复礼”工夫指示的方向和目标系“仁”的本体、全体；那么，释“为仁”为“到仁”“至仁”，则不仅强调“克己复礼”这一工夫，亦强调这一工夫指示的方向和目标乃“仁”之境界和地位。

四、释“为仁”为以工夫指示仁：前工夫后效果

《朱子语类》载：

敬之问“仁，人心也”。曰：“仁是无形迹底物事，孟子恐人理会不得，便说道只人心便是。却不是把仁来形容人心，乃是把人心来指示仁也。”

问：“杨氏谓：‘孟子言：“仁，人心也。”最为亲切。’窃谓以心之德为仁，则可；指人心即是仁，恐未安。”曰：“‘仁，人心也；

---

① 黎靖德编，王星贤点校：《朱子语类》卷二〇，第475页。
② 黎靖德编，王星贤点校：《朱子语类》卷四一，第1043页。

义，人路也。’此指而示之近。缘人不识仁义，故语之以仁只在人心，非以人心训仁；义，只是人之所行者是也。”①

朱熹认为，“仁，人心也”不是用仁来形容人心，不是用人心来定义仁，是用人心来指示仁，即用切近的东西来指示“无形迹”的仁，意在“指而示之近”，以帮助不识仁义之人理解、践行、抵达“仁”。与此类似，朱熹还曾指出，周敦颐“爱曰仁”，“是就爱处指出仁”。② 对此，杨儒宾指出：“孔子处处指点‘仁’，但却不曾对‘仁’下过定义”；“孔子虽曾广泛地指引仁，但对‘何谓仁’，却未曾以定义的方式确定之”。③ 牟宗三也曾强调：“仁道之大可知，而亦甚亲切。故孔子说仁大抵皆指点语也”；“仁是要超脱字义训诂之方式来了悟”。④

朱熹释“克己复礼为仁”之“为仁”为“谓之仁”“是仁”“见仁”“到仁”“至仁”，均不是定义“仁”，而是借“克己复礼”工夫指示“仁”。其指示含义主要体现在三个方面。

首先，“克己复礼”是先前的工夫，“仁”是后至的效果，“为”指示的是这一工夫与效果的关系。

《朱子语类》载：

> “仁”字最难言，故孔子罕言仁。仁自在那里，夫子却不曾说，只是教人非礼勿视听言动与“居处恭，执事敬，与人忠”，便是说得仁前面话；“仁者其言也讱”，“仁者先难而后获”，“仁者乐山”之类，便是说得仁后面话。只是这中间便着理会仁之体。⑤

“教人非礼勿视听言动”即夫子以“克己复礼”答“颜渊问仁”的具体内容。在朱熹看来，“克己复礼”是工夫，是“仁前面话”，努力做好这前面的工夫，才能至仁，才能实现仁，正所谓：“欲真个见得仁底模样，

---

① 黎靖德编，王星贤点校：《朱子语类》卷五九，第 1405—1406 页。
② 黎靖德编，王星贤点校：《朱子语类》卷二〇，第 464 页。
③ 杨儒宾：《理学的仁说：一种新生命哲学的诞生》，《台湾东亚文明研究学刊》2009 年第 1 期。
④ 牟宗三：《心体与性体》中，上海古籍出版社，1999 年，第 181 页。
⑤ 黎靖德编，王星贤点校：《朱子语类》卷二〇，第 477 页。

须是从‘克己复礼’做工夫去。”[①] 前面做了“克己复礼”工夫，后面“仁底模样”自然会呈现。“克己复礼”与“仁”，前者是工夫，后者是效果，二者之间不是等同关系，而是先后关系。

朱熹在《朱文公文集》中进一步指出：

> 仁是用功亲切之效，心是本来完全之物。人虽本有是心，而功（工）夫不到，则无以见其本体之妙。故熹向者妄谓人有是心而或不仁，则无以着此心之妙，以此故尔。[②]

> 人之本心无有不仁，但既汩于物欲而失之，便须用功亲切，方可复得其本心之仁。故前书有“仁是用功亲切之效”之说。以今观之，只说得下一截；“心是本来完全之物”，又却只说得上一截。然则两语非有病，但不圆耳。若云心是通贯始终之物，仁是心体本来之妙；汩于物欲，则虽有是心而失其本然之妙，惟用功亲切者为能复之，如此则庶几近之矣。[③]

这两段引文虽先后而作，但皆作于宋孝宗乾道八年（1172）朱熹43岁时，同年，朱熹作《仁说》，此时，经过与湖湘学者的论辩，朱子的仁学思想渐趋成熟。在上述两段引文中，朱熹明确指出，心是“本来完全之物”，仁是“用功亲切”之效果，如果“工夫不到”，心“汩于物欲”，我们难见“本体之妙”，这就是“人有是心”“或不仁”的原因所在，只有先能克己复礼，用功亲切，然后才能让“本心之仁”复现。

其次，“克己复礼”是求“仁”之术，“为”指示的是这一手段与目标的关系。

朱熹在《克斋记》中将“克己复礼”工夫喻为求“仁”之“术”：

> 所以求仁者盖亦多术，而一言足以举其要，曰克己复礼而已。[④]

朱熹认为，求“仁”的方法和路径很多，概括来说，最紧要的是

---

① 黎靖德编，王星贤点校：《朱子语类》卷六，第117页。

② 朱熹：《答何叔京》，《晦庵先生朱文公文集》卷四〇，《朱子全书》第22册，第1839页。

③ 同上注，第1841页。

④ 朱熹：《克斋记》，《晦庵先生朱文公文集》卷七七，《朱子全书》第24册，第3709页。

“克己复礼”。言外之意，只要能做“克己复礼”工夫，就能求得“仁”。《朱子语类》载：

> 须是就自己实做工夫处，分明见得这个道理，意味自别。如“克己复礼”则如何为仁？“居处恭，执事敬”，与“出门如见大宾”之类，亦然。“克己复礼”本非仁，却须从“克己复礼”中寻究仁在何处，亲切贴身体验出来，不须向外处求。[①]

在这里，朱熹自己也明确反问，“克己复礼”怎么会是仁呢？“克己复礼”只是“寻究”仁的处所和方法，“亲切贴身体验”地做这一工夫，在这一处所，照此方法，就能寻得仁，就能达到仁这一目标和境界。

再次，“克己复礼”是行“仁”的沟渠，渠通才能水流，“为”指示的是这一水到渠成的关系。

《朱子语类》载：

> 正如疏导沟渠，初为物所壅蔽，才疏导得通，则水自流行。“克己复礼”，便是疏导意思；流行处，便是仁。[②]
>
> “克己复礼”如通沟渠壅塞；仁乃水流也。[③]
>
> 须先克己私，以复于礼，则为仁。且仁譬之水，公则譬之沟渠，要流通此水，须开浚沟渠，然后水方流行也。[④]

在朱熹看来，沟渠“壅蔽”“壅塞”，只要“开浚”“疏导得通”，水就可以流行，人也是如此，只要克己私，复于礼，自然能“至仁”，仁就会像水一样流行。

对于孔夫子为什么只指示仁却不曾定义仁，朱熹提出了两个方面的原因：“孔门之教说许多仁，却未曾正定说出。盖此理直是难言，若立下一个定说，便该括不尽。且只于自家身分上体究，久之自然通达。”[⑤]朱熹认为，任何仁的定说都难以概括完整；每一个体都有差异，实现仁的路

① 黎靖德编，王星贤点校：《朱子语类》卷二〇，第 470 页。
② 同上注，第 470—471 页。
③ 黎靖德编，王星贤点校：《朱子语类》卷四一，第 1042 页。
④ 同上注，第 1067 页。
⑤ 黎靖德编，王星贤点校：《朱子语类》卷二〇，第 470 页。

径、方法不同。“孔门学者问仁不一，圣人答之亦不一，亦各因其人而不同，然大概不过要人保养得这物事。所以学者得一句去，便能就这一句上用工。”[①] 在这里，朱熹明确指出，虽然各人问仁不同、行仁不同，但孔夫子都据其所问和特点给予了适合弟子实际的行仁之法，弟子们“得一句去”，如果能就这一句上用功，自然能抵达仁之境界。

五、“为仁”诠释彰显朱子学术工夫论倾向

《论语》中有8个“为仁”，对此，朱熹进行了两类不同的诠释：一是释为“行仁”，主要包括“孝弟也者，其为仁之本与”(《学而》)、“为仁由己”(《颜渊》)、“恶不仁者，其为仁矣，不使不仁者加乎其身”(《里仁》)、“子贡问为仁”(《卫灵公》)等中的“为仁”；二是释为“谓之仁”“是仁”“见仁”“到仁”“至仁”等，主要包括“克己复礼为仁”(《颜渊》)、“克、伐、怨、欲不行焉，可以为仁矣”(《宪问》)、“能行五者于天下，为仁矣”(《阳货》)、“堂堂乎张也，难与并为仁矣”(《子张》)等中的“为仁”。其中，朱熹对“克己复礼为仁”之“为仁”的诠释最为详细、全面和典型。

就“克己复礼为仁”之“为仁”诠释这一典型代表来看，朱熹是立足于工夫视角，其“谓之仁”“是仁”“见仁”“到仁”“至仁”等“为仁”释义，不是定义“仁”，而是借“克己复礼”工夫指示“仁”，突出“克己复礼”的工夫论意涵，指示的乃仁之本体、全体、境界等。

朱熹本人反对空谈仁说、误导学者，其学术对工夫实践不无重视。朱熹曾言，“《论语》之书，无非操存、涵养之要……‘非礼勿视听言动’之类，皆是存养底意思”[②]。这里所指的操存、涵养、存养即属工夫论范畴。在《论语》“克己复礼为仁”章结尾，朱熹更是以“愚按”起头，明确指出：“此章问答，乃传授心法切要之言。”[③]“心法”二字清楚表明，朱

---

① 黎靖德编，王星贤点校：《朱子语类》卷五九，第1406页。
② 黎靖德编，王星贤点校：《朱子语类》卷一九，第444—445页。
③ 朱熹：《论语集注》卷六，《四书章句集注》，第133页。

熹此章的中心关怀乃是“克己复礼”的工夫修炼方法。在朱熹看来，《论语》等四书著作并非描述世界是什么或怎么样，而是记录孔孟等圣贤修己治人、为人处世的实践工夫；后人阅读、训释孔孟经典，目的并不只是为了获得一种与经典文献相关的知识，而是要从先圣先贤的实践工夫中获得启示，阐发、完善这套工夫论体系，寻求并践履自我身心涵养的方法与途径。也正因为此，朱熹反复强调，读书要“切已体验”，要“就自家身上推究”，要“就自家身上理会”①；读《论》《孟》，“须仔细玩味，以身体之”②。朱子推崇体验——实践的方法，视其为“第一义”的学问：“学问，就自家身已上切要处理会方是，那读书底已是第二义。”③他希望先圣先贤留下的成德工夫能够继续为后来儒家学者所践履，而不是仅仅被当作一种学问来思辨、研究。④

牟宗三强调：“宋明儒学问，讲本体必讲工夫，本体、工夫一定两面讲。……工夫就是所谓的‘实践’。……我们为什么讲心体、性体、道体这些东西呢？这些都是理论呀！我们之所以如此讲，是因为我们有工夫，而在工夫中了解这些道理。所以，讲道体就涵著工夫，讲工夫就印证道体，这两面一定是相应的。”⑤朱熹谈论心性，探究本体论，但尤其重视工夫论，其心性论、本体论涵着工夫论，以工夫论为前提，朱熹学术的工夫论倾向是显而易见的。工夫论与本体论相连，两者兼备，朱熹学术从而有了全面性特征，牟宗三揭示的正是朱熹学术的这一特征。

朱熹为什么重视“为仁”之“克己复礼”的实践工夫？对此，陈来先生有较为透彻的论述：

> 朱子所运思的方向，显然更注重仁说的道德实践意义，即工夫意义，而不是仁说的境界意义。他始终认为，仅仅把仁设定为一种

---

① 黎靖德编，王星贤点校：《朱子语类》卷一一，第181页。

② 胡广、杨荣、金幼孜等纂修，周群、王玉琴校注：《四书大全校注》，武汉大学出版社，2009年，第312页。

③ 黎靖德编，王星贤点校：《朱子语类》卷一四，第161页。

④ 朱汉民、肖永明著：《宋代〈四书〉学与理学》，中华书局，2009年，第271—279、334—345页。

⑤ 牟宗三：《中国哲学十九讲》，台湾学生书局，1983年，第395页。

高远的人生境界或胸怀，而不指示出人通过什么具体的修养方法以实现或接近人生的最高境界，就会把仁说变成空谈，甚至误导学者；在这一点上，朱子是坚持严肃主义而警惕浪漫主义的。

朱子的仁说，其出发点在强调“功（工）夫”，而非“本体”。[①]

朱熹认为，仅仅把仁设定为一种高远的人生境界或胸怀，而不指示具体的修养方法，是空谈仁说，会误导学者，只有坚持克己复礼工夫，去除气禀物欲的影响和蒙蔽，才能回到仁心的本体。可见，朱熹本人亦旗帜鲜明地反对空谈，强调工夫。由此看来，清儒批评朱熹等宋儒空谈心性、如风如影，[②]显然有违朱熹本意，是有失公允、客观和全面的，是对朱熹学术的误读，是对其工夫论的忽视。正因如此，清代汉学家对朱熹等宋儒的误读受到了清人方东树的激烈反驳：“程朱言性、言理，皆从身心下功（工）夫，以日用伦常为实际，何尝‘如风如影’？是未尝详读其书，徒耳食浮游以诬之耳。”[③]当代学者对此也纷纷回应，朱汉民先生说：“最为明清儒家学者所批评的无极太极、理气、心性的空谈，其实均是有强烈的实践诉求的。”[④]黄俊杰指出：“古代儒家强调人要随时随地自我提升，在这种‘工夫’实践完成之后，才会有对这种‘工夫’境界的体认与描述。”[⑤]在他们看来，朱熹学术立足“日用伦常”，“从身心下功（工）夫”，具有“实践诉求”，是工夫实践，从而从工夫实践的角度对汉宋之争中清儒驳斥宋儒进行了回应。由此可见，揭示朱熹《论语》“为仁”诠释特别是“克己复礼为仁”之“为仁”这一典型诠释的工夫论意涵，对于平议汉宋之争不无裨益。

从源头上看，整个中国哲学传统始于忧患意识，而非对世界的好

① 陈来：《论宋代道学话语的形成和转变——论二程到朱子的仁说》，《中国近世思想史研究》，生活·读书·新知三联书店，2010年，第103—105页。

② 江藩、方东树著，徐洪兴编校：《汉学商兑》，《汉学师承记：外二种》，中西书局，2012年，第250—252页。

③ 同上注，第252页。

④ 朱汉民：《朱熹〈四书〉学与儒家工夫论》，《北京大学学报（哲学社会科学版）》2005年第1期。

⑤ 黄俊杰：《东亚儒学史的新视野》，喜马拉雅基金会，2001年，第412页。

奇。[1]如果说，好奇心引发的是求真，那么忧患意识引发的则是寻道，即朱熹重视的“工夫”。在朱熹看来，“克己复礼为仁”这一儒学重要命题，重要的不是从理智的领域讲解和描述“仁”本身，而是突出怎样才能见到仁的本体和全体、达到仁的境界，强调的是实现仁的工夫和方法。同西方哲学运用语言分析、逻辑推理等进行描述和定义，追求对“仁”的认知不同的是，朱熹释“为仁”为“谓之仁”“是仁”“见仁”“到仁”“至仁”等，是从工夫实践的角度指示仁，彰显的是修身、实践的理性和成人成己的生活方式，因而首先重点展示的是“克己复礼”这一工夫，而不是“仁”本身。西方哲学的形而上学等理论，在中国传统哲学看来，只是为人的生活提供理论指导，只是人生的观念基础。正因如此，有学者指出，工夫是解蔽中国哲学奥秘的放大镜。[2]以朱熹学术为代表的程朱理学的工夫论，充分彰显了儒家学说的独特哲学价值。中国传统哲学既注重本体又讲工夫，体现出学术的完整性和全面性。正如张学智所强调的：“宋明理学家在功（工）夫论方面的贡献，无论在中国还是在世界的哲学视域中都是独特的。通过这种独特性可以丰富对宋明理学的理解，也能够进一步从社会实践层面来理解超越性维度。”[3]世界哲学若在注重理论分解时，能更加关注工夫，重视工夫实践对理论的体验、印证和促进作用，必将有利于突破西方哲学理智主义的局限，获得新的穿透力和建构性的发展。

第三节　朱熹释“仁”为“本心之全德”

前文已揭朱熹释“为仁”为“见仁”“到仁”“至仁”，强调的是见到仁之本体、到达仁之境界前面的“克己复礼”之工夫，“便是说得仁前面话”，但不曾理会“仁之体”，没有正面回答“仁是什么”的问题。

---

① 徐复观：《中国人性论史·先秦篇》，上海三联书店，2001 年，第 20 页。
② 倪培民：《中国哲学的功夫视角和功夫视角下的世界哲学》，《周易研究》2015 年第 3 期。
③ 张学智：《宋明理学中的“终极关怀”问题》，《中国社会科学》2016 年第 9 期。

二程摒弃前人释“仁”为“爱”的传统，释“仁”为“性”，把“仁”从形而下的、已发之情与用的境界提高到了形而上的、未发之性与体的领域。朱熹指出：“大抵二先生之前，学者全部知有仁字，凡圣贤说仁处不过只作爱字看了。自二先生以来，学者始知理会仁字，不敢只作爱字看了。”① 二程这一诠释的改变无疑有助于满足建构理学体系的需要，朱熹以此为基础，结合并发展“性即理”学说，释“仁”为“性”为“理”，服务于理学体系的建构和完善。释“仁”为“性”为“理”无疑升格了“仁”的层次，但是还不曾扣住“仁”本身的特质进行诠释，那么，在朱熹看来，何为“仁”之最佳诠释？朱熹是怎么诠释“克己复礼为仁”之“仁”的？

《朱子语类》载朱熹与学生之问答：“或问：‘仁当何训？’曰：‘不必须用一字训，但要晓得大意通透。’”② 下面我们结合朱熹相关文本材料对以上问题进行探讨，试图通晓朱熹“克己复礼为仁”之“仁”的训释大意。

一、释“仁”为“本心之全德”是通则

以“本心之全德”释“仁”是《论语集注》释“仁”的通则，理解“本心之全德”是理解朱熹仁学思想的关键。

朱熹在《论语》“颜渊问仁”章释“克己复礼为仁”之“仁”和“为仁”为“仁者，本心之全德”，“为仁者，所以全其心之德也”，③ 释“克己

---

① 朱熹：《答张敬夫》，《晦庵先生朱文公文集》卷三一，《朱子全书》第21册，第1335页。

② 黎靖德编，王星贤点校：《朱子语类》卷六，第118页。

③ 关于“为仁者，所以全其心之德也”究竟是诠释“克己复礼为仁”之“为仁”还是诠释“为仁由己”之“为仁”，前文“为仁”诠释溯源部分已涉黄震、金履祥、何文定、王文宪等人的诠释。考察朱熹相关文本，不难发现，从用力来看，前者轻，后者重，前一“为”之有“谓之”义，后一“为”字有动词“实行”义；“为仁者，所以全其心之德也”是释“克己复礼为仁”之“仁”，一因其出现在“归，犹与也”和“又言为仁由己”的前面，从先后顺序来看，只能是用来释在前的“克己复礼为仁”之“仁”；从诠释的内容本身来看，“为仁由己”之“为仁”意为“行仁”，可释为“全其心之德”，而“所以”意为“原因”或“缘故”，“所以全其心之德”意为“全其心之德的原因”，显然是用来诠释“克己复礼为仁”之“为仁”。

复礼为仁”整句为“盖心之全德，莫非天理，而亦不能不坏于人欲。故为仁者必有以胜私欲而复于礼，则事皆天理，而本心之德复全于我矣”[①]。朱熹释“仁”为“本心之全德”时，将此诠释置于其理学建构系统中，将“心之全德”与“天理”相连，“心之全德”义成了理学化的诠释。

考察朱熹对整个《论语集注》中“仁”之诠释，不难发现，朱熹以“本心之全德”释“仁”是典型性的诠释。

朱熹在《论语集注》中释“仁”时，都围绕和关注“德”。下面列举数条：

(1) 引用尹焞言“德行，本也。文艺，末也。穷其本末，知所先后，可以入德矣”，强调“入德”。[②]

(2) 言“好仁者”“恶不仁者”皆“成德之事”。[③]

(3) 言“雍也仁”乃“美其优于德”。[④]

(4) 言圣人称由可使治赋、求可使为宰未论到心德处。[⑤]

(5) 言“仁者是就成德上说”。[⑥]

(6) 强调“仁是德”。[⑦]

(7) 言“颜子是近前与他一刀两断；仲弓是一面自守，久而贼自遁去。此亦只是一个道理。圣人教人，因其资之高下，故不同。要之，用功成德则一”。[⑧]

(8) 言“私意无所容而心德全”。[⑨]

(9) 谓牛（司马牛）之为人如此，若不告之以其病之所切，而泛以为仁之大概语之，则以彼之躁，必不能深思以去其病，而终无

① 朱熹:《论语集注》卷六,《四书章句集注》，第 133 页。
② 朱熹:《论语集注》卷一,《四书章句集注》，第 49 页。
③ 朱熹:《论语集注》卷二,《四书章句集注》，第 70 页。
④ 朱熹:《论语集注》卷三,《四书章句集注》，第 76 页。
⑤ 黎靖德编，王星贤点校:《朱子语类》卷二八，第 720 页。
⑥ 黎靖德编，王星贤点校:《朱子语类》卷三二，第 825 页。
⑦ 黎靖德编，王星贤点校:《朱子语类》卷三三，第 848 页。
⑧ 黎靖德编，王星贤点校:《朱子语类》卷四一，第 1059 页。
⑨ 朱熹:《论语集注》卷五,《四书章句集注》，第 134 页。

自以入德矣。故其告之如此。盖圣人之言，虽有高下大小之不同，然其切于学者之身，而皆为入德之要。[①]

（10）引尹焞言，强调“成德以仁为先”。[②]

（11）言“仁人，则成德之人”。[③]

（12）指出“贤以事言，仁以德言。夫子尝谓子贡悦不若己者，故以是告之。欲其有所严惮切磋以成其德”。[④]

朱熹《论语集注》释“仁”为“心之德”“本心之全德”，共有九条。

（1）仁者，爱之理，心之德也。[⑤]（孝弟也者，其为仁之本与！）

（2）人欲肆而本心之德亡矣。[⑥]（巧言令色，鲜矣仁！）

（3）仁者，心之德。心不违仁者，无私欲而有其德也。[⑦]（回也，其心三月不违仁）

（4）仁，则私欲尽去而心德之全也。[⑧]（依于仁）

（5）仁者，心之德。[⑨]（仁远乎哉？我欲仁，斯仁至矣。）

（6）仁，则心德之全而人道之备也。[⑩]（若圣与仁）

（7）仁者，人心之全德。[⑪]（仁以为己任）

（8）仁者，本心之全德。[⑫]（克己复礼为仁。）

（9）三人之行不同，而同出于至诚恻怛之意，故不咈乎爱之理，而有以全其心之德也。[⑬]（殷有三仁焉。）

这九条材料中，朱熹四次释“仁”为“人心之全德”（含两次释为

---

① 朱熹：《论语集注》卷五，《四书章句集注》，第134页。
② 同上注，第157页。
③ 同上注，第164页。
④ 同上。
⑤ 朱熹：《论语集注》卷一，《四书章句集注》，第48页。
⑥ 同上。
⑦ 同上注，第86页。
⑧ 朱熹：《论语集注》卷四，《四书章句集注》，第94页。
⑨ 同上注，第100页。
⑩ 同上注，第101页。
⑪ 同上注，第104页。
⑫ 朱熹：《论语集注》卷六，《四书章句集注》，第133页。
⑬ 朱熹：《论语集注》卷九，《四书章句集注》，第184页。

“心德之全”，一次释为“人心之全德”)，五次释为“心之德”(含一次释为“本心之德”)。“本心之全德”同于“心之德”义，并突出此“心”为“本心”，此“德”为“全德”，语意更为完整。可见，“颜渊问仁”章释“仁”为“本心之全德”是整个《论语集注》释“仁”的典型。

另朱熹《孟子集注》释“仁”为“心之德”有两条：

(1)仁者，心之德、爱之理。[①](亦有仁义而已矣。)

(2)仁者心之德。[②](孟子曰：“仁，人心也。”)

二、区别于人心的本心是道心

为何朱熹释“克己复礼为仁”之“仁”为“本心之全德”？我们先从“本心”的角度寻找答案。

诚如朱熹所说：“要就人身上说得亲切，莫如就‘心’字说。”[③]“仁”的意涵非常丰富，只有切身体会才能更准确地把握它，正是从“亲切”这一角度出发，朱熹以“本心之全德”释“仁”。同时，朱熹释“仁”为“本心之全德”亦是对孟子“仁，人心”诠释的继承与发展。

《论语集注》中类似“本心之全德”的诠释还有三处：“仁者，人心之全德”(仁以为己任)[④]；“仁，则私欲尽去而心德之全也”(依于仁)[⑤]；“仁，则心德之全而人道之备也”(若圣与仁)[⑥]。这四处诠释皆紧扣“心”，言“人心”“心(德)”，而“颜渊问仁”章“仁者，本心之全德”[⑦]特指“本心”，而同在这一章中，朱熹又言“人心”，说：“是人心之所以为主，而胜私复礼之机也。”[⑧]那么，“颜渊问仁”章中的“本心”与“人心”是否相同？朱熹诠释话语体系中的“心”“人心”“本心”“道心”之意涵是

---

① 朱熹：《论语集注》卷一，《四书章句集注》，第201页。
② 朱熹：《孟子集注》卷一一，《四书章句集注》，第340页。
③ 黎靖德编，王星贤点校：《朱子语类》卷二〇，第475页。
④ 朱熹：《孟子集注》卷四，《四书章句集注》，第104页。
⑤ 朱熹：《论语集注》卷四，《四书章句集注》，第94页。
⑥ 同上注，第101页。
⑦ 朱熹：《论语集注》卷六，《四书章句集注》，第133页。
⑧ 同上。

相同还是相异？下面从“本心”溯源、“人心”与“道心”之别、仁为何心等三个方面来论述。

其一，“本心”溯源。

“本心”这个概念最早出现于《孟子·告子上》，但只在“此之谓失其本心”[①]一句话中提及，推究《孟子》全文特别是《告子》全篇，不难发现，孟子之“本心”应为之前提及的“仁义之心”“良心”[②]。在孟子看来，本心或良心虽“人皆有之”，但若不操存涵养，就可能会丧失，而“失其本心”[③]。

汉代董仲舒在《春秋繁露》中亦引入了“本心”一词，“故聪明圣神，内视反听，言为明圣，内视反听，故独明圣者知其本心皆在此耳”[④]。董仲舒所言之“本心”显然与孟子“本心”之“良心”义不同，董强调的是每个人都是人副天数，圣人与生俱来就是天人合一的、具备洞悉微妙之理的能力。

唐代孔颖达疏解《礼记·礼器》，亦引入了“本心”概念，“孝子亲丧，痛由心发，故啼号哭泣，不待外告而哀自至，是反本还其孝性之本心也。……朝廷是养老尊贤之地，为贤所乐也。故臣入门必县兴奏乐之事，是反本还其乐朝廷之本心”[⑤]。孔颖达是就还“本心”谈“反本”，一是“反本还其孝性之本心”，一是“反本还其乐朝廷之本心”，前者为亲亲之心，后者为尊贤之德，孔颖达把“本心”扩大为个人行为和国家政治的根本。

“本心”在中国佛教哲学中，亦是非常重要的术语。与孔颖达同时期的唐代高僧惠能强调，“呈自本心”“不识本心，学法无益。识心见性，

---

① 朱熹：《孟子集注》卷一一，《四书章句集注》，第340页。
② 同上。
③ 同上。
④ 苏舆撰，钟哲点校：《同类相动第五十七》，《春秋繁露义证》卷一三，中华书局，1992年，第360页。
⑤ 郑玄注，孔颖达疏：《礼器》，《礼记正义》卷二四，北京大学出版社，1999年，第750页。

即悟大意”[①]。惠能认为，本心与清净自性是同一概念，“《菩萨戒经》云：我本元自性清净。识心见性，自成佛道。《维摩经》云：即时豁然，还得本心”[②]；“若识本心，即是解脱”[③]。本为神秀门下“聪明多智”的门徒志诚，受益于惠能讲法而“言下便悟，即契本心”[④]。识本心、得本心和契本心突出的是内在本性或自性的顿悟。佛教上坚持本心与自性的统一，对出入“佛老”的朱熹等理学家，无疑有很大的影响。[⑤]

不论是孟子初涉之“本心”，还是佛教的“本心”，都促进了朱熹等宋代理学家对“本心”的重视，宋代理学家在经典诠释中常常提到的“本心”后来发展成为中国哲学史上非常重要的概念。

如果说孟子首提“本心”，意在强调人与生俱来的抵抗外物诱惑的内在道德操守，那么，董仲舒、孔颖达和高僧惠能则远离了孟子原初想表达的道德义，而侧重于单向发展的“本心”的本来和与生俱来义。能接续“本心”之道德、与生俱来二义的，则是宋代的理学家们。

张载说：“仁之难成久矣，人人失其所好，盖人人有利欲之心，与学正相背驰。故学者要寡欲，孔子曰：‘枨也欲，焉得刚！’”[⑥]“婢仆始至者，本怀勉勉敬心，若到所提掇，更谨则加谨，慢则弃其本心，便习以性成。故仕者入治朝则德日进，入乱朝则德日退，只观在上者有可学无可学尔。”[⑦]张载指出了“仁”之难成，在于“本心”的反面“利欲之心”的作用。由“习以性成”等，不难发现，张载之“本心”指的是人未受环境污染前的爱敬之心或初心，张载将“轻慢”和“德”一起照应，丰富了其“本心”义。

到了程颐，“本心”与“仁”紧密相随，“本心”成为理学视域下人

① 惠能著，郭朋校释：《坛经校释》，中华书局，1983年，第15页。
② 同上注，第58页。
③ 同上注，第60页。
④ 同上注，第77页。
⑤ 向世陵主编：《宋代经学哲学研究·基本理论卷》，上海科学技术文献出版社，2015年，第215—216页。
⑥ 张载著，章锡琛点校：《经学理窟》，《张载集》，中华书局，1978年，第281—282页。
⑦ 同上注，第282页。

的普遍道德良心。《程氏遗书》载：

先生教某思孝弟为仁之本。某窃谓：人之初生，受天地之中，禀五行之秀，方其禀受之初，仁固已存乎其中。及其既生也，幼而无不知爱其亲，长而无不知敬其兄，而仁之用于是见乎外。当是时，唯知爱敬而已，固未始有事物之累。及夫情欲窦于中，事物诱于外，事物之心日厚，爱敬之心日薄，本心失而仁随丧矣。[①]

程颐要弟子思考“孝弟为仁之本”问题，弟子之思则统合了《左传》的“天地之中”、《礼记》的“五行之秀”和《孟子》的“孩提之童，无不知爱其亲者，及其长也，无不知敬其兄也”等，突出“本心”之道德根本义，并强调“本心失而仁随丧”，突出仁和本心的存亡与共关系。对此，程颐深以为然，鼓励说：“能如此寻究，甚好。”[②]

张载和程颐的“本心”论扣住“德”和“仁”，无疑是接续孟子“本心”论的转变和发展，但遗憾的是，张、程二人更多考虑的还是如何保住“本心”，防止“本心”丧失的问题，但对“本心”的正面论述以及对扭转“本心”的私欲的克制还不曾有细致的论述和分析。

陆九渊作为宋代“心学”代表人物，“本心”观念特别突出。陈来指出，“本心”观念应当是陆学的，也是理解陆学最重要的观念。[③]陆九渊的本心思想来源于孟子，他由孟子“良心”“仁义”等出发，提出其“本心”说。《陆九渊集》载：

孟子曰：所不虑而知者，其良知也；所不学而能者，其良能也。此天之所与我者，我固有之，非由外铄我也，故曰：“万物皆备于我矣，反身而诚，乐莫大焉。”此吾之本心也。[④]

道塞宇宙，非有所隐遁，在天曰阴阳，在地曰柔刚，在人曰仁义。故仁义者，人之本心也。孟子曰：“存乎人者，岂无仁义之心

① 程颢、程颐著，王孝鱼点校：《河南程氏遗书》卷二三，《二程集》，第309—310页。
② 同上注，第310页。
③ 陈来：《宋明理学》，生活·读书·新知三联书店，2011年，第206—209页。
④ 陆九渊著，钟哲点校：《与曾宅之》，《陆九渊集》卷一，中华书局，1980年，第5页。

哉？”又曰：“我固有之，非由外铄我也。”愚不肖者不及焉，则蔽于物欲而失其本心；贤者智者过之，则蔽于意见而失其本心。①

（杨简）问：“如何是本心？”先生曰：“恻隐，仁之端也，羞恶，义之端也，辞让，礼之端也，是非，智之端也。此即是本心。”②

陆九渊直言不讳地对弟子杨简说，本心即孟子讲的四端，明确表示自己的“本心”说源于孟子。在他看来，“本心”是本有的，本心是一种先验的存在，道德意识是人心本来的状态。与孟子“本心”说不同的是，陆九渊的“本心”说结合其“心即理”学说，强调内心的道德准则与宇宙普遍之理的同一性，具有宇宙论和社会规范的意义，较之孟子的“本心”说，显然更为系统、细致，颇具理论高度。

与前人文本中“本心”出现寥寥无几迥然不同的是，“本心”成了朱熹话语体系中一个固定而至关重要的词汇。相较于程颐的“心外求理”，朱熹无疑更为重视“本心”“圣人之心”。为此，金春峰说，朱熹“总是不离心而言理，由心外求理（道德）的‘理学’转向‘心学’”③。但相较于陆九渊的“心学”，朱熹的“本心”力量以其“天理”的无限性和性体的全面性为基本前提，而陆九渊的“本心”自明，人不必他求，能否守住本心无失，完全掌握在自己的主观意志中。

其二，“人心”与“道心”之别。

《尚书·大禹谟》记载舜诫禹：“人心惟危，道心惟微。惟精惟一，允执厥中。”“心之虚灵知觉”，本来只是一个整体，为什么会有人心、道心的区别呢？对此，朱熹结合“克己复礼为仁”章旨，在《戊申封事》和《答陈同甫》中进行了深度辨别。④概而言之，主要有如下四点。

一是无论智愚，人皆有人心道心。每个人都有形体，因而都有“生

① 陆九渊著，钟哲点校：《与赵监》，《陆九渊集》卷一，中华书局，1980年，第9页。
② 陆九渊著，钟哲点校：《年谱》，《陆九渊集》卷三六，中华书局，1980年，第487页。
③ 金春峰：《朱熹哲学思想的重新认识》，《师道师说：金春峰卷》，东方出版社，2016年，第274页。
④ 朱熹：《戊申封事》，《晦庵先生朱文公文集》卷一一，《朱子全书》第20册，第590—591页；朱熹：《答陈同甫》，《晦庵先生朱文公文集》卷三六，《朱子全书》第21册，第1586—1587页。本段引文均出自此两篇，不再详注。

于形气之私”的人心，即使是上智之人也不例外。每个人都有本性，因而都有“原于性命之正”的道心，即使是下愚之人也不例外。“夫人自有生而梏于形体之私，则固不能无人心矣。然而必有得于天地之正，则又不能无道心矣。”

二是人心道心交杂并行。人心“危殆而不安”，道心“精微而难见”。既然人人都有人心道心，作为“人心之全德”的道心，“不能无人欲之私以害焉”，在日用之间，二者并行于人之内心，互克互胜，关系着个人得失和天下治乱。

三是唯有精择守一才能分别人心道心。任由人心道心交杂，不予修治，自然会“危者愈危，微者愈微”，“天理之公”就无法战胜“人欲之私”。只有“择之精”“守之一”，才能不使人心杂乎道心、天理流于人欲，因为“精则察夫二者之间而不杂也；一则守其本心之正而不离也”。

四是日日克己，道心方能主人心。我们不能放任人心“自危”、道心“自微”，只有“日日克之，不以为难”，“胜其私欲”“复于礼”，“从事于斯，无少间断”，才能“使道心常为一身之主，而人心每听命焉”，才能“私欲净尽，天理流行”，“仁不可胜用”。

余英时指出，“人心”“道心”之别为思想界所接受是一个很有意义的信号，表示内向超越已进入相当成熟的阶段。[①] 朱熹重视心[②]，区分人心、道心，以此诠释“克己复礼为仁”，构建自己的心性哲学，由此亦彰显其学术内向超越的特征。

其三，仁为何心？

朱熹晚年作《中庸章句序》，认为《中庸》乃“孔门传授心法”[③]，又借《尚书·大禹谟》“人心惟危，道心惟微，惟精惟一，允执厥中”十六字区别人心、道心并揭橥天理、人欲的关系，清理儒学道统的承

---

① 余英时：《论天人之际：中国古代思想起源试探》，中华书局，2014 年，第 226 页。
② 钱穆：《朱子论人心与道心》，《朱子新学案》第 2 册，九州出版社，2011 年，第 202—205 页。
③ 朱熹：《中庸章句》，《四书章句集注》，第 17 页。

继，让理学体系建构中形而上的义理层面更为明朗。结合《中庸章句序》“心”“人心”“道心”等内容，[①] 和《朱子语类》中朱熹相关论述，我们可以找到朱熹诠释话语体系中“心”“人心”“本心”“道心”的真正意涵，寻得仁为何心的答案。《中庸章句序》说：

> 心之虚灵知觉，一而已矣，而以为有人心、道心之异者，则以其或生于形气之私，或原于性命之正，而所以为知觉者不同，是以或危殆而不安，或微妙而难见耳。然人莫不有是形，故虽上智不能无人心，亦莫不有是性，故虽下愚不能无道心。二者杂于方寸之间，而不知所以治之，则危者愈危，微者愈微，而天理之公卒无以胜夫人欲之私矣。精则察夫二者之间而不杂也，一则守其本心之正而不离也。从事于斯，无少间断，必使道心常为一身之主，而人心每听命焉，则危者安、微者著，而动静云为自无过不及之差矣。[②]

> 曰：“人心者，人欲也；危者，危殆也。道心者，天理也；微者，精微也。物物上有个天理人欲。”因指书几云：“如墨上亦有个天理人欲，砚上也有个天理人欲。分明与他劈做两片，自然分晓。尧舜禹所传心法，只此四句。”[③]

> 仁者心之德，程子所谓“心如谷种，仁则其生之性”是也。然但谓之仁，则人不知其且于己，故反而名之曰人心，则可以见其为此身酬酢万变之主，而不可须臾失也。[④]

从以上《中庸章句序》和《朱子语类》中的相关内容来看，在朱熹理学体系中，“心”包括“人心”和“道心”，“人心”是人欲，“道心”

---

①《论语集注》成书于淳熙四年（1177）六月二十四日（时年朱子48岁），《中庸章句序》成于淳熙十六年（1189）三月十八日（时年朱子60岁），虽然朱熹云“《论孟集注》后来改定处多”。（载于束景南：《朱熹年谱长编》（增订本），华东师范大学出版社，2014年，第585、955、586页。）“某于《论》《孟》，四十余年理会。”（载于黎靖德编，王星贤点校：《朱子语类》卷十九，第437页。）但其《中庸章句序》乃晚年所作，序中专题讨论“人心”“道心”，无疑是其晚年思想的成熟表现，因而可以《中庸章句序》此内容印证《论语集注》相关诠释。

② 朱熹：《中庸章句序》，《四书章句集注》，第14页。

③ 黎靖德编，王星贤点校：《朱子语类》卷七八，第2017页。

④ 朱熹：《孟子集注》卷一一，《四书章句集注》，第340页。

是天理，“道心”即“本心”。“克己复礼为仁”章“是人心之所以为主，而胜私复礼之机也”[①]之“人心”，跟《孟子集注》“然但谓之仁，则人不知其且于己，故反而名之曰人心，则可以见其为此身酬酢万变之主，而不可须臾失也”[②]之“人心”相类，同于《中庸章句序》“必使道心常为一身之主，而人心每听命焉”[③]之“道心”，亦即“本心”。由此看来，《论语集注》中释“仁”之“心（德）”“人心”同于“本心”，类似“道心”。

值得注意的是，这个“道心”同“人心”一样是“已发之心”，发于仁义礼智之性，但不是性。[④]这个“本心”是“本然之心”“先天本有之心”“最初良善之心”“道德之心”，亦即其理学话语体系中的“天理”。可见，朱熹以“本心之全德”释“克己复礼为仁”中的“仁”，这个“本心”较之“心”“人心”，用语更为精准。

三、作为本心之仁是天生的、固有的

朱熹明确强调，“仁者，人之本心也”[⑤]，仁是人之本心。朱熹释“克己复礼为仁”之“仁”即从“本心”角度诠释。一方面，朱熹在《论语集注》“颜渊问仁”章直接释“仁”为“本心之全德”，明示其从“本心”进行诠释的角度。另一方面，朱熹在《朱子语类》中亦论述仁只是本心之义。“才有私意，便间断了。所以要‘克己复礼’，便是要克尽私意。盖仁者洞然只是这一个心。如一碗清水，才入些泥，有清处，有浊处。”[⑥]在此处，朱熹认为，仁只是克尽私意之后的这一个心。克尽私意之后的心，自然是本心。那么，作为本心之仁具有什么特征呢？

其一，朱熹认为，就类而言，作为本心之仁是天生就有的。

《朱子语类》载：

仁义礼智，自天之生人，便有此四件，如火炉便有四角，天便

① 朱熹:《论语集注》卷六,《四书章句集注》，第 133 页。
② 朱熹:《孟子集注》卷一一,《四书章句集注》，第 340 页。
③ 朱熹:《中庸章句序》,《四书章句集注》，第 14 页。
④ 陈来:《朱子哲学研究》，华东师范大学出版社，2000 年，第 229 页。
⑤ 黎靖德编，王星贤点校:《朱子语类》卷三四，第 866 页。
⑥ 黎靖德编，王星贤点校:《朱子语类》卷二六，第 643 页。

有四时，地便有四方，日便有昼夜昏旦。天下道理千枝万叶，千条万绪，都是这四者做出来。①

且以仁言之：只天地生这物时，便有个仁，它只知生而已。从他原头下来，自然有个春夏秋冬，金木水火土。故赋予人物，便有仁义礼智之性。……缘他本原处有个仁爱温和之理如此，所以发之于用，自然慈祥恻隐。……盖仁，本只有慈爱，缘见孺子入井，所以伤痛之切。……盖自本原而已然，非旋安排教如此也。②

仁者，天地生物之心，而人物所得以为心。③

仁即所谓天德之元。④

在朱熹看来，天地生人之时就有仁义礼智这四件了，就如四角之于火炉、四时之于天、四方之于地、昼夜之于日一样自然，仁是天地生物之心，是天德之元始。正如钱穆先生所指出的："天地生万物，乃天地之仁。万物各得此仁以为生，人又各得此仁以为心。故人心乃得天地之仁而始有，乃得天地之仁而始成也。"⑤

其二，朱熹认为，就个体而言，仁是我所固有的、原本有的，不是在外之物体。

《朱子语类》载：

问："'欲仁得仁，又焉贪'？如何？"曰："仁是我所固有，而我得之，何贪之有？若是外物，欲之则为贪。此正与'当仁不让于师'同意。"⑥

问："曰仁是义理之言，盖以仁是自家元本有底否？"曰："固是。"⑦

且曰："如先生固尝注曰：'仁本固有，欲之则至。志之所至，气

① 黎靖德编，王星贤点校：《朱子语类》卷二〇，第462—463页。
② 黎靖德编，王星贤点校：《朱子语类》卷一七，第383页。
③ 黎靖德编，王星贤点校：《朱子语类》卷九五，第2424页。
④ 黎靖德编，王星贤点校：《朱子语类》卷九，第156页。
⑤ 钱穆：《朱子论仁上》，《朱子新学案》第1册，九州出版社，2011年，第393页。
⑥ 黎靖德编，王星贤点校：《朱子语类》卷五〇，第1216页。
⑦ 黎靖德编，王星贤点校：《朱子语类》卷二〇，第475页。

亦至焉。'"先生曰："固是。"[①]

如仁，我本有这仁，却不曾知得。却去旋讨个仁来注解了，方晓得这是仁，方坚执之而不失。[②]

面对学生关于仁的各种提问，朱熹的回答皆强调仁是我所固有的、自家本有的。

宋代辅广即世所称庆源辅氏，曾问学于朱熹，亦强调仁为我固有之，言："仁者，心之德，我固有之，非在外也。"[③]

其三，朱熹认为，作为本心之仁虽为本有，虽无不善，但易为私欲所昏，须克己复礼，以见依旧之仁。

在朱熹看来，"心是本来完全之物"[④]，"人之本心得之于天，初无不善"[⑤]，"初来本心都自好"[⑥]，"本心元无不善"[⑦]，本心是完全之物，都自好，无不善。然而，这完善的本心容易被私欲遮蔽："初来本心都自好，少间多被利害遮蔽。如残贼之事，自反了恻隐之心，是自反其天理。"[⑧]"天大无外，而性禀其全，故人之本心，其体廓然，亦无限量，惟其梏于形器之私，滞于闻见之小，是以有所蔽而不尽。"[⑨]自好、廓然的本心一旦被私欲遮蔽，就无法完全展现出来，以至于失去本心，变成不仁之人。"不仁之人，私欲固蔽，失其本心，故其颠倒错乱至于如此，所以不可告以忠言，而卒至于败亡也。"[⑩]失去本心的不仁之人，就会颠倒错乱，就会败亡，唯有克胜私欲，保养本心，才能不失为仁。朱熹类似的论述还有：

---

① 黎靖德编，王星贤点校：《朱子语类》卷三四，第 900 页。
② 黎靖德编，王星贤点校：《朱子语类》卷六一，第 1467 页。
③ 胡广、杨荣、金幼孜等纂修，周群、王玉琴校注：《论语集注大全》卷七，《四书大全校注》，武汉大学出版社，2009 年，第 496 页。
④ 朱熹：《答何叔京》，《晦庵先生朱文公文集》卷四〇，《朱子全书》第 22 册，第 1841 页。
⑤ 朱熹：《答李孝述继善问目》，《晦庵先生朱文公文集续集》卷一〇，《朱子全书》第 25 册，第 4819 页。
⑥ 黎靖德编，王星贤点校：《朱子语类》卷九七，第 2487 页。
⑦ 黎靖德编，王星贤点校：《朱子语类》卷五，第 89 页。
⑧ 黎靖德编，王星贤点校：《朱子语类》卷九七，第 2487 页。
⑨ 朱熹：《尽心说》，《晦庵先生朱文公文集》卷六七，《朱子全书》第 23 册，第 3273 页。
⑩ 朱熹：《孟子集注》卷七，《四书章句集注》，第 285 页。

“公而以人体之故为仁。”盖公犹无尘也，人犹镜也，仁则犹镜之光明也。镜无纤尘则光明，人能无一毫之私欲则仁。然镜之明，非自外求也，只是镜元来自有这光明，今不为尘所昏尔。人之仁，亦非自外得也，只是人心元来自有这仁，今不为私欲所蔽尔。故人无私欲，则心之体用广大流行，而无时不仁，所以能爱能恕。[①]

人未尝不仁，只是为私欲所昏，才“克己复礼”，仁依旧在。[②]

仁者，人之所固有，而私或蔽之以陷于不仁，故为仁者，必先克己，克己则公，公则仁，仁则爱矣。[③]

孟子说：“仁，人心也。”此语最亲切。心自是仁底物事，若能保养存得此心，不患他不仁。孔门学者问仁不一，圣人答之亦不一，亦各因其人而不同，然大概不过要人保养得这物事。所以学者得一句去，便能就这一句上用工。今人只说仁是如何，求仁是如何，待他寻得那道理出来，却不知此心已自失了。程子“谷种”之喻甚善。若有这种种在这里，何患生理不存！[④]

在朱熹看来，仁是与生俱来的，若纤尘不染之明镜，虽为私欲昏蔽，下克己复礼之工夫，仁依旧在。

朱子晚年69岁时，李燔之侄李孝述亦与朱熹讨论本心问题，李孝述说：“人之本心至虚至灵，众理毕具，而欲其应物皆由此心以发而无所杂；……彻头彻尾许多功夫，皆欲全此心之虚灵，以融会众理，酬酢万事而已。以此观之，恐虚灵不昧，乃心之所以为心而圣学之基本也。”[⑤]“人之本心至虚至灵，无所不照，但以气禀物欲有以蔽之，是以其明不能不昏。欲开其明，须藉事物之实以运其知思，然后其明有可通之理。盖心既有蔽，无从下手以开之。所以穷究物理者，恐是因穷究其所未知而将

① 黎靖德编，王星贤点校：《朱子语类》卷九五，第2454页。
② 黎靖德编，王星贤点校：《朱子语类》卷二〇，第468页。
③ 朱熹：《答吴晦叔》，《晦庵先生朱文公文集》卷四二，《朱子全书》第22册，第1917页。
④ 黎靖德编，王星贤点校：《朱子语类》卷五九，第1406页。
⑤ 朱熹：《答李孝述继善问目》，《晦庵先生朱文公续集》卷一〇，《朱子全书》第25册，第4806页。

此心戛刮擦磨，治其粗鄙而反复往来，求出其明。"[①]对此，朱熹强调："理固如此。……又当有以培养之。"[②]"不见理，故心为物蔽而知有不极，不见物；故知无所蔽而心得其全。"[③]朱熹始终认为，要培养本心之仁，就得下工夫，要穷理，以知无所蔽，得本心之全。

四、作为本心之仁是性、理

其一，朱熹释仁为性。

早在北宋，二程即从区分性、情出发，强调仁是性。所谓："爱，情也；仁，性也。仁者固博爱，以博爱为尽仁，则不可。"[④]二程从性、情对举的角度，突出仁是性，反对以博爱"尽仁"。对此，朱熹评价说："大抵二先生之前，学者全部知有仁字，凡圣贤说仁处不过只作爱字看了。自二先生以来，学者始知理会仁字，不敢只作爱字看了。"[⑤]诚然，在这篇《答张敬夫（六）》书中，朱熹旨在批判自二程以来，学者只知道理会"仁"字，从性论仁，离爱说仁，离情说仁，悬空揣摩、无真实见处，但从朱熹肯定二程释仁的开创性来看，以性释仁，才是真正理会"仁"字。以性释仁，把仁从形而下的情、用的层面，提升到了形而上的性、体的层面。

朱熹在乾道五年（1169）己丑之悟后，其心性论的基本思想逐步形成。在张栻乾道七年（1171）编成《洙泗言仁录》后的三年，朱熹与张栻从区分性情两个层次的角度讨论仁。乾道八年（1172），朱熹先后撰写《克斋记》《仁说》，强调仁义礼智是性，爱恭宜别是情，特别指出仁是性、爱是情，性发为情，情根于性。[⑥]乾道九年（1173），朱熹在给吕祖谦的信中强调，《仁说》"其实只是祖述伊川仁性爱情之说，但剔得名义

① 朱熹：《答李孝述继善问目》，《晦庵先生朱文公续集》卷一〇，《朱子全书》第25册，第4816—4817页。
② 同上注，第4805页。
③ 同上注，第4817页。
④ 程颢、程颐著，王孝鱼点校：《河南程氏粹言》卷一，《二程集》，第1175页。
⑤ 朱熹：《答张敬夫》，《晦庵先生朱文公文集》卷三一，《朱子全书》第21册，第1335页。
⑥ 陈来：《朱子哲学研究》，华东师范大学出版社，2000年，第190页。

稍分，界分脉络有条理，免得学者枉费心神，胡乱揣摸，唤东作西尔”[①]。在这里，朱熹明确表示，《仁说》中关于仁是性的思想来源于程颐，他自己所做的工作是通过界分把这一思想的表述进一步条理化。他特别强调程氏之功：“若要见得分明，只看程先生说‘心譬如谷种，生之性便是仁’，便分明。”[②]

在朱熹积极界分“仁，性；爱，情”脉络的努力下，仁是性的特征一览无余。乾道八年（1172），朱熹在给张栻第一书中指出：“盖人生而静，四德具焉，曰仁，曰义，曰礼，曰智，皆根于心而未发，所谓‘理也，性之德也’”[③]；同年第二书中又说：“仁乃性之德而爱之本，因其性之有仁，是以其情能爱”[④]；同年撰写的《克斋记》中强调：“性情之德无所不备，而一言足以尽其妙，曰‘仁’而已”[⑤]；等等。朱熹在突出确立情的心性哲学地位，开展性、情之辨的过程中，无疑突出了其训仁为性的诠释。

在强调仁是性的同时，朱熹并释仁义礼智为性。朱熹在《论语集注》中强调，“盖仁是性也，孝弟是用也，性中只有个仁义礼智四者而已”[⑥]。《论语或问》亦指出，“人受天地之中以生，而仁义礼智之性具于其心”[⑦]。《朱子语类》载朱熹言：“有仁义礼智，则是性”[⑧]；“仁义礼智，乃未发之性”[⑨]；“仁义礼智是性也”[⑩]。从上述引文中，我们可以看出，朱熹是将仁义礼智与性几乎等同视之的，区别只在于仁义礼智是未发之性。

其二，朱熹释仁为性为理。

程颐指出：“性即理也，所谓理，性是也。天下之理，原其所自，未

① 朱熹：《答吕伯恭》，《晦庵先生朱文公文集》卷三三，《朱子全书》第21册，第1442—1443页。
② 黎靖德编，王星贤点校：《朱子语类》卷九五，第2419页。
③ 朱熹：《答张钦夫论仁说》，《晦庵先生朱文公文集》卷三二，《朱子全书》第21册，第1409页。
④ 同上注，第1411页。
⑤ 朱熹：《克斋记》，《晦庵先生朱文公文集》卷七七，《朱子全书》第24册，第3709页。
⑥ 朱熹：《论语集注》卷一，《四书章句集注》，第48页。
⑦ 朱熹：《论语或问》卷一二，《朱子全书》第6册，第798页。
⑧ 黎靖德编，王星贤点校：《朱子语类》卷二〇，第464页。
⑨ 黎靖德编，王星贤点校：《朱子语类》卷六，第104页。
⑩ 黎靖德编，王星贤点校：《朱子语类》卷九八，第2513页。

有不善。喜怒哀乐未发，何尝不善？发而中节，则无往而不善。”[①]“性即是理，理则自尧、舜至于途人，一也。”[②]二程“性即理”理论把人性论提到了本体论的高度，朱熹在此基础上进一步发展了性即理、以理为本的思想，密切了性与理的关联，提供了性理实践的可能和路径。正如向世陵所述：“一方面，它使孟子而来的仁义本性与天理相衔接，为儒家的道德实践提供形上的根基和客观参照；另一方面，它又使天理本体落实到具体人身，为人心挺立和实现天理提供现实的可能。”[③]朱熹诠释仁，会通天人两界，兼摄并包理气，无疑体现了其对二程“性即理”思想的继承和发展。陈来指出，从己丑之悟到仁说之辩，朱熹的心性论的基本思想已逐步形成，这些思想包括“性即理”等。[④]事实上，朱熹在与张栻等人开展仁说之辩的过程中，在界分性情，突出仁之为性的同时，亦常强调仁既是性，亦是理。[⑤]

乾道八年（1172），朱熹《答胡广仲》言：“须知仁、义、礼、智，四字一般，皆性之德，乃天然本有之理，无所为而然者。”[⑥]释仁为性为理。乾道九年（1173），其《与张敬夫》第四书言：“仁只是爱之理，人皆有之，……若爱之理，则是自然本有之理，不必为天地万物同体而后有也。”[⑦]从自然本有之理的角度释仁。乾道八年（1172），其《答吴晦叔》言：“盖仁者，性之德而爱之理也。”[⑧]从性和理的角度释仁。

到了晚年，朱熹还强调仁为性为理。绍熙五年（1194），朱熹65岁时所作《玉山讲义》言：“大凡天之生物，各付一性。性非有物，只是一

① 程颢、程颐著，王孝鱼点校：《河南程氏遗书》卷二二上，《二程集》，第292页。
② 程颢、程颐著，王孝鱼点校：《河南程氏遗书》卷一八，《二程集》，第204页。
③ 向世陵主编：《宋代经学哲学研究·基本理论卷》，上海科学技术文献出版社，2015年，第147页。
④ 陈来：《朱子哲学研究》，华东师范大学出版社，2000年，第189页。
⑤ 钱穆：《朱子论仁上》，《朱子新学案》第1册，九州出版社，2011年，第377页。
⑥ 朱熹：《答胡广仲》，《晦庵先生朱文公文集》卷四二，《朱子全书》第22册，第1903页。
⑦ 朱熹：《答张钦夫又论仁说》，《晦庵先生朱文公文集》卷三二，《朱子全书》第21册，第1413—1414页。
⑧ 朱熹：《答吴晦叔》，《晦庵先生朱文公文集》卷四二，《朱子全书》第22册，第1917页。

个道理之在我者耳。故性之所以为体，只是仁义礼智信五字，天下道理，不出于此。韩文公云人之所以为性者五，其说最为得之。”① 并释“仁义礼智信”为性为理。庆元元年（1195），朱熹《答陈器之问〈玉山讲义〉》言：“性是太极浑然之体，本不可以名字言，但其中含具万理，而纲理之大者有四，故命之曰仁、义、礼、智。”② 仁义礼智是含具万理之性，仁是理是性。

《朱子语类》载朱熹言：“盖仁，性也，性只是理而已。”③ 仁是性，性是理，仁是性是理。朱熹还反复强调，仁是理：“（仁）只是一个浑然天理”④；“仁是本心所固有之理”⑤；“仁者心之德，在我本有之理”⑥；“仁是本有之理”⑦；“仁只是爱之理”⑧；“仁者通体是理，无一点私心”⑨；“仁者心便是理”⑩；“着力除去了私底，不要做，一味就理上去做，次第渐渐见得，道理自然纯熟，仁亦可见”⑪。在朱熹看来，只做合理的，克胜私的，见得理，就见得仁了。

在《论语集注》中，朱熹释仁为“心之德，爱之理”，不以爱释仁而以“爱之理”释“仁”，即以性、理释仁，避免以情释仁。突出仁是性，性是心的内在性质（德），是情的所以根源（理）。⑫

诚然，从逻辑上讲，理在性先，即从生成序列来说，性来源于理；但从本体论上讲，性就是理。

---

① 朱熹：《玉山讲义》，《晦庵先生朱文公文集》卷七四，《朱子全书》第24册，第3588页。

② 朱熹：《答陈器之问〈玉山讲义〉》，《晦庵先生朱文公文集》卷五八，《朱子全书》第23册，第2778页。

③ 黎靖德编，王星贤点校：《朱子语类》卷二〇，第464页。

④ 黎靖德编，王星贤点校：《朱子语类》卷六，第117页。

⑤ 黎靖德编，王星贤点校：《朱子语类》卷九五，第2455页。

⑥ 同上注，第2454页。

⑦ 黎靖德编，王星贤点校：《朱子语类》卷六，第116页。

⑧ 朱熹：《答张钦夫又论仁说》，《晦庵先生朱文公文集》卷三二，《朱子全书》第21册，第1413—1414页。

⑨ 黎靖德编，王星贤点校：《朱子语类》卷三七，第983页。

⑩ 同上注，第985页。

⑪ 黎靖德编，王星贤点校：《朱子语类》卷四一，第1043—1044页。

⑫ 陈来：《朱子哲学研究》，华东师范大学出版社，2000年，第191页。

朱熹释仁为性为理，理是宇宙之本原，这也就意味着仁相应地具有了宇宙本体、万物本原的意涵。因此，以仁为核心的伦理道德必然具有了天然合理性，朱熹为以仁为核心的伦理道德实践提供了理论依据。正因如此，有学者指出："如果说仁在先秦是伦理范畴，适用范围主要在伦理道德领域的话，仁在朱熹思想中既是伦理范畴，又因作为天理的主要内容而拥有了本体意义。朱熹伸张了仁的神圣性、永恒性和普适性，使仁从伦理领域扩展到本体领域，成为一个本体哲学的范畴。这在改变仁之身份的同时，极大地扩展了其统辖范围。"①

五、为何以德释仁：德和仁具有共通意涵

上文已揭，朱熹在《论语集注》中多次释“仁”为“（本）心之全德”“心之德”，虽然朱熹常互用“（本）心之全德”和“心之德”，二者在朱熹诠释中没有特别明显的区别，但从字面上看，“全德”之“全”有实在的意涵，不可忽视，“全德”较之“德”显然更能体现出“仁”的特征。为了分析的准确性，先分析“仁”和“德”的共通性，再来探讨朱熹为何释“克己复礼为仁”之“仁”为“全德”。

朱熹用“德”来释仁，那么“德”有何特征与“仁”相应呢？

其一，朱熹认为，德是天生的、人所自有的，是性。对此，朱熹反复强调：

> 德是得之于天者，讲学而得之，得自家本分底物事。②
>
> 天之赋于人物者谓之命，人与物受之者谓之性，主于一身者谓之心，有得于天而光明正大者谓之明德。③
>
> 天之明命，即天之所以与我，而我之所以为德者也。④
>
> 德者，吾之所自有，非自外而得也。以仁义礼智观之，可见。

---

① 魏义霞：《论朱熹的仁学思想》，黎昕主编：《闽学研究十年录》，福建人民出版社，2015 年，第 57 页。

② 黎靖德编，王星贤点校：《朱子语类》卷六，第 101 页。

③ 黎靖德编，王星贤点校：《朱子语类》卷一四，第 260 页。

④ 朱熹：《大学章句》，《四书章句集注》，第 4 页。

韩退之云：“德，足乎己，无待乎外。”说得也好。[①]

从上述引文中，我们可以清楚地看到，朱熹从本原上论证德是上天赋予人的，是“自家本分底物事”，是“吾之所自有”，人人皆自具明德，德是纯粹至善的自我本性。陈来强调：“如果说德是得自于天的，那就是性。”[②] 当朱熹论述德是天赋人的、人所自有的，无疑是释“德”为“性”了。在前文中，我们已经揭示，朱熹认为仁是固有、本有的，是性、是理。两相对比，仁与德在这方面的共同意涵显而易见。

其二，朱熹认为，德兼性情、有体用。

朱熹指出，“德者，有此五者而已。仁义礼智信者，德之体；‘曰爱’‘曰宜’‘曰理’‘曰通’‘曰守’者，德之用”[③]。在朱熹看来，德有体用，体是仁义礼智信，用是爱宜理通守。对此，朱熹进一步指出：“德者，人之得于身者也。爱、宜、理、通、守者，德之用；仁、义、礼、智、信者，德之体。理，谓有条理；通，谓通达；守，谓确实。此三句就人身而言。诚，性也；几，情也；德，兼性情而言也。”[④] 德不仅有体用之别，还兼性情。《朱子语类》载：“直卿曰：‘五常中说知有两般：就知识处看，用着知识者是知；就理上看，所以为是为非者，亦知也。一属理，一属情。’曰：‘固是。道德皆有体有用。’”[⑤] 对于黄榦（字直卿）“理（性）”“情”之问，朱熹以“体”“用”予以肯定，即视“理（性）”为“体”、视“情”为“用”，以理（性）情、体用相对说，明确指出德有体有用。

对于仁之体用，朱熹多有强调：“仁自有仁之体用”[⑥]，“专言仁者，是兼体用而言”[⑦]，“专言之，则兼体、用”[⑧]。朱熹认为，“克己复礼为仁”之

① 黎靖德编，王星贤点校：《朱子语类》卷三四，第 864 页。
② 陈来：《朱子思想中的四德论》，《哲学研究》2011 年第 1 期。
③ 黎靖德编，王星贤点校：《朱子语类》卷九四，第 2394 页。
④ 同上注，第 2396 页。
⑤ 黎靖德编，王星贤点校：《朱子语类》卷六，第 122 页。
⑥ 同上注，第 121 页。
⑦ 同上注，第 115 页。
⑧ 同上。

“仁”是专言之仁，兼体用。朱熹不仅将体用对说，还将体与性、用与情相连。“仁、义、礼、智，性也，体也；恻隐、羞恶、辞逊、是非，情也，用也；统性情、该体用者，心也。”[①]“仁、义、礼、智同具于性，而其体浑然莫得而见。至于感物而动，然后见其恻隐、羞恶、辞逊、是非之用，而仁、义、礼、智之端于此形焉，乃所谓情。”[②]在朱熹看来，仁等四德是性是体，恻隐等四端是情是用。朱熹常言“仁”为“性情之德”，揭示的即仁之体用、性情两个层面，一方面，仁是“性之德”、是体，另一方面仁是“情之德”、是用。

两相对比，仁与德在兼性情、有体用这方面的共同意涵也是显而易见的。

其三，朱熹认为，德是就事上说。

朱熹主张从“事”这一角度来释“德”。《朱子语类》载：“德只是做这一件事底意思，据而勿失。”[③]“据德，是因事发见底（如因事父有孝，由事君有忠）。”[④]“‘据于德’，是行道而得之于己。然此都且就事上说。”[⑤]在朱熹看来，德是做好每件事的依据，每件事有每件事的德，离开具体的事，德就落空了。

朱熹继承程子“仁是就事言”[⑥]之思想，亦从“事”这一用的角度释“仁”：“仁在事。若不于事上看，如何见仁。”[⑦]“此孔门之学所以必以求仁为先。盖此（仁）是万理之原，万事之本。”[⑧]朱熹认为，仁是万事之本，离开事，无从见仁，必须从事上见仁。

两相对比，仁与德在就事上说这方面的共同意涵也是显而易见的。

---

① 朱熹：《答方宾王》，《晦庵先生朱文公文集》卷五六，《朱子全书》第23册，第2660页。
② 同上注，第2659页。
③ 黎靖德编，王星贤点校：《朱子语类》卷三四，第865页。
④ 同上。
⑤ 同上注，第870页。
⑥ 程颢、程颐著，王孝鱼点校：《河南程氏遗书》卷一八，《二程集》，第183页。
⑦ 黎靖德编，王星贤点校：《朱子语类》卷六，第116页。
⑧ 同上注，第114页。

从以上比较中不难看出，在朱熹看来，“仁”“德”都是天所赋予、人所自有的，皆有体有用、兼性情，皆是就事上说，两者具有诸多共同意涵，这是朱熹以德释仁的重要原因。

细绎文本，我们还可以看到，朱熹常互用“仁”“德”各自的内容。论德时，朱熹以仁和义、礼、智、信为“德之体”，并强调：“人本来皆具此明德，德内便有仁义礼智四者。只被外物汩没了不明，便都坏了。”[①]指出德含有仁义礼智四者。论仁时，朱熹亦强调仁与义、礼、智为四德、为性之德。乾道八年（1172），朱熹在与张栻论仁的第一封书信中指出，“盖人生而静，四德具焉，曰仁，曰义，曰礼，曰智，皆根于心而未发，所谓‘理也，性之德也’”[②]。此处明确指出，仁与义、礼、智是四德、性之德。同年，朱熹在其撰写的《仁说》一文中指出，“盖天地之心，其德有四，曰元亨利贞……故人之为心，其德亦有四，曰仁义礼智，而仁无不包”[③]。此文强调，人生而具有仁、义、礼、智等四德。

此外，朱熹释“仁”时指出，“仁义礼智，乃未发之性，所谓诚。中庸，皆已发之理”[④]；释“德”时强调，“诚，性也；几，情也；德，兼性情而言也”[⑤]。可见，“诚”这一“性”被朱熹用来释“仁”性，亦被其用来释“德”性。

正因仁、德兼性情、体用，因此释“仁”为“德”时，有两条诠释路径：一是释“性”之“仁”为“性”之“德”，从未发之性的层面，释“仁”为“（本心之全）德”；二是释“情”之“仁”为“情”之“德”，从已发之情的层面，释“仁”为“（本心之全）德”。前段关于“仁”为“四德”之一的论述，关于“仁”“德”为“诚”的论述皆是从未发之性的角度来诠释“仁”是“德”。那么，从已发之情的角度，朱熹又是怎么

① 黎靖德编，王星贤点校：《朱子语类》卷一四，第 262 页。
② 朱熹：《答张钦夫论仁说》，《晦庵先生朱文公文集》卷三二，《朱子全书》第 21 册，第 1409 页。
③ 朱熹：《仁说》，《晦庵先生朱文公文集》卷六七，《朱子全书》第 23 册，第 3279 页。参看陆建华：《先秦诸子礼学研究》，人民出版社，2008 年，第 82—83 页。
④ 黎靖德编，王星贤点校：《朱子语类》卷六，第 104 页。
⑤ 黎靖德编，王星贤点校：《朱子语类》卷九四，第 2396 页。

诠释的呢？我们在考察朱熹释“仁”为“（本）心之（全）德”“心之德”时，往往只注意到朱熹是从未发之性、从体的角度释“仁”为“德”，而实际上，朱熹本来强调从已发之情、从用的角度释“仁”为“德”。《朱子语类》中有两处类似的关于朱熹对以“心之德”释“仁”的见解：“《集注》说：‘爱之理，心之德。’爱是恻隐，恻隐是情，其理则谓之仁。心之德，德又只是爱。谓之心之德，却是爱之本柄。”[①]“爱是恻隐。恻隐是情，其理则谓之仁。‘心之德’，德又只是爱。谓之心之德，却是爱之本根。”[②]在朱熹看来，爱是恻隐，恻隐是情，情之理是仁，此处的仁是情之仁；心之德，德只是爱，此处的德是情之德；此处就是用“情”之“德”释“情”之“仁”。[③]

六、为何以全德释仁：仁包四德

朱熹释“克己复礼为仁”之“仁”为“本心之全德”，在强调“本心”义的同时，亦强调“全德”或“心德之全”。钱穆曾在《朱子新学案》中涉及朱熹论仁之“仁包四德”的相关材料[④]，陈来亦曾关注朱子思想中的“四德”[⑤]，但不曾有人从朱熹“仁者，本心之全德”这一诠释的角度进行深入分析和讨论。

朱熹特加一“全”字，以“全德”释“仁”，无疑旨在突出“仁”的“德之全体”义。“全”和“全德”究竟作何理解？细绎朱熹相关文本，可从以下几个方面来寻找答案。

---

① 黎靖德编，王星贤点校：《朱子语类》卷六，第111页。

② 黎靖德编，王星贤点校：《朱子语类》卷二〇，第465页。

③ 张玉奇从“性—情—行”等三个方面划分朱熹的道德体系结构层次为“仁—爱—恕”（载于张玉奇：《朱熹对道德结构三个层面的划分》，《上饶师专学报（社会科学版）》1990年增刊，第412—419页），若从性情、体用的角度看，张玉奇的“情”“行”这两个方面，皆可归为“用”或“情”这一层面，“性”归为“体”“性”这一层面。

④ 钱穆：《朱子论仁》，《朱子新学案》第2册，九州出版社，2011年，第136—145页。

⑤ 陈来：《朱子思想中的四德论》，《哲学研究》2011年第1期；《朱子四德说续论》，《中华文化史论丛》2011年第4期；《仁统四德——论仁与现代价值的关系》，《江苏社会科学》2016年第4期；《仁学本体论》，生活·读书·新知三联书店，2014年，第421—499页。

其一，仁包四德，仁是“专言之仁”，仁是全德。

程颐曾就仁和四德的关系进行过讨论。《程氏易传》在解读《乾卦》时指出：“元亨利贞谓之四德。元者万物之始，亨者万物之长，利者万物之遂，贞者万物之成。”①在释《乾卦》《彖辞》“大哉乾元”时又指出：“四德之元，犹五常之仁，偏言则一事，专言则包四者。”②又言：“自古元不曾有人解仁字之义，须于道中与他分别五常，若只是兼体，却只有四也。且譬一身：仁，头也；其它四端，手足也。至于《易》，虽言‘元者善之长’，然亦须通四德以言之，至于八卦，《易》之大义在乎此，亦无人曾解来。”③程颐由天之四德论到人之四德，沟通天道与人道，突出“元”可以兼“亨利贞”，“仁”可以兼“义礼智信”，突出“元”和“仁”统领其他诸德。

朱熹继承和发展了程颐关于“仁包四德”的相关思想。他在乾道八年（1172）撰写的《仁说》一文中指出：“盖天地之心，其德有四，曰元亨利贞，而元无不统。其运行焉，则为春夏秋冬之序，而春生之气无所不通。故人之为心，其德亦有四，曰仁义礼智，而仁无不包。其发用焉，则为爱恭宜别之情，而恻隐之心无所不贯。”④朱熹认为，与天地之心有元亨利贞四德、元无不统相类似，人心有仁义礼智四德，仁无不包，这是从未发之性的角度而言，如果从已发之情的角度来说，则人心有爱恭宜别之情，恻隐之心无所不贯。朱熹在《仁说》中的讨论突出了性情之辨，促进了“心统性情”理学理论的发展和完善。同时，在该文中，朱熹又进一步指出：“天地以生物为心者也，而人物之生，又各得夫天地之心以为心者也。故语心之德，虽其总摄贯通无所不备，然一言以蔽之，则曰仁而已矣。”⑤朱熹贯通天地之心与人心，突出强调作为“心之德”的仁具有总摄贯通的作用。

---

① 程颢、程颐著，王孝鱼点校：《周易程氏传》卷一，《二程集》，第695页。
② 同上注，第697页。
③ 程颢、程颐著，王孝鱼点校：《河南程氏遗书》卷一五，《二程集》，第154页。
④ 朱熹：《仁说》，《晦庵先生朱文公文集》卷六七，《朱子全书》第23册，第3279页。
⑤ 同上。

朱子强调，“克己复礼为仁”之“仁”为“专言之仁”，包四德。《朱子语类》载：

> 曰：“程先生《易传》曰：‘四德之元，犹五常之仁，专言则包四者，偏言之则主一事。’如‘仁者必有勇’，便义也在里面；‘知觉谓之仁’，便智也在里面。如‘孝弟为仁之本’，便只是主一事，主爱而言。如‘巧言令色，鲜矣仁’，‘泛爱众，而亲仁’，皆偏言也。如‘克己复礼为仁’，却是专言。才有私欲，则义礼智都是私，爱也是私爱。譬如一路数州，必有一帅，自一路而言，便是一帅；自一州而言，只是一州之事。然而帅府之属县，便较易治。若要治属郡之县，却隔一手了。故仁只主爱而言。”[①]

> 问：“《论语》中言仁处皆是包四者？”曰：“有是包四者底，有是偏言底。如‘克己复礼为仁’，‘巧言令色鲜矣仁’，便是包四者。”[②]

朱熹由程颐《易传》“专言则包四者”言及“克己复礼为仁”之“仁”是“专言之仁”，“克己复礼为仁”之“仁”自然包四德。

《朱子语类》又载：

> 问：“‘孝弟为仁之本’，此是专言之仁，偏言之仁？”曰：“此方是偏言之仁，然二者亦都相关。说着偏言底，专言底便在里面；说专言底，则偏言底便在里面。虽是相关，又要看得界限分明。如此章所言，只是从爱上说。如云‘恻隐之心仁之端’，正是此类。至于说‘克己复礼为仁’‘仁者其言也讱’‘居处恭，执事敬，与人忠’‘仁，人心也’，此是说专言之仁，又自不同。然虽说专言之仁，所谓偏言之仁亦在里面。孟子曰：‘仁之实，事亲是也。’此便是都相关说，又要人自看得界限分明。”[③]

在此，朱熹指出，专言之仁与偏言之仁，既相互关联，又要界限分明，“克己复礼为仁”之“仁”是专言之仁，当然，偏言之仁亦在这专言

① 黎靖德编，王星贤点校：《朱子语类》卷二〇，第476页。
② 黎靖德编，王星贤点校：《朱子语类》卷九五，第2416页。
③ 黎靖德编，王星贤点校：《朱子语类》卷二〇，第463页。

之仁里面。《朱子语类》载：

> 问：“仁如何包四者？”曰：“《易》便说得好：‘元者，善之长。’义礼知莫非善，这个却是善之长。”又曰：“义礼知无仁，则死矣，何处更讨义礼知来？”又曰：“如一间屋分为四段，仁是中间紧要一段。孟子言‘仁人心，义人路’，后不言义者，包义在其中。如‘克己复礼为仁’，亦是恁地。”①

仁如何包四者？朱熹认为，就好比元是“善之长”，仁是义礼知之长，是义礼知存在的依据，是“中间紧要一段”，“克己复礼为仁”之“仁”如孟子“仁人心”之“仁”一样，包括义在其中，不需要再言义。

其二，仁包四德何以可能：为大为先为生意贯通。

明代王直和倪岳曾就朱熹释“仁”为“本心之全德”进行分析。王直说：“仁是本心全德。凡仁义礼智都是心之德，人有这仁，便有那义礼智，所以为心之全德。人心都有这全德，只为私欲昏蔽了，若能克去私欲，复还天理，则本心之德复全于我。”②王直虽没直言“仁”包四德，但其“人有这仁，便有那义礼智”即透显出“仁”为“心之全德”在于仁包得了四德，所以仁为全德。倪岳指出：“礼是天理之节文，仁是本心的全德。仁义礼智都是本心之德，惟仁却包得义礼智，故仁为本心全德。”③倪岳直接点明，仁义礼智都是本心之德，因仁包得义、礼、智，所以仁为全德。

朱熹以“全德”释“仁”，认为仁包四德。仁为何能包四德？朱熹认为，仁义礼智共看，便见仁字分明，在四德之中，仁为大、为先、为生意贯通。《朱子语类》载：

> 又问：“‘心之德’，义礼智皆在否？”曰：“皆是。但仁专言‘心

---

① 黎靖德编，王星贤点校：《朱子语类》卷二五，第606—607页。

② 王直：《讲义》，《抑庵文集》卷三五，《景印文渊阁四库全书》第1242册，台湾商务印书馆，1986年，第333页。

③ 倪岳：《论语讲章》，《青溪漫稿》卷一〇，《景印文渊阁四库全书》第1251册，台湾商务印书馆，1986年，第87—88页。

之德’，所统又大。”[①]

问：“曾见先生说‘仁者，心之德’。义礼智皆心之德否？”曰：“都是。只仁是个大底。”[②]

在朱熹看来，仁义礼智四德之中，仁“所统又大”“是个大底”，所以能包四者。

朱熹还从仁居四德次序之先，论述仁在四德中的优先性。《朱子语类》载：

得此生意以有生，然后有礼智义信。以先后言之，则仁为先；以大小言之，则仁为大。[③]

问：“仁得之最先，盖言仁具义礼智。”曰：“先有是生理，三者由此推之。”[④]

大抵人之德性上，自有此四者意思：仁，便是个温和底意思；义，便是惨烈刚断底意思；礼，便是宣着发挥底意思；智，便是个收敛无痕迹底意思。性中有此四者，圣门却只以求仁为急者，缘仁却是四者之先。若常存得温厚底意思在这里，到宣着发挥时，便自然会宣着发挥；到刚断时，便自然会刚断；到收敛时，便自然会收敛。若将别个做主，便都对副不着了。此仁之所以包四者也。[⑤]

曰：“性是统言。性如人身，仁是左手，礼是右手，义是左脚，智是右脚。”蜚卿问：“仁包得四者，谓手能包四支可乎？”曰：“且是譬喻如此。手固不能包四支，然人言手足，亦须先手而后足；言左右，亦须先左而后右。”直卿问：“此恐如五行之木，若不是先有个木，便亦自生下面四个不得。”曰：“若无木便无火，无火便无土，无土便无金，无金便无水。”[⑥]

---

① 黎靖德编，王星贤点校：《朱子语类》卷二〇，第467页。
② 黎靖德编，王星贤点校：《朱子语类》卷二五，第607—608页。
③ 黎靖德编，王星贤点校：《朱子语类》卷六，第105页。
④ 同上注，第107页。
⑤ 同上注，第110页。
⑥ 同上。

曰：“此难说，若会得底，便自然不相悖，唤做一齐有也得，唤做相生也得。便虽不是相生，他气亦自相灌注。如人五脏，固不曾有先后，但其灌注时，自有次序。”久之，又曰：“‘仁’字如人酿酒：酒方微发时，带些温气，便是仁；到发到极热时，便是礼；到得熟时，便是义；到得成酒后，却只与水一般，便是智。又如一日之间，早间天气清明，便是仁；午间极热时，便是礼；晚下渐叙，便是义；到夜半全然收敛，无些形迹时，便是智。只如此看，甚分明。”①

在上述引文中，朱熹明确表示，先有仁，而后有义礼智信，先有仁之生理，而后推出义礼智，就好比先手而后足，先左而后右，先木而后火土金水，就好比灌注五脏自有次序，酿酒须从微发到极热、成熟、成酒，一天从早间开始，到午间、晚下、夜半，仁在四德之先。

朱熹认为，仁之所以能包四德，不仅仅在于仁为大为先，最重要的原因在于，如春之生意贯通四季，仁之生意贯通四德。《朱子语类》载：

安卿问：“仁包四者，就初意上看？就生意上看？”曰：“统是个生意。四时虽异，生意则同。劈头是春生，到夏长养，是长养那生底；秋来成遂，是成遂那生底；冬来坚实，亦只坚实那生底。草木未华实，去摧折他，便割断了生意，便死了，如何会到成实！如谷有两分未熟，只成七八分谷。仁义礼智都只是个生意。当恻隐而不恻隐，便无生意，便死了；羞恶固是义，当羞恶而无羞恶，这生意亦死了。以至当辞逊而失其辞逊，是非而失其是非，心便死，全无那活底意思。”②

面对陈淳（字安卿）就“仁包四德以初意还是生意上看”之提问，朱熹用春以生意统四季为喻，明确指出，仁义礼智都只是个“生意”，仁以生意统四者。可见，朱熹更重从生意上看仁包四德。《朱子语类》载：

问：“仁包四者，只就生意上看否？”曰：“统是一个生意。如四

① 黎靖德编，王星贤点校：《朱子语类》卷六，第111页。
② 黎靖德编，王星贤点校：《朱子语类》卷九五，第2417页。

时，只初生底便是春，夏天长，亦只是长这生底；秋天成，亦只是遂这生底，若割断便死了，不能成遂矣；冬天坚实，亦只是实这生底。如谷九分熟，一分未熟，若割断，亦死了。到十分熟，方割来，这生意又藏在里面。明年熟，亦只是这个生。如恻隐、羞恶、辞逊、是非，都是一个生意。当恻隐，若无生意，这里便死了，亦不解恻隐；当羞恶，若无生意，这里便死了，亦不解羞恶。这里无生意，亦不解辞逊，亦不解是非，心都无活底意思。仁，浑沦言，则浑沦都是一个，义礼知都是仁；对言，则仁义与礼智一般。”①

朱熹认为，正如春夏秋冬四时都有春之生意的流行，夏长、秋遂、冬实只是春之生意的不同阶段，仁义礼智和恻隐、羞恶、辞逊、是非贯穿的也是生意。四季都出于春，四德都出于仁，四心皆出于恻隐之心，若无“生意”，便都死了。这个“生意”，朱熹视之为“生之道”，能使“仁”可包四德，说：“仁乃爱之理、生之道，故即此而又可以包夫四者。”②

其三，仁包四德的内涵特征：体用浑全。

就体用而言，朱熹一方面从体和未发之性的角度指出，“性”之“仁”包“性”之仁、义、礼、智；另一方面，从用和已发的爱恭宜别之情的角度指出，“恻隐”包恻隐、羞恶、辞让、是非等四端。

下面，我们从朱熹于乾道六年至淳熙元年（1170—1174）之间与张栻等湖湘学者进行仁说论辩的相关书信、朱熹的仁学专篇《仁说》和《克斋记》，及其晚年与朋友的往来书信中，寻找其“仁包四德”论的理学依据和深层原因。

乾道八年（1172），朱熹在与张栻论仁说的第一封书信中言道：

熹谓孟子论四端，自首章至“孺子入井”，皆只是发明不忍之心一端而已，初无义、礼、智之心也。至其下文，乃云“无四者之

---

① 黎靖德编，王星贤点校：《朱子语类》卷九五，第 2416—2417 页。
② 朱熹：《答胡广仲》，《晦庵先生朱文公文集》卷四二，《朱子全书》第 22 册，第 1904 页。

心非人也”，此可见不忍之心足以包夫四端矣。盖仁包四德，故其用亦如此。前说之失，但不曾分得体用，若谓不忍之心不足以包四端，则非也。今已改正。[①]

朱熹在信中明确指出，仁包四德，就体用之用而言，“不忍之心”（恻隐之心）足以包四端。

1172年，朱熹为早在乾道三年（1167）即向他发出邀请的石𡼖作《克斋记》，亦言及仁包四者之“全德”思想，说：

性情之德无所不备，而一言足以尽其妙，曰“仁”而已，所以求仁者，盖亦多术，而一言足以举其要，曰“克己复礼”而已。盖仁也者，天地所以生物之心，而人物之所得以为心者也。惟其得夫天地生物之心以为心，是以未发之前，四德具焉，曰仁、义、礼、智，而仁无不统。已发之际，四端著焉，曰恻隐、羞恶、辞让、是非，而恻隐之心无所不通。此仁之体用所以涵育浑全，周流贯彻，专一心之妙，而为众善之长也。[②]

朱熹以“性情之德”言仁，然后从体、未发之性的角度，论“仁”统“仁、义、礼、智”四德，又从用、已发之情的角度，论“恻隐之心”通“恻隐、羞恶、辞让、是非”四端，既突出仁之体用涵育浑全，周流贯彻，又突出仁的性情之德无所不备。《克斋记》又言：

默而成之，固无一理之不具，而无一物之不该也。感而通焉，则无事之不得于理，而无物之不被其爱矣。呜呼，此仁之为德，所以一言而可以尽性情之妙，而其所以求之之要，则夫子之所以告颜渊者，亦可谓一言而举也与！[③]

在此，朱熹从理具、物该、性情之妙等角度，明确揭橥“仁者，本心之全德”诠释“克己复礼为仁”之“仁”的真正意涵。

---

① 朱熹:《答张钦夫论仁说》,《晦庵先生朱文公文集》卷三二,《朱子全书》第21册，第1409页。

② 朱熹:《克斋记》,《晦庵先生朱文公文集》卷七七,《朱子全书》第24册，第3709页。

③ 同上注，第3710页。

乾道八年（1172），朱熹撰写《仁说》论及“仁包四德”等“仁”之“全德”义：

天地以生物为心者也，而人物之生，又各得夫天地之心以为心者也。故语心之德，虽其总摄贯通无所不备，然一言以蔽之，则曰仁而已矣。请试详之。

盖天地之心，其德有四，曰元亨利贞，而元无不统。其运行焉，则为春夏秋冬之序，而春生之气无所不通。故人之为心，其德亦有四，曰仁义礼智，而仁无不包。其发用焉，则为爱恭宜别之情，而恻隐之心无所不贯。故论天地之心者，则曰乾元、坤元，则四德之体用不待悉数而足。论人心之妙者，则曰“仁，人心也”，则四德之体用亦不待遍举而该。盖仁之为道，乃天地生物之心，即物而在，情之未发而此体已具，情之既发而其用不穷，诚能体而存之，则众善之源、百行之本，莫不在是。此孔门之教所以必使学者汲汲于求仁也。其言有曰：“克己复礼为仁。”言能克去己私，复乎天理，则此心之体无不在，而此心之用无不行也。……此心何心也？在天地则块然生物之心，在人则温然爱人利物之心，包四德而贯四端者也。[①]

朱熹由天地之心之元统元、亨、利、贞四德，春生之气通春、夏、秋、冬四时，论及仁之为心，未发时，其“性”之仁包仁、义、礼、智四德，发用时，其恻隐之心贯爱、恭、宜、别之情，从性情、体用等角度论仁包四德、“恻隐之心”贯四端，强调“心之德”总摄贯通无所不备，与“包四者”之仁相应，揭橥出“仁者，本心之全德”的诠释真谛。朱熹运用仁包四德、“恻隐之心”包“四端”之功，综合了从情上说仁、从性上论仁、从心上论仁等历代仁论的内容。朱熹“仁包四德”这一内容较之程颐更为丰富，体现出他在己丑之悟后注重界分性情，不断发展和完善心统性情等理学理论。

---

① 朱熹:《仁说》,《晦庵先生朱文公文集》卷六七,《朱子全书》第23册，第3279—3280页。

绍熙五年（1194），朱熹65岁时，作《玉山讲义》，言及仁通贯四者之“全德”思想：

于此见得分明，然后就此又自见得仁字是个生底意思，通贯周流于四者之中。仁，固仁之本体也；义，则仁之断制也；礼，则仁之节文也；智，则仁之分别也。正如春之生气，贯彻四时，春则生之生也，夏则生之长也，秋则生之收也，冬则生之藏也。故程子谓四德之元犹五常之仁，偏言则一事，专言则包四者，正谓此也。孔子只言仁，以其专言者言之也，故但言仁，而仁义礼智皆在其中；孟子兼言义，以其偏言者言之也，然亦不是于孔子所言之外，添入一个义字，但于一理之中，分别出来耳。其又兼言礼智，亦是如此。盖礼又是仁之著，智又是义之藏，而仁之一字，未尝不流行乎四者之中也。[①]

正如陈来所强调的，与中年的仁说不同，后期朱熹更强调对仁的理解要合义礼智三者一起看。[②]“今要见‘仁’字意思，须将仁义礼智四者共看，便见‘仁’字分明。如何是义，如何是礼，如何是智，如何是仁，便‘仁’字自分明。若只看‘仁’字，越看越不出。”[③]由此，在朱熹晚年写就的这篇《玉山讲义》中亦颇为重视并发展仁包四德思想。

诚然，在该文中，朱熹先界分仁义礼智之界限，区分性情体用之分别，后又论及仁义和未发已发相为体用等。这些是朱熹在乾道七年至九年（1171—1173）间即其中年时期仁说之辨的主要内容，但朱子不止于此，而是进一步从合仁义礼智的角度论述“仁包四德”。与前书“仁包四者”诠释有异的是，在该文中，朱子论述其“仁包四德”诠释，颇为突显其“理一分殊”理学思想。在朱熹看来，以生意贯通仁义礼智等四德之仁，是理一的仁，即程颐言及“专言”之仁，这个专言之仁具有普

---

① 朱熹：《玉山讲义》，《晦庵先生朱文公文集》卷七四，《朱子全书》第24册，第3589页。

② 陈来：《仁学本体论》，生活·读书·新知三联书店，2014年，第425页。

③ 黎靖德编，王星贤点校：《朱子语类》卷六，第110页。

遍性、完整性，通贯四德，是大德、先德、统德。而与义礼智并列的仁，是分殊之仁，即程颐言及的偏言之仁，分殊、偏言之仁有偏向性、局限性，需要义、礼、智等互补和协调。

此外，庆元元年（1195），朱熹66岁时，在《答陈器之问〈玉山讲义〉》书中，亦论及“仁包四德”思想：

> 然仁实贯通乎四者之中。盖偏言则一事，专言则包四者。故仁者，仁之本体；礼者，仁之节文；义者，仁之断制；智者，仁之分别。犹春、夏、秋、冬虽不同，而同出乎春。春则春之生也，夏则春之长也，秋则春之成也，冬则春之藏也。自四而两，自两而一，则统之有宗，会之有元矣。故曰五行一阴阳、阴阳一太极，是天地之理固然也。①

朱熹认为，仁贯通四者，仁是本体，礼义智相应的是仁之节文、断制、分别，好比四季皆出于春，春是春之生，夏秋冬分别是春之长、成、藏。值得注意的是，在该文中，朱熹尤其突出对情的重视，其“仁通四德”思想不若其中年时从性情、体用两重路径来论述，而更注重理一分殊思想在其中的贯通运用，且运用春夏秋冬四季会通之自然生机为譬喻，结合《易》之阴阳说和五行家言，融会贯通。钱穆称此为朱熹说仁一大贡献。②

七、朱熹以“本心之全德”释仁的理学根源

朱熹释“克己复礼（为仁）”之“为仁”为“谓之仁”“是仁”“见仁”“到仁”“至仁”，即以工夫指示仁；释“仁”为天生固有的、为性、为理、为本心之全德。朱熹释“仁”为“本心之全德”包含两个方面的内容，一方面释“仁”为“本心”，另一方面又释“仁”为“全德”。释“仁”为“全德”亦包括“仁”包“四德”、“恻隐之心”包“四端”等两

---

① 朱熹：《答陈器之问〈玉山讲义〉》，《晦庵先生朱文公文集》卷五八，《朱子全书》第23册，第2780页。

② 钱穆：《朱子论仁》，《朱子新学案》第1册，九州出版社，2011年，第380页。

个方面的意涵。朱熹对“（克己复礼）为仁”的诠释与其理学体系建构相互作用，有其深刻的理学根源。

其一，（性情）未发已发。

朱熹早年受胡宏等湖南学者的影响，主张“心为已发，性为未发”，以性为体，以心为用，不同于《中庸》从情感发作的前后定义未发已发。己丑之悟后，朱熹主要从两个方面理解“未发”“已发”的意涵，一是指心的未发已发，一是指性情的未发已发。前者是同一层次的概念，后者则是与体用相同的、不同层次的概念。[①]对于前者，朱熹在《已发未发说》（作于1169年[②]）一文中，就思虑“未萌”“已萌”两种状态而有所涉及[③]；对于后者，朱熹在乾道五年（1169）己丑之悟时还不十分明确，从乾道六年到八年（1170—1172）才日益明确[④]。朱熹多将后者用于“心性论”中，用以指性与情的体用关系，它是朱熹释“克己复礼为仁”之“仁”为“本心之全德”的重要理学根源。

乾道八年（1172），朱熹在《答何叔京十八》书中曰：“性情一物，其所以分，只为未发已发之不同耳。若不以未发已发分之，则何者为性，何者为情耶？”[⑤]朱熹认为，性情的分别只在未发已发的不同，应用“未发已发”来分辨“性情”。他于《太极说》一文中进一步指出：“情之未发者，性也，是乃所谓中也，天下之大本也；性之已发者，情也，其皆中节，则所谓和也，天下之达道也。”[⑥]在朱熹看来，性情的未发已发是就性和情的关系而言，“性对情言”[⑦]，“性”是“情之未发者”，“情”是“性之已发者”，“未发”为“性”，“已发”为“情”。那么，朱熹是怎样用

① 陈来：《朱子哲学研究》，华东师范大学出版社，2000年，第179—180页。
② 束景南：《朱熹年谱长编》（增订本），华东师范大学出版社，2014年，第406页。
③ 朱熹：《已发未发说》，《晦庵先生朱文公文集》卷六七，《朱子全书》第23册，第3267—3268页。
④ 陈来：《朱子哲学研究》，华东师范大学出版社，2000年，第187页。
⑤ 朱熹：《答何叔京》，《晦庵先生朱文公文集》卷四〇，《朱子全书》第22册，第1839页。
⑥ 朱熹：《太极说》，《晦庵先生朱文公文集》卷六七，《朱子全书》第23册，第3274页。
⑦ 黎靖德编，王星贤点校：《朱子语类》卷五，第89页。

“(性情)未发已发”思想来诠释“克己复礼为仁”之“仁”的呢?

下面先讨论朱熹是怎样把“(性情)未发已发”思想贯通到“本心之全德”诠释中的。

朱熹在《论语集注》中释“仁”为“本心之全德”，其中含有用“(性情)未发已发”诠释“仁”之深刻意涵。

朱熹用来释“仁”的“本心”，是“道心”“本然之心”“先天本有之心”“最初良善之心”“道德之心”，从(性情)未发已发的角度来看，是未发之性。“性为天理，即所谓道心也。”[①] 就其理学话语体系而言，未发之性亦即“天理”。

朱熹释“仁”为“全德”亦是以“(性情)未发已发”思想为理学根源的。朱熹认为，从“(性)未发”的角度来看，仁与义、礼、智皆为性，为性之德，仁包“仁义礼智”四德，是全德；从“(情)已发”的角度来看，“恻隐之心”贯“恻隐、羞恶、辞让、是非”四端，是全德；从“仁”备“性情之德”，即仁既含“未发”之“性之德”，亦含“已发”之“情之德”这一角度来看，我们亦可窥见“仁”为“全德”之“全”的意涵。在此，我们不妨结合朱熹《克斋记》和《仁说》等文本材料来进行考察。乾道八年(1172)，朱熹在《克斋记》中说：

> 性情之德无所不备，而一言足以尽其妙，曰“仁”而已，所以求仁者，盖亦多术，而一言足以举其要，曰“克己复礼”而已。盖仁也者，天地所以生物之心，而人物之所得以为心者也。惟其得夫天地生物之心以为心，是以未发之前，四德具焉，曰仁、义、礼、智，而仁无不统。已发之际，四端著焉，曰恻隐、羞恶、辞让、是非，而恻隐之心无所不通。[②]

由此可见，朱熹释“仁”为“全德”有三层意涵。一是从“(性情)未发已发”来看，“仁”包括“未发”之“性之德”，又包括“已发”之

---

① 冯友兰:《中国哲学史》下，中华书局，1961年，第918页。

② 朱熹:《克斋记》,《晦庵先生朱文公文集》卷七七,《朱子全书》第24册，第3709页。

“情”之德，备“性情之德”，是“全德”。[①] 二是从“情之未发，性也”的角度看，朱熹言“未发之前，四德具焉，曰仁、义、礼、智，而仁无不统”，释“仁、义、礼、智”为“性”，为“四德”，为“性之德”，强调“仁”这一“性之德”统“仁、义、礼、智”四德，“仁包四德”，是全德。三是从“性之已发者，情也”的角度看，朱熹言“已发之际，四端著焉，曰恻隐、羞恶、辞让、是非，而恻隐之心无所不通”，释“恻隐、羞恶、辞让、是非”为“情”，为“四端”，强调“恻隐之心”这一“仁之端”通“恻隐、羞恶、辞让、是非”四端，“恻隐之心包四端”，是全德。

乾道八年（1172）朱熹在《仁说》一文中亦有近似的表达：

> 盖天地之心，其德有四，曰元亨利贞，而元无不统。其运行焉，则为春夏秋冬之序，而春生之气无所不通。故人之为心，其德亦有四，曰仁义礼智，而仁无不包。其发用焉，则为爱恭宜别之情，而恻隐之心无所不贯。[②]

朱熹同样用“（性情）未发已发”诠释“仁”之“全德”义，强调仁义礼智是未发之性，而仁无不包；发用则为爱恭宜别之情，恻隐之心无不贯通。

下面，我们从两个方面来讨论朱熹是怎样运用“（性情）未发已发”思想来整体诠释“克己复礼为仁”之“仁”的。

一方面，朱熹用“（性情）未发已发”诠释仁和爱。早在二程就说：“恻隐固是爱也。爱自是情，仁自是性。”[③] 朱熹继承和发展了二程的这一说法，从情的角度，视“爱”与“恻隐”等同，用“（性情）未发已发”诠释仁和爱。《朱子语类》载：“仁之得名，只专在未发上。恻隐便是已

① 朱熹说：“心，全德也。欠了些个，德便不全，故不得其正。”又曰：“心包体用而言。”朱熹“心统性情”与“心包体用”同义。可见，朱熹所言“全德”亦有合“性”之德和“情”之德之意涵。见黎靖德编，王星贤点校：《朱子语类》卷一六，第349页。

② 朱熹：《仁说》，《晦庵先生朱文公文集》卷六七，《朱子全书》第23册，第3279页。

③ 程颢、程颐著，王孝鱼点校：《河南程氏遗书》卷一八，《二程集》，第182页。

发，却是相对言之”[①]；“恻隐，爱也，仁之端也”[②]；“仁是未发，爱是已发”[③]；“爱是恻隐，恻隐是情，其理则谓之仁”[④]。在朱熹看来，仁是未发，爱（恻隐、情）是已发，两者是相对而言的。

另一方面，朱熹用互为未发已发的性情关系对应诠释仁、爱互为未发已发的关系。朱熹指出：“须知所谓‘心之德’者，即程先生谷种之说，所谓‘爱之理’者，则正谓仁是未发之爱，爱是已发之仁尔。”[⑤]程颐谷种之说为“心譬如谷种，生之性便是仁”[⑥]。可见，朱熹从未发之性的角度视“仁”为“心之德”。而正如性是情之未发、情是性之已发一样，朱熹释“仁”为未发之爱，释“爱”为已发之仁，借“（性情）未发已发”道出了仁、爱互为未发已发之关系。

乾道八年（1172），朱熹与张栻论仁第一书对此有进一步的讨论：

> 盖人生而静，四德具焉，曰仁，曰义，曰礼，曰智，皆根于心而未发，所谓“理也，性之德也”。及其发见，则仁者恻隐，义者羞恶，礼者恭敬，智者是非，各因其体以见其本，所谓“情也，性之发也”。……却于已发见处方下“爱”字，则是但知已发之为爱，而不知未发之爱之为仁也。又以不忍之心与义、礼、智均为发见，则是但知仁之为性，而不知义、礼、智之亦为性也。[⑦]

朱熹认为，根于心的仁义礼智四德是未发的“性之德”，恻隐、羞恶、恭敬、是非等四端是已发的可见本的“性之发”、是爱。换言之，从“未发”的角度看，“仁”与“义、礼、智”一样，是“性之德”；从“已发”的角度看，“不忍之心”即“恻隐之心”，为“仁”性之已发，不同于未发之仁、义、礼、智等“性之德”。

---

① 黎靖德编，王星贤点校：《朱子语类》卷五，第94页。
② 黎靖德编，王星贤点校：《朱子语类》卷二〇，第464页。
③ 同上。
④ 同上注，第465页。
⑤ 同上注，第470页。
⑥ 程颢、程颐著，王孝鱼点校：《河南程氏遗书》卷一八，《二程集》，第184页。
⑦ 朱熹：《答张钦夫论仁说》，《晦庵先生朱文公文集》卷三二，《朱子全书》第21册，第1409—1410页。

其二，心统性情。

朱熹释“仁”为“本心之全德”不仅以“（性情）未发已发”为理学根源，亦由此而以“心统性情”为其理学根源。

乾道五年（1169）己丑之悟后，朱熹在进一步继承和发展张载思想的基础上，基本形成了自己的“心统性情”思想。

乾道六年（1170），朱熹于《答张敬夫问目》中强调：“‘喜怒哀乐之未发谓之中，性也；发而皆中节谓之和，情也’。子思之为此言，欲学者于此识得心也。心也者，其妙情性之德者与？”[①]朱熹认为，“性”为“未发”，“情”为“已发”，“心”“妙性情之德”。“妙”即主宰，可见，此时朱熹已基本形成“心统性情”的思想。

朱熹《太极说》言：“情之未发者，性也，是乃所谓中也，天下之大本也；性之已发者，情也，其皆中节，则所谓和也，天下之达道也。皆天理之自然也。妙性情之德者，心也，所以致中和，立大本，而行达道者也，天理之主宰也。”[②]这里同样以“未发已发”分辨性、情，指出“心”“妙性情之德”，坚持“心统性情”思想。

《朱子语类》从“（性情）未发已发”的角度明确地提出并解释了“心统性情”：“性是未动，情是已动，心包得已动未动。盖心之未动则为性，已动则为情，所谓‘心统性情’也。”[③]朱熹认为，心统摄了未动之性和已动之情，包得未动已动，包得性情。这比“心”“妙性情之德”的提法更为明确、准确。

《朱子语类》还记载了朱熹与弟子关于“心统性情”的问答：

> 问“心统性情”。曰：“性者，理也。性是体，情是用。性情皆出于心，故心能统之。统，如统兵之‘统’，言有以主之也。且如仁义礼智是性也，孟子曰：‘仁义礼智根于心。’恻隐、羞恶、辞逊、

① 朱熹：《答张敬夫问目》，《晦庵先生朱文公文集》卷三二，《朱子全书》第21册，第1403页。

② 朱熹：《太极说》，《晦庵先生朱文公文集》卷六七，《朱子全书》第23册，第3274页。

③ 黎靖德编，王星贤点校：《朱子语类》卷五，第93页。

是非，本是情也，孟子曰：‘恻隐之心，羞恶之心，辞逊之心，是非之心。’以此言之，则见得心可以统性情。一心之中自有动静，静者性也，动者情也。”①

心为什么能统性情？朱熹认为，一者，性情是体用，皆出于心，心是其主宰；二者，作为性的仁义礼智，皆根于心；三者，作为情的恻隐、羞恶、辞逊、是非，是心所本有；四者，性是静，情是动，心中自有动静；所以，心能统之。

难为可贵的是，朱熹以“心统性情”思想诠释“仁”。乾道六年（1170），其于《元亨利贞说》中言：

元亨利贞，性也；生长收藏，情也；以元生，以亨长，以利收，以贞藏者，心也。仁义礼智，性也；恻隐、羞恶、辞让、是非，情也；以仁爱，以义恶，以礼让，以智知者，心也。性者，心之理也；情者，心之用也；心者，性情之主也。②

在这里，朱熹用“心统性情”思想诠释“仁”。仁义礼智对应元亨利贞，为性；恻隐、羞恶、辞让、是非对应生长收藏，为情；心主性情，性是心之理，情是心之用，以元亨利贞而生长收藏，以仁义礼智而爱恶让知，就是心。

朱熹还明确指出，“一身之中，浑然自有个主宰者，心也。有仁义礼智，则是性；发为恻隐、羞恶、辞逊、是非，则是情。恻隐，爱也，仁之端也”③。朱熹强调心主宰性和情，并由此释“仁”为“性”，释“恻隐”为“情”，突出“恻隐”是“爱”、是“仁之端”。

又《朱子语类》载：

旧看五峰说，只将心对性说，一个情字都无下落。后来看横渠“心统性情”之说，乃知此话有大功，始寻得个“情”字着落，与孟

---

① 黎靖德编，王星贤点校：《朱子语类》卷九八，第2513页。

② 朱熹：《元亨利贞说》，《晦庵先生朱文公文集》卷六七，《朱子全书》第23册，第3254页。

③ 黎靖德编，王星贤点校：《朱子语类》卷二〇，第464页。

子说一般。孟子言:“恻隐之心,仁之端也。”仁,性也;恻隐,情也,此是情上见得心。又曰“仁义礼智根于心”,此是性上见得心。盖心便是包得那性情,性是体,情是用。“心”字只一个字母,故“性”“情”字皆从“心”。[1]

通过批判胡宏的“只将心对性说,一个情字都无下落”,肯定张载“心统性情”说,朱熹释“仁”为“性”,释“恻隐”为“情”,认为孟子“恻隐之心,仁之端”之言是“情上见得心”,“仁义礼智根于心”是性上见得心,心包纳性、情,性、情皆从心。

值得注意的是,朱熹以“心统性情”释“仁”,亦影响了张栻的仁说思想。张栻在乾道八年(1172)写成《仁说》后,寄朱熹讨论。为此,朱熹撰写《答钦夫仁说》回复,开篇说:“《仁说》明白简当,非浅陋所及。但言性而不及情,又不言心贯性、情之意,似只以性对心。”[2]他在给予充分肯定的同时,从“心统性情”的角度,指出张栻存在只言性而不及情、更不言心贯性情的弊端。张栻后来虚心接纳了朱熹的建议,我们今天看到的张栻《仁说》中增入了这一内容:

故仁为四德之长,而又可以兼能(包)焉。惟性之中有是四者,故其发见于情,则为恻隐、羞恶、是非、辞让之端,而所谓恻隐者亦未尝不贯通焉,此性情之所以为体用,而心之道则主乎性情者也。[3]

在此,张栻与朱熹如出一辙,用“心统性情”释“仁”,释“仁”为性,为四德之长,兼能(包)仁义礼智四者,释“恻隐”为情,恻隐贯通恻隐、羞恶、是非、辞让四端,心之道主性情。

其三,理气观。

理气观是朱熹“(克己复礼)为仁”诠释的重要理学根源,朱熹“为

① 黎靖德编,王星贤点校:《朱子语类》卷五,第91页。
② 朱熹:《答钦夫仁说》,《晦庵先生朱文公文集》卷三二,《朱子全书》第21册,第1417页。
③ 张栻著,杨世文点校:《仁说》,《新刊南轩先生文集》卷一八,《张栻集》,第1031—1032页。

仁”诠释受其理气观的影响。

朱熹如是诠释“克己复礼为仁”：“便见得‘克己复礼’，私欲尽去，便纯是温和冲粹之气，乃天地生物之心。”[①] 在这里，仁既是“温和冲粹之气”，又是“天地生物之心”，而“其理则天地生物之心”[②]，仁是理气的结合体。

《朱子语类》载：

> 理无迹，不可见，故于气观之。要识仁之意思，是一个浑然温和之气，其气则天地阳春之气，其理则天地生物之心。[③]
>
> 或问《论语》言仁处。曰：“理难见，气易见。但就气上看便见，如看元亨利贞是也。元亨利贞也难看，且看春夏秋冬。春时尽是温厚之气，仁便是这般气象。”[④]

朱熹认为，无迹的理，难见，不可见，可由易见的气观之；仁则兼摄理气，是理气之会通而合一。仁既是气：浑然温和之气、天地阳春之气，又是理：天地生物之心。正因如此，钱穆称朱熹“以仁字释理气”[⑤]；陈来强调，“就天地造化而言，仁既是理，也是气”，“如果说理气是二元分疏的，则仁在广义上是包括理气的一元总体”。[⑥]

从理气关系来看，“有是理，便有是气”，“理未尝离乎气”，“理又非别为一物，即存乎是气之中；无是气，则是理亦无挂搭处”。[⑦] 理气不离，由气可见理，理存于气。

理气关系可同位推演到仁爱关系，由气见理与由爱见仁亦相通。“仁是爱之理，爱是仁之用。未发时，只唤做仁，仁却无形影；既发后，方唤做爱，爱却有形影。”[⑧] 由有形影之爱可见无形影之仁。“理无迹，不可

① 黎靖德编，王星贤点校：《朱子语类》卷六，第 112 页。
② 同上注，第 111 页。
③ 同上。
④ 同上注，第 112 页。
⑤ 钱穆：《朱子新学案》第 1 册，九州出版社，2011 年，第 377 页。
⑥ 陈来：《朱子思想中的四德论》，《哲学研究》2011 年第 1 期。
⑦ 黎靖德编，王星贤点校：《朱子语类》卷一，第 2、3、3 页。
⑧ 黎靖德编，王星贤点校：《朱子语类》卷二〇，第 465 页。

见，故于气观之”[①]，“理难见，气易见”[②]。由有形之气可见无迹之理。前后乃同位推演。

值得注意的是，朱熹又用“气”来诠释“爱”。《朱子语类》载：

> 既是此气流行不息，自是生物，自是爱。假使天地之间净尽无一物，只留得这一个物事，他也自爱。如云均受此气，均得此理，所以须用爱，也未说得这里在。此又是说后来事。此理之爱，如春之温，天生自然如此。如火相似，炙着底自然热，不是使他热也。[③]

朱熹认为，气流行不息，自然生出爱，仁之理所发的爱，如春天的温暖，天生自然。可见，朱熹把爱作为气不息流行的自然结果。陈来指出，朱熹“把气作为仁体的实体，把生生和爱都看做是气的不息流行的自然结果，这一宇宙观是宋代哲学仁体论的一个重要形态”[④]。

正因为朱熹以理气观论仁，把作为仁之用的“爱”诠释为气不息流行的结果，把二元分疏的“理气”体现为一元总体的“仁”，所以陈来对朱熹仁学给予高度评价：“在这一点上，说朱子学总体上是仁学，比说朱子学是理学的习惯说法，也许更能凸显其儒学体系的整体面貌。”[⑤]

其四，体用一源。

“体用一源”思想不仅是朱熹“复礼”诠释的理学根源，也是其“（克己复礼）为仁”诠释的理学根源。只是“复礼”和“（克己复礼）为仁”之具体对象不同，因而具体分析起来亦有分别。

前文“朱熹‘复礼’诠释的理学根源”一节，已具体阐述朱熹“体用一源”思想。朱熹在肯定体用“一源与无间”的同时，特别强调体用之分、“体用自殊”：“然体用自殊，不可不辨，但当识其所谓一源者耳。”[⑥]朱熹认为，体用之别、体用不只是“一物”，是说“一源”“无间”

---

① 黎靖德编，王星贤点校：《朱子语类》卷六，第 111 页。
② 同上注，第 112 页。
③ 黎靖德编，王星贤点校：《朱子语类》卷九五，第 2447 页。
④ 陈来：《仁学本体论》，生活·读书·新知三联书店，2014 年，第 181 页。
⑤ 陈来：《朱子思想中的四德论》，《哲学研究》2011 年第 1 期。
⑥ 朱熹：《晦庵先生朱文公文集》，《朱子全书》第 22 册，第 1982 页。

的前提。朱熹为何要一边突出体用之同，一边还要特别强调体用之别？他是如何将这一思想贯通在“仁”之诠释中的呢？

朱熹曾从体用的角度评价孟子和程子的“仁”之诠释。《朱子语类》载：

> 心者，兼体、用而言。程子曰：“仁是性，恻隐是情。”若孟子，便只说心。程子是分别体、用而言；孟子是兼体、用而言。[①]

朱熹认为，孟子说“心者，兼体、用而言”，孟子是兼体、用而言“仁”；程子说“仁是性，恻隐是情”，程子是分别体、用而言“仁”。

从体、用的角度，朱熹本人又是怎么释“仁”的呢？钱穆评价说：“程子分别体用而言，孟子兼体用而言。朱子之说，亦分亦兼。”[②]钱穆的评价是否中肯？《朱子语类》载：

> 以“心之德”而专言之，则未发是体，已发是用。以“爱之理”而偏言之，则仁便是体，恻隐是用。[③]

朱熹在《论语集注》中释“为仁之本”之“仁”为“仁者，爱之理，心之德”[④]。在这里，朱熹指出其“心之德”释义同于孟子言心，是兼未发之体、已发之用来释“仁”；其“爱之理”释义，突出仁是体、爱（恻隐）是用，同于程子言“仁是性，恻隐是情”，是分别体、用而言。

那么，朱熹这种亦分亦兼具体是如何呈现的呢？下面从分、合、亦分亦兼等三个方面来分析朱熹“体用一源”思想在“克己复礼为仁”之“仁”诠释中的应用。

首先，分体用释仁，仁爱有别。

朱熹用理学“体用一源”思想释仁，乃区分体用和性情、仁爱：“盖一心之中，仁义礼智各有界限，而其性情体用，又自各有分别，须是见

① 黎靖德编，王星贤点校：《朱子语类》卷二〇，第475—476页。
② 钱穆：《朱子论体用》，《朱子新学案》第1册，九州出版社，2011年，第471页。
③ 黎靖德编，王星贤点校：《朱子语类》卷二〇，第466页。
④ 朱熹：《论语集注》卷一，《四书章句集注》，第48页。

得分明”[1]；“心主于身，其所以为体者性也，所以为用者情也”[2]。性情体用各有分别，性情相为体用，而性情又对应仁爱，朱熹由此释仁，道出仁与爱（恻隐）之别。绍熙元年（1190），朱熹于《答方宾王》书中说：“仁、义、礼、智，性也，体也，恻隐、羞恶、辞逊、是非，情也，用也。”[3]可见，仁是性、是体；恻隐（爱）是情、是用，仁爱有别。

《朱子语类》载：

> 孟子言：“恻隐之心，仁之端也。”仁，性也；恻隐，情也，此是情上见得心。又曰“仁义礼智根于心”，此是性上见得心。盖心便是包得那性情，性是体，情是用。“心”字只一个字母，故“性”“情”字皆从“心”。[4]

> 一身之中，浑然自有个主宰者，心也。有仁义礼智，则是性；发为恻隐、羞恶、辞逊、是非，则是情。恻隐，爱也，仁之端也。仁是体，爱是用。[5]

朱熹指出，仁是性，恻隐是情，“恻隐之心，仁之端”是情上见心，“仁义礼智根于心”是性上见心，性是体、情是用，仁是体、爱是用。朱熹用体、用之分突出性、情之别和仁、爱（恻隐）之别。朱熹又由性、情皆从“心”，在体现体、用不同的同时，点出体用之同于“一源”。

乾道八年（1172），朱熹于《答张钦夫论仁说》中言：

> 下章又云：“若专以爱命仁，乃是指其用而遗其体，言其情而略其性，则其察之亦不审矣。”盖所谓爱之理者，是乃指其体性而言，且见性情、体用各有所主而不相离之妙，与所谓遗体而略性者，正

① 朱熹：《玉山讲义》，《晦庵先生朱文公文集》卷七四，《朱子全书》第24册，第3588—3589页。
② 朱熹：《答何叔京》，《晦庵先生朱文公文集》卷四〇，《朱子全书》第22册，第1839页。
③ 朱熹：《答方宾王》，《晦庵先生朱文公文集》卷五六，《朱子全书》第23册，第2660页。
④ 黎靖德编，王星贤点校：《朱子语类》卷五，第91页。
⑤ 黎靖德编，王星贤点校：《朱子语类》卷二〇，第464页。

相南北，请更详之。[①]

朱熹认为，仁爱有别，不可以爱命仁，否则是指用而遗体、言情而略性，当然，性情、体用虽然各有所主，但是不相离。

总的来说，虽然朱熹以“体用一源”思想诠释“仁”，不忘点出仁、爱（恻隐）之同，但着墨更多的是仁、爱之别。正如其于乾道九年（1173）给吕祖谦书中所指出的：“(《仁说》) 其实亦只是祖述伊川仁、性、爱、情之说，但剔得名义稍分，界分脉络有条理，免得学者枉费心神，胡乱揣摸，唤东作西尔。”[②] 朱熹总体认为，仁与爱（恻隐）、性与情（未发与已发）同体与用是对等的概念，两两各自分属不同层次，仁、性属体的层面，爱、情属用的层面。具体而言，静而伏藏于内者宜属体，动而发用在外者宜属用；性静而伏藏在内，故属体，情动而发用于外，故属用；仁者心之德，伏藏在内，属体，爱（恻隐）则动而发用在外，属用。

其次，合体用释仁，仁兼体用。

如果说朱熹承续程颐分别体、用言仁，道出了仁、爱之别，那么，朱熹亦承接孟子兼体、用而言仁，道出了仁尽体用之妙。下面围绕“克己复礼为仁”之“仁”，来考察朱熹是如何合体用释仁、诠释仁兼体用之特征的。

《朱子语类》载：“如‘克己复礼为仁’，却是专言”[③]；“如‘克己复礼为仁’，……便是包四者”[④]；“至于说‘克己复礼为仁’……此是说专言之仁，又自不同”[⑤]。朱熹认为，“克己复礼为仁”之“仁”是“专言”之仁、“包四者”之仁。那么，“专言”之仁、“包四者”之仁有何体用特

---

① 朱熹：《答张钦夫论仁说》，《晦庵先生朱文公文集》卷三二，《朱子全书》第 21 册，第 1410 页。

②《答吕伯恭》言“其实亦只是祖述伊川仁、性、爱、情之说，但剔得名义稍分界分，脉络有条理”，标点有误，引用时，已稍加更正。朱熹：《答吕伯恭》，《晦庵先生朱文公文集》卷三三，《朱子全书》第 21 册，第 1443 页。

③ 黎靖德编，王星贤点校：《朱子语类》卷二〇，第 476 页。

④ 黎靖德编，王星贤点校：《朱子语类》卷九五，第 2416 页。

⑤ 黎靖德编，王星贤点校：《朱子语类》卷二〇，第 463 页。

征？“专言仁者，是兼体用而言”[①]；“仁对义、礼、智言之，则为体；专言之，则兼体、用”[②]；“仁自有仁之体、用”[③]；“仁之体本静，而其用则流行不穷”[④]；“仁者，心体之全，其用随事而见”[⑤]。在朱熹看来，“专言”之仁，自有其体用，兼体用。朱熹的学生黄榦（字直卿）亦如此说：“若独说仁，则义、礼、智皆在其中，自兼体用言之。”[⑥] 由此可见，“克己复礼为仁”之“仁”乃兼体用之“仁”。

朱熹在用“体用一源”思想诠释兼体用之仁时，亦指出了另一个十分重要的问题，“有我之私”对仁之体用的遮蔽。下面三条引文有助于我们认识这一问题：

> 殊不知仁乃性之德而爱之本，因其性之有仁，是以其情能爱。但或蔽于有我之私，则不能尽其体用之妙。惟克己复礼，廓然大公，然后此体浑全，此用昭著，动静本末，血脉贯通尔。程子之言意盖如此，非谓爱之与仁了无干涉也。[⑦]
>
> 盖己私既克，则廓然大公，皇皇四达，而仁之体无所蔽矣。夫理无蔽，则天地万物血脉贯通，而仁之用无不周矣。……于此识得仁体，然后天地万物血脉贯通而用无不周者，可得而言矣。[⑧]
>
> “公而以人体之故为仁。”盖公犹无尘也，人犹镜也，仁则犹镜之光明也。镜无纤尘则光明，人能无一毫之私欲则仁。然镜之明，非自外求也，只是镜元来自有这光明，今不为尘所昏尔。人之仁，亦非自外得也，只是人心元来自有这仁，今不为私欲所蔽尔。故人

---

① 黎靖德编，王星贤点校：《朱子语类》卷六，第 115 页。
② 同上。
③ 同上注，第 121 页。
④ 同上。
⑤ 朱熹：《晦庵先生朱文公文集》，《朱子全书》第 22 册，第 1978 页。
⑥ 黎靖德编，王星贤点校：《朱子语类》卷六二，第 1480 页。
⑦ 朱熹：《答张钦夫又论仁说》，《晦庵先生朱文公文集》，《朱子全书》第 21 册，第 1411 页。
⑧ 朱熹：《答钦夫仁说》，《晦庵先生朱文公文集》卷三二，《朱子全书》第 21 册，第 1418 页。

无私欲，则心之体用广大流行，而无时不仁，所以能爱能恕。[①]

朱熹认为，仁兼体用，“有我之私”则可能遮蔽仁，使仁不能尽体用之妙，施行“克己复礼”工夫，去掉蔽“仁”之私，就能彰显仁廓然大公、皇皇四达、此体浑全、此用昭著、动静本末、血脉贯通的特质，就能使“仁之体无所蔽”“仁之用无不周”，就能使仁之体用广大流行。

在行文论述过程中，朱熹亦主动采取兼合体用的思路来进行论证和推演。乾道八年（1172），朱熹于《答张钦夫论仁说》中言：

> 熹谓孟子论四端，自首章至“孺子入井”，皆只是发明不忍之心一端而已，初无义、礼、智之心也。至其下文，乃云“无四者之心非人也”，此可见不忍之心足以包夫四端矣。盖仁包四德，故其用亦如此。前说之失，但不曾分得体用，若谓不忍之心不足以包四端，则非也。今已改正。[②]

在这里，为了证明“不忍之心”足以包四端，朱熹举出了仁包四德的证据，在朱熹的逻辑中，因为仁是体，包四德，所以作为用的“不忍之心”也应该包四端，否则，说“不忍之心不足以包四端”就是错误的，是“不曾分得体用”，仁中兼有体用。

此外，以体用释仁，亦分亦兼。

由上文可见，朱子在有的篇章中承接孟子，兼体用释仁；在有的篇章中承接程子，分体用释仁。值得注意的是，朱熹在《仁学》《克斋记》等重要的仁学著作中，出现同一篇章中既分体用释仁，道出仁爱之别，又兼体用释仁，道出仁尽体用之妙、廓然大公、涵育浑全、周流贯彻、广大流行的特质。这些，恰恰印证了钱穆之评价：“程子分别体用而言，孟子兼体用而言。朱子之说，亦分亦兼。”[③]

乾道八年（1172），朱熹《克斋记》言：

---

① 黎靖德编，王星贤点校：《朱子语类》卷九五，第 2454 页。
② 朱熹：《答张钦夫论仁说》，《晦庵先生朱文公文集》卷三二，《朱子全书》第 21 册，第 1409 页。
③ 钱穆：《朱子论体用》，《朱子新学案》第 1 册，九州出版社，2011 年，第 471 页。

> 性情之德无所不备，而一言足以尽其妙，曰“仁”而已，所以求仁者，盖亦多术，而一言足以举其要，曰“克己复礼”而已。盖仁也者，天地所以生物之心，而人物之所得以为心者也。惟其得夫天地生物之心以为心，是以未发之前，四德具焉，曰仁、义、礼、智，而仁无不统。已发之际，四端著焉，曰恻隐、羞恶、辞让、是非，而恻隐之心无所不通。此仁之体用所以涵育浑全，周流贯彻，专一心之妙，而为众善之长也。[①]

朱熹开篇点出“仁”备性情之德，“克己复礼”为求仁之要，交代其论述对象为“克己复礼为仁”之“仁”。随后从体用不同的角度释仁，区分仁与爱（恻隐），从两个方面点明“仁”之“全德”义。一是从体、从性之德来看，仁包仁、义、礼、智四德，仁包四德，是全德；二是从用、从情之德来看，恻隐之心包恻隐、羞恶、辞让、是非四端，恻隐之心包四端，是全德。同时还突出仁兼体用之涵育浑全、周流贯彻、专一心之妙、为众善之长的特征，强调“仁”“无一理之不具，而无一物之不该”，“无事之不得于理，而无物之不被其爱”，总括仁之为德，“尽性情之妙”，兼性情，兼体用。

乾道八年（1172），朱熹在撰写《克斋记》后，又作《仁说》。《仁说》曰：

> 故语心之德，虽其总摄贯通无所不备，然一言以蔽之，则曰仁而已矣。请试详之。盖天地之心，其德有四，曰元亨利贞，而元无不统。其运行焉，则为春夏秋冬之序，而春生之气无所不通。故人之为心，其德亦有四，曰仁义礼智，而仁无不包。其发用焉，则为爱恭宜别之情，而恻隐之心无所不贯。故论天地之心者，则曰乾元、坤元，则四德之体用不待悉数而足。论人心之妙者，则曰“仁，人心也”，则四德之体用亦不待遍举而该。盖仁之为道，乃天地生物之心，即物而在，情之未发而此体已具，情之既发而其用不穷，诚能

---

① 朱熹：《克斋记》，《晦庵先生朱文公文集》卷七七，《朱子全书》第24册，第3709页。

体而存之，则众善之源、百行之本，莫不在是。此孔门之教所以必使学者汲汲于求仁也。其言有曰：“克己复礼为仁。”言能克去己私，复乎天理，则此心之体无不在，而此心之用无不行也。……此心何心也？在天地则块然生物之心，在人则温然爱人利物之心，包四德而贯四端者也。[①]

在此，朱熹三次论述仁兼体用的特征。一是明确指出“克己复礼为仁”之“仁”，“此心之体无不在，而此心之用无不行”，兼体、用。二是言仁“包四德而贯四端”，其中“包四德”为“仁”之性和体，“贯四端”为“仁”之情和用，兼体、用。三是开篇以“心之德”言“仁”之兼体、用，突出仁兼体用、总摄贯通、无所不备的特征。[②] 同时，与《克斋记》一样，《仁说》亦从体、用不同的角度释“仁”，指出仁为未发之性，爱为已发之情，区分仁、爱（恻隐），亦从仁包四德、恻隐之心包四端等两个方面点明“仁”之“全德”义，彰显了朱熹以体用释仁、亦兼亦分之特征。

---

① 朱熹：《仁说》，《晦庵先生朱文公文集》卷六七，《朱子全书》第23册，第3279—3280页。

② 以“心之德”言“仁”的这一特征，朱熹在《朱子语类》中论述为“以‘心之德’而专言之，则未发是体，已发是用”，突出“仁”伏藏于内、发用在外，兼体、用的特征。黎靖德编，王星贤点校：《朱子语类》卷二〇，第466页。

第五章 “克己复礼为仁”诠释与朱熹学术特征及影响

朱熹着力对《论语》“克己复礼为仁”这个儒学重要命题进行了诠释，其诠释备受关注，在清代汉宋之争中成为争点。[①]

从文本实际来看，朱熹用整句话诠释“克己复礼为仁”这个命题的地方不多，他更注重从这一命题中“克己”“复礼”“为仁”各个角度分别进行细致诠释，同时着重从整体上对这一命题中“克己”“复礼”“为仁”之间的关系进行系统诠释。后代学者对朱熹这一命题的回应也是从“克己”“复礼”“为仁”各个角度分别进行的。如乾嘉学者对朱熹“克己”解的质疑、由朱熹“(复)礼”而引起的“礼”“理”讨论、对朱熹“(为)仁”的质疑等，这些均是分别进行的。当代研究者如黄俊杰、张崑将等在单篇论文中也采取分别讨论的方式。[②]因而，本书第二、三、四章分别讨论朱熹对《论语》“克己”“复礼”“为仁”的诠释。

为了避免割裂，整体揭示和呈现朱熹“克己复礼为仁”诠释思想，本章在前面各章分别讨论的基础上，由分论转向合论，从理学体系建构的视角，进一步深入讨论朱熹对“克己复礼为仁”这一命题中“克己”“复礼”“为仁”关系的诠释，并从“克己复礼为仁”诠释整体地看朱熹学术特征及影响。

---

① 郭园兰、肖永明:《〈论语〉“克己”诠释之汉宋分野：从多维视域考察》,《求索》2017年第11期。

② 参看黄俊杰:《孔子“克己复礼为仁”说与东亚儒者的诠释》,《孔子研究》2017年第2期；张崑将:《朱子对〈论语·颜渊〉“克己复礼”章的诠释及其争议》,《台大历史学报》2001年第27期。

第一节　朱熹对“克己”“复礼”“为仁”关系的诠释：以理学体系建构为视角

一、“克己”“复礼”既合又分

其一，克己便是复礼：克己复礼是合掌说底。

朱熹认为克己则礼自复，克己便能复礼。“克己，则礼自复；闲邪，则诚自存。非克己外别有复礼，闲邪外别有存诚”[①]；“克己便能复礼，步步皆合规矩准绳；非是克己之外，别有复礼工夫也”[②]。朱熹强调克己便能步步皆合规矩准绳，复礼不是克己之外额外的工夫，克己复礼本属一项工夫。对此，《朱子语类》还进一步明确指出：

> 又曰：“早间与亚夫说得那‘克己复礼’，是克己便是复礼，不是克己了，方待复礼，不是做两截工夫。就这里克将去，这上面便复得来。”[③]
>
> “克己复礼”，不是克己了，又复礼。只克去己私，便是礼。[④]

在这里，朱熹表述更为清晰，克己便是复礼，克将去便复得来，只克去己私便是礼，不是克己了又去复礼，克己复礼不是“两截工夫”。因而，朱熹认为：“‘克己复礼’，是合掌说底。”[⑤]“合掌”就是“重复”义[⑥]，即“克己”与“复礼”是重复同一项工夫，“克己”就是“复礼”，在“克己”之外没有额外的复礼之功。

朱熹的这一认识与其理欲观息息相关。“孔子所谓‘克己复礼’；……圣贤千言万语，只是教人明天理，灭人欲。”[⑦]“克己复礼”是《论语》中

---

① 黎靖德编，王星贤点校：《朱子语类》卷四一，第1042页。叶贺孙记，朱子62岁后。
② 同上注，第1046页。郑南升记录，朱子64岁后。
③ 同上注，第1049页。（此条潘植记，朱熹年64岁，钱穆：《朱子论克己》，《朱子新学案》第2册，九州出版社，2011年，第450页。）
④ 黎靖德编，王星贤点校：《朱子语类》卷四二，第1074页。
⑤ 黎靖德编，王星贤点校：《朱子语类》卷四一，第1049页。
⑥ 冯青：《朱子语类学归》，江西人民出版社，2011年，第297页。
⑦ 黎靖德编，王星贤点校：《朱子语类》卷一二，第207页。

圣人孔子答颜渊之言，孔圣人之言是天理的表达，朱熹用“天理—人欲”相对的思想框架来概括和诠释“克己复礼”思想。[①]将人欲、天理分别与克己复礼之“己”“礼”对应，人欲、天理截然对立之关系类于己、礼不容并立之关系。

在朱熹理学体系中，天理和人欲处于此胜彼退之关系中，二者截然对立：“人只有个天理人欲，此胜则彼退，彼胜则此退，无中立不进退之理，凡人不进便退也。”[②]天理人欲相互对立与排斥，天理进一步，则人欲退一步，人欲进一步，则天理退一步，天理存则人欲亡，人欲胜则天理灭，天理与人欲二者不容并存。在答门人叶贺孙问时，朱熹将天理人欲之消长与权衡之低昂、阴阳之消长、日月之盈缩等进行类比：“如权衡之设，若不低便昂，不昂便低。凡天地阴阳之消长，日月之盈缩，莫不皆然。”[③]这将天理、人欲之绝然对立进一步形象化、普遍化。在朱熹看来，不论是孔子所谓“克己复礼”，《中庸》所谓“致中和”“尊德性”“道问学”，《大学》所谓“明明德”，还是《书》所谓“人心惟危，道心惟微，惟精惟一，允执厥中”，圣贤千言万语，都只是教人明天理、灭人欲。[④]天理、人欲是圣贤之语的拢括，是儒家道德思想的基础。正因如此，朱熹把天理、人欲的对立作为诠释“克己复礼”的基本分析框架。

朱熹以天理、人欲对立思想诠释己、礼不容思想。朱熹诠释克己复礼之“己”为“人欲之私”、“礼”为“天理之公”，人欲之私与天理之公不容并立，己、礼不容并存：“己者，人欲之私也；礼者，天理之公也。一心之中，二者不容并立，而其相去之间，不能以毫发。出乎此，则入乎彼；出于彼，则入于此矣。”[⑤]受这种截然对立理欲观的影响，朱熹常将

---

① 陈来指出：“朱子始终把天理—人欲的对立作为儒家道德思想的基础，也作为《论语》解释的基本分析框架。”参看陈来：《朱子〈论语集注〉的儒学思想》，《中国近世思想史研究》，生活·读书·新知三联书店，2010年，第146页。

② 黎靖德编，王星贤点校：《朱子语类》卷一三，第224—225页。

③ 黎靖德编，王星贤点校：《朱子语类》卷四一，第1063页。

④ 黎靖德编，王星贤点校：《朱子语类》卷一二，第207页。

⑤ 朱熹：《论语或问》卷十二，《朱子全书》第6册，第799页。

礼、己对看，强调"'己'字与'礼'字亦正相对说"，"己与礼对立"。[①] 朱熹又将克己复礼之己、礼对立关系和天理、人欲对立关系同喻为是非对立关系。《朱子语类》载：

克己复礼，不是克己了，又复礼。只克去己私，便是礼。有是有非，只去了非，便是是。所以孔子只说非礼勿视听言动。只克去那非，便是礼。[②]

同是事，是者便是天理，非者便是人欲。如视听言动，人所同也，非礼勿视听言动，便是天理；非礼而视听言动，便是人欲。[③]

在朱熹看来，大凡一事便有是、非截然对立之两端，就克己复礼来说，是底是天理之公、是礼，非底是人欲之私、是己，克己复礼是去非存是的工夫；就天理人欲观来说，是者为天理，非者为人欲，同样是视听言动之事，若在非礼情况下止之不践履，是天理，反之一意践行，是人欲。由此，朱熹强调克己是知晓非礼、止息非礼，克己便是复礼、复天理，"礼即天之理也，非礼则己之私也，于是（视听言动）四者谨而察之，知其非礼，则勿以止焉，则是克己之私，而复于礼矣"[④]。朱熹强调这一去非存是、止息己私的工夫不是一般的工夫，而是双方你死我活相互交战的大工夫。由此，在《论语或问》中，朱熹强调："克，胜也；己，身也。身有嗜欲，当以礼仪齐之，嗜欲与礼仪战，使礼仪胜其嗜欲，身得复归于礼。"[⑤] 己、礼对立、交战，礼仪战胜了嗜欲，修身复礼即是克己复礼工夫。这在《克斋记》中有更为明确的表述："予惟克复之云，虽若各为一事，其实天理人欲，相为消长，故克己者，乃所以复礼，而非克己之外别有复礼之功也。"[⑥]

朱熹《克斋记》作于乾道八年（1172），在此前一年即乾道七年

---

① 黎靖德编，王星贤点校：《朱子语类》卷四一，第1045、1046页。
② 黎靖德编，王星贤点校：《朱子语类》卷四二，第1074页。
③ 黎靖德编，王星贤点校：《朱子语类》卷四十，第1031页。
④ 朱熹：《论语或问》卷一二，《朱子全书》第6册，第799页。
⑤ 同上。
⑥ 朱熹：《克斋记》，《朱文公文集》卷七七，《朱子全书》第24册，第3710页。

(1171),朱熹已就其理欲观和克己复礼思想对胡宏进行了批判。在《胡子知言疑义》中,朱熹以截然对立的理欲观批驳胡宏“天理人欲同体异用”、将天理与人欲混为一谈。朱熹强调,天理是天命之性,是人生而有之的,人欲“梏于形、杂于气、狃于习、乱于情”,是后天才有的,天理、人欲本原本来不同,体中只有天理,没有人欲,天理、人欲不同体,“本体实然只一天理”,“故圣人只说克己复礼,教人实下工夫,去却人欲便是天理,未尝教人求识天理于人欲汩没之中”。孔圣人说克己复礼,是去却人欲便是天理,不是在人欲中识天理,只有实下工夫去除人欲,才能见天理。[①]

克己便是复礼、克己即复理之克复观的形成,一方面体现在朱熹对胡宏等湖湘学者的批判,另一方面,也体现在朱熹对北宋以来“礼”即“天理”诠释思想的继承。在周敦颐、张载、二程、张九成等以“理”释“礼”的基础上,朱熹用理气观说性,释“礼”为“性”,发展“性即理”说,释“礼”为“天理”,[②]其克己即复礼即复天理的内在诠释理路为“‘己’字与‘礼’字正相对说”[③],克己即战胜私欲,回到本有的性理、天理,人欲净尽,天理流行;复礼即复性,性即理,复礼即复性礼、复天理;克己就是复礼、复理。克复便是复理、克己复礼是合掌说底的观点,贯通性理与天理,凸显和建构天理本体,是朱熹己丑之悟后着力建立和发展理学思想过程中形成的克复观,从时间上考察,不难发现,朱熹实际上直到中晚年还在坚持和表达这种克复观。

---

① 朱熹:《胡子知言疑义》,《朱文公文集》卷七三,《朱子全书》第24册,第3556页。其实,正如陈来先生强调的,胡宏并没有把人欲作为本体的意思,胡宏是要人在生命欲望的活动中注意循其当然之则,即是说,欲的正当展开就是“天理”,欲的不合准则的放荡才是“人欲”,胡宏这一思想的主旨是强调人要在生活行为中辨清天理和人欲的分际。参看陈来:《宋明理学》,北京大学出版社,2020年,第178页。牟宗三解释:“同一‘饮食男女之事’,‘溺于流’者,谓之‘人欲’;不溺于流者,谓之‘天理’。此即所谓‘天理人欲同体而异用,同行而异情’。‘同体’者‘同一事体’之谓,非同一本体也。‘异用’是异其表现之用,非体用之用。”参看牟宗三的《心体与性体》。

② 郭园兰:《朱熹对〈论语〉“礼”的三维诠释》,《中国文化研究》2021年秋之卷第3期。

③ 黎靖德编,王星贤点校:《朱子语类》卷四一,第1045页。

其二，克己须着复礼：克己之外别有复礼之功。

对克己便是复礼、克己即复天理、克己复礼是合掌说底的观点，朱熹又有不满，这种不满是由以“理”释“礼”、以“复理”释“复礼”引起的。朱熹认识到，以“理”释“礼”、以“复理”释“复礼”，穷高极远，忽略了正衣冠、尊瞻视等持守有节文的工夫，不能从言行上实在点检和实践，从而荡然无守，蹈入空疏，流于空虚异端之说，与释老无异。

早在乾道六年（1170）《答林择之》书中，朱熹指出，近世学者“至于容貌词气，往往全不加工，设使真能如此存得，亦与释老何异”。他批评近世学者不注重容貌词气等礼节修饰持敬工夫，与释老无异，未必真能存得敬，自然会事事灭裂，一件事情也干不好。与这些近世学者不同的是，程子言敬，“必以整齐严肃、正衣冠、尊瞻视为先”。朱熹指出，过去寻常谈论孔子“克己复礼”时，认为将“礼”视为形下践履之“礼”尚有不足，唯有将“礼”上升到“天理”的高度，才是克己工夫的归宿，“必训作‘理’字然后已”，实际上这是不周全的，程子言敬重礼之言才是至论，以“理”释“礼”难以充分表达“礼”的“精微缜密”。①

淳熙四年（1177），朱熹在《答张仁叔》中强调，“克己复礼”之“礼”与“约之以礼”之“礼”一样，“‘礼’字便作‘理’字看不得，正是持守有节文处”，“礼”之“节文”义是“理”所缺乏的，“理”不能释“礼”，“复理”不同于“复礼”。②

在淳熙四年（1177）成书的《论语或问》中，朱熹强调，克己复礼“非以礼训理”③，理不可以替换礼。也就是说，跟克己就是复礼、复礼即是复理、克己复礼是合掌说底观点不同的是，朱熹认为克己须着复于礼，克己之外别有复礼之功，克己复礼涵括克与复两项工夫，其中克己是向内、向心的工夫，复礼是外在、修身的工夫，这个“复礼”之“礼”不

① 朱熹：《答林择之》，《朱文公文集》卷四三，《朱子全书》第22册，第1968—1969页。
② 朱熹：《答张仁叔》，《晦庵先生朱文公文集》卷五八，《朱子全书》第23册，第2750页。
③ 朱熹：《论语或问》卷一二，《朱子全书》第6册，第800页。

是直接指向“天理”，而是指向外在准则准绳、规矩礼节，“制之于外，以安于内”，“制乎外所以养其中”，通过外在的礼文禁制，消磨私欲，涵养和回复主体固有的、内在的德礼之性。

淳熙十五、十六年（1188、1189），朱熹答正淳问时指出：“某之意，不欲只说复理而不说‘礼’字。盖说复礼，即说得着实；若说作理，则悬空，是个甚物事？”[①] 这里明确强调，说复礼说得着实，说理悬空，复礼不同于复理。

绍熙三年（1191），门人郑可学记载，朱熹指出，大程门人杨时多求于理而不求于事，求于心而不求于身，空蹈克己工夫，其言“天下皆归吾仁之中”无形无影。大约同年，门人滕璘记载，朱子告元昭，复理求于理，无形无影，复礼求于事。[②] 受朱熹影响，门人亦深谙“复理”之“未有形迹”之弊，如庆元三年（1197），朱子门人曾祖道跟朱熹问答时言：“礼即理也。但谓之理，则疑若未有形迹之可言。”[③] 指出只以“理”释“礼”，就容易没有“形迹”可依靠了。

朱熹常强调，“复礼”不可或缺，“克己”“复礼”是两项工夫。门人叶贺孙记载了朱熹62岁时的回答：

> 固是克了己便是理。然亦有但知克己而不能复于礼，故圣人对说在这里。却不只道“克己为仁”，须着个“复礼”，庶几不失其则。下文云：“非礼勿视，非礼勿听，非礼勿言，非礼勿动。”缘本来只有此礼，所以克己是要得复此礼。[④]

在此，朱熹指出“有但知克己而不能复于礼”的情况，因而，不只是说“克己为仁”，须着个“复礼”，才能有望不失去礼则，“复礼”不可或缺，这与下文非礼勿视、听、言、动之对礼则的强调亦相应。《朱子语类》载：

---

① 黎靖德编，王星贤点校：《朱子语类》卷四一，第1065页。
② 黎靖德编，王星贤点校：《朱子语类》卷一二〇，第2904—2905页。
③ 朱熹：《答曾择之》，《朱文公文集》卷六〇，《朱子全书》第23册，第2893页。
④ 黎靖德编，王星贤点校：《朱子语类》卷四一，第1045页。

亚夫问：“‘克己复礼’，疑若克己后便已是仁，不知复礼还又是一重工夫否？”曰：“己与礼对立。克去己后，必复于礼，然后为仁。若克去己私便无一事，则克之后，须落空去了。且如坐当如尸，立当如斋，此礼也。坐而倨傲，立而跛倚，此己私也。克去己私，则不容倨傲而跛倚；然必使之如尸如斋，方合礼也。故克己者必须复此身于规矩准绳之中，乃所以为仁也。”①

朱熹强调，克己之后，必复于礼，然后为仁；如果只克己而不复礼，就“落空去了”。朱熹还举例说明，“坐而倨傲，立而跛倚”是己私，如果只是克去己私、不容“倨傲而跛倚”，还不够，还必须“复礼”，使得“坐当如尸，立当如斋”，才合礼，克己者必须复此身于规矩准绳之中，才是真正的“为仁”，“复礼”这一步骤不容忽略，克己之外别有复礼之功。

其三，才克己便复礼与克己犹未复礼兼而有之：从朱子晚年文献看其“克己”“复礼”关系。

对于克己与复礼之关系，朱熹早年立足复礼是复天理、天理人欲互为消长，主张“克己”就是“复礼”，认为两者是一项工夫；中晚年，当其应对佛氏之学挑战时，又坚持“复礼”不可或缺，“克己”“复礼”似两项工夫。实际上，朱熹还明确指出，两者既是一项工夫又是两项工夫，才克己便复礼与克己犹未复礼兼而有之。对于后者，在朱熹门人叶贺孙、郑南升、潘时举、潘植等四人“闻同录异”的几条记录中②，有翔实探讨和明确强调。这四人记录的是朱子64岁时的谈话内容，虽然文字不尽相同，但其中关于克己、复礼两者关系的意思却是一致的。

先看叶贺孙的记录：

“克己，须着复于礼”。贺孙问：“非天理，便是人欲。克尽人欲，便是天理。如何却说克己了，又须着复于礼？”

曰：“固是克了己便是理。然亦有但知克己而不能复于礼，故圣

① 黎靖德编，王星贤点校：《朱子语类》卷四一，第1046页。
② 同上注，第1045页。叶贺孙记录并标注：“此下三条，疑闻同录异，而植录尤详。”

人对说在这里。却不只道‘克己为仁’，须着个‘复礼’，庶几不失其则。下文云：‘非礼勿视，非礼勿听，非礼勿言，非礼勿动。’缘本来只有此礼，所以克己是要得复此礼。若是佛家，尽有能克己者，虽谓之无己私可也，然却不曾复得礼也。圣人之教，所以以复礼为主。若但知克己，则下梢必堕于空寂，如释氏之为矣。”

亚夫又问。曰：“如‘坐如尸，立如斋’，此是理；如箕踞跛倚，此是非理。去其箕踞跛倚，宜若便是理。然未能‘如尸如斋’，尚是己私。”贺孙。此下三条，疑闻同录异，而植录尤详。[①]

在这条记录里，朱熹一方面从理欲观角度言克己、复礼是一项工夫，另外一方面又强调“克己了，又须着复于礼”，克己、复礼又是两项工夫，究竟是一项还是两项工夫，让人产生困惑。为此，叶贺孙、亚夫等向朱子提问。而朱子的回答实际上是将二者并举，认为克己、复礼既是一项工夫又是两项工夫。如，朱子回答叶贺孙的疑问为：“固是克了己便是理。然亦有但知克己而不能复于礼，故圣人对说在这里。却不只道‘克己为仁’，须着个‘复礼’，庶几不失其则。”[②]在回答开头一截，朱熹用一“固”字强调克己就是复礼，克己、复礼是一项工夫，这是其本来早就提倡的；随后，朱熹用一“然”字转折，强调针对佛氏只知克己而不能复礼、结果堕于空寂的情况，用复礼对说克己，突出复礼是必须的，是克己不能替代的；因而，其结论必然是克己复礼是一项工夫又是两项工夫。朱熹回答亚夫的疑问亦是如此。一方面，他正面强调，“坐如尸，立如斋”之复礼是理，“箕踞跛倚”之非礼是非理，克己去掉非礼也就是理，克复一体，是一项工夫；另一方面，他同时强调，如果只是去掉非礼，未能复礼“如尸如斋”，还是己私，不是真正的理，从反面突出复礼的必要性、不可替代性，克复不同，是两项工夫；因而，两者既是一项工夫又是两项工夫。

再看郑南升的记录：

① 黎靖德编，王星贤点校：《朱子语类》卷四一，第1045页。
② 同上。

亚夫问“克己复礼”章。

曰：“今人但说克己，更不说复礼。夫子言非礼勿视听言动，即是‘克己复礼’之目也。颜子会问，夫子会答，答得来包括得尽。‘己’字与‘礼’字正相对说。礼，便有规矩准绳。且以坐立言之：己便是箕踞，礼便是‘坐如尸’；己便是跛倚，礼便是‘立如斋’。但如此看便见。”

又曰：“克己是大做工夫，复礼是事事皆落腔窠。克己便能复礼，步步皆合规矩准绳；非是克己之外，别有复礼工夫也。释氏之学，只是克己，更无复礼工夫，所以不中节文，便至以君臣为父子，父子为君臣，一齐乱了。吾儒克己便复礼，见得工夫精细。圣人说得来本末精粗具举。下面四个‘勿’字，便是克与复工夫皆以礼为准也。‘克己复礼’，便是捉得病根，对证（症）下药。仲弓主敬行恕，是且涵养将去，是非犹未定。涵养得到，一步又进一步，方添得许多见识。‘克己复礼’，便刚决克除将去。”南升。[①]

这段记录是朱子答亚夫问“克己复礼”，以“曰”“又曰”形式分成两段，这两段实际上有三层意思。第一层意思强调克己复礼似两件事，“今人但说克己，更不说复礼”，复礼是不容忽视的更加重要的一重工夫。第二层意思强调克己复礼似一件事，克己是大做工夫，复礼是事事皆落“腔窠”规矩，做工夫就是为了皆合规矩，克己便能复礼，“非是克己之外，别有复礼工夫”。第三层意思是通过儒释对比强调克己复礼是“本末精粗具举”，既是一项工夫又是两项工夫，释氏只克己，无复礼工夫，君臣父子全乱了，儒家克复皆以礼为准，是“捉得病根，对症下药”。

再看潘时举的记录：

亚夫问：“‘克己复礼’，疑若克己后便已是仁，不知复礼还又是一重工夫否？”曰：“己与礼对立。克去己后，必复于礼，然后为仁。若克去己私便无一事，则克之后，须落空去了。且如坐当如尸，

① 黎靖德编，王星贤点校：《朱子语类》卷四一，第1045—1046页。

立当如斋，此礼也。坐而倨傲，立而跛倚，此己私也。克去己私，则不容倨傲而跛倚；然必使之如尸如斋，方合礼也。故克己者必须复此身于规矩准绳之中，乃所以为仁也。”

又问：“若以礼与己对看，当从礼说去。礼者，天理之节文，起居动作，莫非天理。起居动作之间，莫不浑全是礼，则是仁。若皆不合节文，便都是私意，不可谓仁。”曰：“不必皆不合节文。但才有一处不合节文，便是欠阙。若克去己私，而安顿不着，便是不入他腔窠。且如父子自是父子之礼，君臣自是君臣之礼。若把君臣做父子，父子做君臣，便不是礼。”

又问“克己复礼”与“主敬行恕”之别。曰：“仲弓方始是养在这里，中间未见得如何。颜子‘克己复礼’，便规模大，精粗本末，一齐该贯在这里。”

又问：“‘克己复礼’如何分精粗？”曰：“若以克去己私言之，便克己是精底工夫，到礼之节文有所欠阙，便是粗者未尽。然克己又只是克去私意，若未能有细密工夫，一一入他规矩准绳之中，便未是复礼。如此，则复礼却乃是精处。”

时举因问：“夜来先生谓‘坐如尸，立如斋’是礼，倨傲跛倚是己。有知倨傲跛倚为非礼而克之，然乃未能‘如尸如斋’者，便是虽已克己而未能复礼也。”曰：“跛倚倨傲，亦未必尽是私意，亦有性自坦率者。伊川所谓‘人虽无邪心，苟不合正理，乃邪心也’。佛氏之学，超出世故，无足以累其心，不可谓之有私意。然只见他空底，不见实理，所以都无规矩准绳。”

曰：“佛氏虽无私意，然源头是自私其身，便是有个大私意了。”曰：“他初间也未便尽是私意，但只是见得偏了。”

时举曰：“先生向所作克斋记云：‘克己者，所以复礼；非克己之外，别有所谓复礼之功。’是如何？”曰：“便是当时也说得忒快了。明道谓：‘克己则私心去，自能复礼；虽不学礼文，而礼意已得。’如此等语，也说忒高了。孔子说‘克己复礼’，便都是实。”

曰：“如此，则‘克己复礼’，分明是两节工夫。”曰：“也不用做两节看。但不会做工夫底，克己了，犹未能复礼；会做工夫底，才克己，便复礼也。”

先生因言：“学者读书，须要体认。静时要体认得亲切；动时要别白得分明。如此读书，方为有益。”时举。[①]

潘时举此条记录有八对问答。第一对问答明确指出，己礼对立，克己必复礼然后为仁，复礼是又一重工夫。第二对问答主要是从否定的方面来强调，才有一处不合节文，便是欠阙，便不合礼，复礼不可缺少。第三对问答通过比较仲弓和颜子的不同，强调克己复礼规模大，该贯精粗本末。第四对问答紧接着上一对问答区分精粗，克己与复礼两者谁是精谁是粗，系相对而言。第五对问答通过比较儒释，强调存在能克己、无私意但仍没能复礼、无规矩准绳的现象，言外之意是复礼不可缺少。第六对问答继续讨论佛释能克己、无私意，但见得偏了，仍没能复礼。第七对问答主要通过朱熹评价自己先前看法和程颢观点，强调复礼是又一重工夫。第八对问答是总括性的，明确指出，不会做工夫，克己犹未复礼，会做工夫，克己便复礼。总而言之，第一、二、五、六、七等五对问答，侧重阐述克己犹未复礼，克复是两重工夫，第三、四、八等三对问答，侧重阐述才克己便复礼与克己犹未复礼兼而有之，第八对问答意思更是他关于克己复礼关系的真正目的所在。

再看潘植的记录。这段记录最为翔实，限于篇幅，下面只是摘录部分内容：

叟渊问“克己复礼”。曰：“人只有天理、人欲两途，不是天理，便是人欲。即无不属天理，又不属人欲底一节。且如‘坐如尸’是天理，跛倚是人欲。克去跛倚而未能如尸，即是克得未尽；却不是未能如尸之时，不系人欲也。须是立个界限，将那未能复礼时底都把做人欲断定。”先生又曰：“礼是自家本有底，所以说个‘复’，不

① 黎靖德编，王星贤点校：《朱子语类》卷四一，第 1046—1047 页。

是待克了己，方去复礼。克得那一分人欲去，便复得这一分天理来；克得那二分己去，便复得这二分礼来。且如箕踞非礼，自家克去箕踞，稍稍端坐，虽未能如尸，便复得这些个来。”又问：“如磨昏镜相似，磨得一分尘埃去，复得一分明。”曰：“便是如此。然而世间却有能克己而不能复礼者，佛老是也。佛老不可谓之有私欲。只是他元无这礼，克己私了，却空荡荡地。他是见得这理元不是当。克己了，无归着处。”……夔问：“莫便是那‘克己复礼’之‘礼’？”曰：“礼是那天地自然之理。理会得时，繁文末节皆在其中。‘礼仪三百，威仪三千’，却只是这个道理。千条万绪，贯通来只是一个道理。夫子所以说‘吾道一以贯之’，曾子曰‘忠恕而已矣’，是也。盖为道理出来处，只是一源。散见事物，都是一个物事做出底。一草一木，与他夏葛冬裘，渴饮饥食，君臣父子，礼乐器数，都是天理流行，活泼泼地。那一件不是天理中出来！见得透彻后，都是天理。理会不得，则一事各自是一事，一物各自是一物，草木各自是草木，不干自己事。倒是庄老有这般说话。庄子云：‘言而足，则终日言而尽道；言而不足，则终日言而尽物。’”……植。[①]

总体看来，这则材料有三层意思。一者，朱子认为，人只有天理、人欲两途，不是天理，便是人欲，遵循理欲观，克己、复礼似一件事；二者，佛老能克己而不能复礼，克己复礼似两件事；三者，复礼既是复天理，又是复节文，是复“天理之节文”，“见得透彻后，都是天理。理会不得，则一事各自是一事，一物各自是一物，草木各自是草木，不干自己事”，与之相应，见得透彻时，克己、复礼都是复天理，见得不透彻时，克己了还需复礼，因而，克己复礼既是一项工夫又是两项工夫。

综上所述，朱熹 64 岁后，将早年的克己便是复礼（克己复礼是合掌说底）与中晚年克己须着复于礼（克己之外别有复礼之功）统一起来，将克己复礼关系定论为才克己便复礼与克己犹未复礼兼而有之。

---

① 黎靖德编，王星贤点校：《朱子语类》卷四一，第 1047—1049 页。

其四，克己便复礼与克己又复礼“语殊而理一”：从明清学者相关论述看朱熹“克己”“复礼”关系。

为了更好地理解朱熹主张“克己”“复礼”是一项工夫又是两项工夫，我们不妨考察明代王夫之、清人吕留良的克己复礼关系观，从他们的回应中进一步理解朱熹的克己复礼关系思想。

王夫之《读四书大全说》载：

> “克”字有力，夫人而知之矣，乃不知“复”字之亦有力也。……夫谓克己、复礼，工夫相为互成而无待改辙，则可；即谓己不克则礼不复，故复礼者必资克己，亦犹之可也；若云克己便能复礼，克己之外，无别复礼之功，则悖道甚矣。可云不克己则礼不可复，亦可云不复礼则己不可克。若漫不知复礼之功，只猛着一股气力，求己克之，则何者为己，何者为非己，直是不得分明。……精而言之，礼之未复，即为己私。实而求之，己之既克，未即为礼。必将天所授我耳目心思之则，复将转来，一些也不亏欠在，斯有一现成具足之天理昭然不昧于吾心，以统众理而应万事。若其与此不合者，便是非礼，便可判断作己，而无疑于克，故曰“非礼勿视”云云。……遇着有一时一事，但克己则已复礼；遇着有一时一事，但复礼则无己可克；遇着有一时一事，克己后更须复礼；遇着有一时一事，复礼后更须克己。此与存养、省察一例，时无先后，功无粗细，只要相扶相长，到天理纯全地位去。……未克己，不可骤言复礼，恐装做个“堂堂乎难与为仁”模样，颜子已自久不堕此窠臼。未复礼，不可漫言克己，却做个“烦恼断尽，即是菩提”勾当，圣门从无此教意。故此两项俱不可掺入此章话下。克己必须复礼，“约我以礼”之善诱也；既复于礼，仍须克去非礼，则“约我以礼”之上更施一重时雨之化也。此不容不审。[①]

对于克己、复礼之关系，比较而言，王夫之更加关注复礼。他认为，

① 王夫之：《读四书大全说》，中华书局，1975年，第373—375页。

克己与复礼是两重工夫，“克字有力”，“复字之亦有力”，反对以“归”释“复”；克己与复礼互相促成，是“互成”工夫、“互养之功”，复礼必须要依靠克己，克己也必须依靠复礼，“克己然后能复礼”，“复礼而后己可克”，“己不克则礼不复”，“不克己则礼不可复”，“不复礼则己不可克”；克己与复礼不能互相替代，私己在内心被克胜之后，并非等于复礼，克己不能自然到复礼，不能“漫不知复礼之功”，强调克己工夫，更要强调复礼实践，强调把天理落实到视听言动的具体行为上，那种主张克己之后自然能复礼，或者克己之外并无独立的复礼工夫的观点，是重视克己而忽视复礼、重视内在而忽视外在、以克己排斥复礼的表现。

对于“唯不知复礼，区区于己所欲者而求战胜也”的现象，王夫之也举出佛教只知克己、不知复礼的例子来进一步说明，认为只有克己而无复礼是不完全的，复礼需要藉由不断地乃至一生地努力来实践礼。“佛氏也只堕此一路，直到剿绝命根，烦恼断尽，而本无礼以为之则，则或己或非己之际，嫌不别，微不明，无刑典，无秩叙，硬把一切与己相干涉之天理都猜作妄。若圣学之所谓‘克己复礼’者，真妄分明，法则不远，自无此病也。”①

王夫之对克复关系的表述，虽然在字面上与朱子有所不同，但其精神实质与朱子是高度契合的，两人都既重视克己，又强调复礼，更注重两者兼顾与互促互成。

对于朱熹“克己又须复礼”和程子“克己便是复礼”之关系，清人吕留良在《四书讲义》之《论语十二颜渊篇》中有精到分析。

> “克己便是复礼”。程子说也。朱子恐学者过看直捷，生出即心即佛之病，故云“胜私欲而复于礼”，言“克己又须复礼”，更加精密矣。
>
> 程子谓：“克己则礼自复，重在克己，克得一分己，即复得一分礼。”其说本至精，第克己外更无复礼工夫。语太直捷，便有病，故

① 王夫之：《读四书大全说》，中华书局，1975 年，第 373 页。

朱子补出“克己又须复礼”之义，谓“天下原有虽克己而于礼尚有未复一种病痛，故必克己复礼为仁”，其理始圆足无弊。要之，朱子正补足程子之说，其大段原以克己为事，未尝翻案也。盖自大贤以下，即不能无私欲之累，故必须从克己下手，到己私克胜，而天则尚有未合，则须于复礼着力，然至此境者甚少，而其功亦至精，不似克己工夫艰重，无人不当由此道也。

朱子谓：“克己是精底工夫，到节文欠阙，便是粗者未尽，然克己只去私意，未能细密入他规矩，则复礼乃是精处。”愚按：此说最精。动容周旋中礼，盛德之至，到得粗处皆尽，方是工夫到至精处，非有两义。

克己又要复礼，与克己便能复礼，语殊而理一。正为天下自有克己而礼未能复者，必礼复而后为克己之尽。譬之治乱，克己只是戡乱之功，虽寇贼略平，然疮痍未起，礼乐未兴，未可谓已治已安也，必至太平熙洽，然后兵革不试耳。

克复只是为仁之功，到克复尽头便是仁。

己与礼原自仁中分出，到得克复了，只有一仁，也不是克复外别见个仁，只是到此时才见得所克复底便是。

礼方而仁圆，只是一物。

“克己复礼”，索性做个尽！[①]

吕留良在此处深入分析指出了朱熹“克己又须复礼”是对程子“克己便是复礼”的继承和发展。程子认为，克己就是复礼，“克己外更无复礼工夫”，克己则礼自复。朱熹继承此说，并有所发展，认为“克己便是复礼”之说，恐学者过看直捷，生出即心即佛之病，主张既要克己又须复礼，内核有三。其一，克己不能完全等同于复礼，两者之间有“虽克己而于礼尚有未复”的一种病痛，克己、复礼、为仁三者兼具，“其理始圆足无弊”。其二，克己与复礼着力有先后，人有私欲之累，须先从克

① 吕留良撰，俞国林编：《吕晚村先生四书讲义》卷一五，《吕留良全集》第5册，中华书局，2015年，第272—273页。

己着力，己私既克，如果还有“未合”“天则”即礼的，再着力复礼。其三，克己是粗处，复礼是精处，“粗处皆尽”，即到“至精处”。吕留良认为，“克己又须复礼”与“克己便是复礼”，没有本质区别，“语殊而理一”，而且，他还认为，克己复礼都是从仁中分出的，三者是一个有机整体，克复之外没有仁，“礼方而仁圆，只是一物”。

从吕留良对朱熹克复关系的精到理解和解读中，不难看出，朱熹克己复礼诠释在清代的积极回应和反响。

二、“克己复礼”“为仁”系先后关系

朱熹是如何看待“克己复礼”与“为仁”之关系的呢？我们先比较《朱子语类》中的两条文献。

> 问：“‘克己复礼’即仁乎？”曰：“‘克己复礼’当下便是仁，非复礼之外别有仁也。此间不容发。无私便是仁，所以谓‘一日克己复礼，天下归仁’。若真个一日打并得净洁，便是仁。如昨日病，今日愈，便不是病。”伯羽。[①]

> 余正叔谓：“无私欲是仁。”曰：“谓之无私欲然后仁，则可；谓无私便是仁，则不可。盖惟无私欲而后仁始见，如无所壅底而后水方行。”方叔曰：“与天地万物为一体是仁。”曰：“无私，是仁之前事；与天地万物为一体，是仁之后事。惟无私，然后仁；惟仁，然后与天地万物为一体。要在二者之间识得毕竟仁是甚模样。欲晓得仁名义，须并‘义、礼、智’三字看。欲真个见得仁底模样，须是从‘克己复礼’做工夫去。今人说仁，如糖，皆道是甜；不曾吃着，不知甜是甚滋味。圣人都不说破，在学者以身体之而已矣。”闳祖。[②]

---

① 黎靖德编，王星贤点校：《朱子语类》卷四一，第1050页。（另《朱子语类》还载有朱熹类似的表述：“‘克己复礼’，间不容发。无私便是仁。”见黎靖德编，王星贤点校：《朱子语类》卷四一，第1042页。）

② 黎靖德编，王星贤点校：《朱子语类》卷六，第117页。（另，该页还有相同表述：“谓私欲去后，仁之体见，则可；谓私欲去后便为仁，则不可。譬如日月之光，云雾蔽之，固是不见。若谓云雾去，则便指为日月，亦不可。如水亦然。沙石杂之，固非水之本然。然沙石去后，自有所谓水者，不可便谓无沙无石为水也。”）

上面两段话均摘自《朱子语类》，伯羽那一条中朱熹明确说“‘克己复礼’当下便是仁，非复礼之外别有仁也”，“无私便是仁”；而闳祖那一条中朱熹却明确予以否定：“谓无私便是仁，则不可。”朱熹前后矛盾、出尔反尔吗？事实并非如此，只要我们深入分析前后语境，就能理解朱熹是从两个方面来说明“克己复礼”与“为仁”之关系的。

说“无私便是仁”，朱熹是在强调“克己复礼”与“为仁”的整体性。克胜私欲复归于礼，“打并得净洁”，这本身就是仁之境界，而不是在这之外还有什么额外的仁，就好比昨天生病了，有己私，有非礼，今天病好了，战胜了私欲，能够做到非礼而勿视听言动，这就不是病了，就是身体本来好的样子了，就是本有之仁了，病好了和本来的样子是一回事，就这个意义上说，无私和仁也是一回事。

说“谓无私便是仁，则不可”，朱熹是在强调“克己复礼”与“为仁”的工夫与效用之先后次第。“谓之无私欲然后仁，则可”，“无私，是仁之前事”，“惟无私，然后仁”，这些语句用“然后”“前事”突出了“无私”与“仁”的先后顺序。要真正见得“仁底模样”，必须做“克己复礼”工夫。朱熹还打了两个非常形象的比方。“克己复礼”是打通拥堵，一旦无私，心中“无所壅底”，作为水之仁自然流行。“无所壅底”在前，“水方行”在后，但两者并不等同。用糖的甜味比作仁，要知晓这甜味，必须先吃着，要知晓仁，必须先克己复礼。吃的工夫在前，知道甜滋味在后。如此一来，无私和仁就不是一回事了，“克己复礼”的工夫先到了，“仁”之效用才会后显现。

如果借用前面朱熹说克己与复礼关系的话语，那么“克己复礼”与“为仁”，“又似一件事，又似两件事”[①]。黄俊杰先生也曾指出，就实践秩序观之，“仁”与“礼”既不可分割而又互为紧张，“仁”作为本质，彰显主体自由，“礼”作为形式，建立社会规范，两者必然产生紧张。[②]事实上，不可分割，似一件事；互为紧张，似两件事。

---

① 黎靖德编，王星贤点校：《朱子语类》卷四一，第1042页。

② 黄俊杰：《孔子“克己复礼为仁”说与东亚儒者的诠释》，《孔子研究》2017年第2期。

朱熹常常强调“克己复礼”之去私工夫与“为仁”效用乃先后关系。《答何叔京二十九》载：

仁是用功亲切之效，心是本来完全之物。人虽本有是心，而功夫不到，则无以见其本体之妙。[①]

即便每个人都有本具的心，如果克己工夫不到位、不亲切，那么我们仍然见不到本心之妙，见不到仁。所以，朱熹进一步指出：

人之本心无有不仁，但既汩于物欲而失之，便须用功亲切，方可复得其本心之仁。故前书有“仁是用功亲切之效”之说。以今观之，只说得下一截；“心是本来完全之物”，又却只说得上一截。然则两语非有病，但不圆耳。若云心是通贯始终之物，仁是心体本来之妙；汩于物欲，则虽有是心而失其本然之妙，惟用功亲切者为能复之，如此则庶几近之矣。[②]

物欲遮蔽本心，唯有克己胜私欲，并且用功亲切，才能复本有之仁。克己用功亲切，在前；作为克己用功效用的仁，在后。前后之关系异常明了。朱子认为，前后兼备，才能圆融，只讲先在的工夫，或只讲后现的效用，均是“不圆”。

从朱熹对程子之语的诠解中，我们也可以看出其“克己复礼”与“为仁”的先后关系。

如曰“视听言动一于礼之谓仁，仁之与礼非有异”[③]者，言能复于礼，则仁心自存，有不待他求而得者，非以仁与礼为一物也。[④]

如果能够严格做到四“勿”，视听言动全都依礼而行，复于礼，与礼一致，自存的仁心就会呈现出来，不需要去他处求得，这就可以称得上

① 朱熹：《答何叔京》，《晦庵先生朱文公文集》卷四〇，《朱子全书》第22册，第1839页。

② 同上注，第1841页。

③ 朱熹在《论语精义》中引程明道言“非礼勿视，非礼勿听，非礼勿言，非礼勿动，一于礼之谓仁，仁之与礼，非有异也”，载于朱熹：《论语精义》卷六下，《朱子全书》第7册，第411页。

④ 朱熹：《论语或问》卷一二，《朱子全书》第6册，第800页。

仁了，仁与礼没有本质差异。朱熹还曾明确指出：“一于礼之谓仁。只是仁在内，为人欲所蔽，如一重膜遮了。克去己私，复礼乃见仁。仁礼非是二物。”[①] 人欲像一重膜遮蔽了内在的仁，克去己私以复礼，才能见仁，仁与礼并不是不相干的“二物”。当然，在朱熹看来，没有本质差异，“非是二物”，也并不是说仁与礼是一件事物，仁还是仁，礼还是礼，唯有先复于礼，之后，自存的仁才会呈现。在这里，我们也可以看出隐藏在语言背后的克己复礼与仁的先后次第。

在《论语精义》中，朱熹引程颐言“非礼处便是私意，既是私意，如何得仁？凡人须是克尽己私，只有礼时，方始是仁处”，并且亲笔改为：“克己复礼为仁，言克尽己私，皆归于礼，是乃仁也。”[②] 对比改前改后，我们不难发现，朱熹改后话语中的仁、礼“非有异”又“非一物”的特性和先后之关系更为明显，尤其在朱熹所改的“皆归于礼，是乃仁也”中，礼先而仁后之特性，彰显无遗。

要理解“克己复礼”工夫与“为仁”效用的先后次第，还须理解“公”。《朱文公文集》载：

> 仁者，人之所固有，而私或蔽之以陷于不仁，故为仁者，必先克己，克己则公，公则仁，仁则爱矣。不先克己，则公岂可得而徒存？未至于仁，则爱胡可以先体哉？[③]

朱熹认为，克己复礼，则公而无私，自存之仁心才会呈现。克己胜私与仁的先后关系中还夹着一个公字：克己胜私→公→仁。己和礼相对，私与公相对，克己胜私，则公，则仁。《朱子语类》卷六中集中有多句话讨论公与仁：

> 公在前，恕在后，中间是仁。公了方能仁，私便不能仁。
>
> 仁是爱底道理，公是仁底道理。故公则仁，仁则爱。

① 黎靖德编，王星贤点校：《朱子语类》卷四一，第1043页。
② 朱熹：《论语精义》卷六下，《朱子全书》第7册，第412页。
③ 朱熹：《答吴晦叔》，《晦庵先生朱文公文集》卷四二，《朱子全书》第22册，第1917—1918页。

公是仁之方法，人身是仁之材料。

公却是仁发处。无公，则仁行不得。[①]

无私以闲之则公，公则仁。譬如水，若一些子碍，便成两截，须是打并了障塞，便滔滔地去。[②]

在朱熹看来，“公在前”“公了方能仁”，公是仁的方法，是“仁发处”，就好比私欲是障碍，去了私欲“障塞”而公，才能“公则仁”。《晦庵先生朱文公文集》载：

（范伯崇问：）“《遗书》云：‘仁道难言，唯公近之。’非以‘公’训仁，当公之时，仁之气象自可默识。”朱熹答：“公固非仁，然公乃所以仁也。仁之气象于此固可默识，然学者之于仁，非徒欲识之而已。”[③]

须知仁是本有之性、生物之心，惟公为能体之，非因公而后有也。故曰公而以人体之故为仁。[④]

朱熹认为，仁是本有之性，是生物之心，公本身不是仁，但“公乃所以仁”，公是呈现、体现仁的路径、方法，于公处，亲切体验，自然可以默识仁之气象。

三、“克己复礼为仁”之“仁”“礼”为多维关系

在梳理完朱熹论“克己”与“复礼”、“克己复礼”与“为仁”的关系后，我们再来考察其仁礼关系。前文已指出，关于孔子“克己复礼为仁”之“仁”“礼”关系的讨论历来十分热烈，[⑤]主要有四类，一是仁先礼后说，二是礼先仁后说，三是仁礼统一说，四是仁礼分疏说。这些讨论

---

① 黎靖德编，王星贤点校：《朱子语类》卷六，第116页。

② 同上注，第117页。

③ 朱熹：《答范伯崇》，《晦庵先生朱文公文集》卷三九，《朱子全书》第22册，第1778页。

④ 朱熹：《答张钦夫又论仁说》，《晦庵先生朱文公文集》卷三二，《朱子全书》第21册，第1412页。

⑤ 郭园兰：《“克己复礼为仁”思想研究：概念、关系及路径选择》，《湖南大学学报（社会科学版）》2017年第4期。

主要是以单一的模式和理路来诠释仁礼关系，事实上，仁礼关系始终是多维度、多面向的，单一模式和理路很难全面概括仁礼关系涉及和蕴含的全部意义。朱熹对“克己复礼为仁”之“仁”“礼”关系的论述即颇具代表性和启示性。出于建构理学体系的需要，朱熹对《论语》“克己复礼为仁”的诠释和理解发生了很大的变化，已远远不同于孔子的理解，他试图从多重维度来诠释和呈现“克己复礼为仁”中仁礼关系的复杂性，具体来看，可概括为仁礼相通、仁包含礼等多层意涵。

其一，仁礼相通：为性为理兼体用。

为了更好地理解仁礼相通之关系，我们不妨在前文对朱熹“复礼”“为仁”诠释的已有讨论之基础上，再对照比较《论语集注》中“克己复礼为仁”之“礼”“仁”诠释。朱熹《论语集注》释“克己复礼为仁”之“礼”“仁”分别为“礼者，天理之节文”“仁者，本心之全德”[①]。这两个诠释皆以“者”字来表示定义和停顿，具有相同的句式特征，而且在内涵上两者也有诸多相通之处。

不难发现，朱熹释“礼”，一端伸向形而上的本体“天理”，释“礼”为“天理”、为“体”“性”；一端指向形而下的“节文”，释“礼”为“节文”、为用。在朱熹看来，“礼”本身兼备体用，释“礼”为“天理”，突出的是“礼”的本体性，视“礼”为合当底；释“礼”为“节文”，突出的是“礼”之践履、“礼”之下学工夫。张载释“礼”兼体用，二程释“礼”侧重理与礼的关系，朱熹释“礼”亦兼亦分，融通和发展了张载、二程的“礼”之诠释。

朱熹释“仁”，一端指向“本心”，另一端指向“全德”，以“本心”修饰“全德”，释“仁”之“德”兼性情、体用。在朱熹看来，“仁”本身兼备体用，释“仁”为“本心”突出的是“仁”的本体性，释“仁”为“全德”，突出“仁”是包四德、包四端之“性情之德”“有体有用之德”，突出的是“仁”兼具众德、包容遍覆、纯粹无私、同于天理。孟子

① 朱熹:《论语集注》卷六,《四书章句集注》，第133页。

释“仁”兼体用，二程释“仁”分别体用，朱熹释“仁”亦分亦兼，融通并发展了孟子、二程的“仁”之诠释。

通过上述仁礼诠释对照分析，我们至少可以从如下三个方面来理解朱熹的仁礼相通思想。

首先，仁礼皆为性。朱熹释“仁”为性、释“礼”为性，而且还常常并提并释“仁义礼智”为“性”。“仁是性也，……性中只有个仁、义、礼、智四者。”[①]“在人，仁义礼智，性也。”[②]“性中只有个仁义礼智。”[③]“仁义礼智，自天之生人，便有此四件，如火炉便有四角，天便有四时，地便有四方，日便有昼夜昏旦。天下道理千枝万叶，千条万绪，都是这四者做出来。四者之用，便自各有许多般样。”[④]在朱熹看来，仁、礼与义、智一样，自天生成人，本来便有，不是从外部给予的，仁、礼皆是天生、本有的四件之一，仁义礼智就好比火炉之四角、天之四时、地之四方、日之昼夜昏旦。

其次，仁礼皆为理。朱熹释“仁”为“理”、释“礼”为“理”，释“仁”“礼”等性之德目与宇宙的终极本体“理”等同。“须知仁、义、礼、智，四字一般，皆性之德，乃天然本有之理，无所为而然者。”[⑤]“当然之理，人合恁地底，便是体，故仁义礼智为体。”[⑥]“性是太极浑然之体，本不可以名字言，但其中含具万理，而纲领之大者有四，故命之曰仁、义、礼、智。”[⑦]在朱熹看来，仁礼均是天然本有之理。

此外，仁礼皆兼体用。“天理”是体，“节文”是用，用以释“礼”的“天理之节文”兼具体用；“全德”兼体用，用以释“仁”的“本心之

① 朱熹：《论语集注》卷一，《四书章句集注》，第48页。
② 黎靖德编，王星贤点校：《朱子语类》卷四，第63页。
③ 黎靖德编，王星贤点校：《朱子语类》卷二〇，第472页。
④ 同上注，第463页。
⑤ 朱熹：《答胡广仲》，《晦庵先生朱文公文集》卷四二，《朱子全书》第22册，第1904页。
⑥ 黎靖德编，王星贤点校：《朱子语类》卷一〇一，第2591页。
⑦ 朱熹：《答陈器之问〈玉山讲义〉》，《晦庵先生朱文公文集》卷五八，《朱子全书》第23册，第2778页。

全德”兼具体用。

朱熹主张仁礼相通，是对二程诠释的继承和发展。程颢说：“仁者，浑然与物同体。义、礼、知、信皆仁也。”[①]可见，程颢释礼同于仁，遗憾的是，这里对仁礼关系只做了隐含的表述。相比之下，程颐的诠释则更为清晰：“‘非礼勿视，非礼勿听，非礼勿言，非礼勿动’，视听言动一于礼之谓仁，仁之于礼非有异也。”[②]程颐明确交代仁与礼没有什么不同，仁就是礼。有人曾问及程颐为何以“克己复礼”为“仁”，他回答说：“非礼处便是私意。既是私意，如何得仁？凡人须是克尽己私后，只有礼，始是仁处。”[③]程颐的这一回答显然反映出其仁礼同一的主张。朱熹并不是盲目地遵循二程之诠。即便对于“视听言动一于礼之谓仁，仁之于礼非有异也”这一句话的理解，朱熹亦有所发展。《论语或问》指出，该句话意为“言能复于礼，则仁心自存，有不待他求而得者，非以仁与礼为一物也”[④]。《朱子语类》指出，“一于礼之谓仁。只是仁在内，为人欲所蔽，如一重膜遮了。克去己私，复礼乃见仁。仁、礼非是二物”[⑤]。朱熹从两个角度深度诠释仁与礼“非为一物”“非是二物”，就工夫论而言，“复礼”工夫到，“仁”心自存，正所谓德盛仁熟，工夫至、自然成；就性情观而言，在内的仁，容易被私欲这一层外膜遮蔽，克去己私，自然能复礼见仁。可见，朱熹释仁礼相通是对二程诠释的反复思考和发展。

其二，仁包含礼：为大为先为“骨子”。

朱熹虽常并提仁、义、礼、智四者，视这四者相通，但在这四者之中，他又特别重视仁，视仁大于礼，仁先于礼、主导礼，仁包含礼。

首先，仁大于礼。“以大小言之，则仁为大。”[⑥]就范围而言，朱熹认

---

① 程颢、程颐著，王孝鱼点校：《河南程氏遗书》卷二上，《二程集》，第16页。
② 程颢、程颐著，王孝鱼点校：《河南程氏遗书》卷二五，《二程集》，第322页。
③ 程颢、程颐著，王孝鱼点校：《河南程氏遗书》卷二二上，《二程集》，第286页。
④ 朱熹：《论语或问》卷一二，《朱子全书》第6册，第800页。
⑤ 黎靖德编，王星贤点校：《朱子语类》卷四一，第1043页。
⑥ 黎靖德编，王星贤点校：《朱子语类》卷六，第105页。

为，仁为大，包含仁义礼智四德。《仁说》言：“故人之为心，其德亦有四，曰仁义礼智，而仁无不包。”[①]朱熹认为，心有四德，仁无不包，是至大的。《朱子语类》载：“‘克己复礼为仁’，却是专言”[②]；“便是包四者”[③]；“仁专言‘心之德’，所统又大”[④]。朱熹从“专言”“偏言”的角度强调，仁是“专言”，“所统又大”，包含礼等四者。

朱熹《克斋记》言：

> 性情之德无所不备，而一言足以尽其妙，曰“仁”而已，所以求仁者，盖亦多术，而一言足以举其要，曰“克己复礼”而已。盖仁也者，天地所以生物之心，而人物之所得以为心者也。惟其得夫天地生物之心以为心，是以未发之前，四德具焉，曰仁、义、礼、智，而仁无不统。已发之际，四端着焉，曰恻隐、羞恶、辞让、是非，而恻隐之心无所不通。[⑤]

在朱熹看来，“仁”是用来命名无所不备的“性情之德”的，是天地生物之心，未发之前，它统包仁、义、礼、智四德，已发之际，它显现恻隐、羞恶、辞让、是非四端，因而，仁自然包含礼。

其次，仁先于礼。“以先后言之，则仁为先。”[⑥]朱熹指出：“性是统言。性如人身，仁是左手，礼是右手，义是左脚，智是右脚。……手固不能包四支，然人言手足，亦须先手而后足；言左右，亦须先左而后右。”[⑦]这里释“仁”为“左手”，手在足之先，左在右之先，突出“仁”为先的特点。需要指出的是，朱子所说的“先”是一种逻辑上的先。显然，这一思想来源于孔子。因为在孔子那里，虽然“礼”是历史上西周留下来的思想遗产（即时间上在先），但已居于次要地位，居于核心地位

① 朱熹：《仁说》，《晦庵先生朱文公文集》卷六七，《朱子全书》第23册，第3279页。
② 黎靖德编，王星贤点校：《朱子语类》卷二〇，第476页。
③ 黎靖德编，王星贤点校：《朱子语类》卷九五，第2416页。
④ 黎靖德编，王星贤点校：《朱子语类》卷二〇，第467页。
⑤ 朱熹：《克斋记》，《晦庵先生朱文公文集》卷七七，《朱子全书》第24册，第3709页。
⑥ 黎靖德编，王星贤点校：《朱子语类》卷六，第105页。
⑦ 同上注，第110页。

的是他所提倡的“仁”（即逻辑上在先的）。

再次，仁是“骨子”。《朱子语类》载：“如‘礼仪三百，威仪三千’，须是仁做始得。凡言体，便是他那骨子”[①]；“理者物之体，仁者事之体。……‘礼仪三百，威仪三千’，非仁则不可行”[②]。朱熹强调仁是“始”，是体，是“骨子”，礼离不开仁，离开仁，则“礼仪”“威仪”均不可行。针对此言，钱穆指出，“仁见于‘礼仪三百，威仪三千’上，此乃体见于用上，犹如骨在里不可见，所见是外面皮肉也。然非理则事不成，非仁则礼不立，非体则用不有，犹之非骨则皮肉无所依附也”[③]。“骨子”是皮肉的依靠，仁是礼的主心骨。从程颢的相关表述中，我们能更明白地理解这一点。程颢说：“万物之生意最可观，此元者善之长也，斯所谓仁也”[④]；“自古元不曾有人解仁字之义，须于道中与他分别出五常，若只是兼体，却只有四也。且譬一身：仁，头也；其他四端，手足也”[⑤]。程颢从“万物之生意”的角度，强调仁具有“元者善之长”之特别重要的地位，仁是头，“仁义礼智”是手足，作为大脑之仁主导着作为手足之礼，仁主导礼。

朱熹《仁说》言：

> 盖天地之心，其德有四，曰元亨利贞，而元无不统。其运行焉，则为春夏秋冬之序，而春生之气无所不通。故人之为心，其德亦有四，曰仁义礼智，而仁无不包。其发用焉，则为爱恭宜别之情，而恻隐之心无所不贯。……其言有曰：“克己复礼为仁。”言能克去己私，复乎天理，则此心之体无不在，而此心之用无不行也。……此心何心也？在天地则坱然生物之心，在人则温然爱人利物之心，包四德而贯四端者也。[⑥]

---

① 黎靖德编，王星贤点校：《朱子语类》卷九八，第 2509 页。
② 同上注，第 2510 页。
③ 钱穆：《朱子论体用》，《朱子新学案》第 1 册，九州出版社，2011 年，第 473 页。
④ 程颢、程颐著，王孝鱼点校：《河南程氏遗书》卷一一，《二程集》，第 120 页。
⑤ 程颢、程颐著，王孝鱼点校：《河南程氏遗书》卷一五，《二程集》，第 154 页。
⑥ 朱熹：《晦庵先生朱文公文集》卷六七，《朱子全书》第 23 册，第 3279—3280 页。

朱熹认为，在天地之心的四德元亨利贞之中，元无不统，相仿，在人心之四德仁义礼智之中，仁无不统，发用之时，恻隐之心贯通爱恭宜别四情，就如春夏秋冬四季之序，春生之气贯通其间，无所不通。由“元”统“元亨利贞”四德、“春生之气”通“春夏秋冬”，可以比附推言仁统包“仁义礼智”四德，“恻隐之心”贯通“爱恭宜别”之情。

朱子关于仁包含礼的思想无疑是对程颐以“专言则包四者”释“仁”、释“仁”为“全体”、“仁包含礼”之诠释思想的继承和发展。二程说：“仁、义、礼、智、信五者，性也。仁者，全体；四者，四支。”[①] 这里强调“仁”是全体，“仁义礼智信”是性，“仁”这个全体包含“仁义礼智”四者。可见，在二程看来，仁不同于礼，包含礼。较之二程，朱熹提出了“全德”概念以代替二程的“全体”概念，并进而发展提出“仁”包“四德”、“恻隐之心”包“四端”等，形成了较为系统的理学诠释体系，比二程单纯以“全体”释“仁”，显得更为精致、严密和丰富。可以说，朱子对“仁”是全德的这种理解，是对孔子思想的继承与充实。蔡仁厚先生与陈荣捷先生都曾指出，在孔子那里，“仁”是一种整体的、普遍的德行，综摄一切德目，是一种全德。[②]

1195 年，朱熹《答陈器之问〈玉山讲义〉》言：

> 性是太极浑然之体，本不可以名字言，但其中含具万理，而纲理之大者有四，故命之曰仁、义、礼、智。……仁义虽对立而成两，然仁实贯通乎四者之中。盖偏言则一事，专言则包四者。故仁者，仁之本体；礼者，仁之节文；义者，仁之断制；智者，仁之分别。犹春、夏、秋、冬虽不同，而同出乎春。春则春之生也，夏则春之长也，秋则春之成也，冬则春之藏也。[③]

朱熹直接引用程颐“偏言则一事，专言则包四者”，又以春夏秋冬

---

① 程颢、程颐著，王孝鱼点校：《河南程氏遗书》卷二上，《二程集》，第 14 页。
② 陈来：《孔子·孟子·荀子：先秦儒学讲稿》，生活·读书·新知三联书店，2017 年，第 20 页。
③ 朱熹：《晦庵先生朱文公文集》卷五八，《朱子全书》第 23 册，第 2778—2780 页。

同出乎春为比附，强调春夏秋冬为春之生、长、成、藏，强调仁贯通仁、义、礼、智四性，强调仁礼义智分别为仁之本体、节文、断制、分别。从仁这一贯通仁、义、礼、智之义，不难理解朱熹释仁包含礼的真正意涵了。

值得注意的是，朱熹从多重维度来诠释仁礼关系，各个维度之间是什么关联？有矛盾吗？朱熹是怎么解决这种矛盾的？就“仁礼相通”“仁包含礼”这两者来说，朱熹是通过“理一分殊”理论来建立这种关联并化解二者之间的矛盾的。朱熹认为，仁是“理一”，仁义礼智是“分殊之理”，作为分殊之仁与分殊之礼是相通的，因而“仁礼相通”；作为理一之仁为先、为大、为生意贯通，因而包了四德，“仁包含礼”。

四、“克己”“复礼”“为仁”关系的诠释与理学体系建构

朱熹释“克己”与“复礼”关系似“一件事”又似“两件事”。当立足于理欲观时，朱熹释“克己”“复礼”为一件事，认为“天理”“人欲”“我进则彼退”，“克己”就是“复理”，“复礼”即是“复理”，“克己”就是“复礼”；当侧重于应对佛道的挑战时，朱熹释“克己”“复礼”为两件事，突出“复礼”的重要性，不能以“克己”了、私欲退却了，便自然“复礼”了，天理战胜了。

由朱熹对“克己”“复礼”关系的诠释，不难发现，朱熹的经典诠释受理欲观这一理学建构框架和理论以及应对佛道挑战这一理学体系建构使命的影响。

当朱熹释“克己”“复礼”为两件事时，突出朱熹之“礼”为“实理”，从而区别于佛家的空性。从这一角度，朱熹之“复礼”不论在似一件事的“克己”“复礼”关系中，还是在似两件事的“克己”“复礼”关系中，又有其共通性、一致性，即朱熹“复礼”既是复“理”，又是复实实在在的“礼”。正是这一共通的“实理”，将朱熹这看似矛盾的两种“克己”“复礼”关系得到了统一。

朱熹释“克己复礼”与“为仁”为先后关系，突出“克己复礼”这

一工夫，有着明显的工夫论倾向，从而透显出朱熹理学体系兼备本体、工夫的圆融和全面性特征，预示着朱熹理学体系建构的逐步完善和成熟。

朱熹从多重维度来诠释仁礼关系，各个维度之间的关联貌似矛盾，他通过“理一分殊”这一理学体系建构理论来建立这种关联并化解“仁礼相通”“仁包含礼”二者之间的矛盾，认为仁是“理一”，仁义礼智是“分殊之理”，作为“分殊”之仁与“分殊”之礼是相通的，因而“仁礼相通”；作为“理一”之仁为大、为先、为“骨子”，因而包了四德，“仁包含礼”。

在中国思想中，朱熹学术的体系性颇为突出，影响深远。对此，日本学者藤井伦明指出：“在被认为在逻辑性、体系性方面不如西方哲学的中国思想之中，朱熹的思想以及以之为核心而形成的朱子学，则被认为是比较具有逻辑性、体系性的学术思想。……朱子学所以不仅能在中国作为官学而普及开来，还在以日本或韩国为代表的东亚地区也被广泛接受，进而发挥巨大影响力之理由所在，其实也就在于朱熹思想与其他中国思想相较之下，具有相当程度的整合性、体系性与合理性此点。”[①] 值得注意的是，朱熹建构理学体系非一蹴而就，而是在经典诠释的过程中，与经典诠释相互促进的。一方面，朱熹的经典诠释是理学化的诠释，其经典诠释以理学为其理论框架和指导思想；另一方面，朱熹理学体系的建构和完善是在诠释“克己复礼为仁”等经典的过程中完成的。贯穿其中的理学体系，大大增强了朱子经典诠释及其学术的内在逻辑性；经典诠释反过来又丰富了其理学体系的内容，促进了理学体系的完善和发展，增强了朱子理学的践履性、实在性。可以毫不夸张地说，经典诠释的务实，理学体系的严谨，两者交相辉映，成就了朱子学术思想的高远和切实、全面和圆融。

① [日]藤井伦明：《导论》，《朱熹思想结构探索：以“理”为考察中心》，“国立”台湾大学出版中心，2011年。

第二节　从“克己复礼为仁”诠释看朱熹学术内倾特征：以“克己”为中心

一、问题的提出

自汉代开始，以《论语》“克己”为核心的诠释甚多，歧解纷纭，争端蜂起，根据第二章的梳理，可概括为五类。一是训“克己”为“胜己之私”。西汉扬雄开此训之先河，魏王肃、隋刘炫、宋邢昺以及程颐、张载、范祖禹、陈祥道、胡安国、张栻等是这一诠释脉络的代表。二是训“克己”为“约身”“治己”“修己”。汉代马融训为“约身”，南朝梁皇侃训为“约俭己身”，宋代叶适训为“治己”，明末邹守益、王龙溪训为“修己”。清代刘宝楠、陈澧、阮元、毛奇龄、凌廷堪以及今人钱穆、杨伯峻、李泽厚亦持此解。三是训“克己”为“能己”。汉代孔安国、宋代杨简、明代胡直、罗汝芳、清人俞樾等是此诠释脉络的代表人物。四是训“克己”为“责己”。东晋范宁、清儒臧用中、黄式三均主张这一诠释。五是释“克己”为“任身”“以己身肩任”。清代洪震煊、惠栋、江声等是这一诠释的代表。

“克己”上述五类诠释的前四类，在朱熹之前均已提出，且承接有序，流播不断，各自体现出独特的学术脉络。朱熹没有选择马融“约身”、孔安国“能己”、范宁“责己”，而是承袭扬雄“胜己之私”，并别出心裁，释《论语》“克己”为“胜身之私欲”，这在清代汉宋之争中成为争点。清代乾嘉时期的这场汉学、宋学学术争议围绕宋代朱熹的“克己”诠释而进行，一方面透显出朱熹“克己”诠释的重要性，另一方面亦体现出朱熹经典诠释在学术史上的重大影响力。朱熹之“克己”诠释不是空穴来风，而是继承扬雄之诠释脉络，吸取魏王肃、隋刘炫、宋邢昺以及程颐等前人的诠释成果而形成。其诠释亦不是一时心血来潮，而是经过慎重考虑、反复斟酌的，受其学术思想体系的影响，是建构其理学体系的需要。[①]

朱熹十分重视“克己”，晚年视“克己”为一枝独秀，临终前还念念不忘程子“克己”《四箴》。在他看来，圣人之言是天理的表达，“克己”乃圣人孔子答亚圣颜渊之问，朱熹对此自然非常重视。在诠释“克己”时，他引入理学诸概念，从正面对“克己”做了理学化的诠释，以“身之私欲”释“己”、以“胜”训“克”，增加了涵括外在形躯意义的“身”和表达内在意念的“欲”，并以“身”限定“私欲”，在兼顾内外两层修养工夫的基础上，巩固和突出了“克己”诠释之内在意涵，他同时还引用程子《四箴》，从侧面进行了论证和强化。朱熹终其一生诠释经典，数十年字斟句酌，并借此不断完善和建构自己的学术体系，其经典诠释和学术建构相互作用、彼此影响。那么，透过朱熹侧重内在意涵的“克己”诠释，我们是否可以梳理、概括出其学术内倾特征？如果能够，那么这种学术内倾特征具体表现何在？成因何在？下文拟以朱熹《四书章句集注》“克己复礼”章诠释为基本线索，结合朱熹的其他著作文本材料，从“克己”诠释来探讨朱熹学术内倾特征的形成、表现和成因。

二、从“克己”诠释变化看朱熹学术内倾特征的形成

其一，“为政”立场下“克己”诠释的向外特征。

王肃释“克己”为“胜己私情”，刘炫释“克己”为“胜身（嗜欲）”，其意皆指楚灵王汰侈。释“一日克己复礼，天下归仁”句时，范宁言向乱世之主：“乱世之主，不能一日克己，故言‘一日’也。”[②]释“克己”为“约身”的皇侃也指向“人君”：“言人君若能一日克己复礼，则天下之民咸归于仁君也。”[③]邢昺沿袭皇侃，亦突出“人君”：“言人君若能

① 肖永明、郭园兰：《朱熹对〈论语〉“克己”的诠释：以理学体系建构为视角》，《中国哲学史》2018 年第 2 期；郭园兰：《朱熹对〈论语〉“克己”的诠释：以理学体系建构为视角》，《张轼朱熹与儒家会讲传统——纪念朱张会讲 850 周年国际学术研讨会会议论文集》，2017 年。

② 皇侃撰，高尚榘校点：《论语义疏》，中华书局，2013 年，第 298 页。

③ 同上。

一日行克己复礼，则天下皆归此仁德之君也。”[①] 上述王、刘、范、皇、邢诸人，有些与朱熹“克己”诠释属于同一脉络，有些不属于，他们的一个共同点就是站在“为政”的立场上来诠释“克己”。刘炫形象地将人君的任务由变“奢泰”转为胜“嗜欲”，范宁强调乱世之主“克己”时间太少，皇侃寄望人君能“约俭己身”、变“奢泰”，邢昺期望人君“胜去嗜欲，反复于礼”。“为政”立场下的“克己”诠释，指向“人君”，立足于君民关系，强调人君应遵循社会人伦规范，注重外在的礼仪和事功，注重引导人君以此来赢得民众的爱戴和归顺，向外特征鲜明。

其二，刘炫“克己”诠释对朱熹的影响。

与朱熹处于“克己”诠释同一脉络中的扬雄、王肃、刘炫、邢昺、程颐等人中，对朱熹“克己”诠释影响最大的莫过于刘炫。扬雄的诠释贵在开启释“克己”为“胜己之私”的先河，但失之于简短。邢昺虽是离朱熹较近的宋代儒者，但其诠释只是刘炫的翻版，创新不大。程颐“克己复礼”诠释虽被引入《论语集注》，但朱熹强调的是其“克己复礼为仁”的整体诠释，更为突出的是其“皆归于礼”之“复礼”诠释。在朱熹看来，能将扬雄“克己”诠释开先精神发扬光大的乃刘炫一人。在《论语或问》卷十二“颜渊第十二”篇首，朱熹大段引用刘炫“克己”诠释，并强调，扬雄“胜己之私”之说自刘炫发之，刘炫之言“虽若有未莹者，然章句之学及此者，亦已鲜矣”[②]。朱熹对刘炫“克己”诠释欲扬先抑，赞赏有加。清人亦常论及刘炫对朱熹“克己”诠释的影响，王鸣盛指出：“是朱子上与刘炫合。”[③] 陈澧强调，朱子解克为胜本于邢昺所引刘炫的诠释。[④]

刘炫指出：“克，胜也。己，身也。身有嗜欲，当以礼仪齐之，嗜欲与礼仪战，使礼仪胜其嗜欲，身得复归于礼，如是乃为仁也。复，反也。

---

① 何晏注，邢昺疏：《论语注疏》卷一二，北京大学出版社，1999年，第177页。
② 朱熹：《论语或问》卷一二，《朱子全书》第6册，第798页。
③ 王鸣盛：《与孙中伯舍人书》，《西庄始存稿》卷二九，《续修四库全书》第1434册，上海古籍出版社，2002年，第352页。
④ 陈澧：《东塾读书记（外一种）》，生活·读书·新知三联书店，1998年，第30页。

言情为嗜欲所迫，已离礼而更归复之也。克己复礼谓能胜去嗜欲，反复于礼也。”[①] 刘炫用“身”训“己”，由“身有嗜欲”提出“当以礼仪齐之”的冲突解决办法。朱熹用“身之私欲”训“己”，用“天理之节文”训“礼”，用“本心之全德”训“仁”，从而将刘炫的“嗜欲”与“礼仪”之冲突转化为“身之私欲”与“天理”的对立。刘炫之“克己”诠释体现出个体欲望与外在的社会规范的冲突，而朱熹的“克己”诠释则完全转变为体现个体自身内在私欲与完美德性——天理之间的对立。

综上分析，我们不难发现刘炫“克己”诠释对朱熹的影响。

首先，刘炫的“克己”诠释深化了朱熹对“克己”的理解，启发和引导他抛弃“约身”之解，训“克己”为“胜身之私欲”。

其次，刘炫释“克己”，不只是满足于静态的“克训胜、己谓身”，更强调在人的“嗜欲”和“礼仪”（社会规范）存在矛盾冲突时，对“克己”进行动态的诠释和形容，不只强调“复礼”或外在“礼仪”准则是“克己复礼为仁”的核心，更强调“克己”的关键作用，将旧注中以“复礼”为“仁”的观点转变为突出表现“克己”为仁，从而启发和引导朱熹提升了对“克己”地位的认识。

此外，刘炫还为朱熹提供了一个转换的逻辑范本。朱熹根据自己建构心性哲学体系之需要，将刘炫“克己”诠释体现的个人欲望与社会规范的内外冲突直接转换为个体私欲与天理的内在对立，将强调外在的人与人、人与社会关系的“相人偶”“爱人”之“仁”，相应地转化为人自身内在德性的完成和超越。

诚然，从实质上看，刘炫“克己”诠释跟扬雄等前人的诠释仍是同一窠臼，还是强调“情为嗜欲所迫，已离礼而更归复之”，主张人的情感应该回到外在的社会人伦规范之中，亦呈现向外的特征。

其三，朱熹理学体系建构下的“克己”诠释及其学术内倾特征的形成。

刘炫等人的“克己”诠释固然使朱熹深受影响，但朱熹“克己”诠

---

① 朱熹:《论语或问》卷一二,《朱子全书》第6册，第798页。

释的最终定型主要还是得益于其理学体系的建构。一方面，朱熹在天理人欲之理学大框架中诠释“克己”，将“天理”“人欲”等理学特有的概念应用于“克己复礼”诠释；另一方面，又通过其“克己复礼”诠释，阐发理、性、命、心等理学范畴，进一步充实、完善和服务其理学体系，建立和发展理学体系中的本体论、心性论和工夫论。与扬雄、王肃、刘炫等前人用外在礼仪作为“克己”之方不同，针对人内在的“私欲”现象，朱熹主张以理学特有的概念“天理”对治。如果说“为政”立场下刘炫等人的“克己”诠释是出于对人君欲望与社会规范之冲突的思考，重点关注“仁君”“治道”和“为政”等外在事功，那么朱熹的“克己”诠释则将思考的重心转向了人自身普遍内在的完美“天性”“德性”，即“天理”与内在“私欲”的对立，转向对人自身内在完美的追求。朱熹期望借克除内在“私欲”，回归人性自身纯粹而完美的存在，即“日日克之，不以为难，则私欲净尽，天理流行，而仁不可胜用矣”①。他所强调的是，人内在德性的完成，不是外在的社会人伦，因而其训“天下归仁”为“天下之人皆与其仁”，而非“归于仁君”。在朱熹看来，“仁”即“本心之全德”，“仁人”是“成德之人”，这种具备“仁”德之“仁人”，能从自己的“本性”即本然之性出发，体认“天理”，由“天理”主宰和战胜内心的“人欲之私”，向内完成自身德性意义的反本。由此我们不难看到，朱熹立足理学大框架来诠释“克己”，通过诠释“克己”来建构和充实理学体系，其学术内倾特征也在这一双向互动过程中形成和彰显。

三、向里用力：从朱熹“克己”诠释之正面阐发看其学术内倾特征

从“克己”诠释来分析，朱熹学术内倾特征主要表现在向里用力、心性追求、内向超越等三个方面，基于朱熹《四书章句集注》“克己复礼”章的诠释文本，我们分别从朱熹的正面阐发、侧面引证、总评价等三个方面来论述。先分析其向里用力。

朱熹学术内倾特征之向里用力，可以从三个方面来解读：就正面而

① 朱熹：《论语集注》卷六，《四书章句集注》，第133页。

言，朱熹主张克胜私欲须向里用力；就反面而言，朱熹反对驰骛于外；就解经方法而言，朱熹主张求义理反训诂。

其一，朱熹主张克胜私欲须向里用力。

朱熹《四书章句集注》“颜渊问仁”章正面指出：“克，胜也。己，谓身之私欲也”；“为仁者必有以胜私欲而复于礼”；“日日克之，不以为难，则私欲净尽，天理流行”；“私胜，则动容周旋无不中礼，而日用之间，莫非天理之流行矣”。在朱熹看来，“克己”是“胜私欲”，而克胜私欲，须向里用力。对此，我们可以从朱熹用以释“己”之“私欲”的具体内容来逐一分析。用以释“己”的“私欲”究竟涉及哪些具体内容呢？朱熹与学生对此有问答：“‘克己之私有三：气禀、耳目鼻口之欲，及人我是也。不知哪个是夫子所指者？’曰：‘三者皆在里。然非礼勿视听言动，则耳目口鼻之欲较多。’”[①] 朱熹认为，“克己之私”涉及气禀之私、耳目口鼻之欲以及人我之私等内容。[②] 克制这些“私欲”需要用向里用力的工夫来对治。

所谓气禀之私，还得从气禀说起。朱熹认为，“人之气禀有清浊偏正之殊”，“禀气之清者，为圣为贤”，“禀气之浊者，为愚为不孝”。[③] 气禀有清浊偏正之分，人因禀受不同而有贤愚之别。“气禀之私”自然指气之浊、偏、恶。朱熹认为，这种浊、偏、恶之气是负面的，是需要“克”的对象。如若不“克”，为害不小，常导致心智昏暗，不能自明，“天命之本然”不得彰显。因而，朱熹强调，“须知气禀之害，要力去用功克治，裁其胜而归于中，乃可”[④]，而对于这种内在的“气禀之私”来说，“克”的工夫只能是向里用力了。

朱熹所谓的耳目口鼻之欲，并不是指人正常的生理欲望。“饮食者，天理也；要求美味，人欲也”[⑤]，这是朱熹常常说起的。人之所不能无的必

① 黎靖德编，王星贤点校：《朱子语类》卷四一，第1044页。
② 张崑将：《朱子对〈论语·颜渊〉“克己复礼”章的诠释及其争议》，《台大历史学报》2001年第27期。
③ 黎靖德编，王星贤点校：《朱子语类》卷四，第67、73页。
④ 同上注，第69页。
⑤ 黎靖德编，王星贤点校：《朱子语类》卷一三，第224页。

须的生理欲望，不在朱熹“克”之范围。“欲，如口鼻耳目四肢之欲，虽人之所不能无，然多而不节，未有不失其本心者，学者所当深戒也。”[①]朱熹强调所要克制的是“多而不节”的欲望，这种欲望容易使人丧失本心。针对这种“失其本心”的耳目口鼻之欲，“克”的工夫自然也只能向心、向内。

朱熹所谓的“人我之私”特指“人惟有我之私”。朱熹直接释“我”为“私己”[②]，认为“我”与“私意”息息相关，是消极的需要去除的对象。“我，私意成就”；“到我，但知有我，不知有人”。[③]这些都是“我”之“私意”表现。这种“有我”，以自己为中心，自以为是，危害极大，需要力加克治。“人惟有我，故任私意；既任私意，百病俱生。”[④]董仲舒也讲“人我”，只是他视“人”为外，“我”为内，推崇内外并举之克治工夫，即“内治反理以正身”“外治推恩以广施”[⑤]。迥于董仲舒的是，针对“人我之私”这种对象，朱熹的“克”之工夫，是向内的，专注于个体之“我”“己”的修养，由“克己”而“成己”而“无我”，以图实现个体精神修养的内在完善和超越。

总之，朱熹所说的气禀之私、耳目口鼻之欲、人我之私等三个方面，事实上都是需要向里用力的内容，这些很难从外界实践、社会活动中达成。正如朱熹所强调的：“答颜子处是就心上说工夫”[⑥]；“大率克己工夫是自着力做底事，与他人殊不相干，紧紧闭门，自就身上子细体认，觉得才有私意，便克去，故曰：‘为仁由己，而由人乎哉！’夫子说得大段分晓。……己私是自家身上事，与物未相干在”[⑦]。

从朱熹与士大夫们的书信往来中，我们也不难发现他向里用力的内

① 朱熹：《孟子集注》卷一四，《四书章句集注》，第382页。
② 朱熹：《论语集注》卷五，《四书章句集注》，第110页。
③ 黎靖德编，王星贤点校：《朱子语类》卷三六，第951、952页。
④ 同上注，第953页。
⑤ 苏舆撰，钟哲点校：《仁义法第二十九》，《春秋繁露义证》卷八，中华书局，1992年，第254页。
⑥ 黎靖德编，王星贤点校：《朱子语类》卷四二，第1074页。
⑦ 黎靖德编，王星贤点校：《朱子语类》卷四一，第1044页。

倾取向。他不断勉励士子们收拾身心，向内修养心性。《答何叔京》明确提出，“‘制之于外所以养其中’，方是说下工夫处”[①]，强调“养其中”、提高内圣修养的工夫（乾道六年，1170 年，41 岁）；《答李伯谏》称颂李伯谏“从事心性之本，以求变化气质之功之说”，誉其“示喻及从事心性之本，以求变化气质之功之说，此意甚善”[②]（乾道六年，1170 年，41 岁）；《答张敬夫（十二月）》表达忧虑，“近日一种向外走作、心悦之而不能自已者”[③]（淳熙二年，1175 年，46 岁）；《答吕伯恭》认为，当预防“后生心志未定，少有不偏向外去者”[④]（淳熙三年，1176 年，47 岁）；《答陈超宗》提出勉励，“更向里用心，将此等向外装点安排底心一切扫去，久久或有长进耳”[⑤]（淳熙十四年，1187 年，58 岁）；《答吴斗南》提出奉劝，“收拾身心，向里作些功夫”[⑥]（绍熙二年，1191 年，62 岁）；《答刘季章书》提醒诉冤于朝者，“收拾身心，向里用力，不须向外枉费心神”[⑦]（庆元五年，1199 年，70 岁）等。[⑧]

其二，朱熹反对驰骛于外。

朱熹治学，整体上主张向里用力，斥驰骛于外。据李清馥记载，“先生（朱熹）还自浙东，见其士习驰骛于外，每语学者且观《孟子》‘道性善’及‘求放心’两章，务收敛凝定，以致克己求仁之功，而深斥其所

---

① 朱熹:《答何叔京》,《晦庵先生朱文公文集》卷四〇,《朱子全书》第 22 册，第 1834 页。
② 朱熹:《答李伯谏》,《晦庵先生朱文公文集》卷四三,《朱子全书》第 22 册，第 1959 页。
③ 朱熹:《答张敬夫（十二月）》,《晦庵先生朱文公文集》,《朱子全书》第 21 册，第 1349 页。
④ 朱熹:《答吕伯恭》,《晦庵先生朱文公文集》卷三三,《朱子全书》第 21 册，第 1466 页。
⑤ 朱熹:《答陈超宗》,《晦庵先生朱文公文集》卷五五,《朱子全书》第 23 册，第 2621 页。
⑥ 朱熹:《答吴斗南》,《晦庵先生朱文公文集》卷五九,《朱子全书》第 23 册，第 2838 页。
⑦ 朱熹:《答刘季章书》,《晦庵先生朱文公文集》卷二九,《朱子全书》第 21 册，第 1285 页。
⑧ 陈来:《朱子书信编年考证》（增订本），生活・读书・新知三联书店，2007 年。

学之误以为舍六经、语、孟而尊史迁[①]，舍穷理尽性而谈世变，舍治心修身而喜事功，大为学者心术之害”[②]。看到驰骛于外的士习，朱熹深斥士大夫在取舍方面的三大不当。时人舍弃的圣贤经典、穷理尽性、治心修身，恰恰是朱熹看重的，均与克己求仁、内在心性紧密相关；时人尊崇、关注、追求的诸如《史记》、世变、事功，恰恰是朱熹反对和排斥的，是“所学之误”和“心术之害”。

李清馥所载史实的背景实为朱熹与浙学吕祖谦后学的学术交锋，朱熹批评的乃吕祖谦后学吕祖俭等人。吕祖谦死后，其后学纷纷趋时徇势、驰骛功名，朱熹颇为忧虑，与吕祖俭就陆学多次展开论辩。朱熹认为吕祖俭等吕祖谦后学错在不能以向内的尊德性、求放心为本，却以向外的通古今、考世变为重，而陆学的尊德性、收敛身心正是救治浙学向外驰骛功利的良药。由此可见，与浙学诉诸事功、追逐名利、驰骛于外不同的是，朱熹学术重在向里用力，甚至把社会问题诉诸内在心性修养，期待以个人修养为本位的道德救世。

为何要反对驰骛于外？朱熹在往来书信中对驰骛于外的危害常有论述。首先，“向外”耽误了内省。“恐太拽出精神向外，减却内省工夫。”[③]其次，一味“向外”，难以平“血气”、弭“私欲”。“窃恐有一向外驰之病也，如此用力，略无虚间意思、省察工夫，血气何由可平，忿欲何由可弭耳。”[④]此外，“向外”不仅不能达成读书治心的本旨，反而迷惑心志。“读书为学，本以治心，今乃不唯不能治之，而乃向外奔驰，不得休息，以至于反为之害，是岂不为迷惑之甚乎。”[⑤]既然“向外”有害无益，朱熹

---

① 浙学一向主张经史一贯，有重史轻经、以史说经的倾向，把司马迁抬高到孔子的地位，尊《史记》为圣经。

② 李清馥著，何乃川、李秉乾点校：《文公朱晦庵先生学派》，《闽中理学渊源考》卷一六，商务印书馆，2018年，第227页。

③ 朱熹：《答潘恭叔》，《晦庵先生朱文公文集》卷五〇，《朱子全书》第22册，第2313页。

④ 朱熹：《答项平父》，《晦庵先生朱文公文集》卷五四，《朱子全书》第23册，第2542页。

⑤ 同上注，第2562—2563页。

于是倡导要向里用力，应“收拾身心，向里用力，不须向外枉费心神”①，“更向里用心，将此等向外装点安排底心一切扫去，久久或有长进耳”②，“却且收拾身心向里做些工夫，以左右之明，其必有所至矣”③；同时，还“从事心性之本，以求变化气质之功”④，通过收拾身心、向里用心、以心性为本，以求有长进，工夫有所至，从而变化气质，提高内圣修养。

其三，向里解经，反训诂求义理，明道德性命之归。

在诠释路数上，朱熹采取了向里的义理解经，以此传达内在思想、主观期许和价值判断，阐明道德性命之旨归，反对停留在文字训诂。

朱熹认为，以章句训诂的路数解经，一方面，注解与经文容易两张皮，显得支离破碎。“至于文字之间，亦觉向来病痛不少。盖平日解经最为守章句者，然亦多是推衍文义，自做一片文字，非惟屋下架屋，说得意味淡薄，且是使人看者将注与经作两项功夫做了，下稍看得支离，至于本旨，全不相照。”⑤训诂解经只是“推衍文义”“屋下架屋”，注与经未能有机融合，毫无趣味，即使是文字之间，也存在不少问题。另一方面，训诂解经不求圣人之意，难明性命道德之旨归，导致圣学不传。“尝窃谓秦汉以来，圣学不传，儒者惟知章句训诂之为事，而不知复求圣人之意，以明乎性命道德之归。至于近世，先知先觉之士始发明之，则学者既有以知夫前日之为陋矣。然或乃徒诵其言以为高，而又初不知深求其意。”⑥解经的关键应该是帮助读懂文字背后圣贤要传达的意图，而儒者只知道章句训诂，不知道探求经典深意，对此，朱熹是坚决反对的。

---

① 朱熹:《答刘季章》,《晦庵先生朱文公文集》卷二九,《朱子全书》第21册，第1285页。

② 朱熹:《答陈超宗》,《晦庵先生朱文公文集》卷五五,《朱子全书》第23册，第2621页。

③ 朱熹:《答吴斗南》,《晦庵先生朱文公文集》卷五九,《朱子全书》第23册，第2838页。

④ 朱熹:《答李伯谏》,《晦庵先生朱文公文集》卷四三,《朱子全书》第22册，第1959页。

⑤ 朱熹:《答张敬夫（十二月）》,《晦庵先生朱文公文集》,《朱子全书》第21册，第1349页。

⑥ 朱熹:《中庸集解序》,《晦庵先生朱文公文集》卷七五,《朱子全书》第24册，第3640页。

北宋二程认为，训诂考据使人“求于外”“求于末”，不是“圣人之学”。“学也者，使人求于内也。不求于内而求于外，非圣人之学也。何谓不求于内而求于外？以文为主者是也。学也者，使人求于本也。不求于本而求于末，非圣人之学也。何谓不求于本而求于末？考详略、采同异者是也。是二者皆无益于身，君子弗学。”[①]“以文（指文献）为主”“考详略、采同异”等训诂考据之学，不能使人“求于内”“求于本”，因而无益于身，不能学。作为二程学术思想的继承者，朱熹完全认可这一观点，并且进一步指出，“所论为学，则考证已是末流，况此又考证之末流，恐自此不须更留意，却且收拾身心向里做些工夫，以左右之明，其必有所至矣”[②]。章句训诂考证是学术“末流”，学者没有必要“留意”，我们应该“收拾身心”“向里做些工夫”。朱熹“克己”诠释正体现了这一治学特点，达成了这一治学宗旨。正如吴震所言：“与汉代经学家注重字意而忽略义理这一诠释路数不同，当宋代理学家将‘克己’解释成‘克去己私’的时候，其中已经注入了某种价值判断。”[③]朱熹释“己”为己私，视“己”为私欲的根源所在，是应当被克胜和否定的消极的存在对象。这种诠释思路不再囿于字面训诂所获之事实判断，而是体现出朱熹身为理学家的主观思辨和价值理念。朱熹立足于内在义理，以培养“性命道德”之内圣修养为主旨，体现其“克己复礼”诠释的独到之处：欲成仁，须复“理”，要复“理”，须“战胜私欲”，“克己”自然与“胜私欲”紧密相连。朱子之“克己”诠释，从治学方法及其目标上自然演绎出内倾特征。

四、心性追求：从朱熹“克己”诠释之侧面引证看其学术内倾特征

从“克己”诠释来分析，朱熹学术内倾特征的第二个主要表现是心

---

① 程颢、程颐著，王孝鱼点校：《河南程氏遗书》卷二五，《二程集》，第 319 页。

② 朱熹：《答吴斗南》，《晦庵先生朱文公文集》卷五九，《朱子全书》第 23 册，第 2838 页。

③ 吴震：《罗近溪的经典诠释及其思想史意义——就“克己复礼”的诠释而谈》，《复旦学报（社会科学版）》2006 年第 5 期。

性追求。

在《论语集注》“克己”章，朱子诠释“克己”之目时，用比较大的篇幅引用了程子《四箴》及相关论说，强调“程子之箴，发明亲切，学者尤宜深玩”[①]，对此推崇备至，即便在病危临殁之际，还叮嘱杨子直为其书写《四箴》，以祛病思、自我提撕[②]。《朱子语类》中也多处讨论程子《四箴》。朱熹侧面引证和再诠释程子之“克己”解，一方面，表达了对程子“克己”诠释的肯定，另一方面，更主要的是借此表达自己的“克己”诠释观点。透过朱熹对《四箴》说的引证和再诠释，我们可以进一步考察朱熹学术上的心性追求和学术内倾特征。

其一，朱熹对程子“由乎中而应乎外，制于外所以养其中”的心性解读。

朱熹在引用程子《四箴》之前，先引用了程子对“克己之目”的诠释：“颜渊问克己复礼之目，子曰，‘非礼勿视，非礼勿听，非礼勿言，非礼勿动’，四者身之用也。由乎中而应乎外，制于外所以养其中也。”[③]“由乎中而应乎外，制于外所以养其中”是程子对“克己之目”的概括性诠释，朱熹从心性的角度对此进行了再诠释。

朱熹指出，“伊川说‘由乎中而应乎外’，是说视听言动四者皆由此心；‘制乎外所以养其中’，却是就视听言动上克去己私做工夫”[④]；“上句是说视听言动皆由中出，下句是用功处”[⑤]。朱熹围绕“由乎中”和“养其中”之“中”字即“心”字做工夫。在他看来，“由乎中”即“从此心出发”，“心”是出发点，人的视听言动等外在行为是人心的见形处，皆受内心的支配；“养其中”突出的是，从视听言动上克去己私做工夫来“养其心”，使心诚明无欲。视听言动乃身体的作用，而身、欲不离，人的身

① 朱熹：《论语集注》卷六，《四书章句集注》，第133页。
② 陈来：《朱子书信编年考证》（增订本），生活·读书·新知三联书店，2007年，第506页。
③ 朱熹：《论语集注》卷六，《四书章句集注》，第133页。
④ 黎靖德编，王星贤点校：《朱子语类》卷四一，第1060页。
⑤ 同上。

躯常与欲望相连，与礼相悖，因而要从视听言动上克制自己，涵养自己内在的情志。“养其中”就要战胜私欲，做到私欲净尽、天理流行，从而回到全德之本心。如果说，“由乎中”强调“心”是出发点，那么“养其中”则是从工夫的角度，把“心”作为工夫的目标和落脚点。朱熹显然是站在内在的心的角度对“由乎中而应乎外，制于外所以养其中”进行再诠释的。

有人问：“‘由乎中而应乎外，制于外所以养其中。’克己工夫从内面做去，反说‘制于外’，如何？”朱熹答：“制却在内。”[①] 这一问答非常简洁，但其中蕴涵了朱熹丰富的学术内倾思想。克己工夫应从内面做去，为什么程子却说“制于外”？朱熹认为：“至‘蔽交于前’，方有非礼而视；故‘制之于外，以安其内’，则克己而复礼也。如是工夫无间断，则久而自从容不勉矣，故曰‘久而诚矣’”[②]；“克己工夫，其初如何便得会自然！也须着禁制始得。到养得熟后，便私意自渐渐消磨去矣”[③]。在朱熹看来，外在物欲“蔽交于前”，“非礼而视”导致本心不明，须制之于外，以安宁内心；克己工夫之初，必须在视听言动上加以禁制，禁制工夫到一定程度后，内在私欲便会自动消磨。“制于外”只是克己初始阶段的着力点，其目标和归宿还是在内，即“制却在内”。“克己”之旨归是“为仁”。朱熹认为，“仁”即“本心之全德”，克除内在“私欲”，就是为了回归人本有之“全德”，实现“事皆天理，而本心之德复全于我矣”[④]。对外在视听言动的禁制，目的和任务都在于追求人内在德性的完成，即“养其中”，而不是外在的社会人伦规范。这就是“制却在内”的原因所在。

其二，朱熹对程子《四箴》的心性诠释。

在《四箴》中，朱熹关注《视箴》《听箴》较多。他强调，“四者惟

---

① 黎靖德编，王星贤点校：《朱子语类》卷四一，第1061页。
② 同上。
③ 同上。
④ 朱熹：《论语集注》卷六，《四书章句集注》，第133页。

视为切，所以先言视；而《视箴》之说，尤重于听也”[①]。朱熹对《视箴》《听箴》的心性诠释主要体现在三个方面。

首先，《视箴》说心，《听箴》说性，二者均是说心性。有人问：“《视箴》何以特说心？《听箴》何以特说性？”朱熹答曰：“互换说，也得。然谚云：‘开眼便错。’视所以就心上说。‘人有秉彝，本乎天性。’道理本自好在这里，却因杂得外面言语来诱化，听所以就理上说。”[②]从文本来看，《视箴》说心、《听箴》说性之问，源自程子《视箴》起头语“心兮本虚，应物无迹”之首字、《听箴》起头语“人有秉彝，本乎天性”之末字。朱熹认为，《视箴》既说心亦说性，《听箴》既说性亦说心，二者可以互换，说的均是心性，有如修辞中的互文。同时，朱熹还指出，“人有秉彝，本乎天性”是就本来好的性理而说。“听是听得外面底来，所以云‘闲邪存诚’。”[③]在他看来，要“非礼勿听”以“闲邪”，如此才能留存内心的“诚”。

其次，“非礼勿视、非礼勿听”以是否动心作为评判标准。朱熹强调，若心不动，非礼的外物即使进入视野和耳域也会视而不见、听而不闻，也不会遮蔽“心”，是否做到了非礼勿视、非礼勿听，要以是否动心作为评判标准。贺孙问：“视听之间，或明知其不当视，而自接乎目；明知其不当听，而自接乎耳，这将如何？”朱熹答曰：“视与看见不同，听与闻不同。如非礼之色，若过目便过了，只自家不可有要视之之心；非礼之声，若入耳也过了，只自家不可有要听之之心。然这般所在也难。”[④]在朱熹看来，视不同于见，若非礼之色，看过即了，没有要视之心，仍为“勿视”；听不同闻，若非礼之声，入耳即了，没有要听之心，仍为“勿听”。可见，是否真正做到了“非礼勿视、非礼勿听”，评判标准不在于视、听这一行为，而在于是否有要视之、要听之之心，心是评判标准。

---

① 黎靖德编，王星贤点校：《朱子语类》卷四一，第 1065 页。
② 同上注，第 1061 页。
③ 同上注，第 1062 页。
④ 同上注，第 1063 页。

对于自接于目之色应视而不见，对于自接于耳之声应听而不闻，但要具备这种工夫很难。

再次，“视”为操心之准则。“视”之外在行为与内在心志相伴相随。朱熹以谚语“开眼便错”为例证进行讨论。“开眼”之视，伴随着“错”，而“错”是心的是非判断，可见目动心随，“视”显然跟心有关。“人之视听言动，视最在先，为操心之准则。”[①] 朱熹用这句话诠释和评价程颐《视箴》“操之有要，视为之则”。人之视最在先，人之视域一旦接触到非礼的不当视者，若不能视而不见，屏住诱惑，就会主动萌发视之念头，非礼而视，因此，朱熹把“视”作为操心之准则。朱熹针对程颐《视箴》“蔽交于前，其中则迁”诠释指出，“视是将这里底引出去，所以云‘以安其内’”[②]。在他看来，物欲之蔽接于眼前，心体逐之，迁移于外，因而要制之于外，杜绝诱惑，安养内心。朱熹还强调需持久地做这种工夫，才能心诚：“至‘蔽交于前’，方有非礼而视；故‘制之于外，以安其内’，则克己而复礼也。如是工夫无间断，则久而自从容不勉矣，故曰‘久而诚矣’。”[③]

朱熹对《言箴》的诠释亦是从心性的角度展开的。朱熹指出：“如言箴说许多，也是人口上有许多病痛。从头起，至‘吉凶荣辱，惟其所召’，是就身上谨；‘伤易则诞’，至‘出悖来违’，是当谨于接物间，都说得周备。”[④] 在朱熹看来，《言箴》涉及身上谨和谨于接物间等工夫。那么这种工夫与心有何关系呢？朱熹强调，“人心之动，因言以宣。发禁躁妄，内斯静专”四句，“是就身上最紧要处须是不躁妄，方始静专。才不静专，自家这心自做主不成，如何去接物！”[⑤] 朱熹在这里突出了身上谨与心之关系：言为心声，慎其言，谨于身，不轻躁、虚妄，内心才能宁静专注，若心不静专，心亦不能主宰，也无法接物。可见，朱熹谨守向里的克己工夫，认为“谨于身”是以实现内心静专为目标的。

---

① 黎靖德编，王星贤点校：《朱子语类》卷四一，第 1061 页。

② 同上注，第 1062 页。

③ 同上注，第 1061 页。

④ 同上注，第 1062—1063 页。

⑤ 同上注，第 1063 页。

朱熹从身与心两个方面解释《动箴》。“‘哲人知几，诚之于思’，此是动之于心；‘志士励行，守之于为’，此是动之于身。”[①] 即便诠释《动箴》，朱子也不只是限于外在躯体上的行动，还突出内在的心的思考，并对心之“思”与身之“为”两种“动”进行了精细的区别。“思是动之微，为是动之著。这个是该动之精粗。为处动，思处亦动；思是动于内，为是动于外。”[②] 在他看来，思与为的第一个区别是微妙与显著之别；第二个区别是内外之别。通过这种区别，朱熹将“心动”与“行动”相连并举，破除了一般只视“行动”为“动”的局限，突出了内在“心思”之动。

综上所述，朱熹对程子克己《四箴》说的诠释，皆围绕着“心”和“性”，体现出明显的内倾学术特征。

五、内向超越：从朱熹“克己”诠释之总评看其学术内倾特征

从“克己”诠释来分析，朱熹学术内倾特征的第三个主要表现是内向超越。

在《论语集注》“克己复礼”章诠释即将结尾处，朱熹以“愚按”起头，明确写道：“此章问答，乃传授心法切要之言。”[③] 这是朱熹对“克己复礼”章的一个总括性评价，对此进行全面考察有助于我们揭示朱熹学术内向超越之内倾特征。

其一，从切要心法“仁”目标之实现看超越性特征。

“克己”的目标是仁，“仁”是“本心之全德”，而“心之全德，莫非天理”，“克己”最终应抵达天理之超越世界。如此一来，朱熹思想中的“仁”及其实现就具有了超越性特征。要追求和实现“仁”之超越，人就成为具有超越自我和世俗限制的能力的主体，成为具有“超凡入圣”内

---

① 黎靖德编，王星贤点校：《朱子语类》卷四一，第 1062 页。

② 同上注，第 1064 页。

③ 朱熹：《论语集注》卷六，《四书章句集注》，第 133 页。在《四书集注》中有两处提到“心法”，另一处在《中庸章句》解题处，“此篇乃孔门传授心法，子思恐其久而差也，故笔之于书以授孟子”。为了行文方便，我们把前者称之为“克复心法”，后者称之为“十六字心传”。

在本质的主体，成为具有高度自觉并能自我主宰的主体。如此一来，朱熹整个学术思想也具有了超越性特征。

与舜戒禹的“十六字心传”相比，“克己”工夫实现的目标“仁”，既具有超越性特征，也具有切要性特征，是切要之超越。“十六字心传”以“中”为本体，“精一”为工夫，先本体后工夫。“克复心法”以“仁”为本体，“克己复礼”为工夫，先工夫后本体，即朱熹所说的，“仁是地头，克己复礼是工夫，所以到那地头底”。[①]仁义礼智皆心之德，而仁包含义礼智，是“全德”。“仁”本体指向“心之全德”，凸显了人之心性，亲切感人。“十六字心传”之“中”本体，虽高明但深奥，与身心性情遥不可及，学者很难亲身体之。

朱熹晚年的《玉山讲义》比较了这两种本体。有人问：“三代以前只是说中说极，至孔门答问说着便是仁，何也？”朱熹答曰：“说中说极，今人多错会了他文义，今亦未暇一一详说。但至孔门方说仁字，则是列圣相传到此，方渐次说亲切处尔。夫子所以贤于尧舜，于此亦可见其一端也。”[②]“十六字心传”“中”之本体因高明、晦涩而不切实，人们往往不解，因而对其文义多有错会。但“克复心法”“仁”本体则为“本心之全德”，涉及的是人之心性，既具超越性，又能以身心体验之，因而亲切可感，切要可行，“仁”之本体正是孔子贤于尧舜之处。因此，从“克己”工夫实现的目标“仁”来看，“克复心法”较之“十六字心传”，乃为“切要之言”，系切要之超越。

其二，从切要心法“克己”工夫之修养看内向性特征。

《朱子语类》载：“心是神明之舍，为一身之主宰。性便是许多道理，得之于天而具于心者。”[③]在朱熹看来，“心”是“道舍”或“神明之舍”，也是每一个知识人的“超世间”的所在。[④]释“克己”为“胜身之私欲”，

① 黎靖德编，王星贤点校：《朱子语类》卷六一，第1467页。
② 朱熹：《玉山讲义》，《晦庵先生朱文公文集》卷七四，《朱子全书》，第3590页。
③ 黎靖德编，王星贤点校：《朱子语类》卷九八，第2514页。
④ 余英时著，沈志佳编：《中国知识人之史的考察》，《余英时文集》第4卷，广西师范大学出版社，2014年，第25页。

乃立足于心，就心上说工夫，追求本然之性，向内返回，完成自身德性。朱熹“克己”工夫之修养具有鲜明的内向性特征。“答颜子处是就心上说工夫”①，“‘克己复礼’，就心上说”②。朱熹的诠释直指心性，专注于个体的内在修养，期盼实现个体精神的内在完善和超越。就“克己”工夫四目来看，视、听、言、动等外在行为方式，朱熹都看成是由本心德性所支配的，安内、存诚、静专、自持等心性操存工夫，即可制外、闲邪、禁躁妄而顺从天理。朱熹诠释“克己四目”时指出，“非礼者，己之私也。勿者，禁止之辞。是人心之所以为主，而胜私复礼之机也”。这里突出的即心对视、听、言、动的主宰作用，与“制于外”但“制却在内”是一致的，内在的心性修养始终是其“克己”工夫的核心，“制于外”是为了更好地修养内在心性工夫。

其三，从下学上达看内向超越。

世间和超世间是两个世界，儒家强调“世间的一切价值来自超世间”，“即世间而超越世间”，两者“不即不离”“无法一刀两断”。③正如朱熹所言，“道者，日用事物当行之理，皆性之德而具于心，无物不有，无时不然，所以不可须臾离也。若其可离，则为外物而非道矣”④。“道”既遍于“日用事物”之中，又超越“日用事物”。内向和超越相辅相成，共同体现出内向超越的总体特征，这种特征浑然体现在朱熹对“克己”诠释的总评价之中。

朱熹总评孔颜“克复”问答为“传授心法切要之言”，旨在倡导通过视听言动之日用克己，从而实现作为“本心之全德”的“仁”本体。他诠释“十六字心传”时分别人心道心，旨在通过“择之精”“守之一”，日日克己，最终实现道心主人心，人心不杂乎道心，天理不流于人欲，尽去人欲而复全天理。这其中隐含着儒家“下学人事，上达天理”的诠

① 黎靖德编，王星贤点校：《朱子语类》卷四二，第1074页。
② 黎靖德编，王星贤点校：《朱子语类》卷二〇，第462页。
③ 余英时著，沈志佳编：《中国知识人之史的考察》，《余英时文集》第4卷，广西师范大学出版社，2014年，第10—19页。
④ 朱熹：《中庸章句》，《四书章句集注》，中华书局，2012年，第17页。

释脉络和学理逻辑。“夫圣人之道，无显微，无内外，由洒扫应对进退，而上达天道，本末一以贯之。一部《论语》，只恁地看。”[①] 在朱子思想里，显微无间，内外统一，克己为仁就是一个由下而上、由末而本、由微而显的修养过程，每一个日用克己都可能具有内向超越的意义。正如朱汉民先生所指出的，“他们在诠释《论语》中无处不在的德性涵养工夫时，总是在不断地赋予这种日用工夫以形而上的超越意义”[②]。仁体道体无所不在，物物有天理，也正因为此，下学工夫才具有了形上意义，“下学人事”的致知工夫才有了实现“上达天理”的真正可能，日用克己的生活实践才能实现形上超越。余英时指出：“中国古代‘哲学突破’以后，超越性的‘道’已收入人的内心。因此先秦知识人无论是‘为道’或‘为学’，都强调‘反求诸己’，强调‘自得’。这是内向超越的确切意义。”[③] 朱熹重视心，强调向内、向里用力，用“制却在内”的日用工夫，追求形而上“仁”之内在超越本体，实现下学与上达、工夫与本体的贯彻与融通，在经典诠释中建构了具有鲜明内倾特征的心性之学，实现内向超越。

六、朱熹学术内倾特征之成因

向里用力是朱熹学术内倾特征的原初层面和基本表现，从工夫维度彰显其学术思想；心性追求是中间层面，从核心维度支撑其学术思想；内向超越是顶上层级和目标导向，从本体维度引领其学术思想。三者相辅相成，共同构成其内倾特征。朱熹学术内倾特征的形成，既受时代背景、个人际遇的影响，亦为振兴儒学的需要，更是心性之学发展、学术风尚转移的结果。[④]

---

① 朱熹：《伊洛渊源录》卷九，商务印书馆，1936年，第91页。
② 朱汉民：《玄学与理学的学术思想理路研究》，中国社会科学出版社，2012年，第198页。
③ 余英时著，沈志佳编：《中国知识人之史的考察》，《余英时文集》第4卷，广西师范大学出版社，2014年，第24—25页。
④ 景海峰：《经典的原义及其扩展性——以儒家经典诠释为例》，《湖南大学学报（社会科学版）》2016年第3期。

在君主宣称"与士大夫共治天下"的感召下，宋代士人学者怀揣经世致用、治国平天下的壮志宏图，跃跃欲试，从庆历新政到熙宁新法，从范仲淹到王安石，北宋政治改革一波接一波，都希望重建社会政治秩序，最后却以朝代覆亡为结局。随后，中兴之主宋高宗宣布关闭了全面改革的大门。[①] 历经改革之变和倾覆之痛，宋代士人将北宋之亡归罪于王安石，深刻反思王安石之变革及其学术。朱熹认为王安石虽变法适时、设心亦正，但改革汲汲于财利兵刑，对格君之本、亲贤之务、养民之政、善俗之方置之不顾，因而大本不正，先后倒置，名是实非。他还批判王安石学术"独有得于刑名度数，而道德性命则为有所不足"[②]，忽视内在心性修养，专注于外在的利欲追求，舍本逐末，不曾把握天下国家的根本，导致社会政治领域祸患连连。在王安石政治改革失败、北宋覆亡之后，新儒家正本清源，将学术重心从外在的社会政治实践转向内在的心性修养，宋代儒学也因此而走向内倾[③]。余英时评价说："北宋王安石变法的失败是近世儒家外王一面的体用之学的一大挫折。南宋以下，儒学的重点转到了内圣的一面。"[④] 这是朱熹进行学术思考的时代背景，是朱熹以"胜私欲"释"克己"，坚持"克己之学"，形成学术内倾特色的社会原因。

朱熹学术重内省、呈内倾，亦受特殊政治环境下其个人遭际之影响。朱熹《答刘季章书》强调："可更勉其收拾身心，向里用力，不须向外枉费心神，非唯无益，当此时节，更生患害不可知。"[⑤] 为何"当此时节""更生患害"？据陈来考证，朱熹此书作于宋宁宗庆元五年己未

---

① [美]刘子健著，赵冬梅译：《中国转向内在：两宋之际的文化转向》，江苏人民出版社，2012年，第17页。

② 朱熹：《读两陈谏议遗墨》，《晦庵先生朱文公文集》卷七〇，《朱子全书》第23册，第3382页。

③ 肖永明：《对〈论语〉"今之学者为人"的诠释与宋代儒学的内倾》，《湖南大学学报（社会科学版）》2012年第4期。

④ 余英时著，沈志佳编：《中国思想传统及其现代变迁》，《余英时文集》第2卷，广西师范大学出版社，2014年，第240页。

⑤ 朱熹：《答刘季章书》，《晦庵先生朱文公文集》卷二九，《朱子全书》第21册，第1285页。

(1199)[①]，"当此时节"即指当时已然开始的"庆元党禁"。身处阴云密布的特殊政治环境之中，朱熹更加主张"收拾身心，向里用力"，这样可以明哲保身，免于政治干扰和祸害。对于特殊遭际下知识分子的此类心态，刘子健有所揭示："在悲哀和困惑中，许多知识分子不可自抑地转向内省和回顾。他们的著述清晰揭示，内省让他们将更多的注意力倾注在自我修养上，而较少关注国家大事……从南宋中叶开始，这种观念成为最主要的文化和思想浪潮，并持续了几个世纪。"[②]

唐宋以来，佛道日炽。佛道特别是佛教，注重心性建构，拥有完整的形而上学本体论，对儒学构成极大挑战。朱熹有出入佛老而回归儒学的心路历程，面对佛道的挑战与冲击，能"入室操戈"，"整合"佛道思想[③]，汲取佛家的形上世界，生发仁体观念，建立自己的心性哲学。正如朱熹所言，"若更要真识得仁之体，只看夫子所谓'克己复礼'；克去己私，如何便唤得做仁"[④]，"克去己私"的结果就是"仁之体"。"仁体"是佛道逼迫的产物，作为实现朱熹"仁体"目标的"克己"及其诠释，必然也受佛道影响。佛道对宋明心性之学的这种挑战，余英时亦特别指出，"宋明儒家的心性讨论，重点无疑是在'为己'，这是受了道、释两家（尤其是禅宗）的长期挑战而产生的一种反响"[⑤]。

就学术风尚而言，随着对佛道认识的深化，宋代儒家士人逐渐注意、谈论和发展心性之学，提出一系列有关人生、宇宙及其意义的终极问题，涉及的领域曾经为佛道所专擅，更为难得的是，儒家士人开始提出一些别开生面、令人耳目一新的概念，比如无极、太极、太和、性、心等，为儒家心性之学建构了一个强大的、新的形而上学的世界。到南宋，儒学内倾现象逐渐形成，中国转向内在，内在的德性修养被摆在首

① 陈来：《朱子书信编年考证》（增订本），生活·读书·新知三联书店，2007年，第490页。

② [美]刘子健著，赵冬梅译：《中国转向内在：两宋之际的文化转》，江苏人民出版社，2012年，第126页。

③ 徐洪兴：《思想的转型——理学发生过程研究》，上海人民出版社，1996年，第61页。

④ 黎靖德编，王星贤点校：《朱子语类》卷九五，第2418—2419页。

⑤ 余英时著，沈志佳编：《群己之间——中国现代思想史上的两个循环》，《中国思想传统及其现代变迁》，广西师范大学出版社，2014年，第98页。

要位置。[①]北宋中期，道德性命之学已成为学术界的主流。到南宋，朱熹尤重心性修养，认为内圣然后才能外王，心性修养是外王事业的必要条件，外王事业是内在心性修养的自然结果，“成己方能成物，成物在成己之中”[②]。在朱熹的大力提倡和发展下，心性主题得到不断讨论、完善，心性论体系逐渐得以建构和健全。朱熹“心性论”思想的渐趋成熟标志着朱子学术内倾特色的形成，其影响所及促进了南宋儒学的内倾发展。[③]

第三节　从“克己复礼为仁”诠释之汉宋分野看朱熹学术影响：以“克己”为中心

一、汉学宋学“克己”诠释存在分野

汉学与宋学在治学路径与学术重心上各有侧重。汉学远承东汉古文经学，清代考据学是其典型，以章句训诂、考文知音为重点；宋学远袭西汉今文经学[④]，以宋明儒学为典型，侧重讨论理气性命、辨析义理[⑤]（本书以宋儒为宋学之代表）。清初以来，关于汉学宋学的争论经常出现，成为一重大学术现象，牵涉广泛。何佑森[⑥]、黄爱平[⑦]、戚学民[⑧]、漆

---

① ［美］刘子健著，赵冬梅译：《中国转向内在：两宋之际的文化转向》，江苏人民出版社，2012 年，第 45 页。

② 黎靖德编，王星贤点校：《朱子语类》卷八，第 132 页。

③ 郭园兰：《从〈论语〉“克己”诠释看朱熹学术内倾特征》，陈明、朱汉民主编：《原道》第 34 辑，湖南大学出版社，2018 年，第 75—91 页。

④ 皮锡瑞指出，前汉今文说，专明大义微言；后汉杂古文，多详章句训诂。章句训诂不能尽餍学者之心，于是宋儒起而言义理。此汉、宋之经学所以分也。参看皮锡瑞著，周予同注释：《经学历史》，中华书局，1959 年，第 89—90 页。

⑤ 张丽珠：《“汉宋之争”难以调和的根本歧见》，《清代新义理学——传统与现代的交会》，里仁书局，2003 年，第 122—123 页。

⑥ 何佑森：《清代汉宋之争平议》，《清代学术思潮》，台大出版中心，2009 年，第 147—162 页。（又见何佑森：《清代汉宋之争平议》，《文史哲学报》1978 年第 27 期。）

⑦ 黄爱平：《〈汉学师承记〉与〈汉学商兑〉——兼论清代中叶的汉宋之争》，《中国文化研究》1996 年第 4 期；黄爱平：《论阮元折衷汉宋的兼容并包思想》，《扬州大学学报（人文社会科学版）》2016 年第 3 期。

⑧ 戚学民：《阮元〈儒林传稿〉与清代汉宋学术之争》，《清华大学学报（哲学社会科学版）》2009 年第 6 期；戚学民：《“儒林列传”与“汉学师承”——〈汉学师承记〉的修撰及汉宋之争》，《清华大学学报（哲学社会科学版）》2007 年第 1 期。

永祥[①]、张循[②]等学者对汉宋之争进行了深入研究。“克己”诠释是理解儒学和理清汉学宋学及其论争的一把钥匙。程树德认为，《论语》“克己复礼为仁”章为“汉学宋学之争点”[③]。朱熹在诠释《论语》“克己复礼为仁”章时强调指出，求仁之要可于“克己”一言而举。[④]对“克己”的诠释，从古至今，聚讼纷纭，尤其是汉学宋学形成两大阵营，分野明显。

宋学家训“克己”为“胜私欲”。宋儒邢昺[⑤]在《论语注疏》中指出，“克训胜也，己谓身也，谓能胜去嗜欲，反复于礼也”[⑥]。“克己”就是“胜嗜欲”。程颐认为，“非礼处便是私意。既是私意，如何得仁？须是克尽己私，皆归于礼，方始是仁”。他由“非礼处”联想到“私意”，认为“仁”之目标的实现，须经“克尽己私”到“复礼”之过程。朱熹《四书章句集注》转引程子语，并进一步阐释，“克，胜也。己，谓身之私欲也”[⑦]。“克己”就是“胜私欲”。朱熹将外“私”内“欲”合一为“私欲”，将外在制约、符合规范之“礼”，转到偏重内在克省工夫的“理”，还凭自己集大成者的学术地位，引领学术风气，此后，宋学家释“克己”为“胜私欲”蔚然成风。

与宋学家不同的是，清代汉学家毛奇龄、凌廷堪、阮元、刘宝楠以及臧用中、陈澧等均训“克己”为“约身”“修身”。毛奇龄指出，“克者，约也，抑也。己者，自也”，主张训“克己”为“约己”“抑己”。[⑧]乾嘉学者凌廷堪认为，“克己”即“修身”，并引《中庸》为证，“‘非礼

---

① 漆永祥：《乾嘉考据学家与桐城派关系考论》，《文学遗产》2014年第1期。
② 张循：《论十九世纪清代的汉宋之争》，复旦大学博士学位论文，2007年；张循：《清代“汉宋之争”研究的回顾与展望》，《兰州学刊》2016年第9期。
③ 程树德撰，程俊英、蒋见元点校：《颜渊上》，《论语集释》卷二四，中华书局，2013年，第944页。
④ 钱穆：《朱子论克己》，《朱子新学案》第2册，九州出版社，2011年，第441—442页。
⑤ 宋儒邢昺虽不是严格意义上的宋学家，但因其“克己”诠释近于程朱等宋学家，故列出。
⑥ 何晏注，邢昺疏：《论语注疏》卷一二，北京大学出版社，1999年，第157—158页。
⑦ 朱熹：《论语集注》卷六，《四书章句集注》，中华书局，2012年，第133页。
⑧ 毛奇龄著，胡春丽点校：《克己》，《四书改错》卷一八，华东师范大学出版社，2015年，第415页。

不动，所以修身也’。‘动’实兼视、听、言三者，与下文答颜渊‘请问其目’正相合，词意尤明显也”[1]。扬州学派的重镇巨擘阮元，将上述毛奇龄、凌廷堪以及臧用中等汉学家的“克己”诠释收入《揅经室集》之《论语论仁论》篇中，并明确表示赞同，坚决反对将“克己”释为“胜私欲”。刘宝楠在《论语正义》中亦维护汉学立场，还从《后汉书》《邓皇后纪》等史书中列举“夙夜克己，忧心京京”“接抚同列，常克己以下之”“克己奉公”“宜当克己，以畤四海之心”等训“克己”为“约身”的例证，力证汉学家的诠释确凿无误。[2]

二、汉学家对宋学家“克己”解的批驳

围绕“克己”应释为“约身”“修身”还是“胜私欲”，清代汉学家以后来者居上的姿态，从训诂、溯源和义理三个方面，对朱熹等宋学家进行了全面批驳。

其一，训诂上批添字解经和上下文不一致。

汉学家认为解经需从经典本字着手，经典本字是客观存在的，不得任意增添，“己”不等于“己私”，否则是添字解经。毛奇龄认为：“己不是私，必从‘己’字下添‘之私’二字，原是不安”，“朱注谓‘身之私欲’，别以‘己’字上添‘身’字，而专以己字属私欲。于是宋后字书皆注‘己’作‘私’，引《论语》‘克己复礼’为证，则诬甚矣”。[3]在毛奇龄看来，添字解经，与原经意不符。他用“不安”批驳“己”字下添“之私”，用“诬甚”批判“己”字上添“身”，从“不安”到“诬甚”，批驳的语气越来越严重，毛奇龄不愧为清代汉学的先驱。批驳宋学家添字解经的还有清代惠士奇。惠士奇是汉学吴派代表人物惠栋之父，其治

① 凌廷堪著，王文锦点校：《与阮中臣论克己书》，《校礼堂文集》卷二五，中华书局，1998年，第234—235页。

② 刘宝楠撰，高流水点校：《颜渊第十二》，《论语正义》卷一五，中华书局，1990年，第484页。

③ 毛奇龄著，胡春丽点校：《克己》，《四书改错》卷一八，华东师范大学出版社，2015年，第414页。

学喜搜集汉儒经说，征引古代史料，加以解释。其《礼说》云：“己之欲非己，犹身之垢非身”[①]，他用形象的比喻来说明添字解“己”，窜改了经意，反对宋儒解经不缜密。

汉学家主张同一文本中上下文同一字词的意义应当尽量一致。而朱熹等宋学家对同一个“己”字，做了两种解释，上下文不一致，造成文义割裂。毛奇龄指出，“现有‘为仁由己’‘己’字在下，而一作身解，一作私解，其可通乎？”[②]直接反诘“己”字同做“身”和“私”解不妥。阮元亦云：“颜子‘克己’，‘己’字即‘自己’之‘己’，与下‘为仁由己’相同，言能克己复礼，即可并人为仁”，“若以‘克己’己字解为私欲，则下文‘为仁由己’之‘己’断不能再解为私，而由己不由人反诘辞气与上文不相属矣”。[③]阮元明确主张训“己”为“自己”，若训“己”为“私欲”，则上下文“己”字不同解、辞气不相属。陈澧还强调，“‘克己复礼’，朱子解为胜私欲。‘为仁由己’，朱子解为在我。两‘己’字不同解。戴东原《孟子字义疏证》驳之”[④]。陈澧、戴东原皆对朱熹“克己”解之弊端予以驳斥。

其二，溯源上纠查诠释谬误。

清代汉学家善从源头入手，稽查宋儒“克己”解谬误之出处与流变。下面按时代先后顺序，分别考察毛奇龄、焦循、陈澧等溯源纠谬情况。

毛奇龄在《四书改错》中指出：“惟刘炫曰：‘克者，胜也’。此本扬子云‘胜己之私之谓克’语”，“至程氏，直以己为私，称曰‘己私’。致朱注谓‘身之私欲’，别以‘己’上添‘身’字，而专以‘己’字属私

---

① 惠士奇：《礼说》卷四，《景印文渊阁四库全书》第101册，台湾商务印书馆，1986年，第463页。

② 毛奇龄著，胡春丽点校：《克己》，《四书改错》卷一八，华东师范大学出版社，2015年，第414页。

③ 阮元撰，邓经元点校：《论语论仁论》，《揅经室一集》卷八，《揅经室集》，中华书局，1993年，第181页。

④ 陈澧：《论语》，《东塾读书记（外一种）》，生活·读书·新知三联书店，1998年，第30页。

欲。于是宋后字书皆注己作私”。[①] 扬雄“添字解经”是“宋后字书”皆注己作私的源头，由扬雄到刘炫，由程氏到朱熹、再到“宋后字书”，以讹传讹，才形成宋儒的“克己”解。可描述为：扬雄添字解经→刘炫释克为胜→程氏以己为私→朱熹专以己字属私欲→宋后字书皆注己作私。从时间先后来看，刘炫在程氏前面，程氏注是否本于刘炫注，毛奇龄并未明说。

焦循认为：“刘光伯嗜欲与礼义交战之言，意主楚灵王，因上文有‘不能自克’语。望文生义耳！与《论语》何涉？邢叔明剿袭之，以释《论语》，遂开《集注》训‘己’为‘私欲’之论。”[②] 刘光伯即刘炫。在焦循看来，刘炫“胜嗜欲”注是针对嗜欲无度的楚灵王，用以释《左传》所引“克己复礼”，本与《论语》无关，而邢昺不分青红皂白剿袭用来诠释《论语》，误开朱熹《论语集注》训“己”为“私”之先河。邢昺为“罪魁”。焦循溯源指出的误传历程为：刘炫注释《左传》→邢昺《论语注疏》→朱熹《论语集注》。臧用中[③] 与刘宝楠[④] 也就此进行了梳理，其梳理路径与焦循几近相同。

陈澧《东塾读书记》指出：“朱《注》引程子曰：‘须是克尽己私’。朱子解己为私欲，本于程子也。邢《疏》引刘炫云：‘克，训胜也。己谓身也。身有嗜欲，尝以礼义齐之，嗜欲与礼义战，使礼义胜其嗜欲。’澧按朱子解克为胜，盖本于此。刘炫之说，则见于《左传》昭公十八[⑤] 年孔《疏》，邢《疏》转引之耳。扬子云《法言·问神》篇云：‘胜己之私

① 毛奇龄著，胡春丽点校：《克己》，《四书改错》卷一八，华东师范大学出版社，2015年，第414页；阮元转引，见阮元撰，邓经元点校：《论语论仁论》，《揅经室一集》卷八，《揅经室集》，中华书局，1993年，第183页。

② 江藩、方东树著，徐洪兴编校：《汉学商兑》，《汉学师承记：外二种》，中西书局，2012年，第281页。

③ 阮元撰，邓经元点校：《论语论仁论》，《揅经室一集》卷八，《揅经室集》，中华书局，1993年，第184页。

④ 刘宝楠撰，高流水点校：《颜渊第十二》，《论语正义》卷一五，中华书局，1990年，第484页。

⑤ 此处有误，应为《左传》昭公十二年。见杜氏注，陆德明音义，孔颖达疏：《春秋左传注疏》卷四五。

之谓克’，则又刘炫之所本也。”[①] 朱熹《论语集注》解“己”为“私欲”本于程子，解“克”为“胜”本于“邢《疏》引刘炫”，而刘炫之说见于孔颖达疏《左传》，本于扬雄《法言》。可概括为：扬雄《法言》→刘炫之说→邢《疏》、程子→朱《注》。较之毛奇龄、焦循，陈澧溯源更为全面。

诚然，汉学家的溯源纠谬也让人有些疑惑，即不能假定后来的诠释者一定看了前人的相似诠释，因为，古代的书籍传播不似今天便利和普及，而且，就算是前人的诠释及时得到了传播，后来的诠释者也不一定就熟读和学习过。因此，后面的诠释不一定是在前面诠释的基础上产生的，除非如朱熹引程子语、邢昺引刘炫语那样，后来的诠释者在文本中实实在在地引用了。

其三，义理上批“私”“欲”合一和“己”“礼”相对。

汉学家重考据，但亦研义理。清儒戴震、焦循、阮元等在义理上批驳宋学家“私”“欲”合一、“己”“礼”相对，并以此来批宋学家释“克己”为“胜私欲”。

宋学家释“克己”为“胜私欲”，将“私”“欲”合二为一，汉学家立足社会现实，从肯定“人欲”的义理角度予以批驳。戴震认为，“私欲”可解析为“私”和“欲”二义，“私”故当除，而“欲”则不可去。“老、庄、释氏，无欲而非无私；圣贤之道，无私而非无欲；谓之‘私欲’，则圣贤固无之”，“圣人之道，使天下无不达之情，求遂其欲，而天下治”。[②] 圣人本来就没有“私欲”，更谈不上去克胜了；圣人无私但有欲，天下太平的目标就是达情而遂欲。焦循亦肯定合理的人欲，“知己有所欲，人亦各有所欲”，应旁通人情，以自己的利欲之心类推人之利欲之心，“能推则欲由欲寡，不能推则欲由欲多”[③]，以此达到欲望越来越少之目的。戴震、焦循肯定“情欲”，可溯至明末清初思想家陈确，他强调，

---

① 陈澧：《论语》，《东塾读书记（外一种）》，生活·读书·新知三联书店，1998 年，第 30 页。

② 戴震著，何文光整理：《权》，《孟子字义疏证》卷下，中华书局，1961 年，第 56 页。

③ 焦循：《格物解三》，《雕菰集》，中华书局，1985 年，第 132 页。

“从人欲中体验天理，则人欲即天理”，“天理正从人欲中见，人欲恰好处，即天理也”。[①]既然天理人欲可以相容，恰好的人欲就是天理，那“胜私欲”之解就不攻自破了。

朱熹曰：“克己之己，未是对人、物言，只是对公字说，犹曰私耳”，“克去己私，复此天理，便是仁”。[②]“己”对“公”，暗含“人己之私”对应“天理之公”，即“己”对“理”，朱子又训“礼”为“天理之节文”，“礼”为“理”，因此，“己”“礼”相对。阮元、凌廷堪等汉学家结合“克己复礼”章上下文“由人”“由己”以及《论语》文本中“己所不欲，勿施于人”等提出“己”“人”相对，并从义理上进行论证和反驳。阮元指出，“一日克己复礼而天下归仁，此即己欲立而立人，己欲达而达人之道。仁虽由人而成，其实当自己始，若但知有己，不知有人，即不仁矣”，“必有二人，而仁乃见，若一人闭户斋居，瞑目静坐，虽有德理在心，终不得指为圣门所谓之仁矣”。[③]天下是否归仁，由人而定，从自己开始；如果只知有自己，不知有他人，那天下不能归仁；离开他人、离开人群不为“仁”；只有将“己”与“他人”相对应，人与人互相关怀、彼此存问，才能得“仁”。阮元就“仁”之内涵来论证“己”“人”相对。这也是郑玄“相人偶”之说的要义所在。凌廷堪强调，“即以《论语》《克己章》而论，下文云‘为仁由己，而由人乎哉’，人己对称，正是郑氏相人偶之说”[④]。凌廷堪亦以郑玄“相人偶”之训释“仁”，并以此来论证“人”“己”相对之理。

而戴震用“己”与“天下”相对[⑤]来反驳宋儒。“克己复礼为仁，以

① 陈确：《瞽言一》，《别集》卷二，《陈确集》，中华书局，1979年，第425页；《瞽言四》，《别集》卷五，《陈确集》，中华书局，1979年，第461页。

② 黎靖德编，王星贤点校：《朱子语类》卷四一，第1067—1068页。

③ 阮元撰，邓经元点校：《论语论仁论》，《揅经室一集》卷八，《揅经室集》，中华书局，1993年，第181页。

④ 凌廷堪著，王文锦点校：《与阮中臣论克己书》，《校礼堂文集》卷二五，中华书局，1998年，第234页。

⑤［日］沟口雄三著，龚颖译：《社会性相关之理的创出——戴震的克己解》，《中国前近代思想的屈折与展开》，生活·读书·新知三联书店，2011年，第394—395页。

‘己’对‘天下’言也。……凡意见少偏，德性未纯，皆己与天下阻隔之端；能克己以还其至当不易之则，斯不隔于天下”[①]，“人之有欲也，通天下之欲，仁也”[②]。意见偏狭，德性不纯，导致“己”与“天下”阻隔，“克己”可以找回做人之准则，打通与“天下”的阻隔，“己”之义由个人关涉走向“天下”人群，个体性生存先验地与天下相互联系，在个人与“天下”的相关之中，己欲与他欲得到相互调和，从而实现“仁”的目标，建立“仁”之道德秩序[③]。

“仁”的诠释变化影响了作为求“仁”之要的“克己”解。宋儒重视形上价值和个人成德之教，内省式地主张“私”“欲”合一、“己”“礼”相对，解“克己”为“胜私欲”，而这在清代无法求“仁”，无法实现。戴震、焦循、阮元、凌廷堪等清代汉学家寄望于通过批判宋儒来发展社会道德，实现“相人偶”之“仁”，训“己”为“自己”，将自己置身于他人、人群和社会之中，将“克己”落实到现实经验领域的人际社会关系之中。

三、宋学家“克己”诠释与理学体系建构

“不知宋学，则无以评汉宋之是非。”[④]“汉宋之辨主要是清儒宗派意识的产物，是否与宋、明以来儒学发展的史实相应，颇成问题。”[⑤]清代汉学家批驳宋学家“克己”诠释有颇多误解。宋学家释“克己”为“胜私欲”，将去“私欲”视为涵养之道，其原因是复杂多样的，从单一的角度无法全面解答。但值得注意的是，朱熹对“克己”的创造性诠释主要出于建构其哲学学术体系的内在需要。其中，寻找改造人心陷溺之社会现

---

① 戴震著，何文光整理：《权》，《孟子字义疏证》，中华书局，1982年，第56页。
② 戴震著，何文光整理：《原善》卷下，《孟子字义疏证》，中华书局，1982年，第74页。
③［日］沟口雄三著，龚颖译：《中国前近代思想的屈折与展开》，生活·读书·新知三联书店，2011年，第401页。
④ 钱穆：《两宋学术》，《中国近三百年学术史》第1章，商务印书馆，1997年，第1页。
⑤ 余英时著，沈志佳编：《从宋明儒学的发展论清代思想史——宋明儒学中智识主义的传统》，《中国思想传统及其现代变迁》，《余英时文集》第2卷，广西师范大学出版社，2014年，第194页。

实的道德出路是其建构理学体系的背景，对抗佛道挑战是建构理学体系的主要标的，重义理治学方法是建构理学体系的基石。

其一，背景：寻找改造人心陷溺之社会现实的道德出路。

李泽厚指出：“逻辑的游戏不会凭空产生，它的真实基础是历史。”[①]宋学家以“胜私欲”诠释“克己”与当时的社会现实息息相关。唐末五代以来，战乱连绵，易代频仍，封建割据加剧，政教废弛，儒学日衰，人伦陷入重重危机。“君君、臣臣、父父、子子之道乖，而宗庙、朝廷、人鬼皆失其序”[②]，伦常纲纪的重振势在必行。为了挽救国家积贫积弱、社会失范无序的局面，王安石等北宋的改革家们从儒经中挖掘基本原则和制度典范，设计政治、经济、社会和教育制度，将道德价值观与现实功利促成一致，以期提高社会道德水准。但改革以失败而告终，政治立规之梦随之破灭，灾难变本加厉，整个社会道德沦丧，贪赃枉法肆意而行。南宋高宗上台后，不得不宣布关闭政治变革的大门。在女真入侵和北宋灭亡之际，武人特别是士大夫形形色色违背儒家道德的行为更引起了当时儒家知识分子的强烈震荡。朱熹等儒者面对的不似先秦诸子面临的外在“礼崩乐坏”，而是内在的“人心陷溺”，“人欲之私”成为破坏秩序、影响价值与信仰的罪魁祸首。制度改革已是不通，军事防御固然必要，但在宋儒看来，拯救社会的唯一出路是道德重建。即便“私欲”难克，也必须旗帜鲜明地战胜私欲。因而，朱熹等宋儒提出，“胜私欲”是“求仁”的关键[③]，释“克己”为“胜私欲”，在诠释经典中建立起了旨在改造社会人心的理学体系。

其二，标的：对抗佛道挑战的外在逼显。

唐宋以来，佛道日炽。佛道特别是佛教，注重心性建构，拥有完整的形而上学本体论，对儒学构成极大挑战。“为了在人世昏浊纲纪颓坏的

---

① 李泽厚：《宋明理学片论》，《中国古代思想史论》，生活·读书·新知三联书店，1985年，第262页。

② 欧阳修：《唐废帝家人传第四》，《新五代史》卷一六，中华书局，1974年，第173页。

③ 钱穆：《朱子论克己》，《朱子新学案》第2册，九州出版社，2011年，第441—442页。

时代，提出一个具有超越性的道德、政治、社会标准，引导人向上追求，另方面也是为了对抗佛家的威胁——佛家有一个形上的世界，而儒家没有。所以北宋诸儒试着提出一个不变的境界作为保证。”[①] 熊十力也认为，“‘形上化’是北宋诸儒建立理学时最重要的事业”[②]。宋代理学家大都有出入佛老而回归儒学的心路历程，面对佛道的挑战与冲击，能“入室操戈”，“整合”佛道思想[③]，援佛入儒，振兴儒学。他们汲取佛教的心性论，加强儒学统摄人心的作用，汲取佛家的形上世界，生发仁体观念，建立起了一个儒家的形上不变世界。陈来认为，“仁体的观念，至北宋始发，其原因是佛道二氏在本体论、心性论上的建构和影响，使得新儒家即道学（亦称理学）必须明确作出回应，以守护儒家的价值，发展儒学的生命，指点儒学的境界，抵御佛教的影响。在这个意义上说，是佛道二氏使得儒家的仁体论被逼显出来”[④]。显而易见，儒家仁体观念是佛道二氏本体论建构影响、逼迫的结果。而“仁体”的典型是“克己复礼为仁”之“仁”，即“克去己私”之后实现的“仁”。正如朱熹所言，“若更要真识得仁之体，只看夫子所谓‘克己复礼’；克去己私，如何便唤得做仁”[⑤]，“克去己私”的结果就是“仁之体”。“仁体”是佛道逼迫的产物，作为“仁体”典型的“克己”，即宋学家的“克己”诠释，必然也是对抗佛道挑战的外在逼显。就宋学家“克己”诠释所具有的特性，我们也能发现佛道逼显的印迹。到宋代，“克己”诠释开始呈现出精妙的心性论和思辨的精致性，具备与“仁体”有关的形而上学的超越性，而这些恰恰对应于佛道二氏拥有的相应特征。至此，宋学“克己”诠释受佛道逼显已显而易见了。

---

① 王汎森:《清初思想中形上玄远之学的没落》,《权利的毛细管作用：清代的思想、学术与心态》，北京大学出版社，2015 年，第 2 页。

② 熊十力:《十力语要》，洪氏出版社，1975 年，第 285 页。关于理学中形上学之问题，还可参考景海峰:《简议“新理学”的形上学系统》、陈来:《“新理学”形上学之检讨》，载于陈岱孙等著:《冯友兰先生纪念文集》，北京大学出版社，1993 年，第 209—219、220—232 页。

③ 徐洪兴:《思想的转型——理学发生过程研究》，上海人民出版社，1996 年，第 61 页。

④ 陈来:《仁学本体论》，生活·读书·新知三联书店，2014 年，第 169 页。

⑤ 黎靖德编，王星贤点校:《朱子语类》卷九五，第 2418—2419 页。

其三，基石：重义理治学方法的自然呈现。

宋儒“克己”诠释受其治学方法的影响。宋儒注重阐发儒家经典中的微言大义，对于汉唐以来章句训诂之学的危害，有着深刻的认识并进行了激烈抨击。[①]韩愈评价马融“克己”解、孔安国“复礼”诠释时指出，“孔马得其皮肤，未见其心焉”[②]。马融、孔安国重文字训诂，顾及更多的是汉字的客观字面意思，不似义理诠释根于心、重视主观思辨、从人的价值立场出发。韩愈的评价可谓道出了宋学家心声。程颐用“外”“内”、“末”“本”来比较考据与义理之学。训诂、考据之学是“外”和“末”，不是圣人之学，不能学，而作为“内”和“本”的义理之学，才有益于身。“经所以载道也，诵其言辞，解其训诂，而不及道，乃无用之糟粕耳”；“天下之害，无不由末之胜也……先王制其本者，天理也；后人流于末者，人欲也。损之义，损人欲以复天理也”。[③]经以载道，不及“道”的都是糟粕，天下和个人之害均在意欲，治国修己均须损欲，只有如此，才能趋“道”复“天理”。张载从否定方面指出，“仁之难成久矣，人人失其所好，盖人人有利欲之心，与学正相背驰，故学者要寡欲”；“克己要当以理义战退私己，盖理乃天德，克己者必有刚强壮健之德乃胜己”。[④]成仁难已经很久了，原因在于人人有私欲，要成仁须寡欲，“克己”就是要用强健之天德战胜一己之私欲。朱熹进一步强调，“圣贤千言万语，只是教人明天理，灭人欲”[⑤]。宋学重视义理阐发，其“克己”诠释正体现了这一治学特点：宋儒立足义理，从“道”出发，要成仁，必须复“理”，要复“理”，首在克胜私欲，“克己”自然与“胜私欲”紧密相连，因为“克己复礼为仁”作为几乎所有理学家都主张的涵养之道，首要是去人

---

① 朱汉民、肖永明：《宋代〈四书〉学与理学》，中华书局，2009 年，第 145 页。

② 韩愈、李翱注：《论语笔解》卷下，《影印丛书集成初编》，中华书局，1991 年，第 17 页。

③ 程颢、程颐著，王孝鱼点校：《遗文》，《河南程氏文集》，《二程集》，第 671 页；程颢、程颐著，王孝鱼点校：《周易程氏传》卷三，《二程集》，第 907 页。

④ 张载著，章锡琛点校：《经学理窟》，《张载集》，中华书局，1978 年，第 281—282 页；张载著，章锡琛点校：《横渠易说》，《张载集》，中华书局，1978 年，第 130 页。

⑤ 黎靖德编，王星贤点校：《朱子语类》卷一二，第 207 页。

欲。而清儒逐字逐词的训诂，自然不会将"己"与"私欲"联系在一起。

其四，实质：建构哲学学术体系的内在需要。

宋学家释"克己"为"胜私欲"，将"天理""人欲"引进"克己复礼"诠释，是建构其哲学学术体系的内在需要。张载提出"天地之性""气质之性"。"气质之性"在人身上体现为人对物质生活的欲望，"惟其能克己则为能变"[①]，通过克己即克制欲望来变化气质，复归于至善的"天地之性"状态。他由此推衍出"存天理""灭人欲"的人性修养方法，并视"天理""人欲"互为消长。在此基础上，二程自家体贴出"性即理"，将"天理"与"天地之性"、"人欲"与"气质之性"相等同。朱熹用理气观说性，认为人物之性都是从天禀受而来，天赋予命与万物以性，即"天命之性"，一切现实的人性就是"气质之性"，即天命之性受气质熏染而发生的转化形态。宋代理学家建构的是以心、性、理、气等心性论为中心观念的形而上学，因而，他们需要从形而上的先验存在的角度来诠释"克己复礼为仁"，释"克己"为"胜私欲"，释"仁"为"本心之全德"，释"礼"为"天理之节文"。"仁"是全德总称，"礼"是天理，要达到"仁"这种高度境界，理学家提倡涵养道德的"复天理"进路。拔掉害仁的人欲，便可回复到本体至善的"天理"境界，实现"仁"。因而，宋儒重视的是个人的成德之教，希望通过挺立个人道德来实现"仁"的终极目标，以"胜私欲"训"克己"是其哲学学术体系的有机组成部分，隐含着其整个学术体系的基本精神与主张，是其推重个人独善其身的内圣修身之路的体现，更是他们建构"存天理，灭人欲"哲学学术体系的必然选择。

四、汉学宋学"克己"解平议

针对清代汉学家对宋儒的批驳，清儒方东树就"克己"诠释，以子之矛攻子之盾，运用相应的方法进行了回应、批驳甚至是谩骂，维护宋学立场。如，汉学家批宋学"一字二训"不妥，方东树在其他文献中找

---

① 张载著，章锡琛点校：《经学理窟》，《张载集》，中华书局，1978年，第281页。

到同一文“一字二训”的诸多例证；汉学家主张上下文同字之释义应一致，方东树依据《左传》上文有“不能自克”、《论语》下文有“非礼勿动”四语，而论证释“己”为“私欲”是合理的；还找出了释“己”为“欲”“己私意见”的其他例证；就义理而言，“己私”难克，嗜欲难防，释“克己”为“胜私欲”，存理遏欲，无害于学者为仁之旨；等等。[①]遗憾的是，方东树的回应与反驳，只破不立，不曾有正面的理论建设和说明，也不曾从宋儒的诠释及所处的角度来辩护，较多地只是利用和考虑汉学家的诠释及治学方法，逐条摆出清代汉学家对宋儒“克己”解的批驳，再逐条进行反驳，仅仅停留在以牙还牙的技术层面，透显出其反驳的不彻底性以及乾嘉以来汉学家的强大影响。

从语文研究的角度来看，汉学家训“克己”为“修身”较之宋儒释“克己”为“胜私欲”更合乎汉语言的习惯和特点。但，正如劳思光所指出的，语言有日常语言与特殊语言之别，注疏经子，有“语文之了解”和“理论之了解”双重目的，而“乾嘉学人，但注意语文问题，每以为语文困难一经消除，则一切理论均可凭常识或直观了解，不知每一理论之内容，均涉及一定之理论知识。于是此种研究每以精细之训诂开始，而以极幼稚粗陋之理论了解为终结。此是乾嘉学风之根本病痛所在”[②]。宋学家释“克己”为“胜私欲”，在“语文之了解”上可能略显突兀，但在“理论之了解”上却有系统而深刻的建树；汉学家训“克己”为“修身”，在“语文之了解”上尤显精细，但在“理论之了解”上却难免幼稚粗陋。

“在经典诠释中，诠释者本身的时代背景、学术立场、价值取向、问题意识往往决定着诠释的方向，不同时代、不同学者的经典诠释也因此呈现出复杂的面相。”[③]到了清代，汉学家的“克己”解亦受多重因素的影

① 江藩、方东树著，徐洪兴编校：《汉学商兑》，《汉学师承记：外二种》，中西书局，2012 年，第 278—282 页。

② 劳思光：《序论》，《新编中国哲学史（三上）》，生活·读书·新知三联书店，2015 年，第 10 页。

③ 肖永明、陈峰：《晚清汉宋兼采思潮中的〈论语〉诠释——以〈论语后案〉对〈论语集注〉的吸收与批评为例》，《北京大学学报（哲学社会科学版）》2016 年第 3 期。

响。从学术上来看，显然已不同于朱熹理学体系建构的时代，我们应从清代学术新的范式的角度出发，设身处地地给清儒的“克己”解予以考察和同情，并挖掘和理解其“克己”诠释背后呈现的思想史意义和价值。

清代学者方东树与毛奇龄、阮元、焦循等人之间的汉宋之争，亦体现在“克己”解上，围绕程朱等宋儒的“克己”解而展开。清代汉学家先就程朱等宋儒的“克己”诠释从治学和义理上提出批评，方东树后在《汉学商兑》中利用清儒的治学方法逐条加以批驳和回应。方东树没有从朱熹等宋儒建构的体系本身出发来加以辩护，而宋儒亦不能死而复生，回应清儒的批驳。鉴于此，上文我们主要从“理论之了解”、从宋儒建构理学体系的角度对宋儒“克己”解的成因加以考察，旨在说明宋学家“克己”解的合理性。同理，若从清代学术范式来考察，汉学家“克己”解的存在亦是合理的，限于篇幅，前段只略为提及，另文再细加讨论。“克己”诠释的汉宋分野讨论至此，做出汉学宋学谁更胜一筹的结论，似乎并不那么重要了。“我们对于汉宋两派应求其双方的贡献……应以公道的立场来估价”①，“宋学可以补汉学之偏，汉学也可救宋学之弊。汉宋相争最后只会加深门户之见，彼此相容最后则可以促成汉宋的合流”②。汉宋交融，取长补短，必能促进学术的繁荣和发展。在诠释儒家经典的事业面前，汉学、宋学为后人各打开了一扇门、开拓了一条道路。胡适认为，中国旧有的学术，只有清代的“朴学”确有“科学”的精神。③ 贺麟认为，宋儒的思想方法是我们所谓哲学或形而上学的直觉法。④ 如果高举汉学之科学精神，拿起宋学之哲学方法，儒家经典必定能成为我们推进当代学术创新的活水源头，又何必担心失去文化自信呢！⑤

---

① 张君劢：《义理学十讲纲要》，中国人民大学出版社，2009 年，第 102 页。

② 何佑森：《清代汉宋之争平议》，《清代学术思潮——何佑森先生学术论文集（下）》，“国立”台湾大学出版中心，第 147 页。

③ 胡适：《清代学者的治学方法》，《胡适文存（一集）》，《胡适全集》，安徽教育出版社，2003 年，第 371 页。

④ 贺麟：《宋儒的思想方法》，《贺麟选集》，吉林人民出版社，2005 年，第 60—79 页。

⑤ 郭园兰、肖永明：《〈论语〉“克己”诠释之汉宋分野：从多维视域考察》，《求索》2017 年第 11 期。

结　语

分析哲学家路德维希·维特根斯坦说："你必须说出新的东西，但它肯定全是旧的。"① 这何尝不是博士论文写作的真实写照？没有创新，论文就毫无价值可言；凭空创新，论文的思想价值成了无稽之谈，更是毫无意义。

本书立足于《朱子全书》《四书章句集注》《朱子语类》《论孟精义》《四书或问》和已有的相关研究成果等"全是旧的"文本和材料，在不曾有人系统研究的情况下，对"朱熹'克己复礼为仁'诠释"这一论题，以理学体系建构为视角，试图"说出新的东西"，凸显研究内容的系统全面性、理学体系建构视角的独到性，同时，研究方法上注重朱熹诠释与建构的历时性发展、动态性演变，并将深入研究建立在大量文本的搜集和阅读基础上，尝试从研究内容、视角、方法等方面进行创新，得出以下五个方面的主要结论。

第一，朱熹对"克己复礼为仁"进行了理学化的诠释。

朱熹在博采集评、批驳辩证和选择吸收前贤相关诠释的基础上，对"克己复礼为仁"命题中的三个核心概念"克己""（复）礼""（为）仁"进行了理学化的诠释。

朱熹以"身之私欲"而不以"身"训"己"，这私欲包括气禀之私、人我之私、耳目口鼻之欲等内涵，朱熹从理与气、形体与私欲的关联，从天理人欲相对、"己""礼"相对的角度，从"克己"与"复礼"的关联等维度诠释"己"，给"己"的诠释严严实实地披上了理学化的外衣，显然已大不同于同一诠释脉络下的扬雄、王肃、刘炫、邢昺等人的诠释，

---

① ［英］路德维希·维特根斯坦著，［芬］冯·赖特、海基·尼曼编，许志强译：《维特根斯坦笔记》，复旦大学出版社，2008 年，第 70 页。

朱熹在扬雄诠释的基础上别添"身"与"欲"字，这绝非画蛇添足，而是为了便于从理学体系的大框架下更加圆融地诠释"己"。朱熹以"胜"而不以"治"训"克"，从天理人欲此胜则彼退、天理人欲难明的角度，从"克"之对象难以对付的特征等维度来释"克"。朱熹在"克己"诠释中贯彻其理气观、理欲观，以理学话语诠释"克己"，这是回应"人心陷溺"之社会弊病的现实需要。朱熹不仅在学术上探讨"克己"，更在现实生活中身体力行，劝导学者以此治心修身，进谏君王以此正心窒欲，其"克己"诠释思想产生了重大而深远的影响，乃至作为核心内容卷入道学之争，成为当时道学之争的焦点之一。在朱子的倡导和引领下，理学士大夫始终关注修身，即使是著书立说，也更倾向于思考内圣修养，并在实践中落实"克己"之"胜私欲"要求。

朱熹对"礼"的诠释是在理学体系建构过程中完成的，其"礼"之诠释是理学体系的有机组成部分，也是其理学理论的实践成果。朱熹释"礼"为"性"，发展"性即理"说，进而释"礼"为"天理"，突出"礼"作为天理的当然性、应然性，把形而下的礼提升为形而上的本体，贯通了天理与人性、天道与人道。随后，就现实践履而言，朱熹意识到"礼"内涵精细、着实工夫，"天理"空而不实，难以囊括，因而，在乾道六年（1170）、41岁时，他对只以"理"释"礼"表示不满并进行了批判，进而强调以"节文"释"礼"，并极其重视"礼"之形而下的"节文"意涵。以"天理"释"礼"，很难显示"礼"的精微缜密；以"节文"释"礼"，虽能体现其对形下践履之"礼"的重视，但无法兼顾"礼"蕴含的形上超越之"理"，为此，朱熹直接将"天理"与"节文"并举，创造性地以"天理之节文"释"礼"。他认为，"天理"是根源，"节文"是表现，作为"天理之节文"的"礼"是当然之理的自然生发；"天理"是体，"节文"是用，作为"天理之节文"的"礼"兼备体用。"天理之节文"是朱熹最为成熟、最为满意的诠释。当然，这一诠释不是一蹴而就的，历经从"天理""节文"到"天理之节文"等不断发展和完善的过程，并相应呈现出从体、用到兼体用的类似于从正、反到合的分析和叙述结构特征。

朱熹释“克己复礼为仁”之“仁”为“本心之全德”，这一释义突出了“仁”与“本心”“全德”的关联。就“本心”来说，与董仲舒、孔颖达、高僧惠能等“本心”说不同的是，朱熹的“本心”诠释接续孟子，继承和发扬了张载、程颐、陆九渊的“本心”思想，相较于程颐的“心外求理”，朱熹总是不离心而言理，由心外求理的“理学”转向“心学”，而较之陆九渊的“本心”自明、不必他求，朱熹的“本心”力量，以其“天理”的无限性和性体的全面性为基本前提。这个本心是“本然之心”“先天本有之心”“最初良善之心”“道德之心”，亦即理学话语体系中的“天理”。本心作为定语，修饰“全德”，故为“本心之全德”。就“全德”来说，一方面，仁与德都是天所赋予、人所自有的，皆有体有用，皆是就事上说，两者具有诸多的共同意涵；另一方面，朱子突出“仁”的“德之全体”义，在“德”之前特加一“全”字，在于仁包四德，仁是“专言之仁”，仁是全德，而仁包四德之所以可能，在于仁为大为先为生意贯通。不同视角，不同时段，朱熹对“为仁”的诠释亦有不同。朱熹释“为仁”为“谓之仁”“是仁”，是强调“克己复礼”是“为仁之工夫”；释“为仁”为“见仁”，是强调“克己复礼”工夫指示的方向和目标系“仁”的本体、全体；而释“为仁”为“到仁”“至仁”，则不仅强调“克己复礼”这一工夫，亦强调这一工夫指示的方向和目标乃“仁”之境界和地位。这些诠释均不是定义“仁”，而是借“克己复礼”工夫指示“仁”。

朱熹对克己、复礼、为仁之间的关系也进行了理学化的诠释。

对克己、复礼之间的关系，朱熹前后表述多有变化。早年撰《克斋记》，立足理欲观，认为克己就是复理，复礼即是复理，克己便是复礼，克己复礼是合掌说底；中年定稿《论语或问》，批驳“以礼训理”“失之过高”，立足应对佛道挑战、反对释氏之空寂，突出复礼是复节文，凸显形而下的礼、节文和复礼之不可或缺，强调须着克己复礼克己之外别有复礼之功；中、晚年，他在不同场合从不同角度，言克己便是复礼，克己复礼“似一件事”，或将才克己便复礼与克己犹未复礼兼而言之，言克己复礼“似两件事”，64岁后，结合中年时确立的“复天理之节文”之“复礼”释义，将克己复礼该贯本末精粗工夫，倡导下学上达，将看似矛盾的两种关系统一起来，明确提出克己复礼是“似一件事又似两件事”，这是其克己复礼关系的最后定论。

对于“克己复礼为仁”之中的仁与礼的关系，朱熹进行了创造性诠释。从工夫、效用上看，礼先仁后，克己复礼工夫在先，仁作为效用在后，做足了克己复礼工夫，仁之效用就会自然呈现；而在先的礼之所以能达到在后的仁之效果，在于仁礼相通，仁礼同为性、为理、兼体用；相通并不表示相等，仁礼有别，仁为大、为先、为统领，仁包含礼。仁礼相通是礼先仁后的前提，两者紧密关联。朱熹借用“理一分殊”理论化解仁礼相通与仁包含礼之间的冲突，“分殊”之仁与“分殊”之礼处于同一层级之中，是相通的，因而仁礼相通；作为“理一”之仁，包了四德，仁包含礼。朱熹仁礼关系辨，透显出其学术具有严密的逻辑性和体系性，彰显出其经典诠释与理学建构相互关联、相互促进。

第二，朱熹“克己复礼为仁”诠释与其理学体系建构相互促进。

朱熹认为“克己”是圣人成圣之根本、教人之定本，以“身之私欲”而不以“身”训“己”，以“胜”而不以“治”训“克”，释“克己”为“胜身之私欲”；释“复礼”为“复天理之节文”；释“为仁”为“谓之仁”“是仁”“到仁”“至仁”“见仁”，以工夫指示仁，释“仁”为“本心之全德”。朱熹以其理学体系统领“克己复礼为仁”诠释，在诠释“克己复礼为仁”过程中建构和完善理学体系。

一方面，朱熹《论语》“克己复礼为仁”诠释以理学为其理论框架和指导思想。陈来指出，“朱子始终把天理—人欲的对立作为儒家道德思想的基础，也作为《论语》解释的基本分析框架”[1]。朱熹“克己复礼为仁”诠释始终没有逸出理学框架，以“胜身之私欲”释“克己”，以“天

① 陈来：《朱子〈论语集注〉的儒学思想》，《中国近世思想史研究》，生活·读书·新知三联出版社，2010年，第146页。

理之节文”释“复礼”之“礼”，以“本心之全德”释“为仁”之“仁”，其背后的理论逻辑就是朱子理学。朱熹将自己已形成的学术理论，如理气观、理欲观、人性论、工夫论以及“体用一源”“理一分殊”“已发未发”“心统性情”等融汇到对“克己复礼为仁”的诠释中，使其“克己复礼为仁”诠释成为理学化、创造性的诠释，从而“建构了一种理学型的《论语》学，使《论语》学发展到一个新的高峰”[①]。

另一方面，朱熹理学体系的建构和完善是在诠释“克己复礼为仁”等经典的过程中完成的。经典是朱熹宣扬其理学思想的基本材料[②]，朱熹的理学思想体现在经典诠释中，也是在经典诠释中逐步建立健全的。诚然，理学是一个庞大复杂的体系，朱熹的理学体系建构不是一蹴而就就能实现的。但不容否认的是，“仁”“礼”是儒家思想系统的内核和基础，朱熹对“克己复礼为仁”的创造性诠释体现出其建构理学体系的明确自觉，为其理学体系建构起到了添砖加瓦的作用。朱熹在对“克己复礼为仁”进行诠释的过程中，提升了“克己”“礼”“仁”诠释的内涵，进一步丰富和发展了理、气、心、性、情等理学内容，进一步建构和完善了其理学本体论、心性论和工夫论，无疑促进了其理学体系的建构和成熟。就发展过程而言，朱熹撰写《论语要义》时，其学术体系尚未建构起来，后来朱熹撰《论孟精义》《四书集注》《四书或问》并和弟子就其相关内容进行积极讨论（这些与弟子讨论的相关语录即我们今天看到的、由黎靖德汇编的《朱子语类》），其理学体系逐渐圆融。事实上，朱子也反复强调自己在经典诠释上所花费的巨大工夫：“某于《论》《孟》，四十余年理会，中间逐字称等，不教偏些子”，“某《语孟集注》，添一字不得，减一字不得，公子（仔）细看”，“不多一个字，不少一个字”，“《论语集注》如秤上称来无异，不高些，不低些”。[③] 朱熹花费数十年工夫完善《论语》等经典诠释，其反复诠释经典的过程，就是其理学学术体系建构和

---

① 朱汉民、张国骥：《两宋的〈论语〉诠释与儒学重建》，《中国哲学史》2008年第4期。
② 许道勋、徐洪兴：《中国经学史》，上海人民出版社，2006年，第395页。
③ 黎靖德编，王星贤点校：《朱子语类》卷一九，第437页。

不断完善的过程。

第三，朱熹在经典诠释和理学体系建构的双向互动中形成内倾的学术特征。

朱熹以理学诠释经典形成内倾的学术特征。基于《朱子全书》《四书章句集注》《朱子语类》《论孟精义》《四书或问》等文本，考察其“克己”“复礼”“为仁”诠释，我们不难发现，朱熹内倾的学术特征有：“克己”诠释体现的向里用力、心性追求、内向超越；“复礼”诠释体现的自觉复礼、缘情制礼、礼以养性；“为仁”诠释体现的切身体验仁、心上求仁、里面说仁、心上说仁。朱熹释“复礼”为“复本有之礼”“返本复性”“复天理”“复节文”“复此身于规矩准绳之中”“复天理之节文”，其“复礼”诠释兼顾形而下的践履，更突出的是形而上的内在超越。朱熹释“克己复礼为仁”之“仁”为天生固有之仁，为性、理，为本心、道心、“本心之全德”，兼顾已发之情、用，由情见性、见理、见体，“仁”为历尽“克己复礼”工夫后之“本体”。朱熹内倾的学术特征亦体现为：仁、礼等道德良知是先天固有的，“复礼”“为仁”的过程是个体通过“克己”之刚健工夫回复本性的过程，这个过程不由外在制约，而是应个体的内在要求，“入德”“成德”这种貌似社会实现普遍调节的手段，实际上成为个体自我实现的目的。①

朱熹内倾的学术特征应从多维视域进行考察。朱熹内倾学术特征的形成，受时代激发、佛道挑战、心性之学发展、学术风尚转移、个人际遇等多维因素影响。就时代背景来看，朱熹以理学诠释“克己复礼为仁”是回应“人心陷溺”之社会现实需要。朱熹主要面对的不是外部的“礼崩乐坏”，而是内在的“人心陷溺”，真正破坏价值与秩序的是人欲之私，因而他将思考重点从外部“礼”之秩序转到了人之内在本质。在这种问题意识下，其“克己复礼为仁”诠释需要有颠覆性的转变。实现这种大转变，仅仅依赖侧重于“语文之了解”的字词训诂方面的创新，显然无

---

① 陈来：《朱子哲学研究》，华东师范大学出版社，2000 年，第 262 页。

法如愿以偿；只有在“理论之了解”上有系统而深刻的建树，借助新的理学体系建构，重释经典材料，重构一个至善的价值依归“天理”以对治“人欲”，才能挽回人心的陷溺、价值的破坏和秩序的紊乱。[①] 为此，朱熹在理学体系的大框架下，对“克己复礼为仁”进行了别出心裁地诠释。也正因为此，朱熹“克己复礼为仁”诠释离《论语》文本的原义越来越远，清儒的种种质疑也由此而产生。引人深思的是，朱熹要回应和解决现实问题，又不得不如此创造性地诠释“克己复礼为仁”，用“天理”对治“人欲”，以此解决人心陷溺、价值沦丧的现实危机。由此可见，理学建构和经典诠释一齐指向内倾的学术特征。

第四，朱熹内倾的学术与其政治活动息息相关。

需要特别指出的是，我们研究朱熹对“克己复礼为仁”的诠释，揭橥朱熹学术具有内倾的特征，是就朱熹建构理学体系这一独特视角而言，并不否定研究对象朱熹客观存在的政治活动和积极的“外王”追求，而从朱熹学术活动与政治活动二者的互动关系来看，其内倾的学术无疑是其政治活动的精神基础，两者息息相关。

首先，朱熹内倾的学术与其积极有为的政治活动并无矛盾。朱熹虽“本无宦情”“不能俯仰取容于世”[②]，但不曾放弃“得君行道”的理想，余英时《朱熹的历史世界》为我们展示的即是历史世界中参与政治活动、积极有为的朱熹。余英时指出：“过去一个相当普遍的说法，认为南宋以下儒学已由关心‘外王’转而追求‘内圣’。因此以朱熹为首的理学家大致都重视心、性修养，而少谈政治改革。但是这个看法显然需要作重要修正，因为这是将学术思想史和政治史完全隔离了的结果。南宋理学特重‘内圣’是不可否认的，但理学家如朱熹、张栻、吕祖谦、陆九渊等并没放弃‘得君行道’的努力；他们仍然在一定程度上继承了王安石

① 劳思光强调：“注疏经子，可以达成语文之了解，然不能以此为理论之了解。”载于劳思光：《序论》，《新编中国哲学史（三上）》，生活·读书·新知三联书店，2015年，第9—10页。

② 朱熹：《与龚参政书》，《晦庵先生朱文公文集》卷二五，《朱子全书》第21册，第1130页。

‘外王’的一面。”[①] 在这里，余英时肯定了朱熹特重“内圣”，同时批评了将学术思想史和政治史完全隔离、主张朱熹只重心性修养而少谈政治改革的现象，认为特重“内圣”的朱熹也继承了“外王”一面。事实上，朱熹重视心性修养，形成内倾的学术特征，但他并不排斥“外王”的政治实践，两者并不是非此即彼的对立关系，而是息息相关、共生共存、相互转化的，往往因所居身份不同，有所侧重，正如余英时所言，“在讲求‘内圣’之学时，他们是站在理学家的特殊立场，其精神是向内收敛的；但在推动‘外王’事业时，他们又回到了一般儒家的立场，其精神则是向外发舒的”[②]。朱熹诠释经典，建构理学体系，是站在理学家的特殊立场，其精神无疑是内敛的，其学术呈现内倾的特征也是应然的。

其次，学术内倾并不排斥“外王”之目的。儒家整体上致力于通过“内圣”而实现“外王”，朱熹等南宋理学家也不例外。“理学家都深信王安石的失败主要由于‘学术不正’；在这一理解下，他们努力发展‘内圣’之学，以为重返‘外王’奠定坚固的精神基础。‘外王’必自‘内圣’始，终于成为南宋理学家的一个根深蒂固的中心信念。”[③] 朱熹等南宋理学家根深蒂固的中心信念是通过发展“内圣”之学以坚固“外王”的精神基础，“外王”是“内圣”的目的。余英时还直接指出，“理学的直接目的虽在于成就个人的‘内圣’，但‘内圣’的最重要的集体功用仍然是为了实现‘外王’的事业”，“南宋理学虽多了‘内圣’一层曲折，却未尝遗弃‘外王’”，“理学起于北宋，至南宋而大盛；它所发展的则是儒学中关于‘内圣’的部分。它赋予儒学以新貌，但并不是全貌。就儒学本身言，理学‘鞭辟近里’，代表了一种内向的发展。但理学之所以在第三阶段获得许多人的信奉，则因为它提供了下面这个有说服力的承诺：

① 余英时：《朱熹的历史世界：宋代士大夫政治文化的研究》，生活·读书·新知三联书店，2011年，第845页。
② 同上注，第408—409页。
③ 同上注，第420—421页。

只有在‘内圣’之学大明以后，‘外王’之道才有充分实现的可能”。[①]以朱熹为代表的理学代表了一种向内的发展，具有内倾的学术特征，同时，这种向内、内倾、内圣，是为了实现“外王”。

此外，内倾的学术影响朱熹政治活动方式。朱熹诠释经典，建构理学体系，形成内倾的学术特征，这种内倾的学术是其政治活动的精神基础，决定着他的政治关切、政治主张、政治理想，乃至具体的实践方式。朱熹所代表的理学集团的政治取向显然与一般的官僚集团不同。[②]朱熹从事政治活动时，往往受其内倾的学术影响。在觐见君王时，朱熹谈论较多的并不是现实的具体事务，也不是国家的政治制度，他在君王面前念兹在兹的还是“正心”“克己”这些与其内倾学术息息相关的内容。他认为，这些甚过于今日之急务：辅翼太子、选任大臣、振举纲维、变化风俗、爱养民力、修明军政等六者，并以先王由内而外之治为例证，想方设法引导和说服皇帝“正心”“克己”，强调这才是立国和施政之本。[③]朱熹内倾的学术与其政治活动不仅不相矛盾，还被应用于政治活动之中，影响了其政治活动方式。

第五，朱熹的经典诠释在儒学发展史上有深远的影响和鲜活的生命力。

朱熹“克己复礼为仁”等经典诠释对儒学史的发展有导向作用。朱熹释“克己”为“胜私欲”，主张“克己”为“制于外安于内”，释“礼”为“天理之节文”、“仁”为“本心之全德”，倡导“体用”兼备的“仁”“礼”诠释，注重“仁”“礼”的形而上、下层面，兼顾本体论和工夫论，促进了经典诠释和理学体系建构的相互促进，达到了二程等儒者不可企及的诠释高度，树立了宋代理学驾驭和诠释经典文本的典范[④]，这种典范是对北宋以来经典诠释和理学思想的总结，对王阳明等后儒以心

① 余英时:《朱熹的历史世界：宋代士大夫政治文化的研究》，生活·读书·新知三联书店，2011 年，第 411—412、846、408—409 页。

② 陈来:《从“思想世界”到“历史世界”——余英时〈朱熹的历史世界〉述评》，《从思想世界到历史世界》，北京大学出版社，2015 年，第 259—276 页。

③ 朱熹:《戊申封事》，《晦庵先生朱文公文集》，《朱子全书》第 20 册，第 590—591 页。

④ 杨儒宾:《作为性命之学的经学——理学的经典诠释》，《长庚人文社会学报》2009 年第 2 期。

学诠释经典产生了深远的影响。从"内在理路"来看，清代的客观考据之风一定程度上也由理学的系统转化而成。[①]

朱熹的"克己复礼为仁"等经典诠释亦导致了儒学的分化。[②]朱熹等宋儒出于当时社会历史条件的需要，主动承担起社会道德调节这一使命，引导道德由外在的制约规范转变成个体的内在要求[③]，以孟子思想为其直接的思想源头，趋向于将"仁"学引向心性之学，把内在心性提高到了更加突出的位置，并以成就醇儒为成己的目标。[④]朱熹从"理一分殊"的角度诠释仁礼关系，视"仁"为"理一"，视"仁义礼智"为分殊之仁。一方面，视仁、礼为分殊之仁，突出仁礼相通，释"仁""礼"为性、为理、兼体用；另一方面，视"仁"为理一，视"仁义礼智"等为分殊之"仁"，仁包含"礼"，视仁为先、为大、为生意贯通。诚然，朱熹关注礼，释"礼"为绝对"天理"，但其更重视家礼，将"礼"限定于伦理等特定领域。跟原初儒学"仁""礼"并重的形态不同的是，朱熹释"仁""礼"相通并重的同时，又坚持"仁"包含"礼"，有推动"仁""礼"分离，促进"仁"之单向发展，更进一步"释礼归仁"[⑤]的趋向。如果说原初儒学是"周孔之道"，那么朱熹等宋儒发展的儒学是"孔孟之道"。虽然李泽厚[⑥]、杨国荣[⑦]等皆就当代现实处境与当代哲学问题回应，倡导回归原初儒学，回到"周孔之道"，但不容怀疑的是，朱熹等宋

---

① 余英时著，沈志佳编：《中国思想传统及其现代变迁》，《余英时文集》第2卷，广西师范大学出版社，2014年，第192—257页。

② 颜炳罡提出"依仁以成礼""设礼以显仁"等两种儒学发展方式，非常独到，但其认为朱熹等宋儒在仁礼关系上，沿汉儒之路，走"设礼以限仁"之路，似不妥。参看颜炳罡：《依仁以成礼，还是设礼以显仁——从儒家的仁礼观看儒学发展的两种方式》，《文史哲》2002年第3期。

③ 陈来：《朱子哲学研究》，华东师范大学出版社，2000年，第262页。

④ 杨国荣：《儒学：本然形态、历史分化与未来走向——以"仁"与"礼"为视域》，《华东师范大学学报（哲学社会科学版）》2015年第5期。

⑤ 李泽厚：《由巫到礼　释礼归仁》，生活·读书·新知三联书店，2015年，第117—143页。

⑥ 同上。

⑦ 杨国荣：《儒学：本然形态、历史分化与未来走向——以"仁"与"礼"为视域》，《华东师范大学学报（哲学社会科学版）》2015年第5期。

儒在面临佛道挑战和应对宋代当时社会现实条件下倡导“孔孟之道”，对维护当时社会稳定起过重大作用。[①]

朱熹“克己复礼为仁”诠释在清代儒学发展史上有深远的影响。程树德指出，“克己复礼为仁”章是汉学宋学之争点。[②]从清代学者方东树《汉学商兑》一书来考察，可见汉学宋学在“克己”“复礼”“为仁”诠释上存在分野。以朱熹为代表的宋学家释“克己”为“胜身之私欲”，汉学家训为“修身”，汉学家就添字解经、上下文解释不一致等训诂问题，“私”“欲”合一及“己”“礼”相对等义理问题，对宋学家进行了批驳，并通过溯源，纠查其诠释谬误。宋学家释“复礼”之“礼”为“天理”“天理之节文”，清代汉学家认为，“宋儒言性、言理，如风如影”[③]，“理”虚而“礼”实，不能以虚“理”释“礼”，反对宋儒言形而上之理，并以《论语》文本言“礼”不言“理”、朱子“中年讲‘理’，晚年讲礼”[④]等为例证，对宋儒“复礼”诠释进行反驳。宋学家释“克己复礼为仁”之“仁”为“本心之全德”，清代汉学家以“相人偶”释“仁”[⑤]，认为“人之有欲也，通天下之欲，仁也”[⑥]，站在己与天下的相关之中、使欲得到相互调和而为仁这个新的立场上[⑦]，咎责程朱以“心德”释“仁”为谬误。朱熹“克己复礼为仁”诠释在清代汉宋之争中成为焦点，一方面，透显出朱熹经典诠释在学术史上的重大影响力，另外一方面，透显出汉学宋学产生的背景不同，面临的社会问题不同，致使他们之间缺乏真正的理解与共情，尤其是汉学家对朱熹理学体系建构采取的是漠然和抵斥

① 程朱理学对社会稳定所起的巨大作用，后来一度成为资本主义发展的桎梏。

② 程树德撰，程俊英、蒋见元点校：《颜渊上》，《论语集释》卷二四，中华书局，2013年，第944页。

③ 江藩、方东树著，徐洪兴编校：《汉学商兑》，《汉学师承记：外二种》，中西书局，2012年，第252页。

④ 同上注，第267页。

⑤ 阮元撰，邓经元点校：《论语论仁论》，《揅经室一集》卷八，《揅经室集》，中华书局，1993年，第176—179页。

⑥ 戴震著，何文光整理：《原善》卷下，《孟子字义疏证》，中华书局，1982年，第74页。

⑦ [日]沟口雄三著，龚颖译：《社会性相关之理的创出——戴震的克己解》，《中国前近代思想的屈折与展开》，生活·读书·新知三联书店，2011年，第401页。

的态度，而朱熹对“克己”的创造性诠释主要出于其回应佛道挑战、建构其哲学学术体系的内在需要。可以说，寻找改造人心陷溺之社会现实的道德出路是其建构理学体系的背景，应对佛道挑战是其建构理学体系的主要标的，重义理的治学方法是其建构理学体系的基石。

朱熹“克己复礼为仁”诠释为当代儒学发展提供了借鉴和思考。从朱熹对“克己复礼为仁”这一儒学重要命题的诠释的形成和变化，我们可以窥一斑而知全豹，了解儒家如何应对时变、不断发展。面临外来佛教、本土道教之冲击，面对人心陷溺之社会现实，以朱熹为代表的宋儒，积极应对，从“理论之了解”而不是从类似乾嘉“语文之了解”来创造性地建构理学学术体系，发展儒学，指引道德出路。这为我们认识儒学、发展儒学提供了借鉴，引导我们与时俱进，直面当今的社会问题，促进儒学的全面繁荣，推动当前的德治、法治与制度建设，助推人类社会的和谐发展。朱熹“克己复礼为仁”等经典诠释具有鲜活的生命力，在历史的长河中必将绵延不绝、历久弥新。

主要参考文献

古籍（按时代先后）

左丘明撰，鲍思陶点校:《国语》，济南：齐鲁书社，2005 年。

王充著，张宗祥校注，郑绍昌标点:《论衡校注》，上海：上海古籍出版社，2013 年。

班固:《汉书》，北京：中华书局，1962 年。

蔡邕著，邓安生编:《蔡邕集编年校注》，石家庄：河北教育出版社，2002 年。

毛亨传，郑玄笺，孔颖达疏:《毛诗正义》，北京：北京大学出版社，1999 年。

何晏注，邢昺疏:《论语注疏》，北京：北京大学出版社，1999 年。

王弼著，楼宇烈校释:《王弼集校释》，北京：中华书局，1980 年。

杜预注，孔颖达疏:《春秋左传正义》，北京：北京大学出版社，1999 年。

郭璞注，邢昺疏:《尔雅注疏》，北京：北京大学出版社，1999 年。

皇侃撰，高尚榘校点:《论语义疏》，北京：中华书局，2013 年。

萧统编，李善等注:《六臣注文选》，北京：中华书局，1987 年。

吴兢撰，谢保成集校:《贞观政要集校》，北京：中华书局，2003 年。

惠能著，郭朋校释:《坛经校释》，北京：中华书局，1983 年。

韩愈撰，马其昶校注:《韩昌黎文集校注》，上海：上海古籍出版社，1986 年。

韩愈:《论语笔解》，《丛书集成初编》，北京：中华书局，1991 年。

李翱撰，郝润华、杜学林校注:《李翱文集校注》，北京：中华书局，2021 年。

晁迥:《法藏碎金录》，《景印文渊阁四库全书》第 1052 册，台北：台湾商务印书馆，1986 年。

欧阳修:《新五代史》，北京：中华书局，1974 年。

周敦颐著，陈克明点校:《周敦颐集》，北京：中华书局，1990 年。

司马光撰，李之亮笺注:《司马温公集编年笺注》，成都：巴蜀书社，2008 年。

刘敞:《公是先生七经小传》,《四部丛刊续编》第 11 册，上海：上海书店出版社，1984 年。

张载著，章锡琛点校:《张载集》，北京：中华书局，1978 年。

程颢、程颐著，王孝鱼点校:《二程集》，北京：中华书局，2004 年。

吕大临等撰，陈俊民辑校:《蓝田吕氏遗著辑校》，北京：中华书局，1993 年。

陈祥道撰，刘蔷、姜海军校点:《论语全解》,《儒藏》精华编第 105 册，北京：北京大学出版社，2013 年。

游酢:《游廌山集》,《景印文渊阁四库全书》第 1121 册，台北：台湾商务印书馆，1986 年。

张九成著，杨新勋整理:《张九成集》，杭州：浙江古籍出版社，2013 年。

胡寅著，刘依平校点:《读史管见》，长沙：岳麓书社，2011 年。

胡宏著，吴仁华点校:《胡宏集》，北京：中华书局，1987 年。

韩元吉:《南涧甲乙稿》,《丛书集成初编》，北京：中华书局，1985 年。

郑汝谐:《论语意原》,《丛书集成初编》，北京：中华书局，1985 年。

谢良佐撰，曾恬、胡安国辑录，朱熹删定，严文儒校点:《上蔡语录》，朱杰人、严佐之、刘永翔主编:《朱子全书外编》第 3 册，上海：华东师范大学出版社，2010 年。

朱熹:《四书章句集注》，北京：中华书局，2012 年。

朱熹撰，朱杰人、严佐之、刘永翔主编:《朱子全书》，上海：上海古籍出版社；合肥：安徽教育出版社，2002 年。

朱熹撰，陈选集注:《御定小学集注》,《景印文渊阁四库全书》第 699 册，台北：台湾商务印书馆，1986 年。

张栻著，杨世文点校:《张栻集》，北京：中华书局，2015 年。

王质:《雪山集》,《景印文渊阁四库全书》第 1149 册，台北：台湾商务印书馆，1986 年。

楼钥著，顾大朋点校:《楼钥集》，杭州：浙江古籍出版社，2010 年。

陆九渊著，钟哲点校:《陆九渊集》，北京：中华书局，1980 年。

戴溪:《石鼓论语答问》,《景印文渊阁四库全书》第 1121 册，台北：台湾商务印书馆，1986 年。

杨简著，董平校点：《杨简全集》，杭州：浙江大学出版社，2016 年。

叶适：《习学记言序目》，北京：中华书局，1977 年。

陈埴：《木钟集》，《景印文渊阁四库全书》第 703 册，台北：台湾商务印书馆，1986 年。

陈淳著，熊国祯、高流水点校：《北溪字义》，北京：中华书局，1983 年。

陈淳撰，陈矩编：《北溪大全集》，《景印文渊阁四库全书》第 1168 册，台北：台湾商务印书馆，1986 年。

袁甫：《蒙斋集》，《景印文渊阁四库全书》第 1175 册，台北：台湾商务印书馆，1986 年。

吴泳：《鹤林集》，《景印文渊阁四库全书》第 1176 册，台北：台湾商务印书馆，1986 年。

李心传辑，朱军点校：《道命录》，上海：上海古籍出版社，2016 年。

钱时：《两汉笔记》，《景印文渊阁四库全书》第 686 册，台北：台湾商务印书馆，1986 年。

真德秀撰，朱人求点校：《大学衍义》，上海：华东师范大学出版社，2010 年。

真德秀撰，刘光胜整理：《西山读书记》，上海师范大学古籍整理研究所编：《全宋笔记》第 10 编第 2 册，郑州：大象出版社，2018 年。

熊节编，熊刚大注：《性理群书句解》，《景印文渊阁四库全书》第 709 册，台北：台湾商务印书馆，1986 年。

黎靖德编，王星贤点校：《朱子语类》，北京：中华书局，1986 年。

章如愚：《山堂考索续集》，《景印文渊阁四库全书》第 938 册，台北：台湾商务印书馆，1986 年。

詹初：《寒松阁集》，《景印文渊阁四库全书》第 1179 册，台北：台湾商务印书馆，1986 年。

徐元杰：《楳埜集》，《景印文渊阁四库全书》第 1181 册，台北：台湾商务印书馆，1986 年。

黄震著，张伟、何忠礼主编：《黄震全集》，杭州，浙江大学出版社，2013 年。

周密撰，张茂鹏点校:《齐东野语》，北京：中华书局，1983年。

金履祥:《论孟集注考证》,《景印文渊阁四库全书》第202册，台北：台湾商务印书馆，1986年。

王旭:《兰轩集》,《景印文渊阁四库全书》第1202册，台北：台湾商务印书馆，1986年。

陈栎:《定宇集》,《景印文渊阁四库全书》第1205册，台北：台湾商务印书馆，1986年。

许谦撰，阮元辑:《读论语丛说》，南京：江苏古籍出版社，1988年。

王结:《文忠集》,《景印文渊阁四库全书》第1206册，台北：台湾商务印书馆，1986年。

袁俊翁:《四书疑节》,《景印文渊阁四库全书》第203册，台北：台湾商务印书馆，1986年。

王充耘:《四书经疑贯通》,《景印文渊阁四库全书》第203册，台北：台湾商务印书馆，1986年。

李纯仁:《新编颜子》,《续修四库全书》第932册，上海：上海古籍出版社，1996年。

脱脱等:《宋史》，北京：中华书局，1977年。

胡广、杨荣、金幼孜等纂修，周群、王玉琴校注:《四书大全校注》，武汉：武汉大学出版社，2009年。

王直:《抑庵文集》,《景印文渊阁四库全书》第1242册，台北：台湾商务印书馆，1986年。

薛瑄撰，孙玄常等点校:《薛瑄全集》，太原：山西人民出版社，1990年。

王恕:《王端毅公文集》,《四库全书存目丛书·集部》第36册，济南：齐鲁书社，1997年。

周琦:《东溪日谈录》,《景印文渊阁四库全书》第714册，台北：台湾商务印书馆，1986年。

倪岳:《青溪漫稿》,《景印文渊阁四库全书》第1251册，台北：台湾商务印书馆，1986年。

程敏政辑撰，何庆善、于石点校:《新安文献志》，合肥：黄山书社，2004年。

蔡清:《四书蒙引》,《景印文渊阁四库全书》第206册，台北：台湾商务印书馆，1986年。

王守仁撰，吴光等编校:《王阳明全集》，上海：上海古籍出版社，2011年。

萧镃:《四书待问》,《续修四库全书》第159册，上海：上海古籍出版社，1996年。

吕柟:《四书因问》,《续修四库全书》第206册，上海：上海古籍出版社，1996年。

顾应祥:《静虚斋惜阴录》,《续修四库全书》第1122册，上海：上海古籍出版社，1996年。

张元谕:《篷底浮谈》,《续修四库全书》第1126册，上海：上海古籍出版社,1996年。

陈建:《学蔀通辨》,《丛书集成初编》，北京：中华书局，1985年。

徐阶:《世经堂集》,《故宫珍本丛刊》第540册，海口：海南出版社，2000年。

郭汝霖:《石泉山房文集》,《四库全书存目丛书·集部》第129册，济南：齐鲁书社，1997年。

高拱著，岳金西、岳天雷编校:《高拱全集》，郑州：中州古籍出版社，2006年。

胡直撰，张昭炜编校:《胡直集》，上海：上海古籍出版社，2015年。

张居正著:《张居正讲解论语》，北京：中华华侨出版社，2009年。

章潢:《图书编》,《景印文渊阁四库全书》第968册，台北：台湾商务印书馆，1986年。

孙应鳌:《四书近语》,《续修四库全书》第160册，上海：上海古籍出版社,1996年。

叶良佩:《周易义丛》,《续修四库全书》第7册，上海：上海古籍出版社，1996年。

黄正宪:《易象管窥》,《续修四库全书》第11册，上海：上海古籍出版社，1996年。

焦竑:《焦氏四书讲录》,《续修四库全书》第162册，上海：上海古籍出版社，1996年。

焦竑撰，李剑雄点校:《焦氏笔乘》，上海：上海古籍出版社，1986年。

方学渐:《心学宗》,《四库全书存目丛书·子部》第12册，济南：齐鲁书社,1995年。

杨起元撰，谢群洋点校:《证学编》，上海：上海古籍出版社，2016年。

冯从吾:《少墟集》,《景印文渊阁四库全书》第1293册，台北：台湾商务印书馆，1986年。

葛寅亮:《四书湖南讲》,《续修四库全书》第163册，上海：上海古籍出版社，1996年。

刘宗周撰，吴光主编:《刘宗周全集》，杭州：浙江古籍出版社，2012年。

孙奇逢撰，万红点校:《理学宗传》，南京：凤凰出版社，2015年。

陈龙正:《几亭外书》,《续修四库全书》第1133册，上海：上海古籍出版社,1996年。

刁包:《潜室札记》，上海：商务印书馆，1936年。

陈确:《陈确集》，北京：中华书局，1979年。

黄宗羲著，沈芝盈点校:《明儒学案》，北京：中华书局，1985年。

黄宗羲著，全祖望补修，陈金生、梁运华点校:《宋元学案》，北京：中华书局，1986年。

应撝谦:《性理大中》,《续修四库全书》第949册，上海：上海古籍出版社,1996年。

王夫之著，《船山全书》编辑委员会编校:《船山全书》，长沙：岳麓书社，2011年。

王夫之著，王孝鱼点校:《读四书大全说》，北京：中华书局，1975年。

毛奇龄著，胡春丽点校:《四书改错》，上海：华东师范大学出版社，2015年。

吕留良撰，俞国林编:《吕留良全集》，北京：中华书局，2015年。

陆陇其:《四书讲义困勉录》,《景印文渊阁四库全书》第209册，台北：台湾商务印书馆，1986年。

陈廷敬撰，张玉玲、张建伟整理:《午亭文编》，太原：三晋出版社，2010年。

王懋竑撰，何忠礼点校:《朱熹年谱》，北京：中华书局，1998年。

惠士奇:《礼说》,《景印文渊阁四库全书》第101册，台北：台湾商务印书馆，1986年。

程廷祚:《论语说》,《续修四库全书》第153册，上海：上海古籍出版社，1996年。

雷鋐:《读书偶记》,《景印文渊阁四库全书》第725册，台北：台湾商务印书馆，1986年。

李清馥著，何乃川、李秉乾点校:《闽中理学渊源考》，北京：商务印书馆，2018年。

江声:《论语竢质》,《丛书集成初编》，北京：中华书局，1985年。

戴震著，何文光整理:《孟子字义疏证》，北京：中华书局，1982年。

程瑶田:《论学小记》,《续修四库全书》第951册，上海：上海古籍出版社,1996年。

孙希旦撰，沈啸寰、王星贤点校:《礼记集解》，北京：中华书局，1989年。

凌廷堪，王文锦点校:《校礼堂文集》，北京：中华书局，1998年。

江藩、方东树著，徐洪兴编校:《汉学师承记：外二种》，上海：中西书局，2012 年。

焦循:《雕菰集》,《清代诗文集汇编》第 472 册，上海：上海古籍出版社，2010 年。

阮元:《诂经精舍文集》,《丛书集成初编》，北京：中华书局，1985 年。

阮元撰，邓经元点校:《揅经室集》，北京：中华书局，1993 年。

阮元:《阮刻春秋左传注疏》，杭州：浙江大学出版社，2015 年。

张成孙撰:《端虚勉一居文集》,《丛书集成续编》第 135 册，上海：上海书店出版社，1994 年。

黄式三著，叶永锡、闵泽平点校:《黄式三全集》，上海：上海古籍出版社，2014 年。

黄式三撰，张涅、韩岚点校:《论语后案》，南京：凤凰出版社，2008 年。

刘宝楠撰，高流水点校:《论语正义》，北京：中华书局，1990 年。

陈立撰，吴则虞点校:《白虎通疏证》，北京：中华书局，1994 年。

陈澧:《东塾读书记（外一种）》，北京：生活·读书·新知三联书店，1998 年。

俞樾:《春在堂全书》，南京：凤凰出版社，2010 年。

戴望著，刘公纯标点:《颜氏学记》，北京：中华书局，1958 年。

戴望著，郭晓东校疏:《戴氏注论语小疏》，上海：华东师范大学出版社，2014 年。

王先谦撰，沈啸寰、王星贤点校:《荀子集解》，北京：中华书局，1988 年。

黎翔凤撰，梁运华整理:《管子校注》，北京：中华书局，2004 年。

谭嗣同:《谭嗣同全集》，北京：生活·读书·新知三联书店，1954 年。

苏舆撰，钟哲点校:《春秋繁露义证》，北京：中华书局，1992 年。

程树德撰，程俊英、蒋见元点校:《论语集释》，北京：中华书局，2013 年。

汪荣宝撰，陈仲夫点校:《法言义疏》，北京：中华书局，1987 年。

钱穆:《论语新解》，北京：生活·读书·新知三联书店，2002 年。

杨伯峻:《论语译注》，北京：中华书局，1980 年。

郭彧译注:《周易》，北京：中华书局，2006 年。

吴可为编校整理:《聂豹集》，南京：凤凰出版社，2007 年。

董平编校整理:《邹守益集》，南京：凤凰出版社，2007 年。

吴震编校整理:《王畿集》，南京：凤凰出版社，2007 年。

方祖猷、梁一群、李庆龙等编校整理:《罗汝芳集》，南京：凤凰出版社，2007 年。

杨朝明、宋立林主编:《孔子家语通解》，济南：齐鲁书社，2013 年。

专著（按姓氏拼音）

Chan, Wing–Tsit. *A Source Book in Chinese Philosophy*. Princeton：Princeton University Press,1969.

Chow, Kai–wing. *The Rise of Confucian Ritualism in Late Imperial China:Ethics, Classics,and Lineage Discourse.* Stanford: Stanford University Press,1994.

Ebrey, Patricia Buckley. *Chu Hsi's Family Rituals: A Twelfth-Century Chinese Manual for the Performance of Cappings ,Weddings, Funerals,and Ancestral Rites*. Princeton: Princeton University Press, 1991.

Ebrey, Patricia Buckley. *Confucianism and Family Rituals in Imperial China: A Social History of Writing About Rites*. Princeton: Princeton University Press,1991.

Robert P. Hymes. *Statesmen and Gentlemen: The Elite of Fu-Chou,Chiang-His, in Nothern and Southern Sung*. Cambridge: Cambridge University Press, 1986.

Shun, Kwong–loi. ‘Ren and Li in the Analects’. Bryan W.Van Norden eds. *Confucius and the Analects:New Essays*. Oxford and New York：Oxford University Press, 2002.

北京大学哲学系外国哲学史教研室编译:《十六—十八世纪西欧各国哲学》，北京：生活·读书·新知三联书店，1958 年。

蔡尚思:《孔子思想体系》，上海：上海人民出版社，1982 年。

陈岱孙等著:《冯友兰先生纪念文集》，北京：北京大学出版社，1993 年。

陈来:《朱子哲学研究》，上海：华东师范大学出版社，2000 年。

陈来:《朱子书信编年考证》（增订本），北京：生活·读书·新知三联书店，2007 年。

陈来:《中国近世思想史研究》，北京：生活·读书·新知三联书店，2010 年。

陈来:《宋明理学》，北京：生活·读书·新知三联书店，2011 年。

陈来:《诠释与重建：王船山的哲学精神》，北京：北京大学出版社，2013 年。

陈来:《仁学本体论》，北京：生活·读书·新知三联书店，2014 年。

陈来:《从思想世界到历史世界》，北京：北京大学出版社，2015 年。

陈来：《孔子·孟子·荀子：先秦儒学讲稿》，北京：生活·读书·新知三联书店，2017年。

陈荣捷编著，杨儒宾等译：《中国哲学文献选编》，南京：江苏教育出版社，2006年。

陈荣捷：《宋明理学之概念与历史》，台北："中央研究院"中国文哲研究所，1996年。

陈荣捷：《王阳明传习录详注集评》，台北：台湾学生书局，1983年。

陈支平、刘泽亮主编：《展望未来的朱子学研究：朱子学会成立大会暨朱子学与现代跨文化意义国际学术研讨会论文集》，厦门：厦门大学出版社，2012年。

陈钟凡：《两宋思想述评》，北京：东方出版社，1996年。

成中英：《中国哲学的现代化与世界化》，台北：联经出版事业公司，1985年。

成中英：《本体与诠释：中西比较（第三辑）》，上海：上海社会科学院出版社，2003年。

［日］大槻信良：《朱子四书集注典据考》，台北：台湾学生书局，1976年。

杜维明：《诠释〈论语〉"克己复礼为仁"章方法的反思》，台北："中央研究院"中国文哲研究所，2015年。

戴维：《论语研究史》，长沙：岳麓书社，2011年。

邓克铭：《宋代理概念之开展》，台北：文津出版社，1993年。

杜维明：《杜维明文集》，武汉：武汉出版社，2002年。

方寿彦：《朱熹书院与门人考》，上海：华东师范大学出版社，2000年。

冯兵：《朱熹礼乐哲学思想研究》，北京：社会科学文献出版社，2019年。

冯青：《朱子语类学归》，南昌：江西人民出版社，2011年。

冯友兰：《中国哲学史》，北京：中华书局，1961年。

冯友兰：《中国哲学史新编》，北京：人民出版社，2001年。

［法］弗朗索瓦·朱利安著，杜小真译：《迂回与进入》，北京：商务印书馆，2017年。

傅伟勋：《从创造的诠释学到大乘佛学》，台北：东大图书公司，1990年。

傅伟勋：《学问的生命与生命的学问》，台北：正中书局，1994年。

龚鹏程：《晚明思潮》，北京：商务印书馆，2005年。

［日］沟口雄三著，龚颖译：《中国前近代思想的屈折与展开》，北京：生活·读书·新知三联书店，2011年。

[日]关仪一郎编：《日本名家四书注释全书》，东京：凤出版，1973年。

何佑森：《清代学术思潮》，台北："国立"台湾大学出版中心，2009年。

[美]赫伯特·芬格莱特著，彭国翔、张华译：《孔子：即凡而圣》，南京：江苏人民出版社，2010年。

胡适著，季羡林主编：《胡适全集》，合肥：安徽教育出版社，2003年。

黄俊杰：《东亚儒学史的新视野》，台北："国立"台湾大学出版中心，2001年。

黄俊杰：《东亚儒学：经典与诠释的辩证》，台北："国立"台湾大学出版中心，2007年。

黄俊杰：《德川日本〈论语〉诠释史论》，台北："国立"台湾大学出版中心，2006年。

黄俊杰：《东亚儒家仁学史论》，台北："国立"台湾大学出版中心，2017年。

惠吉兴：《宋代礼学研究》，保定：河北大学出版社，2011年。

[德]伽达默尔著，洪汉鼎译：《真理与方法》，北京：商务印书馆，2007年。

金春峰：《师道师说：金春峰卷》，北京：东方出版社，2016年。

金培懿：《近代日本〈论语〉诠解流变》，台北：万卷楼，2017年。

劳思光：《新编中国哲学史》，北京：生活·读书·新知三联书店，2015年。

李泽厚：《中国古代思想史论》，北京：生活·读书·新知三联书店，1985年。

李泽厚：《论语今读》，北京：生活·读书·新知三联书店，2008年。

李泽厚：《人类学历史本体论》，天津：天津社会科学院出版社，2010年。

李泽厚：《说儒学四期》，上海：上海译文出版社，2012年。

李泽厚：《由巫到礼　释礼归仁》，北京：生活·读书·新知三联书店，2015年。

梁家荣：《仁礼之辨——孔子之道的再释与重估》，北京：北京大学出版社，2010年。

梁涛：《儒家道统说新探》，上海：华东师范大学出版社，2013年。

林庆彰、张寿安主编：《乾嘉学者的义理学》，台北："中央研究院"中国文哲研究所，2003年。

林庆彰主编：《明代经学国际研讨会论文集》，台北：万卷楼，1996年。

林月惠：《诠释与工夫——宋明理学的超越蕲向与内在辩证》，台北："中央研究院"中国文哲研究所，2008年。

刘丰：《北宋礼学研究》，北京：中国社会科学出版社，2016年。

刘师培：《刘申叔遗书》，南京：江苏古籍出版社，1997年。

刘师培:《清儒得失论——刘师培论学杂稿》，北京：中国人民大学出版社，2004 年。

刘述先:《朱子哲学思想的发展与完成》，长春：吉林出版集团有限责任公司，2015 年。

刘笑敢:《诠释与定向——中国哲学研究方法之探究》，北京：商务印书馆，2009 年。

柳宏:《清代〈论语〉诠释史论》，北京：社会科学文献出版社，2008 年。

［美］刘子健著，赵冬梅译:《中国转向内在：两宋之际的文化转向》，南京：江苏人民出版社，2012 年。

陆建华:《先秦诸子礼学研究》，北京：人民出版社，2008 年。

牟宗三:《中国哲学十九讲》，台北：台湾学生书局，1983 年。

牟宗三:《心体与性体》，上海：上海古籍出版社，1999 年。

牟钟鉴:《新仁学构想：爱的追寻》，北京：人民出版社，2013 年。

皮锡瑞著，周予同注释:《经学历史》，北京：中华书局，1959 年。

漆侠:《宋学的发展和演变》，北京：人民出版社，2011 年。

钱穆:《四书释义》，台北：台湾学生书局，1990 年。

钱穆:《中国近三百年学术史》，北京：商务印书馆，1997 年。

钱穆:《中国学术思想史论丛》，合肥：安徽教育出社，2004 年。

钱穆:《朱子新学案》，北京：九州出版社，2011 年。

钱穆:《钱宾四先生全集》，台北：联经出版事业公司，1998 年。

任继愈:《中国哲学发展史》，北京：人民出版社，1983 年。

［日］松川健二编，林庆彰等合译:《论语思想史》，台北：万卷楼，2006 年。

束景南:《朱熹年谱长编》（增订本），上海：华东师范大学出版社，2014 年。

汤一介:《儒学十论及外五篇》，北京：北京大学出版社，2009 年。

唐华:《中国论语学术思想发达史》，台北：大中国图书公司，1980 年。

唐明贵:《论语学史》，北京：中国社会科学文献出版社，2009 年。

［日］藤井伦明:《朱熹思想结构探索：以“理”为考察中心》，台北：“国立”台湾大学出版中心，2011 年。

［美］田浩:《朱熹的思维世界》，南京：江苏人民出版社，2011 年。

［美］田浩著，姜长苏译:《功利主义儒家：陈亮对朱熹的挑战》，南京：江苏人民出版社，2011 年。

王汎森:《权利的毛细管作用：清代的思想、学术与心态》，北京：北京大学出版社，2015年。

王力:《诗词格律：插图版》，天津：天津人民出版社，2016年。

王立新、欧崇敬、吴根友主编:《中国哲学的创造性转化》，昆明：云南人民出版社，2004年。

王鹏凯:《历代论语著述综录》，台北：花木兰文化工作坊，2005年。

韦政通:《孔子传》，台北：东大图书公司，1996年。

向世陵主编:《宋代经学哲学研究·基本理论卷》，上海：上海科学技术文献出版社，2015年。

向世陵主编:《“克己复礼为仁”研究与争鸣》，北京：新星出版社，2018年。

熊十力:《十力语要》，台北：洪氏出版社，1975年。

徐洪兴:《思想的转型——理学发生过程研究》，上海：上海人民出版社，1996年。

徐公喜:《朱熹理学法律思想研究》，南昌：江西人民出版社，2004年。

徐平章:《荀子与两汉儒学》，台北：文津出版社，1988年。

许道勋、徐洪兴:《中国经学史》，上海：上海人民出版社，2006年。

杨浩:《孔门传授心法：朱子〈四书章句集注〉的解释与建构》，上海：东方出版中心，2015年。

殷慧:《礼理双彰：朱熹礼学思想探微》，北京：中华书局，2019年。

余敦康:《内圣外王的贯通——北宋易学的现代阐释》，上海：学林出版社，1997年。

余英时:《中国思想传统的现代诠释》，台北：联经出版事业公司，1987年。

余英时:《朱熹的历史世界——宋代士大夫政治文化的研究》，北京：生活·读书·新知三联书店，2011年。

余英时:《论戴震与章学诚：清代中期学术思想史研究》(增订本)，北京：生活·读书·新知三联书店，2012年。

余英时:《论天人之际：中国古代思想起源试探》，北京：中华书局，2014年。

余英时:《中国思想传统及其现代变迁》，桂林：广西师范大学出版社，2014年。

余英时:《余英时文集》，桂林：广西师范大学出版社，2014年。

曾亦:《本体与工夫：湖湘学派研究》，上海：上海人民出版社，2007年。

张德胜:《儒家伦理与秩序情结》，台北：巨流图书公司，1989 年。

张德苏:《从“礼崩乐坏”到“克己复礼”——周室衰乱与孔子救世的人性思索》，济南：齐鲁书社，2008 年。

张君劢:《义理学十讲纲要》，北京：中国人民大学出版社，2009 年。

张丽珠:《清代新义理学——传统与现代的交会》，台北：里仁书局，2003 年。

张寿安:《以礼代理——凌廷堪与清中叶儒学思想之转变》，石家庄：河北教育出版社，2001 年。

张学智编:《贺麟选集》，长春：吉林人民出版社，2005 年。

赵纪彬:《论语新探》，北京：人民出版社，1976 年。

周元侠:《朱熹的〈论语集注〉研究——兼论〈论语集注〉的解释学意义》，北京：中国社会科学出版社，2012 年。

朱汉民:《玄学与理学的学术思想理路研究》，北京：中国社会科学出版社，2012 年。

朱汉民、肖永明:《宋代〈四书〉学与理学》，北京：中华书局，2009 年。

朱汉民、萧永明:《旷世大儒——朱熹》，石家庄：河北人民出版社，2001 年。

朱华忠:《清代论语学》，成都：巴蜀书社，2008 年。

期刊论文（按时间先后）

Wong, Wai-ying. The Status of Li in the Cheng Brothers' Philosophy. *Dao: A Journal of Comparative Philosophy* , 2003(1):109-119.

Li, Chenyang. Li as Cultural Grammar: On the Relation between Li and Ren in Confucius' Analects. *Philosophy East and West* , 2007(3):311-329.

Rudebusch, G. Yu, Confucius, and Ren. *Dao* ,2011(10):341-348.

Luo, Shirong. Setting the Record Straight: Confucius' Notion of Ren . *Dao,* 2012(11):39-52.

[日] 安井小太郎:《王阳明与论语》,《东亚研究》1915 年第 6 卷 1 号。

[日] 安井小太郎:《王阳明与论语》,《东亚研究》1915、1916 年第 5 卷 12 号。

[日] 三岛复:《王阳明的论语解》,《斯文》1922 年第 4 编 5 号。

[日]安井小太郎:《传习录与论语》,《阳明学研究》,东京モナス社 1938 年。

周学武:《南宋朱陆叶三家说“克己复礼”》,《书目季刊》1975 年第 2 期。

何佑森:《清代汉宋之争平议》,《文史哲学报》1978 年第 27 期。

赵光贤:《论孔子学说中“仁”与“礼”的关系》,《北京师范大学学报》1985 年第 1 期。

蔡尚思:《孔子一生都尚礼》,《哲学研究》1986 年第 6 期。

刘家和:《先秦儒家仁礼学说新探》,《孔子研究》1990 年第 1 期。

钱逊:《孔子仁礼关系新释》,《孔子研究》1990 年第 4 期。

张玉奇:《朱熹对道德结构三个层面的划分》,《上饶师专学报(社会科学版)》1990 年 C1 期。

徐远和:《朝鲜朱子学论著〈朱子言论同异考〉简介》,《朱子学刊》1990 年第 1 辑。

劳榦:《与何炳棣院士论“仁”书》,《中国文哲研究通讯》1991 年第 3 期。

劳榦:《劳榦院士来函》,《中国文哲研究通讯》1991 年第 1 卷第 3 期。

孙景坛:《仁是孔子思想核心新证》,《南京社会科学》1991 年第 5 期。

杜维明:《从既惊讶又荣幸到迷惑而费解——写在敬答何炳棣教授之前》,《二十一世纪》1991 年第 8 期。

何炳棣:《“克己复礼”真诠——当代新儒家杜维明治学方法的初步检讨》,《二十一世纪》1991 年第 8 期。

徐远和:《〈朱子言论同异考〉探析》,《中州学刊》1992 年第 1 期。

刘述先:《从方法论的角度论何炳棣教授对“克己复礼”的解释》,《二十一世纪》1992 年第 9 期。

何炳棣:《答刘述先教授——再论“克己复礼”的诠释》,《二十一世纪》1992 年第 10 期。

刘述先:《再谈“克己复礼真诠”——答何炳棣教授》,《二十一世纪》1992 年第 11 期。

何炳棣:《原礼》,《二十一世纪》1992 年第 11 期。

孙国栋:《“克己复礼为仁”争论平议》,《二十一世纪》1992 年第 12 期。

何炳棣:《答孙国栋教授〈“克己复礼为仁”争论平议〉》,《二十一世纪》1992 第 13 期。

孙国栋:《敬答何炳棣教授》,《二十一世纪》1993 年第 17 期。

蔡方鹿:《朱熹之礼学》,《朱子学刊》1996年第1期。

黄爱平:《〈汉学师承记〉与〈汉学商兑〉——兼论清代中叶的汉宋之争》,《中国文化研究》1996年第4期。

金景芳、吕绍纲:《释“克己复礼为仁”》,《中国哲学史》1997年第1期。

漆侠:《唐宋之际社会经济关系的变革及其对文化思想领域所产生的影响》,《中国经济史研究》2000年第1期。

汤一介:《三论创建中国解释学问题》,《中国文化研究》2000年第2期。

陆建猷:《〈学〉〈庸〉〈论〉〈孟〉中的心性义理基础——朱熹〈四书集注〉理学思想系列之一》,《人文杂志》2001年第1期。

颜炳罡:《论孔子的仁礼合一说》,《山东大学学报(哲学社会科学版)》2001年第2期。

张崑将:《朱子对〈论语·颜渊〉“克己复礼”章的诠释及其争议》,《台大历史学报》2001年第27期。

李霞:《程朱对孔孟仁学的改造与发展》,《孔子研究》2001年第6期。

颜炳罡:《依仁以成礼,还是设礼以显仁——从儒家的仁礼观看儒学发展的两种方式》,《文史哲》2002年第3期。

刘泽亮:《从〈五经〉到〈四书〉:儒学典据嬗变及其意义——兼论朱子对禅佛思想挑战的回应》,《东南学术》2002年第6期。

白奚:《从孟子到程、朱——儒家仁学的诠释与历史发展》,《首都师范大学学报(社会科学版)》2003年第6期。

李显裕:《“克己复礼为仁”学术论争在研究方法上的意义》,《通识教育教学及研究方法研讨会论文集》,桃园:“中央”警察大学通识教育中心,2004年。

肖永明、朱汉民:《二程理学体系的建构与〈四书〉》,《广西师范大学学报(哲学社会科学版)》2004年第4期。

肖永明:《陆九渊理论体系的建构与〈四书〉》,《中国哲学史》2004年第4期。

方旭东:《诠释过度与诠释不足:重审中国经典解释学中的汉宋之争——以〈论语〉“颜渊问仁”章为例》,《哲学研究》2005年第2期。

赵书妍、李振宏:《“克己复礼”的百年误读与思想真谛》,《河北学刊》2005年第2期。

彭林：《朱熹的礼学观》，《宋代经学国际研讨会论文》，台北：“中央研究院”中国文哲所，2006年。

萧作永：《不能以误读纠正“百年误读”——与〈“克己复礼”的百年误读与思想真谛〉的作者商榷》，《云南师范大学学报》2006年第1期。

吴震：《罗近溪的经典诠释及其思想史意义——就“克己复礼”的诠释而谈》，《复旦学报（社会科学版）》2006年第5期。

戚学民：《“儒林列传”与“汉学师承”——〈汉学师承记〉的修撰及汉宋之争》，《清华大学学报（哲学社会科学版）》2007年第1期。

熊燕军：《百年误读还是千年争论——也谈“克己复礼”的释义及其它》，《孔子研究》2007年第4期。

束景南、王晓华：《四书升格运动与宋代四书学的兴起——汉学向宋学转型的经典诠释历程》，《历史研究》2007年第5期。

蒙培元：《朱熹是怎样注释“四书”的？——从方法的角度看》，《湖南社会科学》2007年第5期。

何俊：《由礼转理抑或以礼合理：唐宋思想转型的一个视角》，《北京大学学报（哲学社会科学版）》2007年第6期。

黄伟雄：《礼、理与理性：从克己复礼为仁谈起》，单纯主编：《国际儒学研究》第十六辑，北京：九州出版社，2008年。

白奚：《援仁入礼　仁礼互动——对“克己复礼为仁”的再考察》，《中国哲学史》2008年第1期。

朱汉民、张国骥：《两宋的〈论语〉诠释与儒学重建》，《中国哲学史》2008年第4期。

成中英：《全面诠释与发展儒学：哲学、经学与国学》，贾磊磊、孔祥林主编：《第一届世界儒学大会学术论文集》，文化艺术出版社，2009年。

牟坚：《朱子对“克己复礼”的诠释与辨析——论朱子对“以理易礼”说的批评》，《中国哲学史》2009年第1期。

杨儒宾：《理学的仁说：一种新生命哲学的诞生》，《台湾东亚文明研究学刊》2009年第1期。

杨儒宾:《作为性命之学的经学——理学的经典诠释》,《长庚人文社会学报》2009 年第 2 期。

戚学民:《阮元〈儒林传稿〉与清代汉宋学术之争》,《清华大学学报(哲学社会科学版)》2009 年第 6 期。

马忠杰、张宏敏:《对〈论语〉"克己复礼为仁"句的一种解读——以王阳明〈传习录〉为中心的考察》,《阳明学刊》(第五辑)2011 年。

陈来:《朱子思想中的四德论》,《哲学研究》2011 年第 1 期。

陈来:《朱子四德说续论》,《中华文化史论丛》2011 年第 4 期。

殷慧:《天理与人文的统一——朱熹论礼、理关系》,《中国哲学史》2011 年第 4 期。

许家星:《朱子、张栻"仁说"辨析》,《中国哲学史》2011 年第 4 期。

邓克铭:《高攀龙之〈论语〉诠解》,《鹅湖学志》2011 年第 46 期。

白奚:《"心之全德":朱子对"仁"范畴的价值提升》,贾磊磊、杨朝明主编:《第四届世界儒学大会学术论文集》,北京:文化艺术出版社,2012 年。

刁小龙:《经学解释:训诂与义理之间——以〈论语〉"克己复礼"程朱说为例》,《儒家典籍与思想研究》2012 年第 1 期。

李方泽、王培:《"克己复礼为仁"之本义澄清——兼论朱熹的"误读"及其意义》,《江淮论坛》2012 年第 3 期。

许家星:《仁的工夫论诠释——以朱子"克己复礼"章解为中心》,《孔子研究》2012 年第 3 期。

肖永明:《对〈论语〉"今之学者为人"的诠释与宋代儒学的内倾》,《湖南大学学报(社会科学版)》2012 年第 4 期。

[日]吾妻重二著,郭海良译:《近世儒教的祭祀礼仪与木主、牌位——朱熹〈家礼〉的一个侧面》,陈恒,耿相新主编:《新史学第十辑》,郑州:大象出版社,2012 年。

王启发:《程颢、程颐的礼学思想述论》,陈义初编:《二程与宋学:首届宋学暨程颢程颐国际学术研讨会论文集》,上海:华东师范大学出版社,2013 年。

倪培民:《什么是对儒家学说进行功夫的诠释》,《哲学分析》2013 年第 2 期。

许家星:《朱子道统说新论——以孔颜"克复心法"说为中心》,《人文杂志》2013 年第 6 期。

谢红:《“克己复礼为仁”再诠释——兼论颜元对朱子的批判》,《当代教育理论与实践》2013 年第 12 期。

刘丰:《宋代礼学的新发展——以二程的礼学思想为中心》,《中国哲学史》2013 年第 4 期。

漆永祥:《乾嘉考据学家与桐城派关系考论》,《文学遗产》2014 年第 1 期。

杜维明:《建构精神性人文主义——从克己复礼为仁的现代解读出发》,《探索与争鸣》2014 年第 2 期。

［德］苏费翔:《宋人道统论——以朱熹为中心》,《厦门大学学报（哲学社会科学版）》2015 年第 1 期。

陈碧强:《杨慈湖对“克己复礼”的阐释及其理论意义》,《贵阳学院学报（社会科学版）》2015 年第 2 期。

［德］苏费翔著，肖永明、喻志译:《南宋时期的〈中庸〉与道统——历史与学术背景》,《湖南大学学报（社会科学版）》2015 年第 4 期。

杨国荣:《儒学：本然形态、历史分化与未来走向——以“仁”与“礼”为视域》,《华东师范大学学报（哲学社会科学版）》2015 年第 5 期。

魏义霞:《论朱熹的仁学思想》，黎昕主编:《闽学研究十年录》，福州：福建人民出版社，2015 年。

李秋莎:《天理节文考》，曾海军主编:《肇端发始见人文：第一届“儒家人文与素质教育”研讨会论文集》，成都：四川大学出版社，2015 年。

倪培民:《中国哲学的功夫视角和功夫视角下的世界哲学》,《周易研究》2015 年第 3 期。

黄爱平:《论阮元折衷汉宋的兼容并包思想》,《扬州大学学报（人文社会科学版）》2016 年第 3 期。

景海峰:《经典的原义及其扩展性——以儒家经典诠释为例》,《湖南大学学报（社会科学版）》2016 年第 3 期。

肖永明、陈峰:《晚清汉宋兼采思潮中的〈论语〉诠释——以〈论语后案〉对〈论语集注〉的吸收与批评为例》,《北京大学学报(哲学社会科学版)》2016年第3期。

陈来:《仁统四德——论仁与现代价值的关系》,《江苏社会科学》2016年第4期。

张循:《清代“汉宋之争”研究的回顾与展望》,《兰州学刊》2016年第9期。

乐爱国、陈昊:《以“克己”代“敬”——钱穆论朱子晚年工夫转向》,《学术界》2016年第10期。

吴震:《论朱子仁学思想》,《中山大学学报(社会科学版)》2017年第1期。

唐文明:《朱子〈仁说〉中的义理与工夫》,《北京大学学报(哲学社会科学版)》2017年第3期。

黄俊杰:《孔子“克己复礼为仁”说与东亚儒者的诠释》,《孔子研究》2017年第2期。

朱汉民:《宋儒新仁学的建构》,《求索》2017年第8期。

肖永明、郭园兰:《朱熹对〈论语〉“克己”的诠释:以理学体系建构为视角》,《中国哲学史》2018年第2期。

学位论文(按时间先后)

高狄华:《朱熹〈四书章句集注〉解经研究》,“国立”台湾师范大学博士学位论文,1996年。

张晓生:《郝敬及其〈四书〉学研究》,台湾东吴大学博士学位论文,2002年。

赖芳晖:《毛奇龄〈四书改错〉研究》,“国立中央”大学硕士学位论文,2004年。

简瑞铨:《张岱四书遇研究》,台湾东吴大学博士学位论文,2006年。

张循:《论十九世纪清代的汉宋之争》,复旦大学博士学位论文,2007年。

梁艳秋:《两宋训诂与理学之互促发展研究》,曲阜师范大学硕士学位论文,2008年。

杨根东:《朱子“礼”论——从“礼之本”的角度探究》,复旦大学硕士学位论文,2009年。

李兴芳:《清代〈论语〉古注辑佚研究》,北京师范大学硕士学位论文,2011年。

苏俊凯:《“克己复礼”之生命教育哲学研究》,台湾南华大学硕士学位论文,2011年。

李远:《清代〈论语〉著述叙录》,西北师范大学硕士学位论文,2012年。

邱显智:《“克己复礼”诠解之省察——以朱子、王阳明、罗近溪为研究对象》,“国立”暨南国际大学硕士学位论文，2012 年。

张伟:《朱熹“四书学”思想研究》，河北大学博士学位论文，2013 年。

赖尚清:《朱子仁论研究》，清华大学博士学位论文，2014 年。

钟信昌:《宋代〈论语〉经筵讲义研究》，台北市立大学博士学位论文，2014 年。

后　记

在中国历史上，前古有孔子，近古有朱子，此两人，皆在中国学术思想史及中国文化史上发出莫大声光，留下莫大影响。

——钱穆《朱子学提纲》

本书是我博士论文的修订版。2018 年，我从岳麓书院毕业，在博士论文后记的开头我写道："当我完成这一与朱子、孔子两位'发出莫大声光'的人物息息相关的博士论文时，并不似当初想象中的那般如释重负，写作最艰难时的那种焦灼和苦闷亦似乎早已渐行渐远、云淡风轻，内心洋溢更多的是对朱子学问的敬畏和进行后续研究的任重道远。"正是在这样的心境下，2019 年，我主动辞掉《校友》执行主编等双肩挑岗位，调任哲学系专任教师，专心于科研与教学工作；2019 年 9 月起，在清华大学国学院院长陈来先生的大力支持下前往清华大学访学一年，着手修改博士论文；2021 年在博士论文基础上申报国家社科基金一般项目"宋代理学仁礼关系及其理论价值研究"有幸获批。弹指一挥间，我在读博士、写博士论文和修改博士论文的路上走了 8 年。博士论文的出版，是我这些年来在学术之路上彳亍而行的总结，也是坚定和开启我未来从事学术研究的出发点。

从升学这一视角来看，我是一个幸运的人。初中毕业时我从一个乡村学校以全校第一名的成绩考上湖南第三师范学校；中师毕业时作为全校六个毕业班选拔出的两名学生之一保送上大学；大学本科以后在工作、成家、生子之余，又先后一次性地考上硕士、博士。而之所以自称幸运，是因为在不断学习的历程中，我遇到了许多好老师。

没有肖永明导师的引领，我不知何时能踏入思想史研究这个领域；

没有肖老师的鼓励和督促，我不知自己能否至今还保持学术研究的热情和兴趣，更谈不上有毅然转岗专心从事科研教学的勇气。记得刚入校时，老师对我们说：“既然我把你们招进来了，就一定会好好培养你们。”身为岳麓书院院长，肖老师行政事务其实很多，但老师经常惦记着我们的学习，会在论文写作的每一关键点抽出时间辅导我们，想方设法授我以“渔”，督促和检查我的论文写作进度。这么多年以来，为了我们的学业，肖老师放弃了周末和寒暑假的休息时光。老师坚持周末参加我们的读书会；2016 年暑假，老师特意为我们每人准备了读书笔记本，带着我们于孔学堂集体研读经典；2017 年暑假，老师于孔学堂召集我们就小论文修改和博士论文撰写一起整日开展讨论；老师去国外开会还带上我博士论文纸质稿进行审阅……能遇到这么一位治学严谨、对我们严格要求而又不失人文关怀的好老师，我们真是三生有幸。印象中，最受老师启发的是，他研讨论文时有开阔的学术视野、强烈的问题意识和探索精神，常连珠式反问，虽有时“咄咄逼人”却又让我们受益匪浅；最为佩服的是，老师严毅、秉直、稳重和慎独，任何出格的事情都似乎都与他绝缘。老师以对己的严格在师门同学中留下不言自威的印象，总是给予我们榜样的力量。

我要特别感谢朱汉民教授。朱老师身为院长，在我们想象中应该威严、难以接近，而与此迥然不同，现实中的朱老师是一位特别平易近人、和蔼可亲的老师，他总能静静地聆听学生们关于论文写作、工作乃至生活等各方面的絮絮叨叨，并适时地提出诸多建设性意见，竭其所能地给我们提供帮助。在我反复选题、换题时不断点拨我，在我博士论文开题、预答辩和答辩阶段更是给我提出了许多宝贵意见。朱老师为人与作文皆为学生榜样，而最难得的是他对学生们的那份重视，与学生们亦师亦友。

参加我博士论文开题和预答辩并给我提出诸多宝贵意见的还有李清良、吴仰湘这两位“诠释学”和“经学”研究专家。早在我于湖南大学文学院攻读硕士学位时就已久仰两位老师的大名，两位老师的学识、为人和智慧都值得我好好学习，如果说我对朱熹诠释的领悟、对经学文献的把握有所进步，那得感谢两位老师的指点。

特别感谢姜广辉先生为我们指点写作论文的门径，我的博士论文选题得益于姜老师在课堂上的启发。特别感谢陈先初老师在食堂就餐之余、花溪散步之际，针对我的论文特别是开题报告进行开导。特别感谢杨代春老师担任高考阅卷组长期间给予的鼓励，杨老师是我报考岳麓书院博士的引路人。

特别感谢肖永明导师、朱汉民老师、姜广辉老师、李清良老师、吴仰湘老师、陈戍国老师、章启辉老师、邓洪波老师、陈松长老师、张松辉老师、钱永生老师等先后为我们授课，给予我很好的启发和教育。报考博士前三年，我一直跟着舒远招老师学习西方哲学，舒老师讲授康德“三大批判”的课堂，激发了我学习哲学的浓厚兴趣。

特别感谢陈仁仁老师、钱永生老师、陈力祥老师、孙建平老师以及办公室张小玲、谢丰、潘彬老师等岳麓书院的老师们。聆听老师们的教诲，与老师们相处，常有如沐春风、温暖人心的感觉。

我还要特别感谢给我提供过帮助的校外的学者们。

特别感谢我的访学导师陈来教授。博士论文开题前，曾有幸得到陈老师关于博士论文如何选题的教诲，陈老师讲述的边带小孩边写博士论文的动人故事更是给当时身兼多重角色、苦于挤时间写作论文的我以莫大的鼓舞。博士论文的写作过程，也是阅读陈老师《朱子哲学研究》《仁学本体论》等系列著作不断学习的过程，不论是从思想上还是写作方法上，陈老师都惠我良多。更难得的是，在陈老师的鼎力支持下，我得以前往清华大学国学院访学，拥有了比较富余的集中修改博士论文的时间。访学期间，陈老师不仅为我们先后开设了《中国哲学史专题》《中国近现代史研究》等课程，还对我从博士论文中析出的小论文进行批阅和指导。从陈老师身上，我们学到的不只是文化知识，更是一种学术精进的精神与气象。

特别感谢向世陵教授的支持和帮助，谢谢向老师反复给我论文提出宝贵的建设性的修改意见，谢谢向老师在人大读书会上的启迪。向老师近年出版的“克己复礼为仁”专题著作汇编梳理了“文革”后四十年中国内地、港台地区，以及海外关于孔子“克己复礼为仁”的研究与争鸣，对我论文修改助益良多。特别感谢梁涛老师在前来书院参加学术交流时指导我的博士论文开题报告，为我开设必读书目，梁老师在人大组织的读书研讨会让我受益匪浅。特别感谢张学智教授在北大课堂上的启发和放学路上的指点。特别感谢杨国荣教授为我联系读书相关事宜。特别感谢李存山教授、陈少明教授为我提出论文修改意见。特别感谢朱杰人教授为我邮寄朱子研究相关著作。

2014年暑假，我有幸同潘彬老师和两位师妹前往台湾参加青年儒学营活动，受到黄俊杰老师、潘朝阳老师、张崑将老师、蔡家和老师等台湾学者的教诲和帮助。儒学营活动结束后，在张崑将老师的帮助下，我安顿于台湾大学的修齐会馆，得以在台大图书馆、台湾中研院、台湾国家图书馆等地查阅资料和读书，度过十余天的快乐学习时光。2016年，我有幸陪同来岳麓书院讲学的台湾大学夏长朴教授夫妇，夏老师适时指点，让我受益匪浅。后来，又在夏老师帮助下办理台大访学手续，最后虽因诸多原因未能成行，但夏老师的关心和帮助我将永远铭记于心。修改博士论文期间，台湾中研院蒋秋华等老师不断给我赐书、寄书，激励我不断保持学习的姿态。

在清华大学国学院访学、修改博士论文期间，经常与陈来先生的硕士博士们一起往返于国学院与教学楼，他们为我提供了许多学习生活上的便利，高海波老师、赵金刚老师、田智忠老师、孙宝山老师等给予了我很多关心支持和论文指导。

特别感谢肖门同学：师姐殷慧老师鼓励我报考岳麓书院博士，总是额外地关照我，师兄戴书宏不厌其烦地阅看我的小论文，师弟张建坤、黄有年、谢友国在我博士论文送审前帮我一起校对脚注文献，师弟王志华常在电话那头聆听我的写作困惑，李伟和李屹轩师弟远在复旦大学和北京大学图书馆为我查阅论文资料，张天杰师兄、李久学师兄、吴增礼师兄、李谷悦师兄、胡鹏师弟、陈峰师弟、喻志师妹、郭蔚师妹、李江师弟、陈彦敏师弟等常念及我的论文写作进度……同门之谊，难以一一。

特别感谢胡慧娥、李慧两位博士生的经常陪伴，感谢邓林、胡长海、杨超、李亚信等书院师弟和我一起探讨学术问题，启发我写作思维，感谢2013级博士同学们的互相勉励。

我还要特别感谢岳麓书院放眼全球、汇聚国内外学者前来讲学，让我们足不出院，在书院博物馆、明伦堂教室就能参加最前沿的思想盛宴，感受世界文化的前进声响，于潜移默化中提高学术素养。

大学本科期间，陶敏教授担任我们系主任，他是国内从事唐代文学研究的著名学者，既是我的任课老师，也是我的大学本科毕业论文指导老师，陶老师几次在他的书房指导我论文，甚至在我摔了膝盖走路不便时将徐有富老师主编的《中国古典文学史料学》送到我寝室楼下，只是那时我懵懂无知，毕业时与给陶老师做助教的机会失之交臂。可惜在我考博前，陶老师驾鹤西去，我再也没法当面请教了。

读博期间，最大的遗憾是父亲在不经意间离去、硕士导师抱着强大生存欲望却终究扛不住病魔。父亲正直善良，勤劳俭朴，一直默默爱护着我们，守望着我们的成长，以我的点滴进步为骄傲。硕士导师刘再华院长和师母一直关心着我的学业和成长，与我们分享生命中的喜怒与哀乐。父亲之爱、恩师之情是我前进的不竭动力。只可惜，阴阳悬隔，永难相见！

特别感谢母亲，在我撰写博士论文的最后一年，来长沙跟我们生活在一起，包揽了大量家务，让我专心致志地完成学业。母爱是天底下最伟大、最无私的爱，在我个人的成长路上，多亏了母亲。还记得我考上中师那年，父母亲应我母校之约放映露天电影《龙女》和《阮氏三雄》，家门口的禾场上、屋檐下、小山坡上挤满了我的老师、同学和乡亲们，那场景，我和三个哥哥一辈子都难以忘怀，一直激励着我们奋发向上。父母亲不仅不断地鼓励我，还注重培养我吃苦耐劳的品质。小学期间，家里有一个皮革制品场，在爷爷的督促下，每天放学回家后，我必须先修剪完500个皮革碗，才能读书、完成作业，这种自小就有的训练，让我长大后习惯于挤时间、见缝插针地完成学业。更难忘的是小学六年级的上学放学之路，往返学校家里走16里山路是那时每天的必修课，这让我从小练就了较好的身体素质，即使在长大成家后还常常喜欢竞走、散步。

特别感谢我的先生对我学习的支持，我和先生都是师范毕业后被推荐保送上的大学，我们本科同班，硕士、博士同校，我硕士毕业先于先生三年，先生博士毕业先于我三年。在我攻读博士期间，先生被派往西藏援教，即便是在严重缺氧的高原工作，先生一有空就审阅我的论文，督促我的学习。让我和先生倍感欣慰的是，在我们最忙碌的时候，女儿一直保持着昂扬的学习劲头，勇于拼搏，独立自强。

博士论文写作的几年，无论经历多么纷扰的人事，博士论文如同我正在堆砌的小楼，沉浸写作亦如同躲进了遮风挡雨之宝殿；几年来几乎没有休息日、寒暑假甚至春节，坚持以教室和图书馆为学习和写作阵地，每天夜以继日。不过，越是这样的读书写作，我越发睡得安稳、深沉。我常想，如果我们时时拥有信仰的“本体”，坚持不懈地修炼“工夫”，不只能写好文章，更能荡涤心灵，修养身心，过好自己的人生。想到这，我由衷地感谢我的博士论文主人公朱熹及其诠释的对象孔子。

需要说明的是，本书是我参与博导主持的国家社科基金重大项目：“中国‘四书’学史”的阶段性成果，部分章节有幸在一些刊物和学术会议上发表，由衷感谢这些刊物和会议组织单位的厚爱和授权出版。本书部分章节与已发表的论文的对应关系，具体如下：

第一章第一节：《“克己复礼为仁”思想研究：概念、关系及路径选择》，《湖南大学学报》2017年第4期，中国社会科学网全文转载。

第二章第二节：《朱熹对〈论语〉“克己”的诠释：以理学体系建构为视角》，《中国哲学史》2018年第2期，2017年11月“张栻朱熹与儒家会讲传统——纪念朱张会讲850周年”国际学术会议论文集。

第二章第二、三节：《朱熹“克己”诠释思想的内涵、践履与影响》，《原道》2021年第1期，2021年11月“朱子学与当代文化振兴”学术研讨会论文集。

第三章第二节:《朱熹对〈论语〉“礼”的三维诠释》,《中国文化研究》2021年秋之卷，人大复印资料《中国哲学》2021年第12期全文转载，2019年11月“中国哲学史学会2019年年会”会议论文集。

第四章第二节:《论朱熹学术的工夫论倾向——以〈论语〉“为仁”诠释为中心》,《中国哲学史》2019年第6期，人大复印资料《中国哲学》2020年第4期、中国社会科学网全文转载，2018年8月“两岸四地朱子学研讨会暨儒商经贸论坛”论文集。

第四章第三节:《朱熹对〈论语〉“仁”的体用诠释：以体用一源思想为视角》,《湖南大学学报》2021年第6期。

第五章第一节:《朱熹仁礼关系辨：以“克己复礼为仁”诠释为中心》,《中国哲学史》2021年第6期;《朱熹对“克己”“复礼”“为仁”关系的诠释：以理学体系建构为视角》，2018年10月“第六届全国古典学年会”论文集;《从理学建构视角看朱熹经典诠释：以“克己”“复礼”“为仁”关系诠释为中心》，2020年10月“纪念朱子诞辰890周年学术研讨会”论文集。

第五章第二节:《从〈论语〉“克己”诠释看朱熹学术内倾特征》,《原道》2018年总第34辑,2019年12月“湖南省孔子学会年会”论文集。

第五章第三节:《〈论语〉“克己”诠释之汉宋分野：从多维视域考察》,《求索》2017年第11期。

以此博士论文为基础，本人于2021年9月成功申报了国家社科基金一般项目“宋代理学仁礼关系诠释及其理论价值研究”(21BZX079)，这更得特别感谢不知名的评审专家们的厚爱。从博士论文中节选修改成的小论文于2019年6月荣获首届“浙学论坛(2019)青年学者浙学研究优秀论文奖”，特别感谢会议主办单位浙江省社科联、浙江师范大学和评审专家们的肯定。

特别感谢朱人求教授慨允将拙著纳入《朱子学文库》丛书。特别感谢商务印书馆薛亚娟、李娜两位老师的热情联络与细致审校。我的学生周玺、黄涵、林准、田懿对书稿进行了认真校对，谢谢同学们的辛勤付出。

特别感谢湖南师范大学道德文化研究中心、中国特色社会主义道德文化省部共建协同创新中心、哲学系学科经费的全力资助，感谢伴随我一路走来支持我工作和学习的单位领导和同事们。

风儿记住了花香，岁月留下了我的足迹，这一切是我继续前行的动力。

郭园兰

2021 年 11 月 25 日

于望麓斋